CW01635541

HANDBOEK FILOSOFIE

Matthias Vogt

REBO PRODUCTIONS

Afbeeldingen op de omslag van links naar rechts en boven naar beneden: Johannes Kepler/Bayer AG/Albert Camus/symbolische voorstelling van de doorbreking van het middeleeuwse wereldbeeld/Friedrich Nietzsche/René Descartes. Afbeelding op de achtergrond: Aristoteles/Afbeelding op pag. 4: mozaïek met filosofen uit Torre Annunziata

ISBN 90 366 1645 X
© 2005 Rebo International b.v.
Deze uitgave: © 2005 Rebo Productions, Lisse
www.rebo-publishers.com info@rebo-publishers.com

Oorspronkelijke titel: *Dumonts Handbuch Philosophie*
Oorspronkelijke uitgave: DuMont monte Verlag, Keulen

Vertaling: Ben Wiegers
Zetwerk: A. R. Garamond s. r. o., Praag, Tsjechië
Gedrukt in China

Alle rechten voorbehouden. Niets uit deze uitgave mag worden verveelvoudigd en/of openbaar gemaakt door middel van druk, fotokopie, microfilm of op welke andere wijze ook zonder voorafgaande schriftelijke toestemming van de uitgever.

Voorwoord

Geboorteakte van de filosofie

Het was alsof hij voor het eerst een mens zag staan,
Zo geschrokken staarde het heideschaap mij aan.
Bevangen door zijn blik, als in een diepe slaap,
Zie ik, lijkt het wel, voor het eerst een schaap.

Christian Morgenstern

Waar de een uit verbazing filosoof wordt, wil de ander niet weglopen voor kindervragen in de trant van "Waarom bestaat de aarde?" "Waarom houdt God van ons?" en "Waarom gaan we dood?" Weer anderen zien zich geconfronteerd met Kants beroemde probleemstellingen als "Wat kunnen we weten?" "Wat moeten we doen?" en "Wat mogen we geloven?" Hoe het ook zij, het is altijd handig om kennis van zaken te hebben, al was het alleen maar om die met anderen te kunnen delen. De grondlegger van de moderne filosofie, René Descartes, zei immers al: "De filosofie leert ons met een schijn van waarheid over alles te spreken en kan altijd rekenen op de bewondering van de minder geleerden onder ons."

De meeste takken van wetenschap, zoals natuurkunde, sociologie of economie, komen voort uit de filosofie. En net als al deze academische disciplines heeft ook de wijsbegeerte (zo luidt de oorspronkelijke betekenis van het Griekse woord) een voortdurende specialisatie ondergaan, waardoor zij is uitgegroeid tot het unieke vakterrein van professoren en wetenschappers. Voor iemand die 'de wijsheid begeert' en graag meer inzicht wil krijgen in het hoe en waarom van het hedendaagse wereldbeeld wordt het dan ook steeds moeilijker om zich een weg te banen door het oerwoud van denkrichtingen. Want wie heeft er tegenwoordig nog tijd en energie om de oorspronkelijke teksten van Plato en Kant, Aristoteles en Nietzsche erop na te slaan? Wie brengt nog het geduld op voor intellectuele discussies over hermeneutiek en fenomenologie, als men al begrijpt waar deze überhaupt over gaan? Voor al diegenen die zich op het avontuur van het denken willen storten of die dat vanwege hun studie moeten, is er dit boek. Het idee was om zo duidelijk en beknopt mogelijk 2500 jaar filosofiegeschiedenis te behandelen zonder echter te simplificeren. Het resultaat is een handboek dat door zijn indeling en uitgebreid register ook nog uit de kast zal worden gepakt als de wijsbegeerte geen onbekend terrein meer is. Men mag dan ook eigenlijk wel spreken van een chronologisch geordende encyclopedie met artikelen over filosofen, hun tijdperken en stromingen. Deze bijdragen moeten voor de lezer vooral een stimulans zijn om zich verder in deze fascinerende materie te verdiepen.

OOSTERSE FILOSOFIE

India

De Indische filosofie werd in Europa pas in de negentiende eeuw ontdekt en juist vanwege haar exotische karakter met veel enthousiasme ontvangen. Met name het idee van de zielsverhuizing, dat nieuw was voor de westerse mens, oefende een onweerstaanbare aantrekkingskracht uit. Hetzelfde gold voor het belang dat de Indiërs hechtten aan tradities en de intuïtie en hun daarmee gepaard gaande minachting voor al het aardse en rationele. Vooral bij Schopenhauer, maar ook bij Herder en Schelling, heeft de Indische filosofie haar sporen nagelaten.

Grofweg kan men voor de Indische filosofie een indeling maken in het vedische tijdperk (vijftiende tot vijfde eeuw voor Christus), het tijdperk van de klassieke systemen (vijfde eeuw voor Christus tot tiende eeuw na Christus), waartoe ook het jaïnisme en het boeddhisme behoren, het na-klassieke tijdperk (tiende tot negentiende eeuw) en het moderne tijdperk (vanaf de negentiende eeuw). In tegenstelling tot de Westerse filosofie vallen deze perioden niet samen met bepaalde historische gebeurtenissen in India. Toch is het nuttig om hiervan een korte schets te geven.

Rond 1500 voor Christus trokken de Ariërs vanuit het noordwesten India binnen. Ze verdreven de oudere Induscultuur en voerden een drieklassensysteem in, dat nog steeds de basis vormt van het kastenstelsel. Hoewel er al vroeg handelsbetrekkingen bestonden, kwam de Indische cultuur pas in de vierde eeuw voor Christus echt in contact met Europa. Alexander de Grote breidde in 325 voor Christus zijn rijk uit tot aan de Indus. Na zijn dood en de ineenstorting van zijn imperium ontstond er in de derde eeuw voor Christus een groot Indisch rijk onder Asjoka, dat overigens niet lang heeft bestaan. Kleinere rijkjes wisselden elkaar af. Nadat eerst de Hunnen waren binnengevallen, kwamen vervolgens de Turken en in 711 de Arabieren. Deze laatsten brachten de Islam mee en verdrongen zo de oude godsdienst en filosofie. Pas in de zeventiende eeuw slaagden de Mogolkeizers er weer in de verschillende gebieden min of meer te verenigen. In de negentiende eeuw werd India een Britse kolonie. De onafhankelijkheid kwam in 1947.

Veda's

De Ariërs, het volk dat vanaf de vijftiende eeuw voor Christus India veroverde, brachten de veda's voort, heilige schriften in het Sanskriet (veda betekent kennis) bestaande uit vier handboeken: *Rigveda* (loftiederen), *Samaveda* (gezangen), *Yajurveda* (offerspreuken) en *Atharvaveda* (toverformules). De veda's, die ongeveer zes keer zo lang zijn als de Bijbel, waren bedoeld voor religieuze plechtigheden. Bij elke offerhandeling waren er vier priesters, zogeheten brahmanen, aanwezig. Tot de veda's behoren verder ook nog godsdienstige teksten, de *Brahmana's*. Een in filosofisch opzicht belangrijk onderdeel daarvan zijn de *Oepanisjaden* (Sanskriet voor 'de leer voor hen die aan de voeten (van de meester) zitten'), die tussen de achtste en zesde eeuw voor Christus zijn ontstaan. Schopenhauer zei over deze honderd in mineur geschreven teksten: "Het is de waardevolste en meest opwekkende lectuur die je kunt bedenken."

Een van de oudste delen, de hymnen van de *Rigveda*, beschrijft de Indische godenwereld, waarin Indra, de god van de oorlog, een belangrijke rol speelt. De Indische goden lijken door hun menselijke karakter veel op die van de Grieken en hebben maar weinig gemeen met de God van het joden- of christendom. In de *Rigveda* vindt men ook het Indische scheppingsverhaal. Uit een soort chaos, dat veel wegheeft van het *apeiron* van de presocraten, is de ook in de mens levende innerlijke kracht (*tapas*), 'het ene', ontstaan. Vervolgens kwamen daaruit licht en duisternis, hemel en aarde en zelfs de goden voort. Het filosofische gedachtegoed van de *Oepanisjaden* is heterogeen. Het belangrijkste is de leer van de *brahman*, de basis van al wat is, de wereldziel, en die van *atman*, het 'zelf', hetgeen min of meer overeenkomt met de ziel van de individuele mens. Deze laatste reïncarneert, afhankelijk van zijn karma (zijn daden) in een nieuwe gedaante. Dat kan ook een dier zijn. Omdat leven lijden betekent en altijd weer eindigt met de dood, moet men proberen de eeuwige kringloop te doorbreken. Een dergelijke verlossing is te bereiken door ascese en kennis, dat wil zeggen kennis van de eenheid van atman en brahman, van de eigen ziel als deel van het wereldprincipe. Al het uiterlijke is slechts illusie (*maya*). Daarom heeft kennis van de buitenwereld nauwelijks enige waarde en spelen empirische wetenschappen absoluut geen rol.

Klassieke systemen

Het klassieke tijdperk van de Indische filosofie begint na het ontstaan van de *Oepanisjaden*. Dat is circa honderd jaar voor de klassieke Griekse filosofie, die al putte uit het gedachtegoed van het Nabije Oosten en India voordat Alexander de Grote er zijn handelsbetrekkingen aanknoopte. Vanaf de vijfde eeuw voor Christus bereikten de veda's bredere bevolkingsgroepen, hetgeen tot de vorming van verschillende systemen leidde. Deze werden of als een openbaring beschouwd, zoals in het geval van de zes orthodoxe systemen, of juist verworpen als een unieke verschijning daarvan, zoals het boeddhisme en het jaïnisme. Daarbij bestaan er opvallende parallellen met de Griekse filosofie. Zo vindt men in een uit twee orthodoxe systemen (*Nyaya* en *Vaisjesjika*) voortgekomen stelsel een categorieënleer en andere logische denkvormen, zoals syllogismen, die vergelijkbaar zijn met de ideeën van Aristoteles. Ook het atomisme, de theorie dat dingen uit ondeelbare atomen zijn opgebouwd, is niet slechts een uitvinding van de Grieken. Het maakte reeds onderdeel uit van de natuurfilosofie van de *Vaisjesjika.*

Aum (Om) – deze lettergreep in Sanskriet staat voor het onnoembare absolute.

De *Samkhya*, het derde van de zes orthodoxe systemen, gaat uit van een dualistisch wereldbeeld. De wereld bestaat uit geest en materie, die zelfs in de mens niet werkelijk met elkaar verbonden zijn. *Purusja* is daarbij de passieve, met bewustzijn behepte geest en *Prakriti* de actieve, onbewuste materie, waarin drie ontwikkelingskrachten werkzaam zijn. Uit de beweging van deze krachten zijn de 24 basiselementen van de natuurlijke wereld ontstaan. Het bekendste systeem, yoga, bouwt voort op de *Samkhya* en richt zich daarbij op de methoden die een bevrijding van de materie mogelijk maken. Een dergelijke verlossing van de eeuwige kringloop van reïncarnaties gebeurt in acht stadia, uitstrekkend van de naleving van morele geboden, de juiste lichaamshouding en ademhaling tot concentratie, meditatie en de eenwording van de geest met het goddelijke. De belangrijkste filosofische school in India is de *Vendanta* (letterlijk 'het einde van de veda's'), waarmee dus de *Oepanisjaden* worden bedoeld. Evenals voor de andere systemen zijn er bij *Vendanta* enkele grote denkers te noemen. De belangrijkste is Sjankara (788-820), de grootste Indische filosoof, die, in tegenstelling tot de *Samkhya*, uitgaat van een absoluut monisme, dat wil zegen het bestaan van één enkel principe. Met betrekking tot het al heet dit brahman, met betrekking tot het afzonderlijke atman. Dit betekent natuurlijk wel dat *Sjankara* de empirisch waarneembare dingen in al hun verscheidenheid ontkent en slechts als illusies ziet, als maya, als een uit onwetendheid voortvloeiende verblinding. Het zesde orthodoxe systeem, *Mimamsa*, is ten slotte vooral bedoeld als regels die de veda's moet verklaren.

Boeddhisme

Als een van de grote wereldreligies is het boeddhisme waarschijnlijk ontstaan in samenhang met de Samkhyar-filosofie. Anders dan de drie monotheïstische godsdiensten, christendom, jodendom en islam, kent het boeddhisme geen eeuwige god. Het wordt daarom ook wel als atheïstisch bestempeld. Aan de bakermat van deze filosofie staat de feitelijke naamgever, prins Siddharta Gautama (circa 560-480 voor Christus), die zichzelf na zijn verlichting Boeddha (Sanskriet voor 'de verlichte') noemde.

In plaats van een permanent zijn, is er slechts een komen en vergaan. Daarom zijn de bestaansfactoren waaruit de levende en niet-levende dingen zijn opgebouwd geen geestelijke of materiële substanties, maar slechts onbestendige eigenschappen en toestanden die in vijf groepen worden ingedeeld: het lichamelijke, de waarnemingen, de differentiaties, de driften en de bewustzijnshandelingen. Net als in de *Oepanisjaden* is er een eeuwige keten van reïncarnaties, waarbij het karma de daden vergeldt. Ook het boeddhisme streeft ernaar deze kringloop door kennis, de op elkaar bouwende 'vier edele waarheden', te doorbreken. Deze luiden als volgt: al het zijn is lijden; de oorzaak van het lijden is de begeerte; de bevrijding van het lijden ontstaat door opheffing van het lijden; de weg tot opheffing van het lijden is het 'achtdelige pad'. Net als de tien geboden, maar dan abstracter, vormt dit pad met de acht regels een leidraad voor het leven. In plaats van "gij zult niet" zijn hier het juiste geloof, het juiste denken, het juiste spreken, het juiste handelen, het juiste leven, het juiste streven, de juiste contemplatie en de juiste meditatie voorwaarden voor de verlossing, die bestaat uit een opgaan in het nirwana (Sanskriet voor 'uitgeblazen') en het einde van de reïncarnaties. Aan het begin van onze jaartelling splitste het boeddhisme zich in een richting die Boeddha als god vereerde en een die zich vasthield aan de eenvoudige leer. Tegenwoordig bestaan er binnen de boeddhistische filosofie talrijke stromingen, met name in Azië.

China

De Chinese filosofie richt zich, in tegenstelling tot de Indische, veel meer op het leven, handelen en gedrag, op de moraal en ethiek van de individuele mens en van de groep als gezin en maatschappij. De in India veel gestelde vragen naar de menselijke oorsprong en bestemming, het verleden en de toekomst, verdwijnen hier naar de achtergrond en maken plaats voor het heden. Kenmerkend voor alle stromingen in de Chinese filosofie is bovendien het streven naar harmonie tussen mens, natuur en kosmos. Er is dan ook geen plaats voor extremen en tegenstellingen. Veeleer wordt er gezocht naar een synthese.

De drie belangrijkste richtingen in de Chinese filosofie zijn het confucianisme, het taoïsme en het mohisme, een utiliteitsfilosofie met als motto 'de algemene welvaart bevorderen en het kwaad bestrijden'. Al deze richtingen zijn ontstaan in de Chinese Oudheid, die tot ongeveer 200 voor Christus duurde. Op dat moment verenigde Cheng, de koning van Ch'in, de zes Chinese staten tot één keizerrijk. In de daarop volgende Middeleeuwen, die zo'n 1200 jaar duurden, beleefde het land het hoogtepunt van zijn macht. Mede dankzij het culturele en geografische isolement van China, beheersten het confucianisme en het taoïsme nog altijd het geestelijk leven. Pas onder invloed van het Indische boeddhisme – en door toedoen van de keizer – werden beide richtingen gedwongen zich verder te ontwikkelen. Als 'winnaar' kwam het neo-confucianisme naar voren, dat de geschiedenis van de nieuwere Chinese filosofie voortaan zou bepalen.

Ook al wisten Europese handelsreizigers reeds in de dertiende eeuw tot het 'hemelse rijk' door te dringen, het Chinese denken werd pas voor het eerst door Leibniz (1646-1716) omarmd. Enige tijd later groeide het zelfs uit tot een heuse mode, toen de Europese hoven overspoeld raakten met scheepsladingen Chinees porselein, en mensen als Wolff, Diderot, Voltaire en Goethe zich voor het Verre Oosten begonnen te interesseren.

Confucianisme

Confucius, zoals de gelatiniseerde vorm van Koeng-foe-tse ('de meester uit het geslacht Koeng') luidt, verzamelde de oudste overleveringen van de Chinese cultuur en stichtte net als Plato en Aristoteles zijn eigen school. Op latere leeftijd bracht hij het nog tot minister van Justitie. Zijn verzamelingen publiceerde hij in de vijf canonieke boeken *Ging*. Het eerste boek, *I Ging* oftewel *Het boek der veranderingen*, is wellicht het oudste bewaard gebleven filosofische werk en van alle vijf het belangrijkste. Het bevat reeds de leer van de twee tegengestelde principes *yin* (staat voor vrouwelijk, zacht, donker, passief) en *yang* (staat voor mannelijk, hard, licht, actief), die bepalend zijn voor het ontstaan en veranderen van alle dingen.

In de vier andere, niet door hem geschreven *Klassieke boeken* treft men zijn eigen leer aan of die van zijn leerlingen. Evenals Socrates bracht Confucius zijn ideeën over het leven van alledag slechts mondeling over. "Wat gij niet wilt dat u geschiedt, doe dat ook de ander niet!" Deze regel, waaraan Kant later een positieve wending zou geven, is maar een van de vele gedragsregels en morele principes van het confucianisme. Zijn ideaal ziet Confucius belichaamd in menselijkheid, rechtvaardigheid, betamelijkheid, wijsheid en loyaliteit. De verwezenlijking van deze vijf basisdeugden zoekt hij vooral in de juiste opvoeding, waarin niet alleen het leren van zijn gedragscode centraal staat, maar ook de aandacht voor literatuur en muziek. Wat voor de gewone man geldt, geldt in het bijzonder voor regeringen, die met hun voorbeeldfunctie en zonder wetten of dwang de orde in het land moeten waarborgen. Confucius' vaderland wist zijn nuchtere, conservatieve en op compromissen gerichte leer zozeer te waarderen dat het tijdens de Han-dynastie (206 voor Christus – 220 na Christus) tot staatsfilosofie werd uitgeroepen. En eigenlijk bleef dat zo tot 1911. Het gevolg daarvan was wel dat een verdere ontwikkeling niet meer nodig werd geacht, waardoor de leer vastroestte in rituelen. Pas met de komst van het zo andere boeddhisme in de eerste eeuw na Christus kreeg het Chinese denken weer een nieuwe impuls.

Zhu Xi (1130-1200), de voornaamste filosoof van het in drie tijdperken uiteenvallende neo-confucianisme (die samenvallen met regeringsperioden van de Sung-, Mingen Qing-dynastieën), vertoont vanwege zijn ontsluiting en bewerking van klassieke geschriften opvallende overeenkomsten met Thomas van Aquino. Zijn positie kan rationalistisch worden genoemd en is geworteld in het met yin en yang vergelijkbare dualisme van *li* (de wereldgeest) en *qi* (de materie). Li was er eerder, maar zit tegelijkertijd ook in qi. De geest, li, is de basis; het stoffelijke, qi, vormt het materiaal waaruit alle dingen zijn gemaakt. Met de revolutie van 1911 moest het confucianisme zijn positie afstaan aan een nieuwe doctrine, die van het communisme.

Taoïsme

Terwijl er geen twijfel over mogelijk is dat Confucius daadwerkelijk heeft bestaan, valt dit niet met zekerheid te zeggen over de grondlegger van die andere grote richting in de Chinese filosofie, 'de oude meester' Lao Tse. Als hij al geleefd heeft, dan was hij van een eerdere generatie dan Confucius, met wie hij eenmaal een ontmoeting zou hebben gehad. Aannemelijker is echter dat Ri Li, zoals zijn echte naam moet hebben geluid, ergens in de vierde of derde eeuw voor Christus is geboren. Zijn werk, of beter gezegd, het werk waarin de filosofie van het taoïsme staat beschreven, is *Het boek van de weg en de deugd*, in het Chinees *Tao Te King* (*tao* betekent 'weg'). "De mens richt zich naar de maat van de aarde, de aarde naar de maat van de hemel, de hemel naar de maat van het tao, het tao naar de maat van zichzelf." Tao betekent niet alleen 'weg', maar ook 'rede' en 'oorsprong van de wereld'. Omdat het ongrijpbaar, naamloos en onbeschrijfbaar is, kan het vergeleken worden met het absolute uit de westerse filosofie, zoals bijvoorbeeld bij Hegel. De werking daarvan vindt men alleen indirect terug in de wetten van de natuur. Hoewel het taoïsme op die manier opstijgt tot een voor de Chinese filosofie ongekend abstract en metafysisch niveau, is er toch ook weer een geheel praktisch aspect als het gaat om de aanbeveling dat de mens zich door tao moet laten leiden. Door zichzelf los te laten, vindt men 'de weg naar de hemel'. De mens moet, en daarmee is het taoïsme verwant aan de Indische filosofie, inzien dat alle dingen zonder waarde zijn. Daarom moet hij alle onnodige ingrepen in het gebeuren achterwege laten die het midden houden tussen handelen en ascese. De wijze moet "bewerkstelligen zonder te handelen, onderrichten zonder te spreken." Zo ontstaat er een ethiek van de eenvoud, waarin de wijze leeft. "De volmaakte mens wenst niet te wensen en stelt moeilijk te verkrijgen goederen niet op prijs..." Door niet-doen, louter door het uitstralen van rust en deugd, moet de vorst regeren en ernaar streven dat tao over zijn rijk heerst, want waar tao heerst, daar heerst vrede. Met zijn strenge karakter en eenvoud vond het taoïsme beduidend minder weerklank dan de leer van Confucius. Het verwaterde dan ook na verloop van tijd. In de vijfde eeuw na Christus stond het taoïsme aan de basis van het zenboeddhisme. Op hetzelfde moment kwam er aan de andere kant van de wereld, in Europa, een einde aan de klassieke Oudheid en het eerste tijdperk van de westerse filosofie.

WESTERSE FILOSOFIE

DE KLASSIEKE OUDHEID

Veel kwesties uit de geschiedenis van de westerse filosofie winnen aan duidelijkheid als men ook de politieke geschiedenis erbij betrekt. En andersom is het precies zo. In beide staat immers de mens centraal, wiens levensomstandigheden en denkbeelden bepaald worden door de historische gebeurtenissen. Om die reden zal er in de afzonderlijke hoofdstukken – al is het maar kort – worden stilgestaan bij de grote perioden van de wereldgeschiedenis, dat wil zeggen de klassieke Oudheid, de Middeleeuwen, de Nieuwe Tijd en de Nieuwste Tijd. Dit gebeurt natuurlijk alleen voor zover zij het schouwtoneel vormen voor de hier optredende of, beter gezegd, denkende figuren. Bij de biografieën van de filosofen zal er, wanneer dat een bijzondere rol heeft gespeeld, eveneens een beschrijving volgen van het historische decorum.

Vanuit het oogpunt van de filosofie begint de geschiedenis met de Griekse koloniën aan de Middellandse-Zeekust. Door de handel komen hier verschillende culturen met elkaar in aanraking en zorgen de presocraten in de zesde eeuw voor Christus voor de geestelijke ommekeer van *mythos* naar *logos*, van de verklaring van de wereld door middel van mythen en goden naar een poging tot een rationele, natuurlijke uitleg van de omringende werkelijkheid. Griekenland bestaat in die tijd uit diverse stadstaten die onderling, maar ook met de Feniciërs en de Perzen strijd leveren. Dankzij de politieke en economische successen komt vooral Athene, naast Sparta de belangrijkste Griekse stad, tot bloei. Het gunstige culturele klimaat weerspiegelt zich in de klassieke periode van de Griekse filosofie. Als er iemand was die wist te profiteren van de filo-

Op zijn fresco *De school van Athene* in de *Stanza della Segnatura* in het Vaticaan gaf de schilder Rafaël menig filosoof de gelaatstrekken van zijn tijdgenoten. In het midden voert een bebaarde Leonardo da Vinci als Plato een gesprek met Aristoteles.

sofie en van de tweedracht onder de Grieken dan was dat wel Alexander de Grote. Deze koning en een leerling van Aristoteles slaagde erin een wereldrijk op de kaart te zetten dat zich uitstrekte tot aan India, waar hij de Griekse cultuur introduceerde. Driehonderd jaar lang voerden zijn navolgers, de Diadochen, overal de boventoon met hun hellenisme.

Bijna tegelijkertijd bedwongen de Romeinen vanuit Italië het westelijke Middellandse-Zeegebied. Voor zowel de Romeinen als de Grieken vormde het begin van de jaartelling een breuk. Dit was niet zozeer vanwege de geboorte van Christus, een gebeurtenis waarvan op dat moment nog niemand de gevolgen kon overzien, als wel vanwege de Romeinse staatsvorm die overging van een republiek in een monarchie en vanwege de ondergang van het laatste Diadochenrijk, Egypte. De eerste Romeinse keizer, Augustus, versloeg daar de laatste farao, Cleopatra. De hoofdstad, Alexandrië, bleef het culturele centrum van het oostelijke Middellandse-Zeegebied. Vanaf dat moment domineerde het Romeinse Rijk de westerse wereld en zou het zich de eerste honderd jaar nog verder uitbreiden. Onder de voet gelopen door Aziatische volkeren en verzwakt door sociale spanningen en de deling in een West- en Oost-Romeins Rijk (met als hoofdstad Constantinopel) stort het imperium in 476 in zijn oude vorm ineen. Het doek valt en de klassieke Oudheid maakt plaats voor de Middeleeuwen.

Presocraten

Veel van hetgeen de westerse filosofen in de anderhalve eeuw voor Socrates dachten, zal waarschijnlijk voor altijd onbekend blijven. Van geen enkele presocraat is een boek of zelfs maar een enkel geschrift bewaard gebleven. Het enige wat over is, zijn schaarse brokstukken en fragmenten. Weliswaar hebben de presocraten hun gedachten in boekvorm vastgelegd, maar het handmatig kopiëren daarvan verliep moeizaam. Bovendien is het materiaal vergankelijk. In de afgelopen honderd jaar hebben archeologen nagenoeg geen authentieke geschriften meer gevonden. Dat toch relatief veel van hun ideeën bekend zijn, komt omdat ze geregeld geciteerd en becommentarieerd werden. Daarom is het mogelijk de bekende namen in hun onderlinge samenhang te presenteren. De algemeen gehanteerde schrijfwijze, die ook hier is toegepast, gaat terug op het *Graeca latina.*

Allereerst waren er de Milesiërs, die, net als bijna alle presocraten, nadachten over het ontstaan en de samenstelling van de wereld, en het beginsel van alle dingen in een oerstof dachten te vinden. Vervolgens kwamen Pythagoras en de pythagoreeërs, die de wereld aan de hand van getallen probeerden te verklaren. Evenals de Milesiërs was ook Heraclitus afkomstig uit Ionië. Met diepzinnige en moeilijk te doorgronden uitspraken loopt deze *einzelgänger* vooruit op zijn grote negentiende-eeuwse bewonderaars Hegel en Nietzsche. Zoals de Milesiërs uit de stad Milete kwamen, waren de Eleaten afkomstig uit Elea. Beiden hielden vast aan één enkel en onveranderlijk zijn en ontkenden het worden en vergaan. Velen rekenen ook Empedocles tot de Eleaten, ofschoon hij in Agrigente werd geboren. Ook Anaxagoras, de eerste filosoof uit de stad die bij uitstek in verband wordt gebracht met de klassieke filosofie, Athene, verwierp de begrippen worden en vergaan. Voor het moderne denken zijn Democritus en de atomisten wellicht van een veel groter belang. Zij ontwikkelden merkwaardigerwijs een atoomleer waarvoor in die tijd absoluut nog geen bewijzen bestonden. Het is door middel van een synthese van de eleatische en de heraclitische ideeën dat ze hiertoe kwamen.

Terwijl dit alles hoofdzakelijk nog natuurfilosofie was – natuurwetenschap en filosofie vormden nog één geheel –, waren de sofisten bij uitstek geïnteresseerd in de mens. Dit onderwerp zou de filosofie vanaf dat moment nooit meer loslaten. Eigenlijk is er nauwelijks nog een gedachte te noemen die de presocraten niet op zijn minst eenmaal ter sprake hebben gebracht. Ook al waren ze geen profeten en voorspelden ze geen historische gebeurtenissen, een vooruitziende blik kan men hun niet ontzeggen.

Milesiërs

Langs de Middellandse-Zeekust tot aan het tegenwoordige Turkije hadden de Ioniërs, een van de Griekse stammen, in totaal twaalf steden gesticht. Over de lange karavaanwegen kwamen hier de goederen aan uit Azië die vervolgens in schepen werden geladen om naar Griekenland te worden vervoerd. De inwoners van deze steden waren niet alleen een belangrijke schakel tussen Europa en Azië voor het transport van koopwaar, ze brachten ook kennis en nieuwe technieken over. Muntgeld, gewichten, astronomie en de kalender vonden via hen hun weg naar de Griekse nederzettingen in Europa. De rijkste en meest zuidelijke van de twaalf steden was Milete. Van deze in de elfde eeuw voor Christus gestichte stad is door het dichtslibben van de haven tijdens de Middeleeuwen nu nog slechts een dorp over.

Met zijn gunstige ligging tussen Oost en West vormde de handelsmetropool Milete in de zesde eeuw voor Christus de bakermat van de Griekse wetenschap. Hecataeus legde hier de basis voor het eerste geschiedkundige werk uit de Griekse literatuur. Ook was Milete de stad van de eerste drie bekende filosofen, Thales, Anaximander en Anaximenes. Zelf noemden ze zich geen filosofen, maar *physiologoi* ('natuurwetenschappers'), een benaming die Aristoteles later ook zou gebruiken.

Deze drie Milesiërs zetten een beslissende stap door de oude mythologieën ver achter zich te laten en de weg vrij te maken voor wetenschap en filosofie. Het zijn natuurfilosofen, die een verklaring zoeken voor het ontstaan van de wereld en de dingen die gebeuren. Het gaat hun om de essentie van de werkelijkheid, kortom om de natuur en niet om de weg van kennis, zoals later bij Plato. Alle drie waren ze materialisten en meenden ze dat de wereld uit een oerstof bestond. Dit kon water zijn, maar ook lucht of het onbegrensde. Al het zijnde gaat dus terug op deze oerstof of dit oerprincipe.

Voor de moderne mens, maar ook voor de filosofen van de klassieke periode, zoals Socrates, Plato en Aristoteles, is dit een simpele redenering. Niettemin is de betekenis hiervan van onschatbare waarde. De Milesiërs waren namelijk de eerste westerse denkers die met behulp van een natuurwetenschappelijke methode iets probeerden te doorgronden waarvoor tot dan toe alleen mythologische of mystieke verklaringen werden gegeven.

Thales van Milete *(circa 630 voor Christus in Milete (?) – circa 546 voor Christus in Milete (?))*

Over het persoonlijk leven van Thales, die als eerste westerse filosoof de geschiedenis in zou gaan, is maar weinig bekend. Hij woonde in de Griekse nederzetting Milete en was vermoedelijk koopman. In die hoedanigheid reisde hij waarschijnlijk naar Egypte, waar hij handelaren uit Perzië, Babylonië en Syrië ontmoette. Men neemt aan dat hij door deze contacten met het oosten in aanraking kwam met wat men later filosofie en natuurwetenschappen zou noemen.

Over zijn leven zijn alleen wat anekdoten bekend. Zo is er het verhaal van Plato dat hij eens een in regenput zou zijn gevallen terwijl hij de sterrenhemel liep te bestuderen. Een dienstmeid zou daarop spottend hebben gezegd: "U probeert weliswaar de hemel te doorgronden, maar u ziet niet wat er voor uw voeten ligt." Ook uit een ander verhaal blijkt dat men hem tijdens zijn leven al als een wereldvreemde theoreticus beschouwde, maar wel een die dankzij zijn heldere geest succes had in het leven. Al kreeg hij verwijten te horen over zijn armoede en zinloze filosofie, hij was wel zo slim om in de winter voor weinig geld een olijvengaard en oliepersen te pachten en deze vervolgens voor veel geld te verhuren als er zich een rijke oogst voordeed. Zo zijn er talrijke anekdoten over Thales waarin hij theorie en praktijk met elkaar verbindt.

De Zeven Wijzen

In Plato's dialoog Protagoras kan men lezen dat Thales tot de Zeven Wijzen behoort. Deze zeven staatsmannen uit de zevende en zesde eeuw voor Christus zijn vooral bekend om hun levensregels, zoals "Alles op zijn tijd" (Pittacus van Mytilene), "De meeste mensen zijn slecht" (Bias van Briene), "Alles met mate" (Solon van Athene) en "Ken uzelf" (Thales van Milete).
"Ken uzelf" is tevens het opschrift van de Apollotempel in Delphi. Deze spreuk gold als de goddelijke rechtvaardiging van de filosofie.

Thales' spreuk "gnothi sauton" ("ken uzelf") was te lezen op de bekendste Griekse tempel.

Het was ook Plato die gewezen heeft op de betekenis van Thales in de oude wereld. Hij noemde hem een van de Zeven Wijzen.

Van Thales zijn geen geschriften bewaard gebleven. Volgens historici en latere filosofen uit de klassieke Oudheid was hij van mening dat de wereld door water is omgeven en uiteindelijk ook uit water is ontstaan. De parallel met het water uit de mythologie, de mythische oerstroom en de dodenrivier de Styx, laat zien hoe dicht Thales in zijn verklaring van de natuur nog bij het volksgeloof staat dat hem met de paplepel was ingegoten. Niettemin brak hij met de mythologische tradities die alles met behulp van goden en geesten probeerden te verklaren. Hij introduceerde een naturalistische, wetenschappelijke kijk, waarmee hij bijvoorbeeld de zonsverduistering van 28 mei 585 voor Christus precies wist te voorspellen. Ook hield hij zich bezig met magnetisme en, zo gaat het verhaal, stelde hij de hoogte van de Egyptische piramiden vast door op een bepaald tijdstip van de dag hun schaduwen te meten. Hij ontdekte waarom de Nijl ieder jaar overstroomde en probeerde, tevergeefs, een berekening te vinden voor de passaatwinden. Dit alles neemt niet weg dat voor hem de wereld nog steeds bevolkt was door goden, die in zijn optiek uiteraard uit water bestonden. "God," zo luidt een van zijn overgeleverde uitspraken, "is dat wat noch begin, noch einde heeft." Net als bij de andere Milesiërs, en de presocraten in het algemeen, speelt de ethiek, de zedenleer, in zijn denken veelal nog een ondergeschikte rol. Vermeldenswaard is wel zijn grondregel voor deugdelijk handelen: "Doe nooit wat wij in anderen veroordelen." In de geschiedenis van de filosofie duikt dit principe in allerlei variaties en met allerlei aanvullingen steeds weer op, onder meer bij Kant.

ANAXIMANDER *(circa 610 voor Christus in Milete (?) – 545/546 voor Christus in Milete (?))*

Qua betekenis en chronologie was Anaximander de tweede van de drie beroemde Milesiërs. In tegenstelling tot zijn vermoedelijke leermeester Thales, is er van hem een citaat bewaard gebleven. Het is weliswaar geen rechtstreeks fragment, maar daarmee is Anaximander wel de eerste westerse filosoof waarover zoiets met absolute zekerheid kan worden gezegd.

Daar waar Thales nog niet kon verklaren waarom juist water de oerstof moest zijn en hoe deze zich tot alle tastbare dingen heeft weten te transformeren, kwam Anaximander met een antwoord. De oorsprong, het grondprincipe en het oerbeginsel omschrijft hij als iets wat waarneembaar is en wat hij het *apeiron* noemt. In het Grieks betekent dit 'het onbegrensde'. Het is het grondprincipe van alle ongevormde dingen. Op die manier postuleerde Anaximander voor het eerst iets ontastbaars en onbepaalds als zijnde, om zo de waarneembare verschijnselen te kunnen verklaren. Het apeiron heeft goddelijke eigenschappen. Net als de mythologische goden is het onveranderlijk en onsterfelijk. Door rotatie ontstonden uit het apeiron niet alleen tegenstellingen als koud en warm, droog en nat, maar ook de aarde, die eerst vloeibaar was en daarna opdroogde. Eerst was er de niet-levende en vervolgens de levende natuur. De mens ten slotte kwam volgens Anaximander voort uit een visachtig wezen. Let wel, dit is een evolutiegedachte over de ontwikkeling van de mens van meer van 2500 jaar geleden!

De aarde vormt het middelpunt en is concentrisch omgeven door de hemelboog. De toestand van de aarde is die van een stabiel evenwicht. Als abstract begrip heeft het apeiron geen naam. Het regeert niet over de wereld zoals de goden, maar door middel van een rationeel te begrijpen wet. Anaximander omschrijft deze in het bewaard gebleven fragment als volgt: "Daar waaruit de dingen bestaan, keren zij noodzakelijkerwijs ook weer terug, want zij betalen elkander boete voor hun ongerechtigheid, naar de orde van de tijd." Soms overheerst het ene, dan weer het andere. Alles is aan verandering onderhevig, maar uiteindelijk altijd in harmonie. Alle krachten zijn gelijkwaardig, democratisch en niet, zoals in de mythologie of de monarchie, hiërarchisch geordend. Voor de tegenstelling tussen dag en nacht betekent dat bijvoorbeeld dat als de dag zich meer ruimte toe-eigent, hij onrecht aandoet. De tijd bepaalt hoe lang dat onrecht mag voortduren en biedt de zwakkere die het recht aan zijn zijde heeft, met andere woorden de nacht, daarvoor compensatie. Deze laatste zal zich steeds meer toe-eigenen en moet dat daarom na verloop van tijd weer aan de dag afstaan. Dag en nacht, de jaargetijden en de kringloop van de natuur vormen het uitgangspunt van deze visie.

Anaximander zou ook de eerste wereldkaart hebben vervaardigd. Daarop is te zien hoe de aarde symmetrisch is geordend en het door water omgeven ronde vasteland zich opdeelt in twee identieke helften, Azië en Europa.

ANAXIMENES *(circa 575 voor Christus in Milete (?) – 525 voor Christus in Milete (?))*

Anaximenes was vermoedelijk een leerling van Anaximander en is qua betekenis en chronologie de derde Milesische natuurfilosoof. Ook van zijn leven is niets bekend en van zijn geschriften is evenmin iets bewaard gebleven. Het zijn latere filosofen uit de klassieke Oudheid die slechts enkele aspecten van zijn denken hebben overgeleverd. Anaximenes wijst het ongrijpbare apeiron van zijn leermeester en ook het water van

Thales als oerstof van de hand. In plaats daarvan kiest hij voor de lucht, omdat goed te zien is hoe uit deze oerstof de andere elementen zijn ontstaan. Water is bijvoorbeeld het resultaat van verdichting van de lucht. Dit meent Anaximenes althans te zien als het regent. Ook in andere gevallen trekt hij conclusies op basis van analogieën. Door verdunning van de lucht ontstaat bijvoorbeeld vuur. Alles is in feite een kwestie van dichtheid, dus een zuiver kwantitatieve kwestie. Hiermee zet hij de eerste stap in de richting van de natuurkunde.

Bij dit alles moet men echter niet vergeten dat Anaximenes de lucht nog niet als een uit atomen samengestelde materie opvatte, iets wat vandaag als vanzelfsprekend wordt gezien. Voor hem is lucht nog iets onbepaalds, bijna zoiets als het apeiron. Daarnaast is lucht ook de ziel, in de vorm van levende adem.

Pythagoras *(circa 575/570 voor Christus op Samos (?) – circa 500 voor Christus in Metapontum (?))*

De meeste mensen zullen de waarschijnlijk op Samos geboren Pythagoras vooral kennen als wiskundige. Van hem is immers de beroemde stelling: het kwadraat van de langste zijde van een rechthoekige driehoek is gelijk aan de som van het kwadraat van beide andere zijden. Toch bestond er in zijn tijd nog niet zo'n duidelijke scheidslijn tussen filosofie en wiskunde. Phytogoras was een filosoof met een hang naar kennis en een grote belangstelling voor de wiskunde. Hij was overigens de eerste die zichzelf ook zo zag. Op de vraag of hij een wijze, een *sophos*, was, antwoordde hij: "Nee, ik ben alleen gek op kennis!"

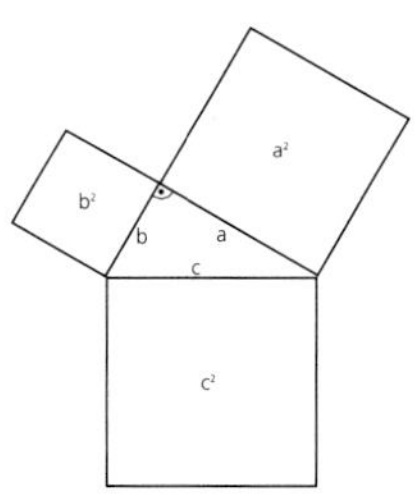

Stelling van Pythagoras: $a^2 + b^2 = c^2$

Van zijn leven zijn, afgezien van een paar legenden, eigenlijk alleen enkele feiten bekend. Zo vluchtte hij op ongeveer vijftigjarige leeftijd voor de tiran Polycrates (door Schiller vereeuwigd in de ballade 'De ring van Polycrates') naar Croton, het huidige Crotone in Zuid-Italië. Daarvoor had hij waarschijnlijk al Egypte en Klein-Azië bezocht. In Croton stichtte hij een uit mannen én vrouwen bestaande filosofisch-religieuze gemeenschap met een voor die tijd enorme politieke invloed. Volgens Plato had hij daar "...de leiding over een groep aanhangers die hem vanwege zijn inspirerende gezelschap zeer graag mochten en hun nakomelingen een levenswijze bijbrachten waarmee de pythagoreeërs zich tot op de dag van vandaag onderscheiden van de rest van de wereld." Toch werd hij van zijn troon gestoten en moest hij uitwijken naar het eveneens in Zuid-Italië gelegen Metapontum. Zijn school in Croton, die onder zijn volgelingen een nog grotere invloed zou krijgen, bestond nog zo'n tweehonderd jaar en belichaamde de vereniging van filosofie en religie in een gesloten gemeenschap. Nieuwe leden moesten een gelofte afleggen dat ze sober en bescheiden zouden leven, dat ze geen dieren zouden doden, behalve uit verdediging, en dat ze elke avond een gewetensonderzoek zouden doen. Ze waren bovendien verplicht om een vijfjarige studie te volgen bestaande uit muziek, geneeskunde, gymnastiek en wetenschap. De belangrijkste leerlingen emigreerden in het midden van de vijfde eeuw voor Christus naar Griekenland. De pythagoreeërs vielen daardoor uiteen in twee stromingen, een orthodoxe, ook wel 'de luisteraars' genoemd, en 'de onderzoekers', die vanwege hun invloed op de latere ontwikkeling en de herleving van het pythagorische denkgoed in het Romeinse keizerrijk een veel belangrijkere rol zouden spelen. Met het neopythagorisme komt in de tweede eeuw na Christus een definitief einde aan deze filosofisch-religieuze denkrichting.

Omdat er van Pythagoras geen regel is overgeleverd en de afzonderlijke ideeën niet met zekerheid aan hem of zijn leerlingen zijn toe te schrijven, wordt de leer van de pythagoreeërs hier op de algemeen gebruikelijke wijze behandeld.

"Alles is getal," luidde reeds het motto van Pythagoras. De wiskunde, die universeel is en overal in gelijke mate geldt, is de sleutel tot het geheel. "De elementen van getallen zijn de elementen van dingen; de hele hemel is een harmonie en een getal." Deze gedachte is moeilijk te volgen. De pythagoreeërs zoeken het geheim van de wereld, dat zij als een levend, eeuwig en goddelijk wezen beschouwen, niet in een oerstof, maar in een oerwet. Het ene, de oergrond van de getallen, legt grenzen op aan het onbegrensde door het in getallen te veranderen en het aldus tot het begin te maken van even en oneven getallenreeksen. Daarom staat het Griekse woord *kosmos* ('orde') bij de pythagoreeërs in de eerste plaats voor 'wereld'. De wereld is opgebouwd uit (de verhoudingen tussen) getallen, die zij als geometrische lichamen zien. Daarmee wijken ze radicaal af van de materialisten. In onze tijd is dat voor een natuurkundige, voor wie de wiskunde de sleutel vormt tot het begrip van het universum, en voor een scheikundige met zijn periodiek systeem der elementen veel makkelijker te begrijpen. De wereld is wiskundig georganiseerd. Het fundament van die wereld is het getal 10, het volmaakte getal dat ontstaat uit de optelling van de vier basisgetallen 1, 2, 3 en 4. Het zwakke punt echter binnen het pythagorische wereldbeeld is dat de kwadraatswortel van 2 niet valt uit te drukken als een verhouding tussen twee natuurlijke getallen, maar alleen als een irrationeel getal.

Vuur, aarde, lucht, hemel en water bestaan volgens Plato allen uit polyeders (veelvlakken), de 'platonische lichamen'.

Orfisme
De naam 'orfisme' is afgeleid van de mythische zanger en dichter Orpheus, die deze religieuze beweging zou hebben gesticht. De grondgedachte is: de mens heeft een onsterfelijke ziel die door ascese uit het lichaam kan worden bevrijd. Het orfisme had een grote invloed op Pythagoras en Plato.

De complexe visie van de pythagoreeërs op de menselijke ziel verraadt de invloed van het orfisme. Net zoals de wereld is ook de ziel – het beste wat de mens heeft – onsterfelijk. Maar zolang die ziel gevangen zit in het lichaam, blijft de mens gespleten. Als het lichaam sterft, gaat de ziel verder en komt zij in een nieuw lichaam terecht. En dat kan ook een dier zijn. Om de kringloop van zielsverhuizingen te doorbreken, moet de mens zich louteren en werken aan zijn ziel. Dit betekent oefening in zelfdiscipline, onthouding en soberheid. Pas na volledige loutering verenigt de ziel zich met de kosmos. Waarneming en kennis ontstaan door de juiste afstemming van de ziel en de wiskundig geometrische lichaamsvormen. Het 'kennen' definiëren de pythagoreeërs als volgt: het zintuiglijk waarneembare wordt met innerlijke oerbeelden vergeleken en vervolgens als overeenstemmend of niet-overeenstemmend gedefinieerd.

Pythagoras gebruikt zijn theorieën eveneens om muziek en de beweging van de sterren te verklaren. Het zijn de verhoudingen tussen getallen die zorgen voor klankharmonie. Snaarlengte en toonhoogte van de lier staan in een evenredige verhouding tot elkaar. De drie belangrijkste toonafstanden in de Griekse muziek komen overeen met de numerieke verhoudingen 1:2 (octaaf), 3:2 (kwint), 4:3 (kwart). De wiskunde brengt zo orde en schoonheid (harmonie) in de chaos van klanken.

Bekritiseerd door Aristoteles, maar met een grote invloed op Plato lieten de pythagoreeërs ook in latere eeuwen hun sporen na, ook al heeft hun speculatieve getallenleer slechts nog betekenis in overdrachtelijke zin, als onderscheid tussen de denkbare en de waarneembare werkelijkheid. Zo wijdde Johannes Kepler een heel boek aan het idee van een harmonie van het heelal. De gedachte dat sterren een hard geluid zouden voortbrengen dat alleen de goden konden horen, de zogeheten hemelse muziek, sprak menig dichter tot de verbeelding.

Heraclitus *(leefde rond 500 voor Christus in Efeze)*

Heraclitus was eveneens een Ioniër en afkomstig uit Efeze in Klein-Azië. In deze havenstad bevond zich de tempel van Artemis, een van de zeven wereldwonderen. Later zou Efeze de hoofdstad worden van de Romeinse provincie *Asia*. Vanwege zijn aristocratische afkomst erfde Heraclitus het koningschap, dat destijds in Efeze echter nauwelijks enige politieke betekenis had. Hij stond de troon dan ook moeiteloos af aan zijn broer. Uit protest tegen de democratische bewegingen in zijn woonplaats trok hij de bergen in om zich daar als kluizenaar te vestigen. Hij was een liefhebber van raadsels, paradoxen en woordspelletjes die door verwarring te zaaien de betekenis van zijn uitspraken moesten verhullen. Hij verwoordde zijn leer in zinspreuken (*gnomen*) die volgens een zeer strakke vorm waren ontworpen en die hem al in de klassieke Oudheid de bijnaam 'de duistere' opleverden. Uitspraken als "de weg naar boven en beneden is een en dezelfde" getuigen van een grillige diepgang en dubbelzinnigheid. Mede om die reden neemt hij een unieke positie in ten opzichte van de andere presocraten. Hij wordt wel gekenschetst als een roepende in de woestijn, die de democratie verachtte en zelfs kritiek uitte op zulke onaantastbare grootheden als Pythagoras en de dichters Homerus en Hesiodus.

Waar Democritus als 'de lachende filosoof' wordt bestempeld, is Heraclitus' bijnaam 'de duistere'.

Qua bronnen is de situatie veel gunstiger dan bij zijn voorgangers. Er bestaat een hele reeks fragmenten die aan Heraclitus wordt toegeschreven en die wellicht ongeveer de helft van zijn werk uitmaakt. Beroemd werd hij vanwege zijn uiteenzettingen over de natuur, waarvan 130 fragmenten bewaard zijn gebleven. De andere fragmenten gaan over de logos, kosmologie, politiek, ethiek en theologie.

Twee lastige citaten zijn bijzonder bepalend voor de receptie van Heraclitus in daarop volgende tweeduizend jaar. In een van Plato's dialogen zegt Socrates dat volgens Heraclitus "alles stroomt." Het gevolg van deze leerstelling was dat dit louter werd geïnterpreteerd als "worden en vergaan." Het andere en beroemdste fragment is nog problematischer. De spreuk "de oorlog is de vader van alle dingen" is in de hele geschiedenis steeds weer misbruikt om allerlei vijandigheden te rechtvaardigen. Toch doelt Heraclitus hier niet op de oorlog in de zin van een politiek of sociaal conflict. Hij denkt veel abstracter en meent dat alles uit tegengestelde eigenschappen bestaat die elkaar in evenwicht houden. Daarvoor gebruikt hij metaforen als bijvoorbeeld het zeewater, dat zowel gezond als ongezond is. Bekend is ook de gespannen boog. De spanning staat voor een harmonische tegenstelling. Dit soort tegenstellingen en niet de oorlog kenmerken de stadstaat. Het gemeenschappelijke komt enkel hieruit voort. Alles, de materiële en de sociale wereld, bestaat uit een harmonie van tegenstellingen. Het einde van de uit de tegenstellingen voortkomende spanning zou stilstand betekenen, en zelfs de dood. Bij voorspoed hoort ook tegenspoed, net als ziekte bij gezondheid. Door ziekte weet men pas wat het is om gezond te zijn en alleen door honger komt men pas achter de ware betekenis van verzadiging. Deze gedachtegang is tegenwoordig actueler dan ooit.

De wereld is eeuwig en dankzij de logos, de wereldgeest, een geordende eenheid waarin tegengestelde principes als leven en dood elkaar bestrijden. Ze voeren als het ware oorlog met elkaar. De logos is echter niet stoffelijk, zoals het apeiron bij Anaximander. Naast de algemene is er ook een individuele geest, die in verband staat met de logos en die daarom het begrip van de werkelijkheid mogelijk maakt. Door zuivere empirie, dus alleen de ervaring, zou dat niet kunnen. Toch is inzicht in de samenhang van de natuur voor maar weinig mensen weggelegd. Zij die het hebben, zijn van nature voorbestemd om de leidersrol op zich te nemen. Hieruit blijkt wel dat Heraclitus de egalitaire democratie consequent van de hand wijst.

Hij hield zich intensief bezig met vuur, dat voor hem hetzelfde betekende als lucht voor Anaximenes of apeiron voor Anaximander. Vuur is de materie van de goddelijke bliksem, een soort oerenergie die geen materialistische, maar een symbolische rol vervult. Vuur leidt tot verandering en variatie. Het eeuwige, goddelijke vuur is de substantie waaruit de wereld is opgebouwd. Het heeft ook een denkend, sturend en oordelend vermogen. Daarnaast is er ook het kosmische vuur, dat voortdurend blootstaat aan een proces van radicale veranderingen en dat in water of aarde (vlees) kan worden omgezet, zonder dat er ook maar iets van de substantie verloren gaat. Het eeuwige vuur voedt het kosmische en heerst, net als de mythologische Zeus met zijn bliksem, over alle gebeurtenissen in het heelal. Ook de ziel is van vuur en bestaat uit dezelfde materie als de sterren, de lichaamsloze gaten in de hemel. Er is geen zielsverhuizing. Na de dood keert de ziel terug naar de logos.

Stabiliteit is een illusie, want de enige constante is verandering. De wereld verandert voortdurend. “Men kan niet tweemaal dezelfde rivier oversteken,” omdat men zelf, net als de rivier, in tussentijd verandert. “Zij die in dezelfde rivier stappen, ontmoeten steeds weer andere waterstromen, het toe- en wegvloeien bevindt zich voortdurend in evenwicht, de afwisseling is zodanig dat het lijkt alsof alles hetzelfde blijft.” Er vindt steeds weer een vergelijk plaats, want, zo stelde Heraclitus, “alles stroomt!”

Zijn leer dat iedere ontwikkeling voortkomt uit tegenstellingen heeft menigeen tot de verbeelding gesproken, ook al gaf ze nog wel eens aanleiding tot onjuiste interpretaties. Met name Plato en de stoïcijnen, maar ook Hegel, Nietzsche, Heidegger en in het bijzonder de marxisten, zijn erdoor beïnvloed. En niet in de laatste plaats is de leer van de voortdurende strijd tussen tegenstellingen bepalend geweest voor Darwins evolutietheorie. Ten slotte zou zijn leer van de immateriële logos, die de wereld ordent en verenigt via Plato en de hellenistische filosofen, uitmonden in de christelijke voorstelling van Gods woord.

Eleaten

De Griekse nederzettingen in Italië kenden een rijk cultureel leven. Van Pythogaros' tijdgenoten waren het vooral de handelaren die in aanraking kwamen met vreemde culturen. Door deze contacten brachten zij nog een andere filosofische stroming op gang, die van de eleaten. De eleaten waren afkomstig uit Elea (het huidige Veglia, in Campania, veertig kilometer ten zuiden van Paestum) en kenden drie belangrijke vertegenwoordigers: Xenophanes, Parmenides en Zeno.

XENOPHANES *(circa 570 voor Christus in Colophon – circa 470 voor Christus op Sicilië (?))*

De in Ionië opgegroeide Xenophanes trok na de verovering van Colophon door de Meden (546/545 voor Christus) naar het westen. Enige tijd later zou Pythagoras zijn voorbeeld volgen. Zoals Xenophanes het zelf noteerde, zwierf hij vanaf dat moment bijna 75 jaar lang door Zuid-Italië en dan vooral langs de oostkust van Sicilië. Hij hield zich in leven met onder meer het voordragen van gedichten aan Grieken van aristocratischen huize. Uiteindelijk vestigde hij zich in Elea, ten zuiden van Salerno aan de Italiaanse westkust, waar hij op min of meer hetzelfde moment als Pythagoras een filosofenschool stichtte.

Van Xenophanes zijn poëziefragmenten bewaard gebleven. Mogelijkerwijs gaat het hier om filosofische leergedichten. Zijn gedachtegoed richt zich op twee thema's, kennistheorie en vooral God. Als eerste breekt hij met de traditionele religie en verwerpt hij bijgeloof en het idee van zielsverhuizing.

Xenophanes bekritiseert de opvatting dat de goden op de mens zouden lijken: "De Ethiopiërs zeggen dat hun goden zwart zijn en een brede neus hebben, de Thraciërs zeggen dat ze blauwe ogen hebben en rood haar." Dit laat zien hoe subjectief en dus misleidend antropomorfe godsbeelden zijn. Als dieren standbeelden zouden kunnen oprichten, dan zouden die zeker op hen lijken.

In plaats daarvan draagt Xenophanes een abstract monotheïsme uit: "Eén God, de grootste onder de goden en de mensen, geenszins lijkend op een sterveling, noch qua lichaam, noch qua geest." Zijn theologie kan in zeven dogma's worden samengevat: 1. Er is slechts één God. 2. God heeft een lichaam, maar niet dat van een mens. 3. Beweging is voor Hem niet noodzakelijk. 4. Hij beweegt en verandert de wereld alleen door zijn denken en wil. 5. Deze berust op zijn volmaakte waarneming en reflectie. 6. God is eeuwig. 7. God is in moreel opzicht volmaakt. De wereld is niet het product van dit ene, zoals bij de Milesiërs, maar is het ene. God vormt de wereld en de kosmos is God. Xenophanes neemt met andere woorden een pantheïstisch standpunt in. God is in alles. Toch is hier enige voorzichtigheid geboden, want de overgeleverde fragmenten van zijn filosofie geven ook ruimte aan andere interpretaties.

In zijn kennistheorie is Xenophanes een scepticus: "Geen mens heeft het zekere met eigen ogen gezien, en geen mens zal kennis hebben van goden en van al wat ik zeg. Ook wanneer iemand bij toeval iets absoluut waars zou zeggen, dan zou hij het zelf niet weten. In alles schuilt een mening." Er bestaat een absolute waarheid, maar de mens zal haar niet vinden en mocht dat toch gebeuren, dan zal hij dat niet doorhebben, want over alles ligt een waas van schijn. Deze visie, deze tegenstelling tussen waarheid en schijn, ziet men voor het eerst bij Xenophanes. Niettemin blijft hij een optimist, omdat hij ook oog heeft voor de waarschijnlijkheid, die zich tussen waarheid en schijn bevindt en waarnaar men zich dient te richten. Bovendien draagt de tijd bij aan steeds meer kennis, iets wat de goden niet doen. Voor zover kan worden nagegaan, luidt Xenophanes hiermee de geboorte in van het vooruitgangsdenken in de Griekse literatuur.

Parmenides *(circa 515/510 voor Christus in Elea (?) – na 450 voor Christus in Elea (?))*

Over geen filosoof van zo'n groot formaat is zo weinig bekend als over Parmenides. Zijn geboortejaar zou 515, maar net zo goed ook 540 voor Christus kunnen zijn. In de filosofiegeschiedenis gaat men in het algemeen ervan uit dat hij een leerling was van Xenophanes, maar ook dat is niet met zekerheid te zeggen. Het enige waar geen twijfel over bestaat, is dat hij het grootste deel van zijn leven heeft doorgebracht in de Griekse kolonie Elea aan de West-Italiaanse kust en dat hij daar een filosofische school stichtte.

Net als de andere Italische filosofen Xenophanes en Empedocles zette Parmenides zijn leer uiteen in epische verzen. Van zijn in hexameters (zesvoetige verzen) geschreven *Peri Physeos* (*Over de natuur*) zijn relatief lange passages (ongeveer 150 regels) bewaard gebleven. Dit werk begint met een beschrijving van zijn reis uit de duisternis naar het land van licht, waarheid en kennis. Daar ontmoet hij een godin die hem onderwijst (een duidelijke parallel met Hesiodus' leergedichten) en hem vertelt dat er in werkelijkheid geen verschillen en veranderingen zijn, maar dat alles één is. Iets bestaat of bestaat niet. "Niets is er niet."

Als er verschillen of veranderingen zouden zijn, dan zou dat betekenen dat er een zijnde is, dat niet dit of dat is. Het is echter zinloos om over iets te spreken wat niet is. Alleen het zijnde is. Dit zijnde kan ontstaan noch vergaan, omdat het niet uit het niets kan zijn voortgekomen. Zou het uit een ander zijnde zijn ontstaan, dan zou dat alleen maar bewijzen dat al het zijnde niet ontstaan is. En wanneer het niet ontstaan is, kan het ook niet vergaan en is het dus onvergankelijk. Het is één geheel, want als het uit delen zou bestaan, dan zouden deze ook door een zijnde van elkaar gescheiden moeten zijn. Daarvoor zou dan weer hetzelfde moeten gelden, zodat er een oneindig aantal delen zouden moeten zijn, hetgeen Parmenides niet mogelijk acht. Het zijnde is volmaakt en onbeweeglijk, want als het zou bewegen, dan zou dat inhouden dat iets naar een plaats kan bewegen waar nog niets is. Het niets, het vacuüm, bestaat echter

De gereconstrueerde argumentatie uit Plato's dialoog *Parmenides*
In deze dialoog laat Plato Parmenides discussiëren met zijn leerling Zeno en met de jonge Socrates: "Denken is als zien. Wanneer ik zie, dan zie ik iets, bijvoorbeeld een tafel of een boom. Zo kan men ook zeggen: wanneer ik denk, dan denk ik aan iets. Wanneer ik iets zie, zie ik iets wat is, een zijnde. Wanneer ik aan iets denk, denk ik aan een zijnde. Omgekeerd kan men zeggen: wanneer ik aan een niet-zijnde denk, dan denk ik aan iets wat er niet is, ik denk aan niets, dus denk ik niet! Het niet-zijnde is ondenkbaar, alleen het zijnde is! Daarom is verandering niet mogelijk. Immers zij veronderstelt dat iets wat er nog niet is, kan zijn. Alles wat zich ontwikkelt, draagt noodzakelijkerwijs een doel in zich waartoe deze ontwikkeling leidt. Wanneer het echter nog niet is, hoe kan het dan iets in zich dragen?"

niet. Het zijnde is een kogel, want alleen een kogel is onbegrensd en daarmee zonder gebreken.

Parmenides gaat verder dan de traditionele voorstellingen en de onbetrouwbare meningen van de mensen. Op zijn denkweg bereikt hij inzicht in het wezen van het zijnde. Doordat hij het zijnde niet alleen beschrijft, maar ook definieert en met uitspraken probeert te onderbouwen die hij louter uit het verstand en dus niet uit de ervaring put, legt hij met zijn leer van het zijnde de grondslagen voor de metafysica. Hij vertrouwt zuiver op het oordeel van de rede, en niet op dat van de zintuigen. Hiermee staan waarneming en rede in de Europese filosofie voor het eerst tegenover elkaar. Niet de zintuigen, maar het dialectische denken leidt tot begrip van de werkelijkheid. Dit alles zet de deur open naar Plato.

Parmenides' argumentatie is veel abstracter dan die van alle filosofen voor hem en ook van zijn tijdgenoten. Hij sloeg een nieuwe weg van het denken in en was niet geïnteresseerd in de samenstelling van de dingen, maar in het zijn zelf. Hij introduceerde de leer van het zijnde, de ontologie, op een nieuw abstractieniveau en richtte zich daarbij op de meest fundamentele aspecten van het Grieks, met name op het werkwoord 'zijn'. De wereld zoals men die kent, is niet de echte wereld, maar kennis van een andere kan men ook niet hebben. Er vinden voortdurend veranderingen plaats, ofschoon er in feite geen verandering mogelijk is. Wat dus realiteit wordt genoemd, is "een bedrieglijke reeks woorden."

De betekenis van Parmenides moet hoofdzakelijk worden gezocht in zijn ontdekking van de ontologie en zijn abstractie van de natuurlijke, waarneembare wereld. Zijn denken luidt het einde in van het tijdperk van de Milesiërs en Heraclitus. Na hem ontwikkelde de filosofie zich in twee richtingen, die van Empedocles, Anaxagoras en Democritus, die voortborduurden op zijn idee van onveranderlijkheid, en die van Plato en de ideeënwereld.

ZENO *(circa 490/485 voor Christus in Elea (?) – na 445/440 voor Christus)*

Zeno is verreweg de beroemdste leerling van Parmenides. Hoewel van een generatie later, stamt hij net als zijn leermeester uit het Zuid-Italiaanse Elea. Over zijn leven is bijna niets bekend. Volgens Plato moet hij echter Athene hebben bezocht, waar hij onder meer Pericles en Socrates heeft ontmoet. Ook van Zeno's werk, een verzameling paradoxen, zijn slechts fragmenten bewaard gebleven. Voor andere overleveringen moet men vooral bij Plato en Aristoteles zijn.

Met zijn paradoxen verdedigt Zeno het ontologische monisme, de eenheid van het zijnde, van Parmenides. Vanwege zijn sterk ontwikkelde kunst van het argumenteren geldt hij als de grondlegger van de dialectiek. Hij laat zien dat voorstellingen van tijd en verandering, van beweging en veelheid slechts illusies zijn. Het bekendste is ongetwijfeld zijn paradox van de pijl, ook wel de *dichotomie* ('halvering') genoemd. Als men met een boog een pijl afschiet op een bepaald doel, dan zal deze pijl op een gegeven moment precies halverwege zijn. Korte tijd later zal hij opnieuw het middelpunt van het nog overgebleven traject passeren. Even later gebeurt weer hetzelfde als de pijl op het middelpunt aankomt van het nog resterende kwart van het oorspronkelijke traject. En dit herhaalt zich voortdurend. De pijl zal dus op zijn weg naar het einddoel een oneindige hoeveelheid punten passeren, omdat het resterende traject zich steeds weer laat halveren. De conclusie luidt dan ook dat als iets beweegt, het een oneindige hoeveelheid handelingen uitvoert, en het dus in feite rust. Maar wanneer iets op elk tijdstip een vast punt inneemt en in rust is, kan er geen beweging zijn. De pijl zal daarom zijn doel nooit kunnen bereiken. Het is met andere woorden een illusie om te denken dat tijd en verandering reëel zijn.

Zeno van Elea met zijn stoïcijnse blik en typische filosofenbaard

De ruimte en daarmee het traject kunnen inderdaad oneindig vaak in stukjes worden verdeeld. Daarom ligt de oplossing voor deze paradox in de onjuistheid van de veronderstelling dat iets een oneindige hoeveelheid handelingen kan uitvoeren. Ook al wist Zeno maar al te goed dat de pijl zijn doel zal bereiken en ook al hebben generaties wetenschappers zich over dit vraagstuk gebogen, het uiteindelijke bewijs is tot op heden nog niet geleverd.

Zeno toonde weinig belangstelling voor de metafysica, de principes van het zijnde, en ontwikkelde evenmin een theorie van de logica. Hij had tenslotte ook geen eigen filosofisch systeem. In plaats van iets nieuws te bedenken, bouwde hij voort op het bestaande dat hij voorzag van kritiek. Zijn doel was kennis en in die zin kan hij reeds als een sofist worden bestempeld. Gorgias, een van de beroemdste sofisten, grijpt in zijn *Over het niet-zijnde* veelvuldig terug op Zeno.

De verdienste van Zeno is zijn kritische blik die bij alles een vraagteken zet en niets zomaar aanneemt. Als eerste in de Griekse filosofie maakt hij met zijn argumentaties gebruik van het indirecte bewijs. Pas als blijkt dat het tegendeel onjuist is, is een stelling waar. In de twintigste eeuw maakte de belangstelling voor Zeno een ongekende bloei door, met name bij Bertrand Russell, die de basis legde voor de zogeheten paradox van de zelfverwijzing van de verzamelingenleer.

EMPEDOCLES *(circa 492 voor Christus in Acragas (?) – circa 430 voor Christus op de Peloponnesus (?))*

Ook Empedocles kwam niet uit het eigenlijke Griekse vaderland, maar uit een Italische kolonie in Acragas, het huidige Agrigento, aan de zuidkust van Sicilië. Als aristocraat speelde deze filosoof, arts en godsdienstleraar een belangrijke politieke rol. Zo was hij betrokken bij de val van de tiran Theron, die in 480 voor Christus Acragas tot zijn machtscentrum uitriep, nadat hij de Carthagers had verslagen. Terwijl de stad een democratie werd, maakte Empedocles veel vijanden. Het gevolg was dat hij na een reis door Zuid-Italië maar beter niet kon terugkomen. Er bestaan allerlei verhalen over wat er daarna met Empedocles is gebeurd. Het meest bizarre is wel dat hij om het leven zou zijn gekomen na een sprong in de Etna. Er wordt beweerd dat hij, overtuigd van zijn eigen goddelijkheid, elke spoor van zijn dood wilde uitwissen. De vulkaan zou echter een van schoenen hebben uitgespuwd. Veel waarschijnlijker is evenwel dat hij op de Peloponnesus is gestorven.

Hoewel Empedocles net als Pythagoras bij zijn aanhangers erop aandrong om zijn leer geheim te houden, is veel van zijn gedachtegoed bewaard gebleven. Dit komt niet in de laatste plaats doordat hij zelf allerlei ideeën heeft vastgelegd. Van zijn in hexameters (epische verzen) geschreven werken zijn er twee grotendeels intact. Het gaat hier om *Peri Physeos* (*Over de natuur*) en *Katharmoi* (*Louteringen*).

Empedocles kiest uit de leerstelsels van zijn voorgangers bepaalde gedachten en voegt deze vervolgens samen, zodat er een nieuw geheel ontstaat. Hiermee creëert hij weliswaar niet echt iets nieuws, maar toch is hij ook geen eclecticus. Zijn werk behandelt evenzogoed de aan de Indiërs en het pythagorische orfisme ontleende zielsverhuizing als Heraclitus' periodieke wisseling van ontstaan en vernietiging van de wereld. Als aanhanger van Parmenides' centrale kennis bestrijdt hij de gedachte dat iets uit het niets zou kunnen ontstaan en dat iets volledig tenietgedaan zou kunnen worden. Maar tegelijkertijd kan hij zich niet vinden in de conclusie dat de werkelijkheid een bewegingsloze eenheid zou zijn.

Niet de zintuigen, maar de rede en de goddelijke ingeving leveren de kennis dat ontstaan, vergaan en verandering berusten op vereniging en scheiding van iets oorspronkelijks en onveranderlijks. Wat dat precies is? De "wortels van alle dingen" oftewel aarde, water, vuur en lucht. Op die manier komt Empedocles tot een synthese van het gedachtegoed van zijn voorgangers, in het bijzonder de Milesiërs, Heraclitus en Parmenides. Aristoteles, die voor zijn fysica op deze grondgedachten zou teruggrijpen, noemde deze wortels later de elementen. Ze zijn niet voortgebracht, niet te veranderen, niet te vernietigen en homogeen. Echter, en hier onderscheidt hij zich duidelijk van Parmenides, ze zijn in beweging en deelbaar. Hieruit volgt dan ook dat ze zich kunnen vermengen. Vanuit de herschikking van onvergankelijke materie verklaart Empedocles dus beweging en verandering. Maar waarom is er eigenlijk een herschikking?

Door een "machtige eed" zorgen twee externe basiskrachten voor een voortdurende afwisseling van de elementen. Aan de ene kant is er de liefde, vriendschap en aantrekking, aan de andere kant de haat, strijd en afstoting. In het begin had de liefde de absolute macht en waren alle elementen verenigd, vermengd en volmaakt. Ze vormden een kogel en er bestonden geen afzonderlijke dingen. Net als bij Anaximander leidde het cyclische proces tot strijd, waardoor alles zich losmaakte en er pluraliteit ontstond. Als krachten zijn aantrekking en afstoting niet materieel, maar onzichtbaar en onvoorstelbaar fijn. Ze zijn eerder geestelijk te noemen. Empedocles gaat dus uit van zowel geest als materie.

De vier elementen, die nog steeds van invloed zijn op ons denken, zijn de kosmische sferen land, zee, atmosfeer en het hemelse vuur (zon, sterren, licht). Als eerste zijn hemel en aarde ontstaan, en vervolgens was er leven. Daarbij kwam de mens pas na de planten en dieren. Het is verbazingwekkend om te zien hoe Empedocles 2300 jaar voor Darwin al een aanzet geeft tot de moderne evolutietheorie. Dat geldt ook voor zijn voorstelling van het einde van de wereld. De eenheid van het begin zal weer heersen en alles zal worden verenigd tot een kogel.

Bewustzijn en kennis zijn volgens Empedocles het resultaat van organische processen. Bij waarneming maken de kleinste deeltjes van het waargenomen object zich los en dringen, voor zover zij daarin passen, binnen in de poriën van de zintuigen. Om die reden is het menselijke kenvermogen van nature beperkt. De mens kan alleen datgene kennen waaruit hij zelf ook bestaat. "Immers door aarde aanschouwen we de aarde, door water het water, door ether de goddelijke ether, maar door vuur het vernietigende vuur; verder ook de liefde door onze liefde en de haat door onze trieste haat." De goddelijke ingeving completeert de aldus gevormde kennis.

God en theologische denkbeelden vormen ook het thema van *Katharmoi*. De wereld was aanvankelijk volmaakt en ook de mensen leefden als evenbeelden van God in absolute harmonie. Door strijd te leveren, schonden ze de belangrijkste wet, namelijk het verbod om te doden. Daarom zijn ze gedoemd om steeds opnieuw te worden geboren. Alleen een louteringsproces kan deze kringloop doorbreken. Dit is dan ook het uiteindelijke doel van Empedocles' filosofie. Deze gedachte is op zich niet nieuw. Men vindt hem reeds in de pythagorische leer van de zielsverhuizing. Toch laat dit zien dat Empedocles met de erfenis van zijn voorgangers een unieke mengeling weet te scheppen van Ionische natuurfilosofie, Parmenides, Pythagoras, een beetje orfisme en Heraclitus.

Anaxagoras *(500/496 voor Christus in Clazomenae (?) – circa 428 voor Christus in Lampsacus)*

Anaxagoras werd vermoedelijk geboren in Clazomenae, een Griekse kolonie aan de kust van Klein-Azië (vlakbij het tegenwoordige Izmir). Hij was de eerste die beweerde dat het verstand overheerst. Dit bezorgde hem de bijnaam 'de geest'. Ook was hij de eerste filosoof uit de Klein-Aziatische, Thracische en Italische koloniën die langere tijd in Athene woonde. Daar kwam hij contact met Pericles. Toen tegenstanders van deze grote Griekse staatsman een aanklacht tegen Anaxagoras indienden wegens goddeloosheid, werd hij uit Athene verbannen. Hij durfde namelijk te verklaren dat de zon uit gloeiend gesteente bestaat en dus geen god kan zijn. De rest van zijn leven woonde hij in Lampsacus, aan de zuidkust van de Hellespont.

In zijn leer volgt Anaxagoras de kritiek van de Eleatische school van Parmenides op de speculaties van de natuurfilosofen over het ontstaan van de wereld en verandering. Hij sluit zich aan bij de volgende grondgedachten van Parmenides: niets ontstaat, niets vergaat, er bestaan geen atomen, alles kan steeds weer en tot in het oneindige in stukken worden gedeeld. Anaxagoras gaat ervan uit dat in de wereld altijd alles al aanwezig was. Elk ding draagt een deel van alles in zich, in elk deeltje zit de oertoestand van de wereld. Dit betekent dat marmer bijvoorbeeld ook vleesdeeltjes bevat, en vlees boomdeeltjes, en de boom honing. De wereld is niet, zoals Empedocles beweert, ontstaan uit vier elementen en evenmin, zoals Democritus veronderstelt, uit een homogene materie, maar uit een mengeling van alle later voorkomende dingen. "Alle dingen waren samen, oneindig klein en in een oneindige hoeveelheid. Geen (van de dingen) was te zien vanwege de geringe grootte, want alle waren omgeven door *aer* en *aither*, die beide oneindig zijn." Aanvankelijk kende de wereld oneindig grote hoeveelheden oneindig kleine en kwalitatief verschillende stoffen, die Anaxagoras de zaden of kiemen van de dingen noemt. Een externe kracht, de wereldgeest, zorgde voor een werveling, waardoor de verschillende dingen werden uitgesorteerd. Als eerste werden aer en aither van elkaar gescheiden, de twee uiterste gesteldheden van materie. Aer, met andere woorden het ondoordringbare, het koude, het vochtige, het donkere, verzamelde zich in het centrum en perste zich samen tot de aarde. Aither, dat staat voor het dunne, het hete, het droge, het lichte, werd naar de buitenste regionen, de hemel, geslingerd. In elk ding domineert een van beide substanties, die dan ook de uiterlijke verschijningsvorm en zijn aard bepaalt.

Over de geest (*nous*) schrijft Anaxagoras: "Alle andere dingen hebben een deel van alles, doch de geest is oneindig en autarkisch en met niets vermengd, maar volstrekt alleen met zichzelf. Hij is het fijnste en zuiverste van alle dingen, weet alles over een ieder en is oppermachtig; en over alles wat leeft, heerst de geest." Ook met dit onderscheid tussen oorzaak en gevolg, geest en beweging betreedt Anaxagoras nieuwe paden. De geest geeft slechts een eerste duw aan de anorganische materie. Daarnaast is hij meester over alle levende wezens. Hun levenskracht maakt deel uit van de geest en daardoor kunnen ze leven. Met de geest als bron van de wereldorde en het leven introduceert Anaxagoras de teleologische verklaring van het bestaan. In tegenstelling tot Empedocles en Heraclitus met hun kringloop, ziet hij in het ontstaan van de wereld een vooropgezet doel.

DEMOCRITUS *(circa 460 voor Christus in Abdera – circa 370 voor Christus in Abdera)*

Zoals bij de meeste presocraten is ook bij Democritus niet precies bekend wanneer hij is geboren en gestorven. Eén ding is zeker, hij is afkomstig uit Abdera in Thracië, het gebied ten noorden van de Egeïsche zee dat grenst aan het huidige Turkije. De kustplaats Abdera maakte in die jaren een grote culturele bloei door. Democritus was een leerling van Leucippus, de uit Milete stammende grondlegger van de atoomleer. Later zou Democritus deze leer verder ontwikkelen. Rondom zijn persoon bestaan er veel verhalen en anekdoten. Democritus wordt wel 'de lachende filosoof' genoemd, omdat hij voortdurend de spot dreef met de domheid van de mens.

Democritus was een ontwikkeld man die Egypte, het Nabije Oosten en Perzië bezocht en contacten onderhield met andere filosofen, waaronder de pythagoreeërs. Over zichzelf zei hij eens: "Van al mijn tijdgenoten ben ik op mijn reizen het verst geweest en heb ik daarbij ook nog eens het diepste onderzoek gedaan, de meeste landen en streken gezien en het grootste aantal geleerde mannen aangehoord..." Na zijn terugkeer wijdde hij zich, ver van het openbare leven, aan de wetenschap en de kunst. Hij stichtte geen school. Zijn uitspraak "ik vind liever één enkel bewijs [in de geometrie] dan dat ik koning van Perzië word" is zeer kenmerkend voor zijn honger naar kennis.

Democritus' werk is net zo veelzijdig als dat van Aristoteles. Hij schreef over ethiek, fysiologie, psychologie, wiskunde, natuurkunde, astronomie, geografie, poëzie, taal, schilderkunst, muziek, akkerbouw en krijgskunst. Van dit alles is echter maar weinig bewaard gebleven.

Evenals Parmenides zoekt Democritus naar een verklaring voor de verandering van de wereld, rekening houdend met de argumenten die de Eleaten aanvoerden op het gebied van worden en vergaan, beweging en veelheid. Hij bouwt voort op de kosmologie van de Milesiërs en stelt vast dat alles een oorzaak moet hebben. Zijn leermeester Leucippus had al eens opgemerkt dat "er geen ding ontstaat zonder een plan en dat alles met een bepaald doel en een zekere noodzaak gebeurt," een bewering die als de eerste causaliteitswet kan worden gezien. In Democritus' ogen was het uitgesloten dat de wereld zomaar uit het niets is ontstaan. Toch kon hij niet meegaan met Empedocles, die ontkende dat er zoiets zou zijn als beweging en pluraliteit.

Als medegrondlegger van de atoomleer had Democritus alle redenen om te lachen.

In plaats daarvan volgde hij het gedachtegoed van Leucippus, die in Elea in aanraking was gekomen met de ideeën van Parmenides. Leucippus verklaarde het zijnde met behulp van ondeelbare (atoom = *a*, 'niet', en *tom*, 'doorsnijden', 'verdelen'; zo ontstond het begrip dat vele eeuwen later zo'n belangrijke rol zou spelen), onveranderlijke, eeuwige en bewegingsloze materiedeeltjes. Deze hebben alle kenmerken die Parmenides aan het zijnde toeschreef. Ze bewegen zich bijvoorbeeld niet in zichzelf, maar tegen elkaar. En om die reden moet er ook een lege ruimte, een niet-zijnde bestaan! Het is op dit punt dat Democritus aanhaakt. Voor hem bestaat de wereld evenmin uit slechts het ene, maar uit een onduidelijk aantal deeltjes met één gemeenschappelijke eigenschap: ze zijn ondeelbaar, massief of compact en zonder poriën en gaten. Daarnaast is er de lege ruimte. Kortom, de wereld is opgebouwd uit een ruimtevullend en vol iets, het zijnde, en de lege ruimte, het niet-zijnde. De atomen bewegen zich door hun gewicht doelloos door het niets, zonder dat er een andere veroorzaker in het spel is. Alles is eeuwig en kan niet worden geschapen of vernietigd (want uit het niet-zijnde kan niets voortkomen en iets zijnde kan net zo min in het niets verdwijnen, een argumentatie die ook Parmenides hanteerde). De onzichtbare en onveranderlijke atomen zijn verschillend qua grootte en vorm, en voortdurend in beweging, waarbij ze op elkaar botsen en van richting en snelheid kunnen veranderen. Door krachten kunnen ze met elkaar worden verbonden en samengestelde lichamen vormen, die vervolgens ook weer kunnen vergaan. Karakter en eigenschappen van lichamen, hun gewicht, dichtheid en hardheid, met andere woorden de kwantitatieve, primaire kenmerken, worden bepaald door atomen. Democritus is een volstrekte materialist. In zijn wereldbeeld is geen plaats voor mythologie. Voor hem is er geen van buitenaf opgelegde orde of intelligentie, geen logos. De mens wordt niet door het lot of de goden geleid. De ziel overleeft ons niet en geesten zijn slechts hersenspinsels.

Voor zintuiglijke ervaring, dat wil zeggen de kwalitatieve, secundaire eigenschappen van de dingen, zoals kleur en geur, heeft Democritus een soortgelijke verklaring als Empedocles: dingen en waarnemingsorganen stralen beide atomen uit die vervolgens op elkaar botsen. De kennis van het verstand, de 'echte' kennis, moet het aldus ontstane 'donkere' zintuiglijke inzicht aanvullen, aangezien dit laatste niets kent zoals het werkelijk is, maar slechts afgaat op het effect dat iets op ons heeft. Alleen met de kennis van het verstand zijn atomen en de lege ruimte waarneembaar.

Voor het ontstaan van de wereld geeft Democritus eveneens een mechanistische verklaring. Als gevolg van een wervelwind zijn de zware atomen in het centrum terechtgekomen, waar zij de aarde vormden. Omdat de atomen blijven bewegen, zal deze aarde ook weer vergaan en zullen er nieuwe werelden ontstaan. Dit proces zal zich eindeloos herhalen. Toch gebeurt dit alles niet zonder toeval, maar ook niet door toedoen van een bepaalde geest, zoals liefde en haat bij Empedocles. Het is het gevolg van een wetmatigheid in de dingen die niet kenbaar is.

Net als zijn tijdgenoot Socrates hield Democritus zich bezig met de vraag hoe de mens gelukkig kan worden. Het antwoord hierop was *ataraxia* oftewel gemoedsrust. Deze vindt men wanneer de zielatomen rustig en gelijkmatig bewegen. De materialist Democritus ging er immers van uit dat niet alleen het lichaam, maar ook de ziel uit – zeer kleine – atomen bestaan die zich na de dood verspreiden. Het goede is datgene wat bevorderlijk is voor de ziel. Een eerste teken daarvan is vreugde. Deze is echter, zoals elke waarneming, niet objectief, maar moet door het verstand worden gecontroleerd. De mens heeft zijn eigen geluk in de hand en zal die kunnen vinden door matigheid te betrachten, de geest te ontwikkelen en het genot te minachten.

De natuurfilosofie van Leucippus en Democritus is hét materialistische systeem van de klassieke Oudheid, aangezien hierin alleen plaats is voor de stoffelijke atomen. Ook al heeft men intussen ontdekt dat atomen nog verder deelbaar zijn, het heeft duidelijk zijn sporen achtergelaten in het wetenschappelijke denken van nu. Het is geen natuurwetenschappelijk wereldbeeld, want het is niet gebaseerd op waarnemingen, maar 'slechts' op speculaties. Pas in de zeventiende eeuw zou het echt de basis gaan vormen voor de exacte wetenschappen. Dit gebeurde dankzij een herleving van het epicurisme, de leer van de hellenistische filosoof Epicurus, die zich op veel punten liet inspireren door Democritus' ideeën over atomen. Het geloof in het bijbelse scheppingsverhaal en de afwijzende houding van de voor de christelijke filosofen zo belangrijke Plato en Aristoteles zouden echter lange tijd een renaissance van de atomisten Leucippus en Democritus in de weg staan.

De sofisten

De overwinning op de Perzen in de oorlogen van 500 tot 449 voor Christus betekende voor de Grieken een einde aan de jarenlange dreiging van buitenaf. Met name Athene plukte hier de vruchten van, doordat men zich nu volledig op de handel kon richten. Dit bracht niet alleen meer materiële welvaart, maar zorgde ook voor een groeiende behoefte aan vorming en onderwijs. De eerste filosofen hadden hiervoor reeds de basis gelegd. Een opleiding moest toegang bieden tot de belangrijkste machtsorganen van de democratie. Anders dan in de erfelijke monarchieën moest men meer in huis hebben dan slechts een adellijke afkomst. Kennis en vooral het vermogen om daar op de juiste manier gebruik van te maken waren absolute voorwaarden voor het verwerven van macht en invloed. Leergierigheid vraagt natuurlijk wel om leraren die wijsheid bijbrengen, om zogenaamde *sophistai* ('sofisten'). Aan deze vraag werd tegemoetgekomen door rondtrekkende docenten die in feite geen filosofen waren, maar wel gebruik maakten van het filosofische gedachtegoed. De besten onder hen slaagden erin de bestaande kennis opnieuw te ordenen en te combineren en aan te vullen met hun eigen inzichten.

Volgens het woordenboek betekent het begrip 'sofisme' "een spitsvondige, maar geen steekhoudende redenering," kortom een drogreden. Deze negatieve bijklank gaat terug tot de Griekse tijd. Vanwege de vele en zeer uiteenlopende leestellingen waren de sofisten niet in bij machte om een absolute, objectieve waarheid over te brengen. Kennis was voor hen vanaf het allereerste begin slechts een middel. Voor de meeste leerlingen was het belangrijk om met de opgedane kennis en welsprekendheid toehoorders te kunnen overtuigen, processen te winnen en volksvergaderingen en verkiezingen gunstig te beïnvloeden. Een dergelijke leer kon aanstootgevend zijn, wanneer het niet zozeer van belang was om mensen te overtuigen als wel te overreden. Het darwinistische motto 'het recht van de sterkste' had daarom heel goed van de sofisten afkomstig kunnen zijn. Plato, die fel gekant was tegen de sofisten en hun verweet dat ze slechts uit waren op winstbejag, legt hen onder meer de volgende woorden in de mond: "Indien men in staat is door zijn woord te overtuigen, voor de rechtbank de rechters, in de raadsvergadering de raadsleden en in de volksvergadering het volk... dán hebt u dit in uw macht: de arts zal uw knecht zijn, de gymnastiekleraar uw knecht, en ook bij de bankier zal blijken dat hij het geld voor anderen verdient en niet voor zichzelf, maar voor u, die de kunst van het spreken verstaat en de menigte weet te overtuigen."

Vanwege dit bedenkelijke, welhaast amorele gedrag waren de sofisten over het algemeen niet erg geliefd. Omdat ze vaak ook nog een hoog honorarium vroegen, waren deze eerste beroepsfilosofen in de ogen van de Grieken, die het werk normaliter door slaven lieten verrichten, zelfs verdacht. Tot op heden leeft deze negatieve opvatting voort.

Toch mogen de sofisten in een filosofiegeschiedenis geenszins ontbreken, alleen al vanwege het feit dat ze als eersten belangstelling toonden voor de eigen soort, de mens, en veel minder voor de omgeving en de natuur. Vanuit een speciale optiek hielden ze zich bezig met kennistheorie. Anders dan hun voorgangers, voor wie dit alles nog slechts een 'bijproduct' was, wilden de sofisten weten hoe het denken functioneert. Niet het kennen, maar de verwerking van het 'gekende' en de daarmee samenhangende mogelijkheden en beperkingen waren voor hen van bijzondere betekenis. Per slot van rekening hebben zij de ethische maatstaven aan een zuiver rationele zienswijze onderworpen en zo de weg vrijgemaakt voor de grote Griekse filosofen, bij wie de ethiek een eigen, volwaardige plaats kreeg. Naast deze bijdrage aan de filosofie hebben ze ook op het gebied van de taal, de grammatica en de retorica hun sporen nagelaten.

Hoewel de sofisten geen school vormden en afzonderlijk doceerden, waren ze gedurende een bepaalde periode allen werkzaam in Athene. Naast Gorgias en Protagoras, de belangrijkste vertegenwoordigers, mogen toch zeker ook de namen Prodicus van Ceos en Thrasymachus niet ontbreken.

Protagoras *(circa 485 voor Christus in Abdera – 415 voor Christus)*

De uit een welvarende Griekse familie stammende Protagoras trok vanaf ongeveer 455 voor Christus van stad tot stad om les te geven in retorica en politiek. Hij beschouwde zichzelf als een sofist, opvoeder en leraar die de menselijke deugd bijbracht in ruil voor een honorarium. Dit laatste was iets geheel nieuws. Vanaf 450 voor Christus verbleef hij in Athene, waar hij bevriend raakte met onder meer Pericles. Het was van deze belangrijke staatsman dat Protagoras in 444 voor Christus de opdracht kreeg om een grondwet te schrijven voor de toen net gestichte panhellenistische kolonie Thurioi in Beneden-Italië. Hij schetst hierin de contouren van een democratie waarin het grondbezit wordt ingedamd, er een algemene leerplicht geldt en de bezoldiging van leraren een zaak van alle burgers is. Hij reisde naar Sicilië en keerde voor 431 voor Christus terug naar Athene. In 412 voor Christus koos Callias hem als personage voor een van zijn komedies. Plato zou daarin later zijn inspiratie vinden voor de dialoog *Protagoras*, waarin het draait om de vraag of de deugd kan worden onderwezen. In het huis van zijn vriend Euripides, in wiens tragediën de ideeën van Protagoras steeds weer opduiken, moet hij voor het eerst hebben voorgelezen uit *Over de goden*. Op grond van dit boek werd hij beschuldigd van blasfemie en goddeloosheid en voor straf uit Athene verbannen. Het boek werd zelfs openlijk op de *agora* ('markt') verbrand. Hij stierf toen hij op zijn vlucht naar Sicilië schipbreuk leed.

Van Protagroras' werk is niets overgebleven. Slechts fragmenten en commentaren van andere filosofen getuigen van zijn gedachtegoed. Vooral Plato's dialogen *Protagoras* en *Theaitetos*, maar ook de *Politeia* (*De staat*), grijpen terug op deze sofist.

Een van zijn bekendste uitspraken is "de mens is de maat van alle dingen, van het zijnde voor het zijn en van het niet-zijnde voor het niet zijn." Aangenomen wordt dat deze zin het begin vormt van zijn filosofische programma *Waarheid*, waarin hij zich afzet tegen de zijnsleer van Parmenides. Voor Protagoras, en de sofisten in het algemeen, bestaat er niets vaststaands en onveranderlijks. Er is geen objectieve waarheid. Waarneming is altijd subjectief, het waargenomen object wordt beïnvloed door de waarnemer. Of het nu om iets materieels of immaterieels gaat, zoals goed en kwaad, voor de observator is het altijd waar. Er bestaat alleen deze vluchtige, subjectieve waarheid. De mens die een rivier betreedt, registreert altijd dezelfde rivier, ofschoon het water steeds weer wordt vernieuwd. Zo formuleerde Heraclitus het immers al. De werkelijkheid hangt voortdurend af van de situatie waarin men zich bevindt. Terwijl de wind voor de een warm aanvoelt, voelt hij voor de ander koud aan. Alle meningen zijn waar, alleen zijn sommige beter dan andere. Als sofist moet Protagoras helpen met het vinden van de beste meningen over politieke en morele vraagstukken. Het succes van zijn leerlingen valt af te meten aan hun eigen goede raad en daad, alsook aan het vermogen om anderen op de juiste wijze te adviseren. Dit geldt voor de situatie thuis, maar ook voor de maatschappij en de burgerij. De aldus gevormde leerling kan en moet door retoriek en eristiek, de redeneerkunde, anderen van zijn standpunt overtuigen.

Het is door de rede dat de mens deelheeft aan het goddelijke en de goden vereert, dat hij zich kan uiten en zich kan voorzien van behuizing, kleding en dergelijke. Zeus bracht de mensen respect voor elkaar en gerechtigheid, opdat ze kunnen samenleven. "Van de goden kan ik niet weten of zij zijn, noch of zij niet zijn, en evenmin hoe zij eruit zien; er is namelijk veel wat verhindert dit te weten, de duisterheid en het feit dat het leven van de mensen kort is," aldus Protagoras. Hij erkent dat de goden en religie belangrijk zijn voor de mensen, maar ze zijn niet bepalend.

De geschiedenis van de mens is er een van vooruitgang en ontwikkeling van capaciteiten en sociale normen die ervoor zorgen dat de mensen vreedzaam in een rechtstaat kunnen leven. Morele volmaaktheid is te leren door vlijt, oefening en onderricht. Daarvoor zijn wel zorg, opvoeding, wetten en ook straffen nodig. Straf bewijst alleen in dit geval enig nut. En dat is bepaald een baanbrekend inzicht die deze belangrijkste sofist verkondigt!

GORGIAS *(circa 480 voor Christus in Leontinoi – circa 380 voor Christus in Larissa)*

Gorgias, een van de eerste sofisten, was een leerling van de eveneens van Sicilië afkomstige Empedocles. Opvallend genoeg zou hij zich later keren tegen diens wereldbeschouwing.

Als diplomaat en afgezant van zijn geboortestad vertrok hij in 427 voor Christus naar Athene, waar hij bijzonder veel indruk maakte met zijn welsprekendheid. De veel jongere Plato zou later zijn dialoog over de functie van de retoriek nog naar hem noemen. Na zijn verblijf in Athene reisde Gorgias langs allerlei Griekse steden om voordrachten te houden en onderricht te geven in de retoriek. Hij verdiende hiermee zo veel geld dat hij ter ere van de Apollo in Delphi een verguld standbeeld liet neerzetten. Dit beeld stelde geen god of held voor, maar Gorgias zelf! Voor onderwijsdoeleinden schreef hij twee modelredes, *Verdediging van Palamedes* en *Lof van Helena*. Beide zijn bewaard gebleven en gelden ook nu nog als een sprekend voorbeeld van retorische perfectie. Tot de overgeleverde werken behoren eveneens zijn lijkrede ter gelegenheid van de vrede van Nicaias (421 voor Christus) en een in Olympia gehouden feestrede (408 voor Christus) waarin hij de Grieken oproept de onderlinge twisten te staken en gezamenlijk ten strijde te trekken tegen de Perzen. De laatste jaren van zijn lange leven – hij zou maar liefst 109 jaar zijn geworden – bracht hij door in het Thessalische Larissa, waar hij nauwe contacten onderhield met zijn neef, de beroemde arts Hippocrates.

In zijn geschrift *Het niet-zijnde of de natuur*, waarvan slechts twee samenvattingen bekend zijn, rekent Gorgias af met de speculatieve zijnsfilosofie en drijft hij zijn scepsis tot het uiterste door. Kenmerkend zijn daarbij de volgende drie beweringen: 1) Er bestaat niets. 2) Als er al iets zou bestaan, dan is dat voor de mens onkenbaar. 3) Als er al kennis over zou bestaan, dan kan deze toch niet aan anderen worden meegedeeld. Het is niet duidelijk of Gorgias dit alles meende en hoe hij zijn uitspraken beargumenteerde, want het merendeel van zijn geschriften is verloren gegaan. De vraag naar de waarheid is eenvoudigweg zinloos. Er bestaan alleen meningen die door middel van de retoriek kunnen worden gestuurd. Het enige alternatief voor geweld is de overredingskunst. Daarmee heerst het woord over de mens. De retoriek vervoert de ander met woorden. De redenaar moet zich altijd actief aanpassen aan de situatie en ervoor zorgen dat de toehoorders zich laten meeslepen.

De klassieke periode

De Griekse filosofie is niet alleen nauw verbonden met de stad Athene, maar vooral ook met de drie grote Attische filosofen Socrates, Plato en Aristoteles. Hun onderlinge relatie was er telkens een van leraar en leerling. Alle drie leefden ze in een periode van ongekende politieke, economische en culturele bloei van de stadstaat Athene. Het was de tijd dat de democratie werd ingevoerd en de machtigste vijand, het Perzische rijk, werd verslagen. Socrates, die in Athene werd geboren en volgens Cicero "de filosofie van de hemel naar de aarde bracht," was zelf een van de sofisten. Dit neemt niet weg dat hij zich laatdunkend over hen uitliet. Hij zag zichzelf niet zozeer als een leermeester (hetgeen het begrip sofist eigenlijk impliceerde), maar als een wijsgeer, als een filosoof. Uit zijn leer, waarvan niets authentieks bewaard is gebleven en die slechts door anderen is overgeleverd, zijn de socratische scholen voortgekomen, zoals de cynische, de Cyrenaïsche en de Megarische. Plato neemt van zijn voorganger niet alleen de autonome leer van het zedelijk handelen en willen over, maar ontwikkelt ook een eigen ideeën- en zielenleer die de werkelijkheid in haar diepste wezen probeert te doorgronden. Met Plato wordt 'filosoof' een zelfstandig begrip. De jongste van de drie, Aristoteles, is de grondlegger van de filosofie als een wetenschap die kan worden onderwezen en waarin alle beschikbare kennis is samengebald. Hij verdeelde deze wetenschap systematisch onder in een theoretische, praktische en poëtische (het scheppen betreffende) filosofie. Boven dit alles troont, volgens Aristoteles, de metafysica, de 'eerste filosofie', waarin de algemene oorzaken van het zijn centraal staan. Op zijn eigen school, het Lyceum, onderwees hij de verschillende takken van wetenschap. Met zijn dood in 322 voor Christus komt er een einde aan de klassieke periode, die 150 jaar heeft geduurd. Aan zijn opvolger op het Lyceum, Theophrastus (circa 371-287 voor Christus), heeft de wereld de eerste filosofiegeschiedenis, *Over de meningen van de natuurfilosofen*, te danken. Dit werk laat zich reconstrueren als een puzzel bestaande uit latere citaten en een handvol fragmenten. Voordat Athene in 146 voor Christus een onbeduidende provincie werd van het Romeinse Rijk, had de stadstaat onder Alexander de Grote qua politieke betekenis al flink moeten inboeten. Het einde van de klassieke of Attische periode in de Griekse filosofie hangt hier nauw mee samen.

SOCRATES *(circa 470 voor Christus in Athene – 399 voor Christus in Athene)*

Leven: Socrates werd in Athene geboren als zoon van de beeldhouwer Sophroniscus en de vroedvrouw Phaenarete. Hij verliet zijn geboortestad alleen voor de veldtochten van Potidaia, Delion en Amphipolis tijdens de Peloponnesische oorlogen (431/430 en 424 voor Christus), toen Athene en Sparta in een hevige strijd waren verwikkeld om de heerschappij over Griekenland. Indien het bekende borstbeeld inderdaad Socrates voorstelt, dan kan men concluderen dat hij een gedrongen gestalte moet hebben gehad en een groot hoofd, een rond gezicht en een platte neus. Hij leidde een zeer eenvoudig leven, geheel volgens zijn uitspraak "wat zijn er toch veel dingen die ik niet nodig heb." Socrates vond dat "wie het minste nodig heeft, het dichtste bij de goden staat." Hij was getrouwd met de spreekwoordelijk geworden Xanthippe, die hem drie zonen schonk. Over haar zei Nietzsche eens: "Socrates vond de vrouw die hij nodig had... In feite joeg Xanthippe hem steeds verder terug in zijn merkwaardige beroep, doordat ze huis en haard guur en naar voor hem maakte." Af en toe trok ze hem op de markt de kleren van het lijf of gooide ze vanuit het raam een emmer vies water over hem heen. Socrates beantwoordde dit met de woorden: "Heb ik soms niet gezegd dat als het bij Xanthippe onweert, er ook regen valt." Hij was van mening dat als hij haar aankon, hij het met andere mensen prima zou moeten vinden. Typerend voor zijn houding ten aanzien van het huwelijk is ook het antwoord dat hij gaf toen een man hem vroeg of het verstandig was om te gaan trouwen: "Wat je ook doet, je zult er altijd spijt van krijgen." Socrates deed aan gymnastiek en was een ervaren danser. Er deden allerlei wonderlijke verhalen over hem de ronde. Zo zou hij onder meer met zijn blote voeten over het ijs zijn gelopen.

Eenvoudig gekleed liep hij elke dag door Athene en voerde hij gesprekken met scholieren en voorbijgangers. Dit onderricht had nog het meeste weg van een vraag-en-antwoordspel.

In 399 voor Christus werd Socrates wegens goddeloosheid en zijn verderfelijke invloed op de jeugd ter dood veroordeeld. Hoewel hij geen kennis doorgaf, wist hij, zonder echt een school te stichten, een grote menigte volgelingen om zich heen te verzamelen. Hij bracht hun een kritische houding bij ten aanzien van schijnbaar vaste overtuigingen. Het feit dat een van zijn leerlingen deel uitmaakte van het dictatoriale bewind dat in 404/403 voor Christus over Athene heerste, kan hebben bijgedragen aan Socrates' doodvonnis. De voltrekking van het vonnis bestond uit het drinken van de gifbeker. Hierin zat een aftreksel van de scheerling, ook wel dollekervel genoemd. Voor het gerecht verdedigde Socrates zich met het argument dat alles wat hij deed, gebeurde in opdracht van Apollo, de god van de jeugd en de kunsten. In plaats van een straf, zou men hem eigenlijk met de grootst mogelijke eer in het stadhuis moeten ontvangen en een feestmaal aanbieden. Zijn vrienden boden hem de gelegenheid om te vluchten. Toch wees hij dit af, en wel met het argument dat men niet eerst kon profiteren van de weldaden van de staat om vervolgens de wetten niet meer te gehoorzamen als de situatie netelig begon te worden. Hoe men ook leeft en wat men ook doet, men mag nooit in het achterhoofd al rekening houden met de

Alcibiades, leerling van Aristoteles, in Plato's *Symposion*

"Wij tenminste, wanneer wij iemand anders, al is hij nog zo'n goed redenaar, over andere onderwerpen horen spreken, schenken daar om zo te zeggen geen aandacht aan. Maar wanneer iemand naar u luistert of naar uw woorden bij monde van een ander... dan zijn wij ... van ons stuk gebracht en geboeid. Ik tenminste zou u, mannen,... onder ede willen vertellen wat ikzelf door zijn woorden ondervonden heb en nu nog ondervind. Want wanneer ik naar hem luister, bonst mijn hart heftiger dan dat van hen die in corybantische [demonen en dienaren van de godin Cybele, die zij met orgiastische dansen vereren] geestvervoering verkeren. Mijn tranen stromen en ik zie dat het met vele anderen net zo gaat."

eventuele negatieve gevolgen. Waar het om gaat, is of men al dan niet rechtvaardig handelt.

Werk: Aangezien hij niets op schrift zette en ook geen filosofisch systeem ontwierp, zijn er van Socrates geen originele teksten voor handen. Alles wat er van zijn filosofie is overgeleverd, is van anderen afkomstig en niet geheel zonder tegenstrijdigheden. Voor de overlevering is vooral Plato verantwoordelijk. In bijna heel zijn werk speelt Socrates een rol. Omdat elk objectief bewijs over het leven van Socrates ontbreekt, wordt er wel eens gesuggereerd dat hij slechts aan Plato's fantasie zou zijn ontsproten om diens gedachten te kunnen vertolken.

Leer: Veel tijdgenoten moeten de indruk hebben gehad dat Socrates een sofist was. Hij zou zelfs kunnen doorgaan voor een van de belangrijkste vertegenwoordigers van het sofisme. Toch probeerde Plato dat op alle manieren te voorkomen. En eigenlijk terecht! Want Socrates' streven was, in tegenstelling tot de sofisten, niet om anderen met behulp van de juiste retoriek te overtuigen van zijn eigen mening.

De dood van Socrates

Plato, die zelf geen ooggetuige was, tekende de dood van Socrates op in zijn dialoog *Phaedo*. "Daarop gaf Crito aan zijn slaaf, die dichtbij stond, een wenk. Deze ging naar buiten en na geruime tijd kwam hij terug met de man die het vergif zou toedienen; hij had een beker in de hand, de drank was gereed. Toen Socrates de man zag, zei hij: 'Wel, mijn vriend, jij hebt verstand van deze dingen, wat moet ik doen?' 'Niets anders', zei hij, 'dan na het drinken wat rondlopen, totdat je een zwaar gevoel in de benen krijgt en dan gaan liggen; dan werkt het vanzelf.' Daarop gaf hij de beker aan Socrates. Deze nam hem aan en keek zeer blijmoedig, zonder te beven, zonder te verbleken of zijn gelaat te vertrekken, maar met zijn gewone vaste blik naar de man terwijl hij zei: 'Wat denk je, is het mogelijk ter ere van iemand wat van deze drank te plengen of niet?' 'Socrates', zei hij, 'wij mengen slechts zoveel aan als wij genoeg achten voor een dronk.' 'Ik begrijp het', zei hij. 'Maar bidden tot de goden is, dunkt mij, mogelijk en nodig, bidden dat de reis van hier naar ginds een gelukkige mag zijn. Dit dan bid ik, moge het zo zijn.'

Na deze woorden bracht hij onmiddellijk de beker aan zijn lippen, die hij vlug en zonder aarzelingen leegdronk. Tot zolang waren wij voor het merendeel in staat geweest om onze tranen in te houden, maar toen wij zagen dat hij dronk en de beker geledigd had, niet meer. De tranen stroomden uit mijn ogen, zodat ik mijn gezicht verborg en huilde, niet om hem, maar om mijn eigen lot, dat ik van zulk een vriend beroofd was. Crito was al eerder uit de kring opgestaan, omdat hij niet bij machte was zijn tranen te bedwingen. En Apollodores, die ook al tevoren niet ophield met huilen, brak in luide snikken los en bracht door zijn verdriet alle aanwezigen van streek, behalve Socrates zelf. Deze zei: 'Wat doen jullie nu, jullie wonderlijke mensen! Heb ik de vrouwen niet weggestuurd, opdat ze zich niet zo te buiten zouden gaan? Want ik heb gehoord dat men in aandachtige stilte moet sterven. Houd je dus rustig en beheers je.' Toen wij dat hoorden, schaamden wij ons en hielden op met huilen.
Hij wandelde eerst rond en toen, zoals hij zei, zijn benen zwaar werden, legde hij zich op zijn rug, want zo had de man het hem aangeraden. En deze, dezelfde die hem het vergif had gegeven, betastte hem en onderzocht van tijd tot tijd zijn voeten en benen. Toen kneep hij met kracht in de voet en vroeg of hij het voelde. Hij zei van niet. Daarna opnieuw in de scheenbenen en zo omhooggaande toonde hij ons dat hij langzamerhand koud werd en verstijfde. Telkens weer raakte hij hem aan en zei dat, wanneer het bij het hart was gekomen, dit het einde zou zijn. Toen de koude ongeveer het onderlijf had bereikt, sloeg Socrates de mantel terug – want hij lag omhuld – en sprak (het was zijn laatste woord): 'Crito, wij zijn Asclepius [de god van de geneeskunde] een haan schuldig. Geef hem die en verzuim het niet.' 'Dat zal ik doen', zei Crito. 'Maar zie, of je nog iets te zeggen hebt.' Op die vraag gaf hij geen antwoord meer. Kort daarna ging een schok door zijn leden en de man nam de mantel weg. Zijn ogen stonden strak. Toen Crito dit zag, sloot hij hem de mond en de ogen. Dit was het einde van onze vriend, een man die – zo mogen wij zeggen – van al zijn tijdgenoten die wij gekend hebben, de beste was en ook de wijste en rechtvaardigste."

Voor hem bestonden er zelfs geen definitieve antwoorden. Het ging hem om het kweken van een bewustzijn van wat men zegt en doet. Daarbij werd hij steeds gedreven door één doel, het zoeken naar waarheid. Zelf liet hij zich leiden door een raadselachtige innerlijke stem, die hij *daimonion* ('geweten') noemde. Enerzijds was hij diep gelovig en droeg hij zijn laatste woorden op aan de goden, anderzijds zag hij toch het zoeken naar waarheid als de hoogste deugd en de enige weg naar het geluk. "Beste man, als Athener kom je uit de grootste en qua wijsheid en macht meest geziene stad die er bestaat. Je schaamt je er niet voor dat je geld, roem en eer najaagt, maar het zorgen voor inzicht, waarheid en een goede ziel, houd je je daar wel mee bezig en interesseert je dat?" En elders beweert hij: "Het is het hoogste goed voor de mens om elke dag over de deugd te spreken en over al datgene waar jullie mij over horen praten terwijl ik de anderen en mijzelf op de proef stel; een leven zonder beproeving is echter niet de moeite waard." Bij zijn zoektocht naar de blijvende oorzaak gaat Socrates methodisch te werk, aldus Plato in *Phaedo*, de dialoog waarin de dood van Socrates centraal staat. Dit procédé wordt ook wel de 'socratische methode' genoemd en vergeleken met het werk van een vroedvrouw. Net als een vroedvrouw baart Socrates niet zelf de gedachten, maar helpt hij anderen hun ideeën ter wereld te brengen. Terwijl dat normaal de taak is van de leerlingen, is het hier de leraar Socrates die vragen stelt, zoals bijvoorbeeld "wat is gerechtigheid?" "wat is weten?" en "wat is de deugd?" Aan de hand van het begrip deugd gaat Socrates verder. Hij vraagt de ander, en dat kan een staatsman zijn of een ambachtsman, een generaal of een koopman, wat hij onder deugd verstaat. Zo iemand probeert dat doorgaans met voorbeelden te bepalen. Dit kan de deugd van zijn vrouw zijn of die van zijn slaaf. Daarop vraagt Socrates hem te vertellen wat nu het gemeenschappelijke is, want als hetzelfde begrip voor verschillende voorbeelden kan worden gebruikt, dan moet er toch ook iets gemeenschappelijks zijn. Zodra zijn gesprekspartner daarop ingaat, is hij verloren. De generalisering waar hij mee komt, wordt door Socrates in twijfel getrokken en met allerlei tegenvoorbeelden overladen. Daarbij wordt het steeds duidelijker dat de opvattingen van Socrates' gesprekspartner over de deugd logisch gezien niet kloppen. Socrates toont op die manier aan wat wel zijn bekendste uitspraak is: "Ik weet slechts één ding, namelijk dat ik niets weet." Elders voegt hij daaraan toe: "Ik heb alle meningen doorgrond die doorgaan voor kennis, maar het niet zijn. Daarom weet ik meer dan de meeste anderen." Voor het gerecht verwoordde hij het als volgt: "Bij het vertrek dacht ik bij mijzelf dat ik meer weet dan die man. Want geen van ons beiden schijnt wetenschap te hebben van iets goeds en juists. Hij echter meent het te hebben en toch heeft hij het niet; ik, daarentegen, die het niet weet, denk het ook niet te weten. Daarom lijk ik iets meer te weten dan hij, omdat ik niet meen te weten wat ik niet weet." Met zijn vragen dwingt Socrates zijn leerlingen en ook zijn medeburgers die hij op zijn wandelingen door Athene ontmoet ertoe hun onwetendheid te erkennen. "Want als men wil luisteren naar Socrates' woorden," zo vertelt zijn leerling Alcibiades, "kunnen ze eerst belachelijk lijken. Met zulke namen en termen zijn ze van buiten bekleed als met de huid van een spottende satyr. Hij praat over pakezels en kopersmeden en schoenlappers en leerlooiers en schijnt telkens met dezelfde woorden hetzelfde te zeggen, zodat ieder onervaren en onverstandig mens om zijn woorden kan lachen. Maar wie ze ziet opengaan en erin doordringt, zal in de eerste plaats ontdekken dat van alle woorden alleen zij wijsheid bevatten, en daarna dat zij zeer goddelijk zijn en zeer veel beelden van deugd in zich sluiten en zeer ver strekken, of liever, doelen op alles waarop een mens dient te letten, die schoon en goed zal willen zijn."

De verbazing, waarmee al het filosoferen begint, richt zich op de ondoordachtheid van hetgeen men zegt en denkt. De bovengenoemde gesprekspartner zal de volgende keer vast en zeker zorgvuldiger zijn, wanneer hij een begrip als 'deugd' in de mond neemt. Het resultaat is al met al leerzaam te noemen.

Invloed: Socrates heeft niet echt een school gesticht. Toch gaf hij, die door het orakel van Delphi als de meest wijze Griek werd omschreven, zijn gedachtegoed en zijn opvattingen over filosoferen door aan talrijke leerlingen. De belangrijkste daarvan zijn de filosofen Euclides van Megara, Antisthenes, Aristippus van Cyrene en de schrijver Xenophon. In de filosofische systemen van de drie eersten, die respectievelijk tot de Megarische, de cynische en de Cyrenaïsche school worden gerekend, vindt men bepaalde aspecten van de socratische leer terug. Toch werden zij in dit opzicht natuurlijk overtroffen door Plato, naast Aristoteles de eigenlijke grondlegger van de westerse filosofie.

Socrates leefde niet alleen voort bij zijn directe leerlingen. Sommigen, zoals Bertold Brecht, zagen in hem een voorloper van het marxistische denken, terwijl hij voor anderen, bijvoorbeeld Karl Popper, het prototype was van een kritische rationalist. Nietzsche zag in hem "het wapen... boven de toegangspoort tot de wetenschap" en "... het keerpunt en de draaikolk van de zogenaamde wereldgeschiedenis."

Samenvatting

Socrates leerde zijn gesprekspartners, zijn leerlingen, de jeugd, om zich kritisch op te stellen ten aanzien van bestaande kennis, ook die van de goden. Zelfstandig denken is belangrijk, ook al wekte hij hiermee argwaan en werd hij uiteindelijk ongewild een martelaar. Kennis leidt tot de deugd. Dat is precies wat er nieuw is aan zijn gedachtegoed, dat hoofdzakelijk door zijn beroemdste leerling, Plato, werd overgeleverd.

Zelfs de christelijke filosofen uit de Middeleeuwen konden zich in hem vinden. Voor hen stond Socrates zeer dicht bij Jezus, die eveneens Zijn wijsheden in het openbaar verkondigde en om Zijn 'geloof' stierf, ofschoon ook Hij de dood had kunnen ontlopen.

Socratische scholen

De bekendste school die voortbouwt op Socrates' filosofie, die van de cynici, is eigenlijk geen school. Het gaat veel meer om een aantal personen die één ding gemeen hebben, namelijk de eenvoud die ze 'prediken'. Vooral vanwege het begrip 'cynisme', dat daarvan is afgeleid, hebben ze een plaats gekregen in het collectieve geheugen. Maar ook de vele verhalen over een van hun vertegenwoordigers, Diogenes van Sinope, hebben daartoe bijgedragen.

De grondlegger van cynische 'school', Socrates' leerling Antisthenes, beweerde reeds dat het niet van belang is wat iemand bezit, maar wat hij is en waaruit zijn geestelijke ontwikkeling bestaat. Deugd, het enige bezit, is een doel op zich en leerbaar, mits men geestelijk een onafhankelijk leven leidt en de driften onder controle houdt. "Men moet of zorgen voor verstand of voor een strop," zo verwoordt Antisthenes in het kort zijn denken. Reeds eerder dan Plato, zijn beroemdste medeleerling, zette hij de socratische dialogen op schrift. Het gymnasium waar hij les gaf, heette 'Kynosarges'. Het is hierom en ook vanwege zijn vermeende hondachtige gedrag (*kyon* is het Griekse woord voor 'hond') dat zijn 'school' de 'cynische' werd genoemd. Met zijn rotsvaste overtuiging dat de waarheid alleen in de werkelijkheid te vinden is en niet in een ander rijk, het rijk van de ideeën, stond Antisthenes lijnrecht tegenover Plato. Met zijn uitspraak "het paard zie ik wel, maar de paardheid niet" laat hij duidelijk zien hoe weinig hij op had met Plato's ideeënleer. Hij ging zelfs zo ver dat hij een van zijn geschriften de titel *Sathon* (Grieks voor 'piemeltje') meegaf en zo openlijk zinspeelde op de naam van zijn rivaal.

Net als Antisthenes wees Diogenes de sociale conventies en de traditionele moraal van de hand. Waarom mag men geen gemeenschap hebben in een tempel? Waarom mag men zijn overleden ouders niet opeten? Hij zou in een ton of een hondenhok hebben gewoond en geen bezit hebben gehad. Dit laatste onder het motto 'wat men niet heeft, kan men ook niet verliezen!' Toen Alexander de Grote hem eens aanbood om een wens te doen, zou hij de legendarische woorden hebben gesproken: "Ga eens opzij, dan kan ik in de zon zitten." Hij voelde zich met geen enkele stand of staat verbonden en omschreef zichzelf als een wereldburger. Ook was hij een tegenstander van het gezin. Geborgenheid vond hij alleen in de natuur. Zijn optreden als cynicus en de daarmee gepaard gaande grofheid en schaamteloosheid waren vaak niet meer dan een provocatie. Het moderne begrip 'cynicus' grijpt juist daarop terug.

De belangrijkste vertegenwoordiger van een andere op Socrates geïnspireerde school, de Cyrenaïsche, was Aristippus (circa 435-366 voor Christus). De naam van deze school is afgeleid van zijn geboorteplaats Cyrene, een Griekse kolonie in het huidige Libië. Het hoogste principe in de ethiek van Aristippus was het streven naar geluk. Daarin volgt hij zijn leraar Socrates. Het is een filosofie van het genot, iets wat de cynici juist verachtten. "Niet hij die er zich aan onttrekt, maar hij die er zich van weet te bedienen, is meester van het genot," aldus Aristippus. Dit betekent niet dat men zich er zonder nadenken aan moet overgeven. Het is belangrijk om juist een verstandige keuze te maken. Net als voor Protagoras is ook hier de individuele mens de maat van alle dingen. Het hoogste doel is de bevrediging van het verstand. Het verlangen naar kennis betekent meer dan het lichamelijke genot. Het in de klassieke Oudheid zo belangrijke hedonisme (*hedone* betekent 'genot'), dat Epicurus enkele decennia na Aristippus ontwikkelde, vindt zijn oorsprong in de Cyrenaïsche school.

De derde filosofische school die door een leerling van Socrates is opgericht, is de Megarische, een naam die eveneens is ontleend aan de geboorteplaats van de grondlegger, in dit geval Euclides van Megara. Deze school heeft beroemde paradoxen voortgebracht als "zelfs nu lieg ik" en "alle Kretenzers liegen, zei de Kretenzer." Aangezien degene die dit zegt een Kretenzer is en dus altijd liegt, is ook deze bewering een leugen en dus het tegendeel waar en liegen de Kretenzers niet. Daarom liegt de Kretenzer ook niet als hij beweert dat alle Kretenzers liegen. Hieruit blijkt wel dat de Megarische filosofen zich vooral bezighielden met logica.

PLATO *(428 of 427 voor Christus in Athene – 347 voor Christus in Athene)*

Leven: Plato is de eerste filosoof over wiens leven er iets met zekerheid valt te zeggen. Daar komt bij dat al zijn gepubliceerde werken bewaard zijn gebleven. Alleen van zijn voordrachten is bijna niets bekend.

Plato werd geboren in een aristocratisch milieu. Een van zijn voorvaderen was de wetgever Solon, die tot de Zeven Wijzen werd gerekend. Op het moment dat Plato ter wereld kwam, was net de Peloponnesische oorlog uitgebroken. Onder de dertig tirannen die vanaf 403 voor Christus als gevolg van die oorlog korte tijd over Athene heersten, bevonden zich enkele familieleden en vrienden van Plato. Om die reden zat een politieke carrière er voor hem niet in. Ook zijn contacten met de ter dood veroordeelde Socrates speelden daarbij een rol. "Ik was van plan om, zodra ik op eigen benen zou staan, me in te zetten voor de publieke zaak. Maar toen gebeurden er (...) allerlei onverwachte dingen." Zijn belangstelling voor de politiek en zijn opvatting dat het land door filosofen zou moeten worden geregeerd, zijn in deze tijd ontstaan. Behalve voor het schrijven toonde hij al op jonge leeftijd belangstelling voor het filosoferen. Op zijn twintigste werd hij een leerling van Socrates. "Plato kon zich goed in zijn [Socrates'] leer vinden en was van mening dat de begripsbepaling iets anders betrof dan de zintuiglijk waarneembare dingen," schrijft Aristoteles over het ontstaan van Plato's eigen leer. Plato bestudeerde het gedachtegoed van de presocraten en richtte zich daarbij met name op Heraclitus, Pythagoras en de Eleaten. In zijn ideeënleer vindt men daarvan de sporen terug. In verband met de veroordeling van Socrates, waarbij hij overigens niet aanwezig was, werd hij korte tijd naar Megara verbannen. Van daaruit bezocht hij waarschijnlijk Egypte. Zeker is in ieder geval wel dat hij rond 390 voor Christus in Beneden-Italië en in Syracuse op Sicilië verbleef. De aldaar heersende tiran

Dionysius vond hem een lastpak. Of hij vervolgens ook werkelijk op de slavenmarkt van Aegina te koop werd aangeboden en uiteindelijk door een vriend is vrijgekocht, blijft omstreden. In navolging van de pythagoreeërs, die hij op zijn reizen had leren kennen, richtte hij na zijn terugkeer in Athene een school op, 'Academie' genoemd.

In 367 voor Christus reisde hij opnieuw af naar Syracuse. De zoon van Dionysius, Dionysius de Jongere, had de inmiddels zestigjarige filosoof uitgenodigd om een nieuw ontwerp te maken voor een stadstaat. Het plan mislukte en ook zijn derde en laatste reis enige jaren later bracht hem niet het gewenste succes. Hij was nog actief als docent toen hij in 347 voor Christus in Athene overleed op de respectabele leeftijd van tachtig jaar.

Werk: Plato begon vermoedelijk tussen 390 en 380 voor Christus met zijn werk. Met uitzondering van de *Apologie*, het verweer van Socrates, en zijn dertien brieven, waarvan alleen de zevende als echt geldt, zijn al zijn geschriften in dialoogvorm geschreven. In al die werken speelt Socrates een rol, behalve in de *Wetten*. Gezien de ontwikkeling die Plato's leer doormaakt, is de vraag in welke levensfase bepaalde werken zijn geschreven over het algemeen eenvoudig te beantwoorden. Echter, een precieze datering is niet mogelijk. In de negentiende eeuw ging men uit van een driedeling. Tegenwoordig hanteert men zelfs een vierdeling. Daarbij onderscheidt men het vroege werk, de overgangsperiode oftewel de periode van ontwikkeling, de bloeitijd en het late werk.

In zijn zevende brief geeft Plato zelf aan dat men in zijn werk slechts een deel van zijn leer terugvindt: "Over dit onderwerp heb ik niets geschreven en zal ik ook nooit iets schrijven, want het is onmogelijk om hierover iets in woorden te zeggen, zoals

Academie

Plato stichtte deze 'eerste universiteit van Europa' in 387 voor Christus in Athene. De naam is ontleend aan een nabijgelegen bos dat aan de held Academus was gewijd. De Academie was, net als tegenwoordig bijvoorbeeld de universiteit van Amsterdam of Leiden, niet alleen een onderwijsinstituut. Men deed er ook aan onderzoek. Het onderwijs had ook zeer praktische doelen en vormde onder meer een voorbereiding op de staatsdienst. Een bijzonder belangrijk vak was de wiskunde. "Verboden voor mensen zonder kennis van de geometrie," zou er boven de ingang hebben gestaan. Vanaf het allereerste begin waren er meerdere docenten werkzaam. De Academie zou bijna duizend jaar bestaan. Pas onder keizer Julianus werd zij, onder druk van de bisschoppen of uit financieel gewin, gesloten.

in het geval van andere leerstellingen." Maar ook zonder zijn redevoeringen en de gedachten die hij mondeling doorgaf, blijft het werk van Plato omvangrijk en tot op de dag van vandaag bepalend voor veel filosofen.

Leer: Plato's leer komt voort uit zijn kritiek op de bestaande opvattingen in wetenschap en politiek. Hij staat afwijzend tegenover de sofisten en hun relativering van waarheid en kennis. In antwoord daarop introduceert hij zijn ideeënleer, waarin niet de mens de maat van alle dingen is, maar de idee van het ware, het mooie, het goede. Daarnaast heeft hij ook kritiek op de bestaande staatsinrichting. Hij verlangt daarom naar een ideale staat, waarin filosofen aan het roer staan.

Ideeënleer: De stelling van Pythagoras heeft heel algemeen betrekking op een rechthoekige driehoek. Het betreft dus niet iets uit de waarneembare werkelijkheid.

Enkele werken

Vroege werk: *Apologie* (verweer van Socrates), *Crito* (over Socrates' trouw aan de wet), *Euthyphro* (over de vroomheid) en *Protagoras* (over deugden en de sofistiek).
Overgangsperiode: *Gorgias* (over natuur en retoriek), *Meno* (over de ziel en kennis), *Eerste boek van de politea* ('staat') (over de gerechtigheid).
Bloeitijd: *Symposium* ('feestmaal') (verheerlijking van de eros en de schoonheid), *Phaedo* (over de onsterfelijkheid), *Phaedrus* (over de ideeënleer en driedeling van de ziel) en het *Tweede tot en met tiende boek van de politea* (over de ideale staat).
Late werk: *Theaetetus* (bevat zijn kennistheorie), *Timaeus* (over de kosmos), *Sophistes* (over de sofisten) en zijn laatste werk *Wetten* (over de op een na beste staat).

En waar anders kan het in wiskundige wetten om gaan? Om een algemeen, weliswaar niet zichtbaar, maar door het verstand te ervaren object, met andere woorden een 'idee'. Naast de waarneembare werkelijkheid moet er dus ook een wereld van de ideeën zijn, een hogere vorm van de werkelijkheid, iets wat zich onderscheidt van het lichamelijke zijn. In feite geldt dit voor alle abstracte begrippen. Wanneer bijvoorbeeld een bepaald oordeel als rechtvaardiger wordt gezien dan een ander, dan moet er ook een idee van rechtvaardigheid zijn. Een idee die niet materieel en niet zichtbaar of tastbaar is, maar wel kenbaar door het verstand. Ook achter alledaagse dingen, zoals een bed, dat breed of smal, van hout of metaal kan zijn of een stoel, die een hoge of een lage vorm kan aannemen en al dan niet is voorzien van een leuning, staat de idee van respectievelijk het bed en de stoel. Samen met andere ideeën, die van de leuning en die van de hoogte, laat hij zich omschrijven als een hoge stoel met een leuning. In zijn parabel van de grot uit de *Politea* maakt Plato deze gedachtegang zeer aanschouwelijk.

Voor Plato is de mens een gevangene van zijn zintuigen, die pas vrijkomt als hij zijn verstand gebruikt en achter de zichtbare wereld, de schaduwen op de muur en de dingen voor de grot, de ideeën ziet. Als hij zich helemaal bevrijdt, dan zal hij de zon aanschouwen en daarmee het hoogste principe, het goede of het goddelijke, dat boven de ideeën staat. In tegenstelling tot de verschijningen, een driehoek op het schoolbord, het juiste oordeel of de stoel, zijn de ideeën eeuwig. Er is niet één idee, maar er zijn er talrijke en ze staan in een bepaalde verhouding tot elkaar. Het nadenken over deze verhoudingen noemt Plato dialectiek. Dialectiek is voor hem de wetenschap van de ideeën en het ware zijn.

Parabel van de grot

In een grot bevinden zich gevangenen. Van jongs af aan zijn ze daar aan benen en hals gekluisterd en staan ze met hun rug naar de ingang. Ze hebben alleen zicht op de muur tegenover de ingang. De mensen, dieren en voorwerpen die zich langs de ingang bewegen en die door een brandend vuur daarachter worden verlicht, kunnen ze niet zien. Ze zien slechts hun schaduw die op de grotwand wordt geworpen. Daarom houden ze deze projectie voor de enige werkelijkheid. Als ze in de grot vrijelijk zouden kunnen rondlopen, dan zouden ze de ware gedaante van de dingen kunnen zien. Zouden ze de grot kunnen verlaten, dan zouden ze bovendien begrijpen dat het de zon is, want zonder de zon is geen enkel leven mogelijk.

Kennisleer: Het is de ziel die de ideeën aan de mens overbrengt. Al voordat de ziel het lichaam van een mens betreedt, bestaat zij al, en wel in het rijk der ideeën. De kennis van de ideeën gaat echter verloren op het moment dat de ziel het lichaam binnengaat. Onder bepaalde omstandigheden kan deze kennis weer te voorschijn komen. Daarom beschikken niet alle mensen over dezelfde kennis. Het beste is om de 'verloren' kennis door middel van de socratische dialoog weer tot leven te wekken. Een absolute voorwaarde voor de herinnering (*anamnese*) is dat de geest vrij is van zintuiglijke invloeden. De ziel zal zichzelf vooral willen herinneren om de idee van de schoonheid te kennen. "Pas vanaf het moment dat de mens de schoonheid zelf aanschouwt, is zijn leven de moeite waard..." Dit is ook wat centraal staat in de platonische liefde. Daarbij gaat het niet zozeer om de zuiver vriendschappelijke, niet-lichamelijke liefde, maar om die voor de schoonheid op zich. Behalve schoonheid is er ook het streven naar kennis. De puur zintuiglijke waarneming kan slechts een hulpmiddel zijn bij de herinnering en leidt niet, zoals bij de sofisten, tot ware kennis.

Voor de verhouding tussen zijn en kennis, de zogeheten leer van de twee werelden, maakt Plato gebruik van de gelijkenis van de lijn. Deze lijn, die in vier even lange stukken is opgedeeld, staat voor de kosmos. De eerste twee stukken vormen de zichtbare wereld met hun schaduwen, spiegelbeelden en zintuiglijk waarneembare objecten. De volgende stukken staan voor de wiskundige objecten en de ideeën, met andere woorden de wereld die alleen via het denken toegankelijk is. Vanaf de schaduwen tot de ideeën komt men in een steeds hoger niveau van het zijn. Deze weg begint bij het vermoeden (schaduwen) en loopt via het geloof (objecten) en het nadenken (wiskunde) tot aan het directe inzicht in de ideeën (de filosofische kennis). Alleen de laatste twee kennisniveaus maken deel uit van de ideeënwereld en leiden tot ware kennis. Immers, de kennis uit de zichtbare wereld bestaat enkel uit meningen.

Zielenleer: De ziel die, zoals gezegd, helpt bij de herinnering van de ideeën, is in Plato's ogen onsterfelijk en slechts een tijdelijke bewoner van het betreffende lichaam. Zij bestaat uit een geestelijk, een nobel en een laag deel. Het geestelijke deel bevindt zich in het hoofd en is iets wat men alleen bij de mens aantreft. Het nobele deel wordt gevormd door de moed en komt ook bij dieren voor. Dit deel bevindt zich in de borststreek. Het lage deel ten slotte, de begeerte, houdt zich op in het onderlichaam en is ook kenmerkend voor het plantenrijk. Zoals een koetsier die zijn rijtuig laat trekken door een goed en slecht paard moet het geestelijke deel van de ziel de driften in toom houden. Zijn taak is het streven naar wijsheid (de eerste deugd). Tegelijkertijd dient het de moed tot dapperheid (de tweede deugd) aan te sporen en de begeerte tot matiging (de derde deugd). Pas wanneer alle delen van de ziel hun plichten vervullen, zal er gerechtigheid zijn en zal de belangrijkste van de vier hoofddeugden (ook wel de kardinale deugden genoemd) heersen.

Alleen het geestelijke deel van de ziel is onsterfelijk en gaat na de dood van het lichaam over in een hoger of lager levend wezen. Dit laatste is afhankelijk van het leven dat men heeft geleid. Het uiteindelijke doel van deze zielsverhuizing, die in grote lijnen teruggaat op Pythagoras, is het rijk van de ideeën, waar alle zielen hun oorsprong vinden. Waar de ziel precies heengaat, wordt bepaald in de onderwereld, die opvallend veel overeenkomsten vertoont met de hel uit het christendom. Ook het vagevuur en de eeuwige zaligheid komt men reeds bij Plato tegen.

Kosmologie: Plato was waarschijnlijk zeer goed onderlegd in de natuurkunde en astronomie. Hij wist dat lucht een bepaald gewicht heeft en dat geluid door trillingen wordt veroorzaakt. Ook was hij bekend met het verschijnsel magnetisme en elektriciteit en wist hij dat de aarde, die hij als een kogel voorstelde, om haar as draait. Niettemin hebben zijn ideeën over de aarde als geheel een zeer abstract en mythisch karakter, zoals hijzelf ook toegeeft. In Plato's theorieën over het ontstaan en de inrichting van de wereld is overduidelijk de invloed van de pythagoreeërs te zien. Hij gaat zelfs zo ver dat hij een van hen, Timeaus, in de gelijknamige dialoog opvoert om zijn kosmologie uiteen te zetten. Plato meent dat een wereldbouwer, een demiurg, eerst de ruimte heeft geschapen en vervolgens de aanwezige materie naar het voorbeeld van de ideeën heeft geordend. Zoals bij de natuurfilosofen bestaan de dingen uit de elementen vuur, water, aarde en lucht en een element waaruit de hemel is opgebouwd. De elementen bestaan op hun beurt weer uit regelmatige veelhoeken of polyeders, dat wil zeggen lichamen die begrensd worden door gelijkmatige platte vlakken en in de stereometrie ook wel platonische lichamen worden genoemd. De demiurg wil "dat alles zo veel mogelijk op hem lijkt." Om die reden is de wereld mooi en goed en de inrichting daarvan weldoordacht.

Ethiek: Het goede is niet datgene wat nuttig is of genot brengt, zoals de sofisten meenden. Het is de orde waarin de mens inzicht verwerft als hij zijn driften weerstaat, ascetisch leeft en zijn lichaam aan zijn ziel onderwerpt. Het goede is het hoogste van alle ideeën en staat dus boven de waarheid. Het is het doel waar allen naar streven.

Staatsleer: Men kan het goede en daarmee de orde, de harmonie, pas bereiken als er ook orde heerst in de buitenwereld en met name in de staat. Plato behandelt zijn theorie van de ideale staat in *Politea*, dat meer dan een kwart van zijn oeuvre uitmaakt en daarmee in ieder geval qua omvang zijn belangrijkste werk is. Later zou hij hiervoor in zijn *Wetten* een 'iets minder goede' oplossing aandragen, nadat hij door zijn eigen ervaringen een wat realistischer kijk had ontwikkeld. Net als de ziel bestaat ook de staat uit drie delen of, beter gezegd, drie standen: de arbeiders, de bewakers en de machthebbers. Slaven spelen hierin geen rol, aangezien zij het bezit zijn van anderen. Het is niet zo dat men van jongs af aan slechts tot een van deze standen behoort. Door opvoeding, aanleg en selectie heeft iedereen de mogelijkheid om op te klimmen. Dat geldt, en daarin was Plato zeer vooruitstrevend, ook voor vrouwen. Evenals de delen van de ziel is ook iedere stand verbonden met een hoofddeugd. Voor de boeren, handwerkslieden en kooplui, kortom de arbeiders, is dat de matiging, voor de bewakers de moed en voor de machthebbers, dat wil zeggen de filosofen, de wijsheid. Gerechtigheid, de nog ontbrekende deugd, ontstaat uit de harmonie van de drie standen. Plato ziet zichzelf als iemand die tot de hoogste stand behoort: "Indien... de filosofen geen koningen worden van de staten of de zo-even genoemde koningen en heersers niet werkelijk en grondig gaan filosoferen en dit alles, de macht en de filosofie, dus niet samenkomt... dan zal er voor de staten geen bevrijding van het kwaad zijn."

Bijzonder is Plato's behandeling van het gezin. Om te voorkomen dat bewakers en machthebbers alleen uit eigen belang handelen, moet al hun bezit gemeenschappelijk zijn. Daartoe behoren niet alleen materiële zaken, maar tevens vrouwen en kinderen. Deze laatsten dienen op te groeien in door de staat geleide kleuterscholen en hun natuurlijke ouders niet te kennen. Zelfs geslachtsgemeenschap wordt van staatswege geregeld. Er zijn bepaalde 'paartijden' en paren worden op erfelijke eigenschappen samengesteld. Hiermee loopt Plato vooruit op de eugenetica (rashygiëne). 'Mislukte' nakomelingen van de arbeiders worden botweg uit de weg geruimd.

In zijn ontwerp voor de een na beste staat neemt Plato alweer afstand van zijn idee van een vrouwengemeenschap en de afschaffing van privé-eigendom. Daarentegen komt hij wel met een strenge controle op het privé-leven. Dit leidt tot censuur en het instellen van een hoge toezichthoudende instantie.

Invloed: Voor velen is Plato de grootste schrijver uit de menselijke geschiedenis. Hij is de eerste filosoof wiens werk volledig is overgeleverd. Dat werk vormt de basis van de westerse filosofie. Volgens de wiskundige en filosoof Alfred North Whitehead is "die hele westerse filosofie niet meer dan een voetnoot bij Plato's werk." Plato verwerkte de ideeën van de presocraten en in het bijzonder de natuurfilosofen, de Eleaten, de sofisten, de pythagoreeërs en Socrates zelf. Daarmee bracht hij de Griekse filosofie tot een hoogtepunt.

Vanaf de klassieke Oudheid heeft de leer van de twee werelden altijd een grote aantrekkingskracht uitgeoefend op vooraanstaande denkers. Het idee van een aardse

Samenvatting

Plato is de grondlegger van de idealistische filosofie. Hij formuleert de leer van de twee werelden. Aan de ene kant bestaat er een wereld van de waarneembare objecten en aan de andere kant het rijk van de ideeën, die slechts kenbaar zijn door het verstand. Het begrip 'idee' is daarbij niet iets subjectiefs, zoals het moderne taalgebruik misschien suggereert, maar het meest werkelijke en objectieve wat er bestaat. Beide werelden zijn door de ziel met elkaar verbonden. De ziel is afkomstig uit het rijk van de ideeën en gaat een tijdelijke verbintenis aan met het lichaam, dat zo kennis kan nemen van het ideeënrijk en het ware, het mooie en het goede. Na de dood verlaat de ziel het lichaam en keert zij terug naar haar oorsprong. Voorwaarde is wel dat de filosofie en de geestelijke liefde voor de waarheid de mens hebben gelouterd.

wereld en een schitterend hiernamaals groeide onder invloed van het christendom uit tot een algemeen gangbare opvatting in de Middeleeuwen en de Nieuwe Tijd. Nietzsche definieert het christendom dan ook als "platonisme voor het volk."

De kritiek op Plato richt zich hoofdzakelijk op zijn staatsleer. Voor velen doen eugenetica, censuur en het streven naar absolute macht denken aan de totalitaire regimes van de twintigste eeuw.

Plato's leer zou in de klassieke Oudheid een prominente plaats blijven innemen, in de eerste plaats bij zijn leerling Aristoteles en later ook in het neoplatonisme, het belangrijkste filosofische systeem van de Romeinse periode. Het platonisme speelde een belangrijke rol bij de opkomst van het christendom en zou dat tot ver in de Middeleeuwen doen. In de Nieuwe Tijd was er sprake van een ware renaissance van het platonisme. Goethe schreef over hem: "Plato staat tot de wereld als een zalige geest die het belieft enige tijd bij haar te vertoeven... Alles wat hij zegt, heeft betrekking op een eeuwig volmaakt, goed, waar en schoon wezen, en in elk hart probeert hij de drang hiernaar op te wekken."

ARISTOTELES *(384/383 voor Christus in Stagirus – 322 voor Christus in Chalcis)*

Leven: In tegenstelling tot zijn leraar Plato en diens leraar Socrates, de twee andere grote Griekse filosofen, was Aristoteles afkomstig uit de provincie, om precies te zijn uit Stagirus op het Noord-Griekse schiereiland Chalcidice. Om die reden noemt men hem ook wel de 'Stagiriet'. Hij kwam uit een welvarend milieu. Zijn vader, Nicomachus, was lijfarts van koning Amyntas van Macedonië. Nadat hij al vroeg zijn ouders had verloren, vertrok Aristoteles op zeventienjarige leeftijd naar Athene om zich verder te scholen op de Academie van Plato. Er wordt wel beweerd dat dit besluit door een orakelspreuk was ingegeven. Aristoteles zou tot aan Plato's dood, twintig jaar later, in Athene blijven. Hij kwam daar niet alleen in aanraking met diens filosofie, maar eigenlijk met alle wetenschappelijke kennis die op dat moment voor handen was. Eerst als leerling en vervolgens als leraar richtte hij zich aanvankelijk op de platonische dialogen. Toen niet hij, maar Plato's neef Speusippus in 347 voor Christus de leiding over de Academie kreeg, was Aristoteles' teleurstelling zo groot dat hij samen met zijn studiegenoot Xenocrates Athene verliet. Zijn bestemming was de kustplaats Assus in Klein-Azië. Een vroegere medeleerling, Hermeias, had het daar tot dictator geschopt en een dependance van de Academie opgericht. Met diens pleegdochter Pythia zou hij uiteindelijk een gezin stichten.

In 343 voor Christus ontving hij tijdens een verblijf op het eiland Lesbos een uitnodiging van de Macedonische koning Philippus II om naar diens hof in Pella te komen. De koning zocht namelijk een leraar voor zijn veertienjarige zoon Alexander, die latere generaties 'de Grote' zouden noemen. Pas toen Alexander in 336 de troon besteeg, werd Aristoteles als leraar 'ontslagen'. Toch zou hij ook in Athene nog altijd profiteren van de welwillende en genereuze gebaren van zijn voormalige leerling. Zo stuurde Alexander hem allerlei planten en dieren, die zijn troepen als oorlogsbuit hadden meegenomen. Deze waren bedoeld voor het *Lykeion* ('Lyceum'), dat Aristoteles na zijn terugkeer in Athene had gesticht. In de *Peripateios*, de aan Apollo Lyceus gewijde galerij van het *gymnasium* ('sportschool'), liepen Aristoteles en zijn studenten daar al lerend en filosoferend rond. Dit leverde hun de bijnaam 'peripatetici' (wandelaars) op.

Koning Philippus was er reeds in geslaagd om Griekenland onder Macedonische heerschappij te verenigen. Dit viel bij de stadstaten en dus ook Athene niet in goede aarde. Het gevolg was dat na de plotselinge dood van Alexander en de ineenstorting van zijn rijk de machthebbers in Athene zich wilden wreken op alle vermeende aanhangers. Als vroegere leraar werd Aristoteles van blasfemie beschuldigd. Hij ging in ballingschap en stierf een jaar later op Euboea.

Werk: Het totale werk van Aristoteles zou uit vierhonderd, en sommigen spreken zelfs van duizend, delen hebben bestaan. Van zijn boeken die voor een groter lezerspubliek bestemd waren, de exoterische of algemeen begrijpelijke geschriften, is bijna alles verloren gegaan. Dit zijn met name de dialogen. Wat bewaard is gebleven, zijn de zogenaamde esoterische werken, een soort collegeaantekeningen die bedoeld waren voor zijn leerlingen en medewerkers. Omdat ze steeds weer werden bijgewerkt, waren ze eigenlijk niet voor publicatie bestemd. Hierdoor is het moeilijk om een chronologie aan te brengen. Daar komt bij dat deze werken niet eenvoudig te begrijpen zijn en er door de vele aanpassingen tegenstrijdigheden bestaan tussen het vroegere en het latere werk.

Zo zou het eruit hebben kunnen zien. Aristoteles neemt de geschenken in ontvangst die zijn leerling, Alexander de Grote, op diens lange krijgstochten heeft meegenomen.

Aristoteles was naast wetenschapper, kosmoloog, astronoom, meteoroloog, natuurkundige, geoloog en bioloog vooral logicus. Over al deze vakgebieden, maar ook over economie en retorica heeft hij geschreven. Hij was zelfs de eerste die in zijn geschriften inging op kunst en poëtica. Dit werk is in 30 voor Christus door Andronicus, de tiende in de lijn van schoolhoofden van het Lyceum, systematisch geordend en opgetekend. Vanwege het fundamentele belang voor alle andere wetenschappen is het eerste gedeelte gewijd aan de logica. Het gaat hier om zes werken, die allen tezamen ook wel *Organon* ('werktuig') worden genoemd. Deze zes werken zijn de *Categorieënleer*, de *Zinsleer*, de *Topica* en de *Sofistische weerleggingen* en de *Eerste* en *Tweede Analytica*. De laatste twee worden ook wel als de eerste wetenschapsfilosofie van het Westen gezien. Voor de verdere indeling van Aristoteles' werk ging Andronicus af op diens eigen onderscheid in theoretische en praktische wetenschappen. De theoretische, dat wil zeggen natuurkunde, wiskunde en de eerste filosofie (de metafysica), zoeken "datgene wat niet anders kan zijn." Ze vragen naar de waarheid. De praktische wetenschappen, ethiek en politiek, zijn geïnteresseerd in richtlijnen hoe men in uiteenlopende situaties dient te handelen. Ze houden zich dus bezig met "datgene wat anders kan zijn." Zo bestaat het tweede en meest omvangrijke gedeelte onder meer uit de *Fysica* en *Metereologica* (die op hun beurt in totaal acht boeken beslaan), de *Dierkunde*, de *Ziel* en *Over dromen*. Het belangrijkste ethische werk wordt gevormd door de tien boeken van de naar Aristoteles' zoon genoemde *Nicomachische ethiek*. De andere ethische werken zijn de *Eudemische ethiek* (naar Aristoteles' leerling Eudemus van Rhodos) en de *Politica*. Ten slotte zijn er nog de esthetische werken *Retorica* en *Poëtica*, waarvan enkele boeken verloren zijn gegaan. Deze werken horen tot het vierde gedeelte.

Een belangrijke plaats wordt ingenomen door de veertien boeken van de *Metafysica*. Aristoteles sprak zelf van de *Eerste filosofie*, omdat hierin de algemene oorzaak van de dingen centraal staat. Doordat een uitgever deze verzameling boeken zodanig indeelde dat ze na de natuurkundige geschriften kwamen, werden ze vanaf 6 na Christus *Meta ta physica*, kortweg *Metafysica* ('na de fysica') genoemd.

Leer: "Plato is mij dierbaar, maar de waarheid is mij nog dierbaarder," moet Aristoteles gezegd hebben. En om die waarheid te kennen, ontwikkelde hij de logica, waarvan de regels het moderne denken nog steeds bepalen.

Logica: De logica – Aristoteles gebruikte zelf de term *analytica* – is de leer van het juiste denken. Als formele methode die laat zien hoe men hoort te denken, vormt deze leer de basis van de empirische wetenschappen. Aristoteles begint met de verklaring van uiteenlopende elementen. Het juiste denken vraagt nu eenmaal om de juiste begrippen. Deze worden duidelijk gemaakt aan de hand van definities die uit twee delen bestaan. Het ene deel brengt het te definiëren object onder in een hogere klasse, het andere geeft aan waarin het object zich onderscheidt van andere objecten die tot dezelfde klasse behoren. Een goed voorbeeld is de zin 'de mens is een sprekend wezen'. Via de klassen komt men tot de nog hogere soorten en uiteindelijk tot het meest algemene, de categorie. Hierin vindt men de verschillende gezichtspunten van waaruit dingen kunnen worden bekeken. Bij Aristoteles, de 'uitvinder' van de categorie, zijn dat er soms acht en soms tien. Substantie geldt als de voornaamste. De negen andere zijn hoeveelheid, kwaliteit, relatie, plaats, tijd, houding, toestand, handeling en lijden. Van het algemene van de categorieën kan men door middel van conclusies uitkomen bij het bijzondere. Dit wordt wel deductie genoemd. Het tegenovergestelde, inductie, leidt juist het algemene uit het bijzondere af.

Bij een oordeel worden minstens twee begrippen met elkaar verbonden, zoals in 'Socrates is een mens'. Meerdere oordelen kunnen tot conclusies leiden. De leer daarvan vormt de kern van Aristoteles' logica. Hierdoor ontwikkelt het denken zich namelijk verder. Uit de algemene premisse 'alle mensen zijn sterfelijk' en de bijzondere premisse 'Socrates is een mens' ontstaat de gevolgtrekking of conclusie 'dus Socrates is sterfelijk'. Anders geformuleerd: als $A = B$ en $B = C$ dan geldt $A = C$. Deze korte formule is het schoolvoorbeeld van een syllogisme.

Conclusies kunnen echter ook verder met elkaar worden verbonden en uitgroeien tot bewijzen. Om tot dergelijke bewijzen te komen, moeten er algemene stellingen zijn die te allen tijde gelden en die niet verder bewezen hoeven te worden. Van de vier tot nu overgebleven grondstellingen van het denken komen de eerste en tevens belangrijkste alsook de tweede uit de *Metafysica* van Aristoteles:

Fysica: In zijn *Fysica* behandelt Aristoteles vragen met betrekking tot de natuur, het ontstaan en de beweging in het algemeen. Als deel van de natuur komt ook de ziel hier aan bod. Alles wat leeft, kenmerkt zich door beweging en verandering. Maar waar beweging is, moet ook een beweger zijn. En dat is de ziel. Het is de ziel die het lichaam in beweging zet en vormt. Aristoteles spreekt in dit verband van *entelechie*, een begrip dat in de filosofie steeds weer opduikt en dat het beste vertaald kan worden met 'wat een doel in zich heeft' of simpelweg 'verwerkelijking'. Ieder levend

Stelling van de tegenspraak
"Iets kan niet tegelijkertijd en ten aanzien van hetzelfde zijn en niet zijn." Met andere woorden: A is A en kan niet op hetzelfde ogenlik en ten aanzien van hetzelfde niet-A zijn.

Stelling van de uitgesloten derde
"Het is niet mogelijk dat er een middenweg bestaat tussen de beide delen van een tegenspraak." Met andere woorden: A is A of A is niet-A.

wezen heeft zijn eigen doel en realiseert zich overeenkomstig zijn innerlijke doelstellingen. Het lichaam is slechts een werktuig van de ziel, een *organon*. Hier grijpen woorden als orgaan en organisme op terug. En hetzelfde geldt voor het idee dat de toestand van de ziel tot uitdrukking komt in het lichaam. Volgens Aristoteles bestaan er drie soorten zielen: de plantenziel, die zuiver vegetatief is, de dierlijke ziel, die over gevoel en instinct beschikt, en de menselijke ziel, die in staat is om te denken. Bij de mens liggen al deze drie zielen in lagen over elkaar heen, een inzicht waar ook de moderne psychologie nog gebruik van maakt. De ziel komt als een onbeschreven blad, een *tabula rasa*, ter wereld. Op de vraag of de ziel onsterfelijk is, geeft Aristoteles geen eenduidig antwoord. Wel is het zo dat de immateriële zielen van de hemellichamen zich boven de ziel van de mens ophouden. Zij zijn het die de 'sferen' van de planeten en sterren in beweging zetten. De buitenste sfeer is die van God, die zijn invloed via de zielen van de hemellichamen op de rest van de wereld overbrengt. Daarmee legt Aristoteles de basis voor de astrologie. Het heelal is in zijn voorstelling een kogel met precies in het midden de aarde. Er bestaat geen lege ruimte, want alles is opgevuld met de vier elementen vuur, water, aarde en lucht en het vijfde element ether. De beweging van aarde en water is neerwaarts en die van vuur en lucht opwaarts. De ether beweegt zich daarentegen in en cirkel. Aangezien deze kringloop eeuwig is, is ook de wereld eeuwig.

Zoölogie: Hoewel het om een zijpad gaat en de zoölogie tegenwoordig niet meer tot de filosofie wordt gerekend, is het toch van belang om even stil te staan bij de uitdrukking *punctum saliens* (het 'cruciale' of 'kardinale punt'), die haar oorsprong vindt in Aristoteles' ideeën over de dierenwereld. In zijn zoölogische geschiedenis beschrijft hij het bewegende hart van een kuiken als een bloedvlek in het eiwit. Het is op dit levenspunt dat deze uitdrukking teruggrijpt.

Metafysica: De metafysica van Aristoteles, die hij zelf de 'eerste filosofie' noemde, gaat over het zijnde, over datgene wat zelfstandig bestaat en onveranderlijk is. Daarmee onderscheidt het zich radicaal van de objecten uit de natuur (de fysica), die aan verandering onderhevig zijn.

Aristoteles verwerpt Plato's leer van de twee werelden. Volgens hem kennen de ideeën niet een eigen rijk onafhankelijk van de waarneembare werkelijkheid. In het algemeen, en bij Plato zijn dat de ideeën, kan het wezen van het zijnde in eniger mate verstandelijk worden begrepen. Het kan echter niet worden waargenomen. Men kan het kennen via het verstand, dat door de waarneming wordt gedragen: "Er is niets in het verstand, wat niet eerder in de zintuigen is geweest." Kennis ontstaat doordat de ziel zich identificeert met het algemene van de waargenomen objecten. Maar wat is het wezen van bijvoorbeeld een boom, als deze zich voortdurend verandert onder invloed van de jaargetijden en de biologische processen en uiteindelijk zelfs afsterft? Het onveranderlijke, het wezen is de vorm. Deze bestaat niet los van het object of de materie. Maar zonder de vorm verliest het object zijn zelfstandige en unieke karakter. Anders dan bij Plato's ideeën kan de vorm alleen in het enkelvoudige en afzonderlijke verschijnen. Hij maakt het enkelvoudige en afzonderlijke juist tot datgene wat het is. Alleen de vorm heeft werkelijkheid. Zoals een boom uit het zaad, een zwaard uit het brons en een vlinder uit de rups haalt hij als beweger met zijn kracht en doelgerichte wil het potentiële uit de materie, uit het bewogene. Omdat de materie weerstand biedt, is het resultaat altijd onvolmaakt. Op de vraag waarom iets is zoals het is, geeft Aristoteles vier oorzaken waarvoor al sinds de Middeleeuwen de volgende Latijnse benamingen in zwang zijn: 1. *causa materialis* – de materiële oorzaak. 2. *causa formalis* – de formele oorzaak. 3. *causa efficiens* – de werkende oorzaak. 4. *causa finalis* – de doeloorzaak. De verschillende oorzaken van een zwaard zijn bijvoorbeeld 1. het brons, 2. de vorm van het zwaard, 3. de smid en 4. het gebruik als wapen.

Bij dit alles blijft natuurlijk nog de vraag wat of wie de beweger in beweging heeft gezet. Met andere woorden, wat is de hoogste oorzaak van alles? Door na te denken moet men ten slotte aan het einde van de ketting uitkomen bij een onbewogen beweger, iemand die het bewogene aanstoot zonder zelf te bewegen. Iemand die geen materie nodig heeft, maar alleen de zuivere vorm, de geest. Deze beweger is God, die, omdat Hij niet verandert, zich alleen op het denken kan richten, dat wil zeggen het denken over het hoogste object, over zichzelf.

Ethiek: Het hoogste wat een mens kan bereiken, is gelukzaligheid. Uit eigen ervaring wist Aristoteles dat materiële welvaart en een voornaam uiterlijk hiertoe een belangrijke bijdrage kunnen leveren. En net zoals de vorm alle potentiële doelstellingen moet zien te verwezenlijken, is de mens pas volmaakt als hij alle mogelijkheden die hij in zich draagt volledig heeft ontwikkeld. Zijn ziel moet zich daarbij bezighouden met de voor haar essentiële deugden. Aristoteles maakt een onderscheid tussen de leerbare, intellectuele deugden, die, zoals in het geval van wijsheid, zelfs geen schade kunnen berokkenen als ze tot het uiterste worden doorgevoerd, en de morele deugden, zoals dapperheid en generositeit, die bij de opvoeding worden meegegeven. Bij deze laatste is er sprake van juist en deugdelijk handelen als men een middenweg weet te vinden tussen lafheid en roekeloosheid, gierigheid en spilzucht. Zoiets hangt steeds weer af van de omstandigheden en het is het verstand dat de mens daarbij moet helpen. Een gevoel daarvoor ontwikkelen en zo de wereld te leren kennen is het hoogste doel van het bestaan. Denken is belangrijker dan handelen en het denken over God het allerbelangrijkste en de bron van het hoogste geluk.

Politiek: Om zich te vervolmaken heeft de mens de maatschappij nodig. De individuele deugd komt tot uiting in een juiste bemoeienis met de staat. De staatsleer is in feite 'praktische ethiek'. Aristoteles heeft geen voorkeur voor een bepaalde staatsvorm. De keuze voor monarchie, aristocratie of de *politeia* ('de heerschappij van velen') is telkens afhankelijk van de heersende omstandigheden. Hij stelt meer dan 150 grondwetten op, onder andere voor Athene, Rome en Carthago. Hierin verwoordt hij de politieke wil van zijn tijd door bijvoorbeeld de slavernij te verdedigen en, in tegenstelling tot Plato, het belang van het huwelijk en het gezin onderstrepen. Het idee van een onderverdeling tussen een raadgevende, uitvoerende en rechterlijke macht mag ronduit modern worden genoemd. De trias politica zoals die door Montesquieu is ontworpen, vormt in de westerse wereld nog altijd de basis voor de scheiding der machten.

Invloed: Met Aristoteles is het fundament van de westerse filosofie compleet en wordt er een scheiding aangebracht tussen de verschillende filosofische disciplines. Bovendien geldt hij nog steeds als de meest erudiete van alle filosofen en als grondlegger van de moderne wetenschap. Het is aan hem te danken dat er nu afzonderlijke wetenschappen bestaan. Zijn voorstelling van het heelal als een kogel met hemellichamen en sferen werd pas in de Renaissance als afgedaan beschouwd. Zijn logica was zelfs tot aan de negentiende eeuw bepalend. Kants belangrijkste werk, *Kritik der reinen Vernunft* (*Kritiek van de zuiver rede*), beroept zich op de categorieën van Aristoteles. Zijn poëtica vormt nog steeds de basis van de moderne dramatologie.

Samenvatting

Aristoteles is de grondlegger van de biologie, en met name van de zoölogie en de psychologie. In zijn beschouwingen over de natuur keert hij zich tegen Plato's theorie van de twee werelden. Op Rafaëls fresco *De school van Athene*, dat in het Vaticaan te bewonderen is, wijst hij betekenisvol naar voren, naar de wereld, terwijl Plato naast hem de vinger naar de hemel richt, naar de ideeën.
Voor Aristoteles is het worden altijd iets wat in potentie, als vorm reeds aanwezig is. Deze vorm is het wezen van de dingen, het object van de kennis. Daarmee lost hij het heraclitische probleem op dat men geen kennis kan hebben van datgene wat steeds aan verandering onderhevig is.

In plaats van ideeën waaraan de concrete dingen slechts deelnemen, komt hij met het postulaat dat alles uit vorm en materie bestaat en dat het – kenbare – wezen van de dingen deze vorm is en dus een deel van het object zelf. Het worden komt voort uit het doel dat in de vorm besloten ligt en dat de oorzaak van beweging is. De eerste oorzaak zonder oorzaak, de onbewogen beweger, is het goddelijke. Zelfverwezenlijking en zelfvervolmaking zijn grondgedachten bij Aristoteles, die de gelukzaligheid als het hoogste doel van de mens ziet. Om die gelukzaligheid te bereiken heeft de mens overigens wel de staat nodig. Aristoteles gaat ervan uit dat de wereld een verstandelijke basis heeft. Deze is niet aan de hand van wiskundige verhoudingen te verklaren, maar met behulp van de logica, waarvan hijzelf de grondlegger is. Van bijzondere betekenis zijn in dat opzicht de categorieënleer en de bewijsvoering door middel van het syllogisme, de conclusie uit twee premissen.

Met zijn idee van zelfverwezenlijking loopt hij vooruit op het humanisme. Toch werd hij niet altijd juist geïnterpreteerd. Zo nam men lange tijd aan dat het individuele bij hem centraal staat. Hiermee werd wel de basis gelegd voor het nominalisme en het empirisme, de twee belangrijkste denkrichtingen in de geschiedenis van de filosofie. Men kan gerust zeggen dat de hele Middeleeuwse filosofie op hem voortborduurt. Zijn veronderstelling dat er een godheid bestaat in de vorm van een onbewogen beweger speelde een grote rol als kosmologisch godsbewijs in de theologie.

Zelfs de kritiek op zijn leer heeft belangrijke nieuwe inzichten opgeleverd. Zo gaf de weerlegging van zijn theorie dat beweging het gevolg is van een doelgerichte natuur en dat het de vorm is die de materie in beweging zet een belangrijke impuls aan de filosofie en natuurwetenschappen van de vroegmoderne tijd. Uiteindelijk leidde deze kritiek tot de bloei van de mechanica in de zeventiende eeuw.

Dat Aristoteles ook dichters tot de verbeelding sprak, blijkt wel uit de woorden die Dante (1265-1321) in *De goddelijke komedie* over hem schreef: "Toen ik inmiddels hoger had gekeken,/ Zag ik veel wijzen, Aristoteles/ In 't midden, die hun meester is gebleken./ Ik zag ook Plato daar en Socrates/ Die hem, vooraan, met groot respect aanschouwden,/ En Heraclitus en Empedocles;..."

Hellenisme en Rome

Alexander de Grote en zijn opvolgers, de Diadochen, introduceerden de Griekse cultuur in een groot deel van de destijds bekende wereld. Bij hun geleidelijke verovering van de Diadochenrijken zetten de Romeinen deze machtspolitiek voort. Met de val van het laatste Diadochenrijk, dat van Ptolemaeus in Egypte, eindigt het tijdperk van wat men sinds de negentiende eeuw het hellenisme noemt. De Romeinen werden de erfgenamen van de Griekse beschaving, waarvoor zij veel be-

Om de wereld de Griekse beschaving te brengen, gebruikte Alexander niet alleen de geest, maar ook het zwaard.

wondering koesterden. Behalve kunst en religie namen ze ook de filosofie over, die zich steeds meer ging richten op praktische vraagstukken en de ethiek. De twee belangrijkste scholen van het hellenisme, de Stoa en het epicurisme, gaan terug tot het begin van dit tijdperk. Dat geldt ook het scepticisme, dat vanwege het element van de twijfel vele eeuwen later nog steeds een grote aantrekkingskracht uitoefende op denkers als Descartes en Hume. Naast deze drie hoofdstromingen bleven ook de oude scholen en in het bijzonder Plato's Academie en Aristoteles' Lyceum actief. Uit dit grote aanbod aan levensbeschouwingen pikten de zogeheten eclectici de voornaamste aspecten. Een laatste hoogtepunt in de filosofie van de klassieke Oudheid vormde de versmelting van het platonische gedachtegoed met religieuze en oriëntaalse invloeden. Met name in de tweede eeuw voor Christus, toen het christendom zijn opmars begon, waren deze sterk voelbaar. De aldus ontstane leer, het neoplatonisme, slaagde erin de grondgedachten van dit uiteindelijk zegevierende nieuwe geloof te integreren en de verdere ontwikkeling ervan op het filosofische vlak in grote mate te bepalen. Zo wist het neoplatonisme niet alleen de ondergang van de oude godsdienst, maar ook die van het West-Romeinse Rijk te doorstaan. Met de combinatie van enerzijds neoplatonisme, Plato en, nadat hij in de twaalfde eeuw werd herontdekt, Aristoteles en anderzijds het bijbelse godsgeloof werd ten slotte de basis gelegd voor de christelijke filosofie van de Middeleeuwen.

Stoa

In 323 voor Christus stierf behalve Alexander de Grote ook Diogenes van Sinope. Er wordt zelfs beweerd dat beiden op dezelfde dag zijn overleden. Het was ook het jaar dat Aristoteles uit Athene vluchtte. Met zijn dood een jaar later in het ballingsoord Euboea kwam er een einde aan een tijdperk. Bijna tegelijkertijd gloorde er met de Stoa iets nieuws aan de horizon, een nieuw filosofisch systeem dat het denken voor de daaropvolgende vijf eeuwen zou bepalen.

De naam Stoa is afgeleid van de zuilengang in Athene (*stoa* in het Grieks) waar de eerste stoïcijnen bij elkaar kwamen. De oprichter van deze school was Zeno van Citium. Zijn gedachtegoed is echter opgetekend door zijn leerling Chrysippus van Soli. Het is daarom welhaast onmogelijk om uit te maken wie van deze twee belangrijkste vertegenwoordigers van de Oude Stoa (300-150 voor Christus) nu precies welke ideeën heeft voortgebracht. Wat wel met zekerheid kan worden gezegd, is dat zij de systematische grondslagen legden voor de stoïcijnse school en dat zij zich bezighielden met zowel logica, natuur als ethiek. Met het einde van de oudere school verplaatste de Stoa zich naar Rome, dat inmiddels was uitgegroeid tot het centrum van de macht in het Middellandse-Zeegebied. De twee belangrijkste vertegenwoordigers van de Middelste Stoa (150-50 voor Christus) waren Panaetius en Posidonius. Zij vormden als het ware de link tussen Griekenland en Rome en brachten bovendien platonische en aristotelische elementen mee. De laatste fase van de stoïcijnse school, de Jongste Stoa (50 voor Christus – 200 na Christus) kenmerkt zich ten slotte door een individualisering van de oorspronkelijke leer. Hieraan lag een politieke ontwikkeling ten grondslag. Het Romeinse Rijk was uitgegroeid tot een absolute monarchie waar de individuele mens nagenoeg geen invloed meer had op de staat. De overzichtelijkheid en transparantie van de kleine Griekse stadstaat waren voorgoed verleden tijd. Daarbij stond men eigenlijk helemaal niet eens zo ver af van Plato's voorstelling van de ideale staat waarin de machthebbers filosoferen en de filosofen regeren. Met twee van de drie voornaamste vertegenwoordigers van de Jongste Stoa, Seneca en Marcus Aurelius, was het zelfs mogelijk geweest om deze theorie grotendeels in de praktijk om te zetten. De eerste was leraar en raadsman van keizer Nero, terwijl de tweede als laatste geadopteerde keizer zorgde voor de grootste uitbreiding die zijn rijk ooit meemaakte. Maar ondanks zulke vooraanstaande persoonlijkheden beperkte het denken zich tot het individu, tot het handelen van de enkeling, de moraal en de ethiek.

Leer: De stoïcijnse leer, die voorbouwt op het gedachtegoed van Heraclitus, de Megarische School en de cynici, richt zich op logica, fysica en ethiek. In de logica worden de regels opgesteld voor het vaststellen van het waarheidsgehalte van uitspraken. De fysica houdt zich bezig met het verklaren van de kosmos, de wereld. De ethiek laat ten slotte zien hoe de mens in harmonie met de natuur en de kosmos kan leven. De meeste waarde hechten de stoïcijnen aan de ethiek, die volgens hen gelijk is aan de vrucht van een boom – de fysica – in een door de logica omheinde tuin.

Logica: De stoïcijnse logica valt uiteen in de retorica, de kunst om alleen te spreken, en de dialectiek, de kunst om met anderen te spreken. Het zwaartepunt vormt de argumentatieleer, waarin Aristoteles' logica verder wordt ontwikkeld. Uitspraken die voortkomen uit de kennis van individuele personen worden door middel van logische constanten als 'of – of' en 'als – dan' met elkaar verbonden. Het waarheidsgehalte van deze verbinding wordt bepaald als een functie van waarheidsgehalte van de afzonderlijke uitspraken. Geformuleerde conclusies kunnen op die manier eenvoudig worden bevestigd of ontkend. Een voorbeeld: als het dag is, dan is het licht; het is nu dag, dus het is licht. Kennis ontstaat voor de stoïcijnen eerst via empirische weg, door zintuiglijke waarnemingen. Maar het verstand moet wel zijn goedkeuring geven. Zeno vergelijkt de zintuiglijke waarneming met een geopende hand die zich sluit en daarmee zijn instemming geeft en die, als het inzicht ten slotte is gekomen, zich bewust tot een vuist balt om de kennis vast te houden.

Fysica: Kennis van de natuur vormt voor de stoïcijnen de basis van het handelen en is dus van grote betekenis: "Het verwerven van kennis van de natuur dient geen ander doel dan het goede van het slechte te scheiden." Al het werkelijke heeft, zoals bij Anaximenes, één oorsprong. Bovendien is het lichamelijk, bestaat het uit vuur, aarde, water en lucht (de vier elementen van Empedocles) en is het bezield door het oervuur, dat de dingen bij elkaar houdt en ook wel wereldgeest, wereldziel, natuurwet, lot of God wordt genoemd. God en natuur zijn in feite één en levend, net als de fijne stoffelijke levensadem, de planten, dieren en mensen. De wereld is goddelijk en met rede begaafd en bestaat derhalve uit een verstandige, doelgerichte orde, de logos. God is een en al verstand en in alles aanwezig. Hij is "de schepper van de wereld en de vader van iedereen." Zoals bij Heraclitus, van wie ook het idee van de wereldgeest en het eeuwige vuur afkomstig is, verandert de wereld zich voortdurend, echter niet in één richting, maar in een eindeloze cyclus van ontstaan en vergaan. Dat vergaan gebeurt in een wereldbrand. Aangezien alles met elkaar samenhangt en volgens een wetmatigheid plaatsvindt, geloven de vroege stoïcijnen heilig in voortekenen, droomverklaringen en voorspellingen. Door het goddelijke is namelijk alles voorbestemd.

Ethiek: Filosofie is voor de stoïcijnen vooral een levenskunst. Omdat alles is voorbestemd, is de mens aan zijn lot overgeleverd. Epictetus weet dit treffend te illustreren: "Je hebt een rol in een stuk dat door de regisseur is gekozen. En hij bepaalt of het een lang of een kort stuk wordt. Je kunt niet anders dan je erbij neerleggen. Krijg je de rol van bedelaar, dan moet je proberen die zo goed mogelijk neer te zetten. En dat geldt ook als je een invalide, een vorst of een vrije man dient te spelen. Want het is jouw taak om de rol die je krijgt toebedeeld naar behoren uit te voeren; het kiezen van die rol doet iemand anders." Desondanks is het mogelijk om de rol, het lot, vorm te geven.

De mens dient te streven naar gelukzaligheid en de grootste gelukzaligheid is gemoedsrust. Alles wat leidt tot overeenstemming met zichzelf en de natuur is goed. Om gelukkig te worden, moet de mens handelen volgens de wetten van de natuur en de natuur in zichzelf verwezenlijken. Ieder mens heeft namelijk een eigen persoonlijkheid. Het is hier dat deze gedachte voor het eerst te vinden is. Ook plicht wordt voor het eerst een centraal begrip in de ethiek. Je plicht vervullen betekent het verstand en daarmee de innerlijke goddelijke stem volgen. De stoïcijnen wijzen het genotsprincipe van de epicuristen van de hand. In hun opvatting maakt de verleiding van het genot de jeugdige ziel week. Driften, gemoedsbewegingen en hartstochten staan elk verstandig optreden in de weg. Het zijn niet meer dan 'ziektes van de ziel'. De ideale stoïcijn is passieloos (*apathia* betekent 'gevoelloos'), onverstoorbaar (*ataraxia* betekent 'onverstoorbaarheid') en zelfgenoegzaam (*autarkia* betekent 'zelfgenoegzaamheid') en weet daarmee zijn lusten in bedwang te houden. Hij die zich niet door uiterlijk vertoon laat leiden, die geen rijkdom, macht en faam najaagt en die zijn driften onder controle heeft, mag zich een wijs man noemen. Zo iemand straalt de spreekwoordelijke stoïcijnse kalmte uit en vertrouwt op de doordachtheid van de wereldorde. Bij alles dient men het gebod van het verstand in acht te nemen. Het gaat niet zozeer om het resultaat dat men behaalt, als wel de inspanning die men zich getroost. Daarin ligt feitelijk het doel. Wie zich aan het verstand onderwerpt, handelt deugdzaam en schept de absolute voorwaarde voor gelukzaligheid. Chrysippus formuleert het verband tussen deugd en verstand, de kerngedachte van het grensoverschrijdende en algemeen geldige natuurrecht als volgt: "Een deugdzaam leven is synoniem aan een leven dat zich baseert op de ervaring van hetgeen op natuurlijke wijze plaatsvindt. Want onze eigen natuur is deel van de hele natuur. Daarom is het hoogste goed een natuurlijk leven, dat wil zeggen een leven dat in overeenstemming is met ons eigen en de hele natuur, waardoor wij niets doen wat de algemene wet gewoonlijk verbiedt..."

Tot op dit punt bestaan er vergaande overeenkomsten tussen de stoïcijnen en de cynici. Het grote verschil is echter de waarde die de stoïcijnen hechten aan vriendschap, gezin en staat. Het is om die reden dat het stoïcisme zelfs in de Nieuwe Tijd nog zo invloedrijk was. Hun gemeenschapszin ontlenen ze eveneens aan de natuur en in het bijzonder aan het insectenrijk. Uit hun respect voor principes als vriendschap en maatschappij en uit de veronderstelling dat ieder mens begiftigd is met verstand vloeit tevens het verlangen voort naar gerechtigheid en mensenliefde, en naar de vervulling van de sociale plichten. De stoïcijnen zien zichzelf in de eerste plaats als wereldburgers die dezelfde rechten hebben als alle andere wereldburgers. Daartoe horen voor het in eerst in de geschiedenis ook de slaven en de barbaren, waarmee destijds de niet-Griekstaligen werden aangeduid. Naast dit belangrijke verschil met het cynische gedachtegoed is ook de nadruk op kennis typerend voor de stoïcijnen. Want gelukzalig wordt alleen hij die deugdzaam handelt, en deugdzaam is hij die verstandig handelt, en omdat verstand voortkomt uit kennis, is de deugd te leren en kennis onontbeerlijk.

Invloed: Vijfhonderd jaar lang drukte de Stoa een belangrijke stempel op de cultuur van de klassieke Oudheid. Dit geldt zowel voor de platonische Academie, waar de stoïcijnen duidelijk hun sporen nalieten, als de aristotelische filosofie, die zij geheel verdrongen. Daarnaast oefenden ze een grote invloed uit op het christendom. Daarbij moet men in het bijzonder denken aan hun moraal, hun afkeer van uiterlijkheden, hun idee van een met 'Vader' aangesproken opperwezen, hun levensadem die sterk aan de Heilige Geest doet denken en de opvatting dat alle mensen gelijk zijn. In de Nieuwe Tijd staat het stoïcijnse gedachtegoed opnieuw in de belangstelling, vooral bij Descartes, Spinoza, Locke en Kant. De verdeling van de filosofie in logica, fysica en ethiek zou nog lange tijd worden gehanteerd. Het gelijkstellen van verstand en natuur vormt de aanzet tot het natuurrecht, dat probeert grensoverschrijdende normen af te leiden uit het natuurlijke verstand. Daarvandaan is het nog maar een klein stapje naar de Verklaring van de Rechten van de Mens zoals die in 1776 in Amerika werd verkondigd. Onder invloed van de stoïcijnse filosofie kwamen ook de sociale grondregels tot stand, waaronder toegeeflijkheid ten opzichte van anderen, respect voor het individu, tolerantie en liefdadigheid.

Samenvatting

Met de Stoa ontstaat er voor het eerst een gesloten filosofisch systeem waarin logica, fysica en ethiek nauw met elkaar verbonden zijn. Het centrale begrip voor de stoïcijnen is de natuur. Alleen zij bestaat. Daarom is alles wat er is lichamelijk. En draagt zij de leer uit van een teleologisch, doelgericht pantheïsme. God is geen wezen, maar overal in de natuur aanwezig. Omdat natuur, God en verstand één zijn, moet de mens volgens de natuur en het verstand leven. Alleen zo kan hij persoonlijke gelukzaligheid bereiken, het hoogste doel voor de stoïcijnen. Denken is geen doel op zich, maar een middel dat leidt tot het geluk. Uiterlijkheden zijn niet van belang, het gaat om het innerlijke. Lust en hartstochten zijn schadelijk voor het verstand en daarom verwerpelijk. Alles draait om controle over dergelijke gevoelens. Voor het eerst in de filosofie wordt het begrip 'plicht' gebezigd. De stoïcijnen komen met een uitleg en plaatsen het woord in de juiste samenhang. Bij handelingen gaat het niet om het resultaat, maar om de onderliggende doelstelling. Wijs is hij die deugdzaam handelt. Vriendschap en maatschappij zijn met name voor de late stoïcijnen belangrijke waarden die vergezeld gaan van sociale verantwoordelijkheid en de formulering van een voor alle wereldburgers geldend gelijkheidsbeginsel. Het is dan ook niet echt opzienbarend dat een van de beroemdste stoïcijnen, Epictetus, een voormalige slaaf was.

ZENO VAN CITIUM *(circa 333 voor Christus in Citium – circa 262 voor Christus in Athene)*

Van Zeno wordt niet alleen beweerd dat hij een ascetisch leven leidde, maar ook een streng voorkomen had. "Zo sober als de filosoof Zeno" was in zijn tijd dan ook een veel gehoorde uitdrukking. Hij was afkomstig van het Fenisisch georiënteerde

Cyprus. Rond 314 voor Christus vestigde hij zich als koopman in Athene, waar hij een leerling werd van de cynicus Crates, de Megarische filosoof Stilponus en de academici Xenocrates en Polemon. Vanaf ongeveer 300 voor Christus had hij in de *Stoa poikole* zijn eigen filosofische school. Hij kreeg daar zelfs bezoek van de Macedonische koning. Zeno maakte zelf een einde aan zijn leven.

CLEANTHES *(331/330 voor Christus in Assos – 230/229 voor Christus in Athene)*

Cleanthes, Zeno's opvolger als hoofd van de Stoa, was eigenlijk een beroepsbokser. Naar men zegt, trok hij Zeno's aandacht doordat hij zijn collegeaantekeningen op potscherven of schouderbladen van runderen schreef. Als denker was hij bepaald niet origineel. Hij had zelfs de bijnaam 'ezel', hetgeen overigens betrekking had op de diensten die hij als 'lastdier' verleende. Om in zijn levensonderhoud te voorzien werkte hij 's nachts als waterdrager of molenaar, zodat hij overdag lessen kon volgen. Het enige wat van hem bewaard is gebleven, is zijn *Zeushymne*, die reeds in de klassieke Oudheid algemene bekendheid genoot. Cleanthes geeft hierin uitleg over de pantheïstische ideeën van de Stoa en de wetmatigheid van de natuur.
Na dertig jaar de school te hebben geleid, zou hij op tachtigjarige leeftijd vrijwillig voor de hongerdood hebben gekozen.

Cleanthes: *Zeushymne*

"...Zo bestuurt Gij de geest der natuur, die aan 't groot' en aan 't kleine/ingeplant, zich in alle wezens en dingen belichaamt./Hoogste koning van het heelal, buiten wie noch op aarde, noch in de zee iets geschiedt, noch ook in d'etherische hemel,/b'halve wat zondig geslacht, van zinnen beroofd, durft bedenken./Doch ook het wilde weet Gij tot voegzame orde te roepen,/ vorm schept G'uit vormeloos wezen, 't onheuse bejegent Gij vriend'lijk;/zo voegt Gij alles tot één harmonie, het kwade ten goede,/dat in de wijde natuur één eeuwig heersende wet zij..."

CHRYSIPPUS *(281/277 voor Christus in Tarsus (?) – 208/204 voor Christus in Athene)*

Chrysippus, die afkomstig was uit Cilicië in het oosten van Klein-Azië, werd in 230 voor Christus de derde leider van de stoïcijnse school. Eigenlijk hield hij zich bezig met de rensport. Hij systematiseerde de kennis van zijn twee voorgangers, Zeno en Cleanthes, en vulde deze verder aan. Om die reden geldt hij ook wel als de tweede oprichter van de Stoa. Hij zou 750 boeken hebben nagelaten, maar in feite zijn er slechts enkele fragmenten bewaard gebleven. Vanwege zijn redactionele activiteiten is het tegenwoordig niet meer mogelijk om te achterhalen of bepaalde ideeën nu moeten worden toegeschreven aan Zeno, Cleanthes of Chrysippus.

Panaetius van Rhodos *(circa 185 – 110 voor Christus)*

Panaetius van Rhodos was een leerling van de vijfde leider van de Stoa, Diogenes van Seleucia, die als Atheense gezant naar Rome kwam en zo de stoïcijnse leer van Griekenland naar het toenmalige politieke centrum van de wereld bracht. Panaetius reisde met hem mee en sloot zich daar aan bij de kring van beroemde mannen die Scipio Minor, de vernietiger van Carthago, om zich heen verzamelde. Cicero heeft intensief gebruik gemaakt van zijn geschriften, onder meer om de filosofische grondbegrippen te latiniseren.

Van ieder mens, zo leert Panaetius, mag men slechts verlangen dat hij het ideaal verwezenlijkt dat in hem ligt en niet dat hij een willekeurig ander ideaal najaagt. Een zedelijke manier van leven betekende voor Panaetius vooral het realiseren van de vier deugden. Hieronder verstond hij wijsheid (*prudentia*), nodig om het goede te kennen, gerechtigheid (*justitia*), belangrijk voor het leven in de maatschappij, dapperheid (*fortitudo*), van belang om de materiële dingen los te laten, en maat (*modestia*), de beheersing van de driften. Astrologie en waarzeggerij keurt hij af. Ook kan hij zich niet vinden in de opvatting van onder meer Zeno dat het voldoende is om slechts een ethiek op te stellen voor de wereldstaat en zijn kosmopolitische bewoners. Met het belang dat hij hecht aan familie en staat loopt hij vooruit op de Jongste Stoa. Anders dan de gangbare stoïcijnse gedachte verwierp hij bovendien de theorie van een steeds terugkerende wereldbrand. Voor hem was de wereld eeuwig.

Posidonius van Apameia *(circa 135-51 voor Christus)*

Posidonius kwam oorspronkelijk uit Syrië en was een leerling van Panaetius. In 97 voor Christus stichtte hij een school op Rhodos, die onder meer bezocht werd door Cicero. Hij wordt gezien als de beroemdste universele geleerde van het hellenistische tijdperk. Behalve met filosofie hield hij zich bezig met astronomie, geografie en geschiedenis. Hij was zeer invloedrijk en stond in contact met de veldheer en zevenvoudige consul Marius in Rome. Daarnaast werd hij door Pompejus om raad gevraagd toen deze triumvir en medestander van Caesar Rhodos bezocht. Zijn wereldbeeld bestaat uit een combinatie van onderzoeksresultaten, opgedane kennis en zijn geloof in astrologie en waarzeggerij. Ook bevat het een eigen demonenleer. Van zijn werk zijn niet meer dan wat fragmenten over.

Seneca *(circa 4 voor Christus in Córdoba – 65 na Christus in de buurt van Rome)*

Lucius Annaeus Seneca Minor bekleedde hoge posten onder keizer Caligula en keizer Claudius. In het jaar 41 moest hij die echter opgeven vanwege de intriges aan het hof. Acht jaar lang verbleef hij in ballingschap op Corsica. Na zijn rehabilitatie schopte hij het tot leermeester van Claudius' pleegzoon Nero. Naar aanleiding van

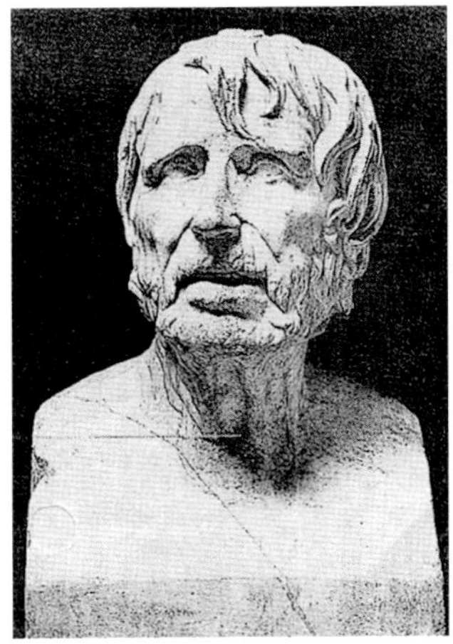

diens troonsbestijging in het jaar 54 schreef Seneca *De Clementia* (*De goedertierenheid*), een soort vorstenspiegel waarin de nieuwe keizer het advies krijgt zich te houden aan de deugd van de mildheid. Als hoofdconsul groeide Seneca samen met de prefect van de keizerlijke garde, Burrus, uit tot een van de meeste invloedrijke personen. Hij raakte evenwel in ongenade vanwege zijn vermeende betrokkenheid bij de samenzwering van Piso. Nero dwong hem daarop tot zelfmoord. Enkele jaren daarvoor had hij zich al teruggetrokken uit het hof om zich te kunnen wijden aan *De beneficiis* (*Over de weldaden*) en *De providentia* (*Over de voorzienigheid*), zijn twee belangrijkste werken, en aan de zeven boeken van de *Naturales quaestiones* (*Onderzoekingen betreffende de natuur*). In die tijd schreef hij ook nog zijn 124 *Epistulae morales ad Lucilium* (*Zedenkundige brieven aan Lucilius*). Zijn aandacht gaat hierin vooral uit naar de ethiek en sociale verlangens. In dat opzicht sluit dit werk goed aan bij zijn negen mythologische tragedies, waarin hartstochten als woede, razernij en liefde in extreme situaties de boventoon voeren. Zo schrijft hij in de brieven over slaven, de misstanden bij de gladiatoren en gelijke rechten voor mannen en vrouwen: "De ware, goede, grote ziel, hoe kan men die anders noemen dan een god die in het menselijk lichaam te gast is? Zij kan zich net zo goed nestelen in een Romeinse ridder als in een vrije of zelfs een slaaf. Maar wat is dan een Romeinse ridder of een vrije of een slaaf? Slechts namen, ontstaan uit eerzucht of onrecht. Tot in de hemel springen kan men ook vanuit een donker hoekje." Zijn sociale en morele opvattingen komen herhaaldelijk dicht in de buurt van het christendom. Toch heeft hij nooit een briefwisseling onderhouden met de apostel Paulus, zoals sommigen ten onrechte menen te geloven. Dit neemt niet weg dat hij erg geliefd was onder de christenen in het Westen en dat hij van de zestiende tot en met de achttiende eeuw een van de meest gelezen auteurs was.

In zijn *De vita beata* (*Over het gelukzalige leven*) onderstreept hij het stoïcijnse denkbeeld van zedelijke volmaaktheid. Alleen hierin ligt de weg tot een gelukkig leven. "Wat een heerlijke beloning wacht ons, wanneer we de ketenen van ons werk en de hardnekkige fouten losbreken! Geen begeerte, geen angst zal ons dan achtervolgen… Er wacht ons innerlijke vreugde en verlost van alle dwalingen zullen we een grenzeloze vrijheid proeven. Waaruit die bestaat? Geen angst meer voelen voor mensen en goden, het onterende en mateloze niet meer begeren, een volledige controle over onszelf. Zijn eigen baas zijn is van onschatbare waarde." Volgens Seneca dient de wijze zich niet in te laten met de politiek. Dat is gevaarlijk en vanuit ethisch oogpunt vernederend. Hij benadrukt de morele betekenis van de inspanningen die men zich dient te getroosten om het leed van anderen te verzachten. Het kwaad is de menselijke natuur eigen. Seneca spreekt van een Gouden Eeuw waarin alle mensen harmonisch en tevreden leefden totdat ze door de hebzucht verdeeld raakten. De staat en privé-eigendom zijn er om deze begeerte te beteugelen.

EPICTETUS *(circa 55 na Christus in Hiërapolis – 135 na Christus in Nicopolis)*

Epictetus kwam als slaaf uit het koninkrijk Frygië in Klein-Azië naar Rome. Met toestemming van zijn baas, een voormalige slaaf van keizer Nero, ging hij in de leer bij een stoïcijnse filosoof. Nadat hij de vrijheid had gekregen, stichtte Epictetus zijn eigen school. Zoals al zijn vakgenoten moest hij in 94 na Christus Italië verlaten vanwege de banvloek die keizer Domitianus over de filosofen had uitgeroepen. Hij kreeg daarop de leiding over een zeer beroemde filosofenschool in het West-Griekse Nicopolis. Een van zijn leerlingen was de latere keizer Marcus Aurelius. Een andere leerling van naam, Flavius Aulus Arrianus, bracht acht boeken van zijn *Diatribae* (*Samenspraken*) uit, waarvan er vier bewaard zijn gebleven. Toch is de blijvende invloed van zijn filosofie vooral het gevolg van het zogenaamde *Handboekje van de moraal*, waarin Arrianus de kernideeën van zijn levenswijsheid verzamelde. Ethiek en moraal staan, net als bij de andere stoïcijnen, centraal in zijn denken. “Het eerste en meest noodzakelijke onderdeel van de filosofie is het toepassen van de grondregels in het dagelijks leven, bijvoorbeeld ‘geen leugens in woorden en daden’. Het tweede zijn de bewijzen die aantonen dat men niet moet liegen. Het derde is de verklaring van en het diepgaande onderzoek naar de bewijzen zelf, waaruit bijvoorbeeld naar voren moet komen dat dit het bewijs vormt wat een bewijs eigenlijk is en wat een gevolg, een tegenspraak, wat waar en wat niet waar is.”

Het ideaal van Epictetus was dat van de vrijheid, een vrijheid die wordt verkregen door juist af te zien van alles waartoe de mens niet staat is en door niet afhankelijk te zijn van gemoedsbewegingen en uiterlijke behoeften. Rijkdom, macht en roem verstoren de vrijheid van handelen en hebben geen morele waarde. In al het kwaad zag Epictetus slechts gedachten en niet de werkelijkheid. Het kwaad was in zijn ogen slechts een vergissing: “Probeer bij elke onplezierige gedachte steeds te zeggen: je bent slechts een gedachte en niet het ding dat ik zie! Onderzoek het vervolgens aan de hand van de grondregels die je kent: vraag eerst en vooral: ligt het op het vlak waarover wij controle uitoefenen of heeft het betrekking op iets wat buiten onze macht ligt? En heeft het betrekking op iets wat buiten onze macht ligt, zorg dan dat je het antwoord paraat hebt: het gaat mij dus niets aan!” Goed is, net als bij de andere stoïcijnen, datgene wat overeenkomt met de ware natuur van de geest. De deugd is vooral alles voor lief nemen wat de voorzienigheid heeft bepaald. “Verlang niet dat de dingen gebeuren zoals jij je dat wenst, maar duld ze zoals ze geschieden, want alleen dan zul je het klaarspelen!" Als voormalige slaaf veroordeelt hij logischerwijze de slavernij en is hij ook tegen de doodstraf. Misdadigers zijn voor hem zieke mensen die een behandeling nodig hebben en die uiteindelijk ook genezen kunnen worden. Hij vindt dat men iedere dag het geweten moet onderzoeken en formuleert daarvoor de volgende morele richtlijn: "Wat jezelf niet wil ondergaan, laat dat ook een ander niet ondergaan." Deze gedachte is beroemd geworden in de categorische imperatief van Kant.

MARCUS AURELIUS *(26 maart 121 in Rome – 17 maart 180 in de buurt van Wenen)*

Marcus Aurelius Antonius maakte Plato's credo dat heersers moeten filosoferen en filosofen moeten heersen waar. Toch had hij maar weinig op met diens utopische staat: "Hoe onbeduidend zijn toch de staatszaken... Wat wil je doen? Volbreng datgene wat de natuur op dit ogenblik van je vraagt! Neem je besluit wanneer het moment daar is en kijk niet om je heen om te zien of iemand het merkt! Je moet niet hopen op de platonische staat, maar wees tevreden wanneer er ook maar een beetje vordering wordt gemaakt en doe niet geringschattend over dat kleine stapje vooruit!"

Al op twaalfjarige leeftijd had deze pleegzoon van keizer Antoninus Pius zich de stoïcijnse leer eigen gemaakt en koesterde hij een grote bewondering voor de retorica. Als keizer had hij nauwelijks nog tijd over voor de filosofie. Zijn regeerperiode werd namelijk gekenmerkt door aanhoudende oorlogen langs de onmetelijke grenzen van zijn rijk. Niettemin slaagde hij erin om zelfs tijdens zijn veldtochten te werken aan *Tot zichzelf*, zijn Griekstalige aforismen die in totaal twaalf boeken beslaan. De berusting waaraan de keizer zich door de moeilijke tijden moest overgeven, is hierin goed voelbaar: "Al het lichamelijk is een rivier, al het geestelijke een droom en waan, het leven oorlog en verblijf in den vreemde, roem vergetelheid." Maar bovenal ademt *Tot zichzelf* toch de geest van de Stoa: "Wat is het dat ons daar kan vergezellen? In feite alleen de filosofie." In het eerste boek, dat een bijzondere plaats inneemt, noemt Marcus Aurelius puntsgewijs op wat hij verschuldigd is aan zestien personen die hem zeer dierbaar zijn, waaronder zijn grootvader, zijn moeder en zijn pleegvader, en ten slotte ook aan de goden. Hiertoe horen onder meer standvastigheid, nuchterheid, vroomheid en vrijgevigheid. De aforismen van de andere elf boeken zetten de stoïcijnse leer om in aanwijzingen voor denken en handelen. Zij vormen een praktische leidraad voor de juiste levenswijze. Bijzonder is zijn oproep om de werkelijkheid als in principe goed te aanvaarden. Het gevoel van een onjuiste bejegening ontstaat namelijk als men verkeerde verwachtingen koestert. Het enige wat de mens echt kwaad berokkent, zijn zijn eigen immorele daden.

Met de dood van Marcus Aurelius tijdens een veldtocht in de buurt van Wenen eindigt ook een tijdperk in de Romeinse geschiedenis, dat van de adoptiefkeizers. Het is in deze periode dat het rijk zijn grootste uitbreiding kende en de cultuur tot een ongekende bloei kwam. Voor wie niet in de grensgebieden woonde, voltrok het gewone leven zich in betrekkelijke rust. Hieraan kwam, net als aan het stoïcisme, onherroepelijk een einde. Er ontstonden nieuwe filosofische systemen die beter aansloten op het veranderende tijdsgewricht.

EPICURUS *(342/341 voor Christus op Samos – 271/270 voor Christus in Athene)*

Leven: De vader van deze filosoof was als Atheense kolonist naar Samos verhuisd. Epicurus ging daar naar school, las de theogonie van Hesiodus en keerde zich tot de filosofie, omdat hij, zo gaat het verhaal, niet kon begrijpen hoe alles is ontstaan uit de "gapende leegte," zoals de grote epische dichter dat beschrijft. Zijn eerste filosofische stapjes zette hij bij de platonist Pamphilus, maar al snel zocht hij aansluiting bij Nausiphanus, een wijsgeer uit het Klein-Aziatische Teos en aanhanger van Democritus' atoomleer. Omdat de Atheense republiek Samos had verloren, kon Epicurus in 322 voor Christus na het vervullen van zijn militaire dienst niet terugkeren naar het Cycladeneiland. Hij volgde zijn ouders naar Colophon in Klein-Azië, de geboortestreek van de presocraat Xenophanes. Aangenomen wordt dat hij niet later dan vanaf 310 voor Christus zelf als docent actief was, eerst in Mytilene op Lesbos, vervolgens in Lampsacus aan de Hellespont en vanaf 306 voor Christus in het centrum van de filosofie, Athene. Hij kocht daar een villa met een tuin, waarin hij zijn school opende. Zijn leerlingen worden om die reden ook wel 'tuinfilosofen' genoemd. Ze leefden in een hechte gemeenschap met veel regels en leerden hun gedachtegoed, dat uit een soort 'catechismus' bestond, uit het hoofd. Epicurus leidde een eenvoudig leven en was dus geen epicurist in de moderne betekenis van het woord, dat wil zeggen iemand die streeft naar zinnelijk genot en zich overgeeft aan luxe. Hij was geen wildebras, zoals Epictetus beweerde. Het is zelfs Epicurus die gezegd heeft: "Liefdesgenot is zinloos; wees al blij als het geen schade berokkent." Tot zijn dood leefde en werkte hij in Athene.

Werk: Het belangrijkste werk van Epicurus is het boek *Over de natuur*, waarvan slechts fragmenten bewaard zijn gebleven. Daarnaast zijn er nog drie leerbrieven, waaronder de *Authentieke leerstellingen*, een verzameling kerngedachten en een pas in 1888 in het Vaticaan ontdekte verzameling spreuken getiteld *De Vaticaanse leestellingen.* Zijn opvattingen zijn vooral overgeleverd door het leergedicht *De rerum natura libri sex* (*Het ontstaan van de dingen in zes boeken*) van de Romeinse dichter en filosoof Titus Lucretius Carus, kortweg Lucretius (circa 98-55 voor Christus), de belangrijkste vertegenwoordiger van de epicurische school.

Leer: Ook bij Epicurus bestaat de filosofie uit drie onderdelen: logica (Epicurus spreekt zelf van canoniek), fysica en ethiek. Vooral deze laatste is van groot belang en heeft een praktische oriëntatie, hetgeen alleen al blijkt uit titels als *Over het hoogste goed, Wat te kiezen en wat te vermijden* en *Over levensrichtingen.* De lezer krijgt hierin raad en handreikingen die moeten leiden tot het doel van de filosofie, namelijk de gelukzaligheid van het individu en niet van de maatschappij.

Canoniek: Net als bij de stoïcijnen dient de logica voor Epicurus slechts als een uitgangspunt voor de fysica. Zij moet de regels (de canons) van de kennis en de criteria van de wijsheid leveren, anders is de wereld niet te verklaren. Epicurus' logica is dus geen retorica of dialectiek, zoals bij de stoïcijnen, maar kennistheorie. In tegenstelling tot Plato en ook Aristoteles, die slechts een generatie ouder is, is hij een zuivere empiricus. Voor hem geldt 'alleen wat men ziet, is waar'. De zintuiglijke waarnemingen zijn helder en betrouwbaar. Aangevuld met algemene indrukken, waar men door een herhaling van overeenkomstige zintuiglijke waarnemingen over beschikt, groeien zij op die manier uit tot kennis. Maar hoe zit het dan met de atomen, die volgens Epicurus wel degelijk bestaan? Zijn ze er wel, ook al kan men ze niet zien? Epicurus, die de theorieën van Democritus heeft bestudeerd, meent van wel. Ook datgene wat men niet waarneemt, is waar voor zover het niet in tegenspraak is met de ondubbelzinnige zintuiglijke indrukken.

Fysica: In de fysica is Epicurus duidelijk een volgeling van Democritus. Diens atoomleer komt nog het meeste tot uitdrukking in Epicurus' ideeën van een ethiek zonder bovennatuurlijke krachten en zonder een geloof in een hiernamaals met straffende goden. Dat wil overigens niet zeggen dat Epicurus hun bestaan in twijfel trekt. Hij houdt vast aan het volksgeloof. Toch ziet hij de goden in een soort tussenwereld, waar ze gelukkig zijn, maar waar ze geen invloed hebben en niet tot voorbeeld hoeven te dienen voor het geluk dat ook de wijze ten deel kan vallen. Met behulp van de atomen valt alles op natuurlijke wijze te verklaren: "De atomen en lege ruimte hebben altijd al bestaan," luidt zijn stelling. Een niets is voor hem niet voor te stellen, aangezien niets uit niets kan ontstaan en niets in niets kan verdwijnen. De uitdrukking 'van niets komt niets' komt hiervandaan.

Atomen stromen uit de dingen en veroorzaken op die manier zintuiglijke indrukken. Het gehoor ontstaat bijvoorbeeld door atomaire luchtstromen in het oor. Gebeurtenissen zijn terug te voeren op druk en stoten. Worden en vergaan vinden hun oorsprong in het hergroeperen van atomen. Dingen zijn in feite opeenhopingen van atomen. Zij ontstaan als gevolg van een minimale afwijking van enkele atomen ten opzichte van hun door hun gewicht bepaalde oorspronkelijke richting, hetgeen leidt tot toevallige botsingen. Op dit punt onderscheidt Epicurus zich van Democritus, die uitgaat van richtingloze atomen. Hoe het ook zij, deze aanzet tot een verklaring sluit goed aan bij Epicurus' idee van de zelfbeschikking van de mens. De menselijke wil kan volgens hem via afwijkingen invloed uitoefenen op de geestatomen in de borst. De menselijke ziel bestaat dan ook uit atomen, een stof die overeenkomt met lucht en die zich in het hele lichaam bevindt. Hieraan is een vuurachtig en niet nader te noemen element toegevoegd. De ziel ontstaat en vergaat tegelijkertijd met het lichaam en is dus sterfelijk. Daarmee is de dood niet meer beangstigend: "Als wij er zijn, is er geen dood en als de dood er is, zijn wij er niet."

Ethiek: Epicurus is geïnteresseerd in het individu en niet in de maatschappij. "Leef verborgen" is een van zijn deviezen. Veel Romeinen zagen hierin een rechtvaardiging om zich terug te trekken in het privé-leven Epicurus wil de mens laten zien wat goed en wat slecht voor hem is. Op die manier kan de mens het hoogste doel bereiken, namelijk gelukzaligheid. Daarvoor hoeft hij zich eigenlijk alleen te gedragen zoals zijn natuur hem ingeeft. Dit betekent oog hebben voor de dingen die genot (*hedone* in het Grieks) brengen en voor de dingen die pijn bezorgen. Want "genot is de oorsprong en het doel van een gelukkig leven." Epicurus treedt hiermee in de voetsporen van de cynicus Aristippus. Angst leidt tot pijn en onlust. Het komt de epicuristen natuurlijk goed van pas dat ze de angst voor de dood, voor het hiernamaals en voor de goden hebben afgezworen. Het ontbreken van onlust zorgt voor genot, doordat het lichaam "geen honger, geen dorst en geen kou voelt" en de ziel "geen angst kent." Toch heeft pijn ook een positieve kant. Het kan leiden tot een verhoogd genot. Inspanning bij sport wordt bijvoorbeeld beloond met de overwinning en een examen op school met een diploma. Het resultaat moet dus weloverwogen zijn. "Daarom is het inzicht waardevoller dan de filosofie. Alle andere deugden vloeien daaruit voort. Het leert de mens dat het niet mogelijk is om vol genot te leven zonder ook verstandig, mooi en rechtvaardig te leven, noch om verstandig, mooi en rechtvaardig te leven zonder ook vol genot te leven. Want de deugden zijn van nature verbonden met een leven vol genot en dat leven vol genot is daarvan niet los te zien." Het leven moet, elke dag opnieuw, een zinvolle vervulling krijgen. "*Carpe diem!*" luidt dan ook de oproep van de epicurist Horatius.

"Volg volledig je eigen impulsen, zolang je geen wetten overtreedt, je niet onbetamelijk gedraagt, je medemens niet tot last bent, je lichaam geen schade berokkent en niet nalaat te doen wat absoluut noodzakelijk is."

Niet elke vorm van genot is voor Epicurus gelijk. Geestelijk genot, het plezier dat door kennis, het gesprek en de kunst wordt teweeggebracht, is belangrijker dan wat met bijbelse termen wordt omschreven als de vleselijke lust. Waar genot is het genot van de rust, het genot dat de bevrediging van het ogenblik zoekt en dat hij het 'genot van de beweging' noemt. Net als de stoïcijnen gaat het hem dus om de gemoedsrust (*ataraxia*). "Want ons leven heeft geen behoefte aan (...) lege gedachten, maar aan een ongestoord bestaan." Het gevolg is dat hij verstoringen van deze rust door het huwelijk en door kinderen afkeurt. En ook de staat doet er volgens Epicurus van alles aan om te voorkomen dat de maatschappij naar rust en geluk kan streven. De staat is dan ook niet absoluut noodzakelijk. Om die reden komt Epicurus niet met een ontwerp voor de ideale staat. "Men moet de ketenen van de handel en politiek losrukken," luidt een van zijn deviezen. Toch zijn de epicuristen geen eenlingen, maar bejubelen ze de vriendschap. "Het vermogen om vriendschap te sluiten is veruit het belangrijkste van alles wat de wijsheid kan bijdragen aan het geluk." Vrouwen en slaven zijn daarbij weliswaar welkom, maar net als eer, roem en rijkdom louter uiterlijkheden, waarvan men zich moet bevrijden. Slechts degene die niet meer wordt achtervolgd door valse behoeften, door angst voor het hiernamaals en de goden zal de ware gemoedsrust en daarmee ook het ware geluk vinden. Een dergelijke bevrijding is mogelijk door het bestuderen van Epicurus' filosofie, iets wat tot de tweede eeuw na Christus ijverig werd gedaan.

Samenvatting

Na de stoïcijnen vormen de epicuristen, waartoe behalve Epicurus ook de Romeinse dichters Lucretius (95-55 voor Christus) en (tot op bepaalde hoogte) Horatius (65-8 voor Christus) behoren, de tweede belangrijke denkrichting van het hellenisme en het Romeinse Rijk. Beide stromingen waren circa vijfhonderd jaar actief, van 300 voor Christus tot 200 na Christus. En beide stromingen leggen de nadruk op de ethiek en proberen het individu de weg te wijzen naar het geluk. Afzien van al het wereldse en zich terugtrekken in het privé-leven zijn daarbij belangrijke aanbevelingen.

Voor zowel de stoïcijnen als de epicuristen belichaamt de wijze de ideale mens. Ondanks deze overeenkomsten zijn het vooral de verschillen die opvallen. Wat Epicurus en zijn volgelingen zo bijzonder maakt, is dat zij in hun ethiek geen directe aanwijzingen geven voor een gelukkig bestaan. Ze stellen geen morele wetten op, maar hanteren alleen de psychologische begrippen genot en onlust als maatstaf voor zedelijk handelen. Gecontroleerd genot en niet puur hedonisme vormt de basis voor gemoedsrust. De epicuristen kennen derhalve geen plichtsgevoel en de noodzaak om de maatschappij te dienen. Voor het uiteindelijke geluk is dit alles niet nodig. Qua kennisleer zijn de epicuristen de eerste zuivere empirici. In hun fysica hangen ze grotendeels Democritus' atoomleer aan. Het geloof in het hiernamaals, de invloed van de goden en de voorzienigheid spelen geen rol in het epicurische gedachtegoed.

Invloed: De leer van de epicuristen paste in het geheel niet in de moraal van het christendom, die duidelijk stoïcijnse trekken vertoont. Het hedonisme raakte vanaf de derde eeuw na Christus geleidelijk aan in de vergetelheid en kwam pas in de zeventiende eeuw weer in de mode onder invloed van de frivole barokkunst. Toch was dat niet de enige reden voor deze opleving. In de natuurwetenschappen, die in die tijd een stormachtige ontwikkeling doormaakten, voelde men zich bijzonder aangesproken door Epicurus' empirisme. De atoomleer van Democritus vormde daarbij een model waarmee men goed uit de voeten kon.

Scepticisme

Net als Zeno van Citium en Epicurus is ook de grondlegger van het scepticisme, Pyrrho van Elis (circa 365-275 voor Christus), een kind van het opkomende hellenisme en het postaristotelische tijdperk. In tegenstelling echter tot de twee eerstgenoemden, heeft hij geen filosofisch systeem ontwikkeld, maar veeleer een leer om uitspraken aan een kritisch onderzoek te onderwerpen. Het begrip *skeptikos* betekende oorspronkelijk ook 'zich bezighoudend met onderzoek'. Pyrrho bestrijdt de mogelijkheid van objectieve kennis. Daarmee bouwt hij voort op ideeën die reeds werden uitgedragen door de presocraat Xenophanes en de sofisten. Hij bekritiseert elke vorm van dogmatisme. Juist dit maakt hem zo belangrijk voor de filosofie en de ontwikkeling van de wetenschap.

Over zijn leven is weinig bekend. Zijn leraar was een aanhanger van Democritus, terwijl hijzelf met de legers van Alexander de Grote naar India trok, waar hij in aanraking kwam met de Indische filosofie. Het lijkt erop dat hij geen geschriften heeft nagelaten. Dit zou een logisch gevolg kunnen zijn van het feit dat ook het dogma van de scepsis aan twijfel onderhevig is en dat Pyrrho het dus zelf bij het verkeerde eind had. Zijn denkbeelden zijn alleen in de overlevering van zijn leerling Timon van Phlius (circa 325-235 voor Christus) bewaard gebleven.

Omdat elke bewering net zo goed waar kan zijn als haar tegendeel, dient men terughoudendheid te betrachten bij ieder oordeel dat men velt. Volgens Pyrrho zou men moeten zeggen dat iets zus of zo lijkt te zijn en niet dat iets zus of zo is. Dit is de manier om de dingen te zien en heeft niets te doen met betweterigheid of twistzucht, maar alles met het vinden van gemoedsrust, de *ataraxia* waar ook de stoïcijnen en epicuristen naar streefden. Een commentator uit de klassieke Oudheid schreef eens: "Het doel is, net als bij de sceptici, terughoudendheid, die de zielenrust als een schaduw moet volgen." Iets soortgelijks sprak de laatste grote scepticus, Sextus Empiricus: "De beweegreden voor scepsis is... de hoop op zielenrust." De vraag is evenwel hoe men besluiten kan nemen, indien geen enkel oordeel mogelijk is. Dit probleem kan worden opgelost door zich in twijfelgevallen simpelweg aan het gedrag van de omgeving te houden.

In de derde en tweede eeuw voor Christus deed het scepticisme zijn intrede in de platonische Academie. De reden hiervoor is dat de academici zich niet konden vinden in het dogmatisme van de Stoa en dat ze zich begonnen te heroriënteren op Socrates. Plato's leraar was zich ervan bewust dat hij "niets wist." Hij verkondigde geen dogma's, maar trachtte door middel van dialogen in de buurt van de waarheid te komen, zonder deze overigens ooit te bereiken. Op de Academie is het scepticisme verbonden met Arcesilas (circa 315-240 voor Christus), die als vijfde aan het hoofd stond van Plato's school en gezien wordt als de voornaamste vertegenwoordiger van de Middelste Academie. Ook zijn opvolger Carneades (circa 213-128 voor Christus), de grondlegger van de Nieuwe Academie, was een scepticus. Van beiden zijn evenmin werken bewaard gebleven. Typerend is echter het beroemde optreden van Carneades in 155 voor Christus in Rome waarbij hij op de ene dag, geheel in de traditie van de sofisten, een redevoering hield tegen de gerechtigheid en de volgende dag een redevoering voor de gerechtigheid, overeenkomstig de sceptische opvatting dat noch in het verstand, noch in de waarneming, de voorstelling of waar dan ook een criterium voor de waarheid te vinden is. Hij was een fel tegenstander van de stoïcijnen en bestreed hun bijgeloof, hun vermeende godsbewijzen en hun bewering dat er absoluut zekere kennis bestaat. Ook moest hij niets hebben van waarzeggerij en astrologie. Maar daar bleef het niet bij. Als eerste denker ontwikkelde Carneades een waarschijnlijkheidstheorie en erkende hij dat men niet altijd van een oordeel kan en mag afzien. Eenvoudige uitspraken zijn dus heel goed mogelijk. Hier ondergraaft de Academie reeds haar eigen mening en het zou nog geen eeuw duren voordat men het scepticisme volledig afzwoer ten gunste van het eclecticisme. Men vond namelijk dat men zichzelf anders tegensprak.

Dit neemt niet weg dat het scepticisme ook zonder de Academie wist te overleven. De volgende belangrijke vertegenwoordiger was Aenesidemus van Cnossus, van wie niet precies vaststaat wanneer hij heeft geleefd. Aangenomen wordt dat dat in de eerste eeuw voor Christus was. Ook over zijn leven is weinig bekend, afgezien van het feit dat hij in Alexandrië werkzaam was. Toch is hij van belang, omdat hij de voornaamste argumenten van de sceptici tegen dogmatisme en speculatie in de zogenaamde sceptische 'tropen' systematisch samenvatte. In tien punten beschrijft hij de betrekkelijkheid van zintuiglijke waarnemingen en de onmogelijkheid van bewijsvoering.

De laatste scepticus van betekenis uit de klassieke Oudheid was Sextus Empiricus, die in de tweede eeuw na Christus leefde. Zijn bijnaam had hij te danken aan de school van empirische artsen in Alexandrië, waarvan hij deel uitmaakte. Als wetenschappers baseerden deze artsen hun kennis uitsluitend op feiten. De geschriften van Sextus vormen een belangrijke bron voor het scepticisme in de klassieke Oudheid. In zijn *Hoofdlijnen van het pyrronisme* trekt hij direct vanaf het begin een duidelijke scheidslijn tussen zijn eigen ideeën en die van zijn tijdgenoten:

> "Wanneer iemand iets onderzoekt, dan is het gebruikelijk dat hij aan het eind het gezochte vindt of dat hij verklaart en toegeeft dat het gezochte onvindbaar en niet kenbaar is ofwel dat hij zijn onderzoek voortzet. Hieruit valt eenvoudig af te leiden dat er duidelijk drie filosofische hoofdrichtingen zijn, de dogmatische (aristotelianen, epicuristen en stoïcijnen), de academische en de sceptische."

In de vijf boeken van *Tegen de dogmatici* richt Sextus Empiricus zich in zijn sceptische kritiek op de drie disciplines van de filosofie (logica, fysica en ethiek). In een ander boek, getiteld *Tegen de wetenschap*, behandelt hij niet-filosofische wetenschappen, zoals grammatica, retoriek, geometrie, aritmetica, astrologie en muziektheorie.

Concluderend kan men stellen dat de sceptici niet alles botweg afwezen wat de ervaring leert. Ze vroegen veel eerder om een relativering van en kritisch onderzoek naar kennis. Daarmee komen ze dicht in de buurt van het moderne positivisme, een filosofische stroming uit de negentiende eeuw die meende dat alleen de empirische wetenschappen kennis voortbrachten. Toch werd het scepticisme al veel vroeger, in de zestiende eeuw, herontdekt door met name Montaigne. Ook Descartes, Hume en Camus staan bekend als grote twijfelaars.

Eclecticisme

Aan het begin van de jaartelling bestonden er in het onmetelijke en steeds groter wordende Romeinse Rijk meerdere filosofische systemen en bewegingen naast elkaar. Behalve voor de academische of peripatetische school van respectievelijk Plato en Aristoteles kon iemand met ontwikkeling en belangstelling voor de filosofie ook kiezen voor het epicurisme, de Stoa of het scepticisme. Doorgaans sloot men zich bij een van deze richtingen aan en ging men in de leer op een van de daarvoor bestemde scholen. Toch gebeurde het ook dat men, zeker als men zich beroepsmatig met filosofie bezighield, de horizon wilde verruimen door kennis te maken met de andere systemen. Het gevolg was dat men zich nogal eens liet overtuigen en dat men bepaalde ideeën, stellingen of dogma's van de andere school beter vond dan die van de eigen leer. En waarom zou men het wiel opnieuw uitvinden, als dat al voor handen was? Kon men zich niet naar hartelust bedienen van datgene wat men nodig had? Deed men als Romein niet hetzelfde in de kunst en de godsdienst? Zo kwam het voor dat men ofwel de hele leer aanvaardde, ofwel uit de verschillende stromingen zonder enige systematiek alleen datgene koos wat het beste bij het eigen leven paste. In het laatste geval was men een eclecticus (letterlijk 'iemand die uitkiest'). De bekendste daarvan was Marcus Tullius Cicero.

CICERO *(3 januari 106 voor Christus in Arpinum – 7 december 43 voor Christus in de buurt van Gaeta)*

"Oh jij die ons op het levenspad begeleidt, jij die de volmaaktheid vindt, jij die onze fouten tenietdoet, wat zouden de mensen zijn zonder jou?" Zo prees de redenaar, politicus, schrijver en wijsgeer Marcus Tullius Cicero op uitbundige wijze de filosofie. Hij geldt als de grootste retoricus uit de Romeinse geschiedenis. Hoewel hij uit een aristocratische familie stamde, was hij toch ook iemand uit de provincie. Daarom was hij niet direct in de wieg gelegd om in 63 voor Christus consul te worden en daarmee de hoogste functie te bemachtigen die het Romeinse Rijk kende. Wel was hij al op jonge leeftijd zeer ambitieus. Hij volgde niet alleen lessen in retorica, recht en filosofie in Rome, maar ondernam ook studiereizen die hem helemaal naar Athene en Rhodos brachten. Tijdens zijn reizen kwam hij in contact met de academicus Antiochus, de epicurist Zeno en de stoïcijn Posidonius. In Rome werkte hij als advocaat en bekleedde hij verschillende overheidsfuncties. Vanwege zijn rol bij de ontmaskering van de samenzwering van Catilina leefde hij een jaar in ballingschap. Als overtuigd republikein was hij een geduchte tegenstander van Caesar en, na diens gewelddadige dood, ook van Marcus Antonius, die de macht volledig naar zich toe wilde trekken. Hij was het ook die Cicero in de ban deed en hem tijdens zijn vlucht in 43 voor Christus liet vermoorden.

Behalve 58 volledig overgeleverde redevoeringen, verschillende brieven, literaire werken en zijn belangrijkste boek, *De oratore* (*Over de redenaar*), liet Cicero ook vele filosofische geschriften na. Belangrijk zijn vooral de ethische werken *De finibus honorum et malorum* (*Over het hoogste goed en het hoogste kwaad*) en *De officiis* (*Over de plichten*), het boek over de kosmologie *De natura deorum* (*Over het wezen van de goden*) en de zes boeken van *De re publica* (*Over de staat*). Het was zijn doel om alle gebieden van de Griekse filosofie in het Latijn te ontsluiten. Zo geeft hij in zijn werk een welhaast encyclopedisch overzicht van de Griekse wijsbegeerte, waarvoor hij de filosofische begrippen zelf bedacht. Heel bescheiden merkte hij daarover op: "Dat zijn slechts afschriften, waarvoor ik nauwelijks enige moeite hoef te doen; ik voeg slechts de woorden toe en die heb ik in overvloed."

Als typische eclecticus ontleent Cicero zijn denkbeelden aan zijn voorbeelden. Op het gebied van de logica sluit hij zich aan bij de waarschijnlijkheidsleer van de Middelste en Nieuwe Academie. Daarvan spreekt vooral het scepticisme hem aan. Zijn belangstelling voor de fysica beperkt zich tot de godenleer, terwijl hij in de ethiek, zijn lievelingsdiscipline, de leer van de stoïcijnen overneemt en probeert te doorgronden hoe deugd en gelukzaligheid zich tot elkaar verhouden. Met de leer van Epicurus heeft hij niets op. Naast een leidraad voor zijn eigen leven heeft de filosofie vooral een bovenindividuele betekenis en deze ligt niet meer en niet minder in de steun aan de republiek: “Ik heb me steeds weer afgevraagd en dikwijls nagedacht hoe ik me nuttig kan maken voor het welzijn van de republiek en daar voortdurend een zo groot mogelijke bijdrage aan kan leveren. Daarbij kon ik niets belangrijkers bedenken dan mijn medeburgers de weg te wijzen naar de hoogste wetenschappen, en dat heb ik, dunkt me, reeds in meerdere boeken bewerkstelligd.”

Philo van Alexandrië *(circa 20/15 voor Christus in Alexandrië (?) – na 42 na Christus in Alexandrië (?))*

Philo is een ander soort eclecticus dan Cicero. Zijn denken combineert niet alleen verschillende wijsgerige stromingen, maar verbindt ook joodse theologie met Griekse filosofie. Hij stamde uit de voornaamste joodse familie van Alexandrië. Deze belangrijkste stad die Alexander de Grote heeft gesticht, vormde een smeltkroes van westerse en oosterse culturen. Het was het New York van de klassieke Oudheid. Al eeuwenlang was er een joodse gemeenschap en reeds in de derde eeuw voor Christus was men hier begonnen met de vertaling van de Hebreeuwse Bijbel in het Grieks. Ook beschikte de stad met zijn grote bibliotheek voor de jaartelling al over een sterrenwacht, een diergaarde en een botanische tuin.

De in Alexandrië gemaakte vertaling van het Oude Testament, de zogenaamde *Septuaginta*, staat centraal in Philo's bespiegelingen. De meeste van zijn geschriften, waarvan er veel de tand des tijds hebben doorstaan, vormen commentaren hierop. Van zijn leven is, afgezien van een reis naar Jeruzalem en Rome, niets bekend. Philo probeert de Bijbel figuurlijk te interpreteren en een verborgen, filosofische inhoud te ontdekken. Op zich is dit niet verwonderlijk voor vrome joden, want voor hen is de Bijbel de bron van de Griekse filosofie en Pythagoras een leerling van Mozes. Voor Philo is “de tekst letterlijk een teken voor een verborgen natuur die zich openbaart in de allegorie.” Door middel van de allegorese (allegorische interpretatie), een instrument dat de stoïcijnen reeds hadden ontwikkeld om Homerus filosofisch te kunnen duiden, ontwaart hij achter de letterlijke tekst een verborgen en overdrachtelijke betekenis. Abrahams tocht vanuit Chaldea naar Egypte wordt op die manier de weg die de mens uit het aardse leven voert. Chaldea gold namelijk als een bolwerk van astrologen en magiërs.

Aan de hand van de filosofie tracht Philo de religie te verklaren. Daarmee is hij de eerste vertegenwoordiger van de filosofische theologie, nog voor Paulus. Hij voelde zich zeer aangetrokken tot de stoïcijnen en hun roep om een geest die de hartstochten weet te bedwingen. Maar de meeste affiniteit had hij toch met het platonisme. Hij ziet God dan ook als 'het zijnde', als oorzaak van alles, almachtig en algoed. God is de schepper van en heerser over de wereld en kan als drie-eenheid worden opgevat, als Vader, Schepper en Heerser. Aangezien Hij als ondenkbaar, absoluut volmaakt wezen immaterieel en transcendent is en niet direct met het stoffelijke in aanraking mag komen, voert Philo een bemiddelaar op die hij aan de Stoa heeft ontleend, namelijk de logos, de gedachte, het woord. "Want uit haar [de materie] schiep God pas alles, maar niet door persoonlijke aanraking. Het zou Hem, de gelukkige en zalige, immers niet betamen de onbegrensde en chaotische materie aan te raken. Veel eerder bediende Hij zich van zijn niet-lichamelijke krachten, die als 'ideeën' aangeduid horen te worden..." De logos is een evenbeeld van God, Gods zoon. Hoewel deze bemiddelaar aan Hem is ontsproten, is hij toch geen mens, geen scheppende geest. Het is opvallend hoezeer deze voorstelling overeenkomt met de eerste regels uit het Evangelie van Johannes. Hier ligt ook de betekenis van Philo. Hij heeft de filosofie en theologie samengebracht in de theosofie en een grote bijdrage geleverd aan de ontwikkeling van de christelijke dogmatiek. Met name voor de kerkvaders en scholastici heeft hij een sleutelrol gespeeld.

Neoplatonisme

Aan het einde van de tweede eeuw na Christus werden in het Romeinse Rijk de eerste tekenen van verval zichtbaar. 'Barbaren' bestormden de lange grenzen en de ene economische crisis volgde op de andere. De troon werd steeds vaker bezet door degene die het meeste ervoor bood of die de sterkste legers achter zich wist te scharen. Het was een onzekere tijd, die bovendien gekenmerkt werd door het uitsterven van oude riten en gebruiken. Veelal hadden deze een mythische oorsprong en waren ze van generatie op generatie overgeleverd. Dit vacuüm bood ruimte voor oosterse culten, verlossingsreligies, zoals de van oorsprong Perzische Mithras-verering, en het christendom. Zij die in de verlossing geloofden, meenden dat ze aan het verschrikkelijke aardse bestaan konden ontkomen en in een wereld zouden belanden waar ze hun zielenheil zouden vinden door net als God te worden. Dit is een van de redenen dat het neoplatonisme, dat zelf bijna een religie was, een enorme bloei kende. Anders dan de pas in de Nieuwe Tijd ontstane naam doet vermoeden, was er niet zo veel nieuws aan deze stroming. De vertegenwoordigers zagen zichzelf als platonisten en hun geschriften bestonden dan ook bijna uitsluitend uit commentaren op de dialogen van Plato. Toch vormt het neoplatonisme, in tegenstelling tot het eclecticisme, een zelfstandig systeem, dat opvallend genoeg weer niet door de Romeinen, maar door de Grieken en de oosterse volken is ontwikkeld.

Grondlegger van dit laatste grote filosofische systeem uit de klassieke Oudheid was Ammonius Saccas (circa 175-242). Hij wordt wel de 'Socrates van het neoplatonisme' genoemd. Aangezien hij geen geschriften naliet, is van zijn leven en werk bijna niets bekend. De neoplatonische leer werd opgetekend door zijn leerling Plotinus, die op zijn beurt wel wordt vergeleken met Plato. Een wezenlijk verschil is echter dat de onvolmaakte veelvoud bij hem in een geleidelijke opeenvolging voortkomt uit de het ware 'ene' en daar ook weer naar terugkeert.

Door Plotinus is het neoplatonisme uitgegroeid tot de belangrijkste filosofische stroming uit de late Oudheid. Vanuit Rome, waar hij in 244 zijn school stichtte, staat hij aan het begin van een lijn die via zijn voornaamste leerling en biograaf Porphyrius (circa 233-304) en diens leerling Jamblichus (circa 275-330) naar Syrië voert en vooral naar de door Proclus (410-485) geleide platonische Academie in Athene. Tot de leerlingen van Jamblichus hoorde ook keizer Julianus (361-363), die zich op een gegeven moment weer tot het heidendom bekeerde. De christenen gaven hem om die reden de bijnaam *Apostata* ('Afvallige'). Julianus heeft verschillende filosofische werken nagelaten. In ongeveer dezelfde tijd vond het neoplatonisme ook aanhangers in het centrum van de wetenschap, Alexandrië. Een van de neoplatonisten daar was Hypatia, de – voor zover bekend – eerste vrouwelijke filosoof uit de geschiedenis. Ofschoon zij in 415 door christenen om het leven werd gebracht, nam het neoplatonisme er tot aan de verovering van de stad door de Arabieren in 624 een belangrijke plaats in. Sinds Plotinus en Porphyrius richtte het neoplatonisme zich wel meer op het lot van het individu en kwam het zo ook steeds meer tegemoet aan de mystieke en religieuze behoeften van de bevolking. Jamblichus probeerde bijvoorbeeld naast de goden uit het volksgeloof onder meer ook engelen, aartsengelen en demonen te integreren. Hij slaagde hierin door het uitbouwen van de door Plotinus geformuleerde zijnsbereiken (hypostasen).

Het leven van filosofen in de vijfde eeuw was gevaarlijk, vooral als ze, zoals Hypatia, niet gedoopt waren.

Ondanks de steeds dominantere positie van het christendom, dat inmiddels tot staatsreligie was uitgeroepen, werd de 'heidense' Griekse filosofie nog altijd onderwezen en bestudeerd. Maar met het uiteenvallen van het Romeinse Rijk en de strijd die binnen de kerk ontbrandde tussen de paus, die meende dat Christus tegelijkertijd God en mens was, het Oost-Romeinse Rijk, waar men geloofde dat Hij een mens geworden God was, en de Oost-Goten, die Hem slechts als een op God gelijkend mens beschouwden, was er al gauw geen plaats meer voor niet-christenen. Het was slechts een kwestie van tijd en van machtsbelangen voordat definitief het doek zou vallen voor de niet-christelijke filosofie. De belangrijkste vertegenwoordiger van het platonisme in Italië na de ondergang van het West-Romeinse Rijk was Ancius Malius Severinus Boëthius (480-524), die leefde tijdens de regeerperiode van de Oost-Gotische koning Theodorik. Zijn betekenis voor het nageslacht ligt vooral in het feit dat hij het werk van Plato en Aristoteles verzamelde en vertaalde. Tot aan de vroege Middeleeuwen vormden deze vertalingen de enige bron van Aristoteles' filosofie. De heftige discussies die de scholastici voerden over de universalia, over de vraag of de mens een vrije wil heeft of dat alles een gevolg is van de goddelijke voorzienigheid en over de plaats van het kwade in een wereld waar het ene, God, het volmaakt goede heerst, gaan op terug Boëthius of zijn door hem opnieuw ontketend. Hij was weliswaar christen, maar vond zijn heil in de platonische en stoïcijnse filosofie en niet bij Christus. Als dienaar en vertrouweling van Theodorik werd hij beschuldigd van samenzwering met het Oost-Romeinse Rijk en ter dood veroordeeld. Voor zijn terechtstelling schreef hij in zijn kerker *De consolatione philosophiae* (*De vertroosting van de filosofie*), een samenvatting van zijn filosofisch denken dat vooral sterk is beïnvloed door Plato.

Het door de Byzantijnse keizer Justinianus belichaamde christelijke staatsgeweld won de ongelijke strijd tegen het 'heidendom'. De verkondiging van de nieuwe eenheidsreligie betekende het einde van Plato's Academie. In 529 werden de deuren gesloten, de bezittingen geconfisqueerd en de laatste docenten verdreven. De klassieke Oudheid was voorgoed voorbij.

Plotinus *(circa 204 in Egypte – 270 in Campania)*

Leven: "De filosoof van onze tijd, Plotinus," schreef Porphyrius in zijn biografie, "was een man, zo leek het, die zich ervoor schaamde in een lichaam te zijn." Volgens zijn leerling weigerde hij "iets over zijn herkomst, zijn ouders of zijn geboorteland te vertellen." Deze houding past volledig in de platonische traditie. Als aanhanger van Plato wees Plotinus het lichamelijke en zinnelijke af en zag hij het lichaam als een gevangenis van de ziel. Aangespoord door Ammonius begon de "laatste grote denker van de Griekse traditie" (volgens Karl Vorländer) pas op 28-jarige leeftijd te filosoferen. Om zich te kunnen verdiepen in de oosterse wijsgerige tradities trok hij echter eerst naar Perzië en India. Het vermoeden bestaat dat hij zich aansloot bij de legers van keizer Gordianus III die strijd voerden tegen de Perzen. In 244 stichtte hij in Rome zijn eigen school. Deze werd zelfs bezocht door keizer Gallienus en diens echtgenote. Het is ook deze Grieksgezinde keizer geweest die Plotinus' idee voor een stad naar Plato's ideaal ondersteunde. In wat Platonopolis zou heten, moest de ideale staat uit Plato's *Politea* verrijzen. Het vreemde bij dit alles is dat Plotinus zich verder niet met politieke filosofie bezighield. De keizer zag in 268 uiteindelijk toch af van het plan en door Plotinus' dood, twee jaar later, is het er nooit van gekomen.

Werk: Pas tegen zijn vijftigste begon Plotinus, net als Aristoteles, zijn gedachten in de vorm van collegeaantekeningen op te schrijven. Naar het schijnt, zijn deze volledig bewaard gebleven. Na zijn dood zijn ze door Porphyrius geordend en, vanwege de getallenmystiek, in zes series van telkens negen boeken, de *Enneaden* (*ennea* is het Griekse woord voor 'negen'), uitgegeven.

Leer: Bij Plotinus zijn alle filosofische disciplines ondergeschikt aan de metafysica. Centraal in zijn filosofie staat de ontologie, de leer van het zijn. Daarbij is hij boven alles geïnteresseerd in de vraag hoe de mens van de werkelijkheid tot God kan komen en hoe die werkelijkheid uit het goddelijke voortkomt. Plotinus probeert de religieuze behoeften van de mens te verbinden met rationele ideeën uit de Griekse filosofie. Volgens hem zijn er drie niveaus van goddelijke werkelijkheid, te weten het ene, geest en ziel. Net als Plato in de parabel van de grot gaat hij ervan uit dat de zintuiglijk ervaren wereld niet de echte wereld is. De waargenomen wereld van de dingen bestaat alleen omdat hij deelneemt aan hogere principes. Waren dat bij Plato nog de ideeën, die een eigen wereld vormden, bij Plotinus zijn het verschillende hiërarchisch geordende zijnsniveaus. Het hoogste en meest volmaakte is het zijnsniveau van het goede, het goddelijke, het ene. Deze eerste hypostase (*hypostasis* betekent 'fundament' in het Grieks) ligt nog boven het rijk der ideeën. Over dit ene kan men echter niets zinnigs zeggen, zelfs niet dat het *is*, aangezien men dan ook een niet-zijn zou moeten veronderstellen, hetgeen onmogelijk is. Het ene kan slechts worden gedefinieerd door middel van hetgeen het juist niet is. Het is oneindig, onbegrensd, ondeelbaar en zonder ruimte en tijd. Ook deze omschrijvingen zijn niet meer dan een symbool, omdat ze het ene altijd in een verhouding tot iets anders plaatsen.

"Al het zijnde is door het ene." Hiermee verklaart Plotinus hoe de tweede en ten slotte ook de derde hypostase, waartoe de waarneembare wereld behoort, voortkomt uit de eerste, die van de hoogste bestaanssfeer. Zoals een bron die maar blijft stromen of de zon die warmte uitstraalt (schijnbaar) zonder aan substantie in te boeten, zo stroomt het overvolle ene voortdurend over en brengt het in de eerste emanatie (*emanare* is Latijn voor 'uitstromen') de geest voort, die op zijn beurt de tweede emanatie vormt. De geest is reeds een tweeheid, want in hem ligt de wereld van de ideeën besloten. Beide zijn evenbeelden van het ene, maar minder puur. Op het derde niveau, dat van de tweede emanatie, ontstaat de platonische wereldziel, die bemiddelt tussen geestelijke en lichamelijke wereld en waarvan de individuele zielen de afzonderlijke delen vormen. De wereldziel heet bij Plotinus ook wel 'natuur' en staat reeds veraf van het ene. Dit niveau, dat weer minder puur is dan het voorafgaande, vormt de materie naar het voorbeeld van de ideeën. Op die manier ontstaat de zintuiglijk waarneembare werkelijkheid, het vierde niveau. Onder de verschijnselen van die werkelijkheid ligt slechts de zuivere en (net als bij Aristoteles) vormloze materie. De gehele kosmos is voor Plotinus een uniek evenbeeld van het ene met verschillende gradaties van volmaaktheid. Dit is te vergelijken met licht. Het ene straalt als het ware licht uit, dat steeds zwakker wordt naarmate de bestaanssfeer minder volmaakt is. Aan het eind, in de materie, heerst absolute duisternis. De zuivere materie is het kwaad. In Plotinus' pantheïstisch wereldbeeld is het goddelijke in alles werkzaam. Daarmee sluit hij zich aan bij de stoïcijnen, echter met dien verschil dat het hoogste niet meer als schepper wordt gezien, maar als onkenbaar.

De ziel is ondeelbaar en zonder lichaam. Pas met de komst van de mens raakte zij versnipperd, omdat het lichaam niet de hele ziel kon opnemen. Daarom streeft en verlangt ieder individu ernaar de wereld van de verschijnselen achter zich te laten en terug te keren naar de oorspronkelijke eenheid met het ene. "Daar de ziel uit God stamt, zal zij ook naar Hem terugverlangen." Het individu kan zich daarop voorbereiden door middel van de burgerlijke deugden (Plato sprak van 'kardinale deugden'), te weten wijsheid, dapperheid, matiging en gerechtigheid. Hij moet zich bevrijden van de wereld om hem heen en zich volledig richten op het vergeestelijkte niveau. Vanuit de zintuiglijke waarneming van de in materie gevangen verschijnselen moet hij via het denken en argumenteren in filosofie en wetenschap, dat verbonden is met activiteiten van de ziel, en het intuïtieve verstand, een zuiver geestelijke beschouwing van het bovenzinnelijke, tot mystiek inzicht komen en in een toestand van extase geraken. In de extase (letterlijk 'buiten zichzelf zijn') en het verlies van de eigen individualiteit bereikt de mens de vereniging met het ene.

"Het hoogste bereiken we pas wanneer we volledig in onszelf verdiept en boven ons denken uitstijgend in een toestand van bewusteloosheid, van extase, van vereenvoudiging plotseling vervuld raken van het goddelijke licht en met het goddelijke oerwezen zo direct verenigd worden dat ieder onderscheid tussen hem en ons verdwijnt."

Naast de metafysica verdienen Plotinus' ideeën over kunst nog een bijzondere vermelding. Het kunstwerk krijgt bij hem een betekenis die het voorheen niet kende, zelfs niet bij Plato. Kunst is voor Plotinus een middel om de hogere, geestelijke werkelijkheid in materie weer te geven. Dit idee zou later worden opgepikt door met name Duitse idealisten als Novalis, Schelling en Hegel.

Samenvatting

Plotinus schrijft over zijn leer: "Deze theorieën zijn niet nieuw en werden ook niet pas nu, maar al lange tijd geleden uitgesproken, zonder dat ze overigens werden ontvouwd. Deze theorieën hier vertolken enkel die oude leer. De geschriften van Plato zelf dienen daarbij als bewijs dat die leer inderdaad zo oud is." Om tegemoet te komen aan de religieuze behoeften van zijn tijd beroept Plotinus zich op Plato en plaatst hij de ontologie (zijnsleer) in het middelpunt van zijn overwegingen. De wereld is volgens hem een hiërarchisch geordend geheel bestaande uit verschillende zijnsniveaus, ook wel hypostasen genoemd. Het hoogste niveau is dat van het ondefinieerbare ene. Daaronder ontstaan door het overstromen van het ene de geest, de wereldziel en ten slotte de waarneembare wereld. Via de verschillende niveaus zou de mens moeten komen tot een hernieuwde vereniging met het ene, het goddelijke. Dat is mogelijk in de extase.

Invloed: Het denken van de eerste grote christelijke filosoof, Augustinus, is in sterke mate bepaald door Plotinus' neoplatonisme en vooral door diens leer van het geestelijke karakter van de wereld. Naast Boëthius heeft Augustinus dan ook een belangrijke invloed uitgeoefend op het neoplatonische gedachtegoed van latere generaties, in het bijzonder de middeleeuwse mystici. In de vijftiende eeuw ontstond er aan de academie van Florence een hernieuwde belangstelling voor Plotinus. Later waren het Leibniz en Spinoza die zich aangetrokken voelden tot Plotinus, gevolgd door het Duitse idealisme en dan met name Schelling. Met Hegel bereikt de invloed van Plotinus zijn absolute hoogtepunt om vervolgens in een tijd, waarin metafysica steeds meer plaats moet maken voor materialisme, positivisme en objectivisme, volledig te verstommen.

De filosofische disciplines

Naargelang de vraagstelling en het soort onderwerp kan men de filosofie in zelfstandige gebieden onderverdelen. De vijf klassieke terreinen zijn esthetica, kennistheorie (epistemologie), ethiek, logica en metafysica. Later zijn hier nog antropologie en taalfilosofie bijgekomen. Sommige disciplines, zoals politieke filosofie en natuur-, godsdienst-, geschied- en rechtsfilosofie, ontwikkelden zich sinds de achttiende eeuw tot zelfstandige wetenschappen, terwijl ze tegelijkertijd als deelgebied van de filosofie zijn blijven voortbestaan.

DE MIDDELEEUWEN

Met de sluiting van Plato's Academie in 529 is het tijdperk van de klassieke Oudheid voorgoed voorbij en beginnen de Middeleeuwen. Veel historici plaatsen dat begin echter al bij de ineenstorting van het West-Romeinse Rijk en de afzetting van de laatste keizer, Romulus Augustus, door de Oost-Goten in 476. Deze historische scheidslijnen gelden niet voor de geschiedenis van de filosofie, waar heel andere dingen speelden. Daarbij moet men vooral denken aan het ontstaan van het christendom, dat zich als een sluipend maar ingrijpend proces voltrok. Zoals zo veel religies vond ook deze heilsleer uit het Nabije Oosten een uitstekende voedingsbodem in de door talrijke crises getergde Romeinse staat. De oude goden, die ook qua gebreken nauwelijks verschilden van de mens, lieten het afweten. Maar wat was eigenlijk dat christendom? Hoe moest de openbaring worden opgevat? Wat verstond men onder God, Jezus, de Heilige Geest en zaken als ziel, hemel en hel en al die andere dingen die in de Bijbel worden genoemd? Het zijn deze vragen waar de filosofen zich tot ver in de Middeleeuwen over bogen, totdat hun wegen zich scheidden van die van de theologen. De antwoorden die ze vanaf de tweede eeuw formuleerden in de zogeheten patristiek, vormen tot op de dag van vandaag het fundament van de geloofsleer. Daarbij baseerden ze zich hoofdzakelijk op ideeën en voorstellingen uit de klassieke Oudheid. Het pionierswerk kwam wat dat betreft van de Romeinen, bij wie de Griekse tradities nog voortleefden.

Met het Romeinse Rijk viel ook de cultuur in een diepe slaap. Europa werd overspoeld door vreemde volkeren, zoals Goten, Vandalen en Hunnen. Het waren slechte tijden voor denkers. Men moest al tevreden zijn, wanneer men datgene wat er was bereikt voor het nageslacht wist te bewaren. Een belangrijke rol was daarbij weggelegd voor kloosters en andere kerkelijke instellingen. Naast de zielzorg hield men zich daar steeds meer met wijsbegeerte bezig. Het vak scholastiek nam die taak over en bepaalde de filosofisch-theologische wetenschap gedurende de laatste periode van de Middeleeuwen (tot 1500). Het begin van de zestiende eeuw bracht een omwenteling met zich mee die niet zozeer politiek als wel cultureel moet worden genoemd. Alle landen en staten waren weliswaar monarchieën met een christelijk-feodale maatschappij, toch bestond er alleen maar eensgezindheid in de strijd tegen de 'ongelovigen'. De op de klassieke Oudheid teruggrijpende wetenschappelijke traditie van de joden en moslims –

Vader, Zoon en de Heilige Geest: de heilige Drie-eenheid met Johannes de Doper.

want daar ging het om – had een katalyserend effect op de scholastiek, net als de stellingen van Luther op de hele maatschappij. Met het 'aanslaan' van die stellingen in 1517 zijn de Middeleeuwen voorgoed voorbij en breekt de Nieuwe Tijd aan.

Patristiek

De invloed van het christendom op de filosofie, en later ook van de twee andere grote monotheïstische godsdiensten, jodendom en islam, is enorm. Dit geldt vooral voor de filosofen die actief waren vanaf het einde van de klassieke Oudheid tot het begin van de Renaissance. Allen putten zij hun inspiratie uit het geloof en uit de heidense klassieke filosofie, die zij al dan niet verwierpen. De christelijke middeleeuwse filosoof had zich als taak gesteld Gods openbaring door middel van het verstand te onderzoeken. Daarbij deed hij vooral een beroep op de methodes van Plato en later ook Aristoteles. De theologen daarentegen wilden, als vertegenwoordigers van de nieuwe wetenschap van God, niets weten van vragen over of onderzoek naar het geloof. Voor hen ging het slechts om inzicht in de premissen van dat geloof en de verhouding tussen openbaring en verstand.

Veel van de vragen die de christelijke filosofen bezighielden, speelden al bij hun heidense voorgangers. Hoewel anders dan het christendom, hadden zij reeds een antwoord geformuleerd op de vraag naar het ontstaan van de wereld of naar de verhouding tussen mens en God. Een individuele God die, zoals in de drie grote monotheïstische geloven, uit vrije wil de wereld schept, kenden zij echter niet. Geheel nieuw is ook dat niet meer het verstand het uitgangspunt van het denken is, maar Gods openbaring.

Voor de eerste christenen waren er verschillende mogelijkheden wat betreft hun houding ten aanzien van de filosofie uit de klassieke Oudheid. Zo kon men alles van de hand wijzen, daar het christelijke geloof de enige waarheid verkondigde. Men kon het christendom als filosofie opvatten en eveneens de heidense filosofie volledig afkeuren. Ook was het mogelijk om de christelijke en heidense filosofie als elkaars concurrenten te zien. Ten slotte, en dat is wat de filosofen van de patristiek deden, kon het zinvol zijn om zich te verdiepen in de filosofie. Zo kon men niet-christenen overtuigen van de geopenbaarde waarheid of, zonder enige ideologische beperkingen, tot het inzicht komen dat het christendom doorspekt is met de centrale leerstellingen uit de Griekse filosofie.

Het tijdperk van de patristiek ligt ongeveer tussen de tweede en achtste eeuw. Met betrekking tot de hierboven geschetste houdingen laat de patristiek duidelijk een ontwikkeling zien. Waar aanvankelijk de filosofie uit de klassieke Oudheid werd afgewezen, groeide er in de loop van de eeuwen een verregaande acceptatie. De naam patristiek is afgeleid van het Latijnse woord voor 'vaders' (*patres*). In de laatklassieke Oudheid werden de leraren die wijsheid onderwezen aangeduid met 'vaders'. In het christendom bedoelde men hier ook de geestelijke autoriteiten mee. Het begrip 'kerkvader' staat daarentegen nog hoger en heeft betrekking op acht kerkleraren. Vier daarvan, Athanasius, Basilius de Grote, Gregorius van Nazianza en Johannes Chysostomus, behoren tot het Griekse Oosten en de vier andere, Ambrosius, Augustinus, Hieronymus en Gregorius de Grote, tot het Latijnse Westen. Van deze kerkvaders is vooral Augustinus van zo grote betekenis geweest voor zowel de theologie als de filosofie, dat een apart hoofdstuk aan hem is gewijd.

De apostel Paulus, die zeer goed thuis was in de Griekse filosofie, zou reeds als een filosoof kunnen worden bestempeld, ware het niet dat hij de "wijsheid dezer wereld" in zijn eerste brief aan de Korinthiërs een "dwaasheid voor God" noemde. De eigenlijke christelijke filosofie begint dan ook met de apologeten.

Apologie is een oud begrip in de filosofie dat teruggaat tot het verweer van Socrates in Plato's gelijknamige dialoog. Het is ook in de vorm van verweerschriften dat talrijke christelijke denkers uit met name de tweede eeuw hun geloof verdedigen tegenover een niet-christelijke omgeving of andere christenen met wie ze van mening verschillen. Deze apologeten bedienen zich daarbij van het platonisme en de Stoa en verklaren, zoals bijvoorbeeld de Griek Flavius Justinus (circa 100-165), dat alles wat er aan filosofische waarheid te vinden is in feite een christelijke oorsprong heeft. God zou zich reeds gedeeltelijk in Socrates hebben geopenbaard en een paar eeuwen later volledig in Christus, de nieuwe Socrates. De Latijnse auteurs, die vooral het voorbeeld van anderen navolgen, zijn minder theoretisch en juist meer pragmatisch georiënteerd. De bekendste is de uit Carthago stammende Tertullianus (circa 150-200), die de filosofen nog altijd als "patriarchen van de ketters" omschreef. Met de doorbraak onder keizer Constantijn de Grote en het uitroepen van het christendom als staatsreligie in 391 verdween de noodzaak tot verdediging. De apologeten werden overbodig.

Dit laatste had ook te maken met de overwinning op en de uitschakeling van hun vijand, de gnosis. Gnosis betekent in de eerste plaats 'kennis', maar in religieuze zin wordt er vooral het geestelijke inzicht in de heilswaarheid mee bedoeld. Dit in tegenstelling tot het geloof in vol vertrouwen. De gnostiek staat los van religieuze instituties en combineert Perzische, Egyptische, hellenistische, joodse en christelijke ideeën met de leer van Posidonius, Plato, Pythagoras, de Stoa en de neoplatonisten. De Alexandrijnse filosoof Clemens en diens leerling Origenes worden tot op zekere hoogte tot de gnostici gerekend. In ieder geval zijn ze door het gnostische gedachtegoed beïnvloed. Beiden probeerden reeds op constructieve wijze een link te leggen tussen de filosofie uit de klassieke Oudheid en het christendom. Clemens, die zich tot het christelijke geloof bekeerde, en Origenes, die erin opgroeide, kunnen als de grondleggers worden gezien van de theologische wetenschap.

Een bijzonder twistpunt in het vroege christendom was de vraag naar de relatie tussen God de Vader en God de Zoon, Jezus Christus. Er heersten drie opvattingen, die de eenheid van de kerk in gevaar brachten. In de eerste plaats was er de orthodoxie, die leerde dat Vader en Zoon een en hetzelfde wezen zijn (*homousios*). Anderen meenden dat de Zoon slechts op de Vader lijkt (*homoiusios*). Ten slotte was er de opvatting van bisschop Arius, grondlegger van het arianisme, dat uitgaat van twee verschillende wezens (*homoios*). Om een scheuring te voorkomen, riep keizer Constantijn de Grote in 325 een concilie bijeen in het Nicea, in Klein-Azië. Hier werd het dogma verkondigd dat God uit drie personen bestaat, de Vader, de Zoon en de Heilige Geest, en tegelijkertijd één is.

Door de concilies van Nicea en Constantinopel (381) had het christendom zo veel voet aan de grond gekregen dat het vanaf dat moment zijn stempel zou gaan drukken op de westerse filosofie. Wel moesten de verworvenheden van de heidense (Griekse) denkers nog bruikbaar worden gemaakt voor het nieuwe geloof. De eerste pogingen daartoe werden gezet door de Alexandrijnen in de derde eeuw. Een eeuw later zorgden de drie Cappadocische vaders, Gregorius van Nazianza (circa 329-390), Basilius de Grote (circa 330-379) en zijn broer Gregorius van Nyssa (circa 334-395), voor het vervolg. Zij werden zo genoemd omdat ze afkomstig waren uit Cappadocië, een streek in het oosten van Klein-Azië dat deel uitmaakte van de Romeinse provincie Pontus. Van deze drie bisschoppen, die na hun dood heilig zijn verklaard, was Gregorius van Nyssa de belangrijkste. Qua filosofie stonden ze dicht bij het christelijk neoplatonisme van Origenes. Zo meenden ze dat de mens Gods voorbeeld moet nastreven. Daarnaast vertegenwoordigden ze net als Origines de leer van de *apokatastasis*, de terugkeer van alle schepselen als gezonde wezens aan het einde der tijden.

Een generatie na deze Griekse kerkvaders, die zo belangrijk zijn geweest voor de consolidatie van de christelijke leer, wordt in een ander, Latijns sprekend deel van het zich nog altijd uitdijende Romeinse Rijk Aurelius Augustinus geboren. Als belangrijkste schakel tussen de klassieke Oudheid en de Middeleeuwen overtreft hij alle andere filosofen van de patristiek. Hij was het die de christelijke leer doordesemde met de erfenis van de Griekse en Romeinse filosofie. Waar zijn voorgangers er nog slechts op uit waren om het christendom filosofisch te duiden of de filosofie een christelijke wending te geven, daar maakte hij door het vinden van filosofische oplossingen voor theologische vraagstukken de weg vrij voor de scholastiek, de periode die volgde op de patristiek. Tijdens zijn leven wist het al niet meer zo nieuwe geloof zich definitief te vestigen. Keizer Theodosius I verbood in 391 alle heidense riten en riep het christendom uit tot staatsreligie. Tegelijkertijd begon echter ook de ondergang van het westelijke deel van het Romeinse Rijk. In 410 werd Rome voor het eerst door vreemde volken veroverd. De staat, die de kerk onderhield, viel zelf steeds meer uiteen, terwijl het geloof een steeds grotere invloed kreeg. Geleidelijk aan kwam het bestuur en de organisatie over het vervallen rijk in handen van de kerk. Een belangrijke gebeurtenis voor de filosofie was het optreden van de pseudo-Dionysius Areopagita rond het jaar 500. Deze auteur deed zich in zijn geschriften voor als een in de Handelingen van de apostelen genoemde Atheense staatsman en volgeling van Paulus. Op die manier hoopte hij zijn opvattingen onaantastbaar te maken en meer gewicht te verlenen. Dit bedrog is pas in de negentiende eeuw aan het licht gekomen. In zijn werk probeerde de pseudo-Dionysius het christelijke denken weer meer in de richting van het neoplatonisme te sturen. Met dat doel voor ogen definieert hij God in zijn *Peri theon onomathon* (*Over de goddelijke namen*) als de naamloze, die via de mythische weg te bereiken is. Ook gebruikt hij Plotinus' metafoor van het goddelijke licht van het ene, dat het meeste uitstraalt naar degene die in de zijnsorde er het dichtste bij staat. Dit element uit de vroegchristelijke filosofie werd onder meer tijdens de gotiek geestdriftig toegepast bij het ontwerp van kathedralen.

In de achtste eeuw kwam er een einde aan de patristiek, zonder dat de filosofen na Augustinus in het Griekse Oosten of het Latijnse Westen diens niveau of betekenis ook maar benaderden. Het tijdperk van verzamelen en zoeken naar een synthese tussen de filosofie van de klassieke Oudheid en de christelijke theologie was voorbij. Wat daarop volgde, was een institutionalisering en formalisering van het denken in kloosterscholen en, vanaf de dertiende eeuw, ook op de universiteiten. Het Latijn nam als taal van de wetenschap de plaats in van het Grieks en zou deze tot ver in de Nieuwe Tijd behouden. Het tijdperk van de scholastiek brak aan.

Clemens van Alexandrië *(circa 150 in Athene (?) – voor 215 in Cappadocië/Anatolië (?))*

Titus Flavius Clemens van Alexandrië was docent aan de catechetenschool van Alexandrië, waar de leer van het christelijke geloof werd onderwezen. Bij het overbrengen van de christelijke grondbeginselen speelde de filosofie er een grotere rol dan bij de apologeten en de gnostici. Clemens was, net als Philo, van mening dat de Griekse filosofen reeds vooruitliepen op het christelijke gedachtegoed. Om dit aantoonbaar te maken, probeerde hij de christelijke ideeën te helleniseren en zowel bijbels als filosofisch te onderbouwen. Ze zouden in een filosofische vorm moeten worden overgebracht, aangezien ook de filosofie van God afkomstig is. Zij is een uitvloeisel van het door God geschonken vermogen tot rationeel denken en moet dus gezien worden als een positief verschijnsel. Voor de Grieken was het immers de enige manier om de transcendente God te kennen. De filosofie leerde hun hoe zij zich moesten voorbereiden op Gods openbaring. Het gevolg van Clemens' leer was dat de filosofisch geschoolden makkelijker toegang kregen tot het christendom. In een tijd dat de concilies de christelijke dogma's er nog niet hadden doorgedrukt en er op dit vlak bovendien weinig eensgezindheid bestond, zocht hij vanuit een filosofische invalshoek naar een algemeen overzicht van het christendom. Daarvoor werkte hij oude filosofische ideeën om tot christelijke gedachten. Zo zijn voor Clemens de gedachten van God gelijk aan Plato's ideeën. Net als bij de neoplatonisten is de logos de bemiddelaar tussen God en de wereld. Aan Plato ontleent hij eveneens de leer van de preëxistentie van de ziel. De betekenis van Clemens ligt juist in deze ontsluiting van Plato voor het christendom. Qua invloed op de theologie zou Plato vanaf dat moment de stoïcijnen voorbijstreven. Clemens op zijn beurt groeide uit tot een van de meest geliefde filosofen van de scholastici en humanisten.

Origenes *(circa 185 in Alexandrië (?) – circa 254 in Tyrus)*

Origenes' houding ten aanzien van het leven werd grotendeels bepaald door de terechtstelling van zijn vader rond het jaar 203, tijdens de christenvervolgingen onder keizer Septimius Severus. Hij geldt als de voornaamste leerling van Clemens van Alexandrië. Ook hij bracht het tot leraar aan de catechetenschool en erkende dat kennis van de filosofie absoluut noodzakelijk was om de christelijke leer uit te dragen. Het geloof was in zijn ogen namelijk niet speculatief, maar rationeel. Dit is ook wat hij bedoelde met zijn uitspraak: "Als de zonen van de wijsgeren menen dat geometrie, muziek, grammatica, retorica en astronomie dienstmaagden van de filosofie zijn, dan kunnen wij hetzelfde zeggen over de filosofie ten opzichte van de theologie." Vanuit die optiek koos Origenes ervoor om in de leer te gaan bij Ammonius Saccas, de grondlegger van het neoplatonisme. Rond 231 emigreerde hij naar Palestina, omdat de officiële kerk in Alexandrië zijn leerstellingen veroordeelde. Daar, in Caesara, zijn de meeste van zijn, naar men zegt, tweeduizend boeken ontstaan. In filologisch en theologisch opzicht is vooral zijn *Hexapla* van belang. In deze synopsis van het Oude Testament zette hij de oorspronkelijk Hebreeuwse tekst, diezelfde oorspronkelijke tekst maar dan in Griekse letters en de in die tijd vier gangbare Griekse vertalingen in kolommen naast elkaar. Het resultaat is een gecorrigeerde versie van de *Septuaginta*, de eerste Griekse vertaling van het Oude Testament. Belangrijke werken op filosofisch gebied zijn *Peri archon* (*De voornaamste leerstellingen*), een overzicht van de christelijke leer in een synthese van het platonisme, en *Kata Kelsou* (*Tegen Celsus*), een vroegchristelijke studie naar het denken aan de hand van de platonische filosoof Celsus, die in een boek uit 180 zijn pijlen richt tegen het christendom. Wat dit werk van Origenes zo interessant maakt, is dat een christelijke neoplatonist de discussie aangaat met een heidense platonist. Zijn neoplatonische ideeën waren er de oorzaak van dat de kerk zijn leerstellingen in 540 uitdrukkelijk verbood. Een van de ideeën waar men zich aan stoorde, betrof de Drie-eenheid. Origenes meende dat Christus en de Heilige Geest in twee hypostasen, Plotinus' zijnsniveaus, uit het ene, God de Vader, zijn voortgekomen. Dit betekende dus dat ze niet hetzelfde wezen zijn.

AUGUSTINUS *(13 november 354 in Thagaste (nu Souk-Ahras)/Algerije – 28 augustus in Hippo (nu Annaba)/Algerije)*

Leven: In zijn *Bekentenissen* schetst Augustinus niet alleen de innerlijke weg naar zijn bekering, maar ook de omstandigheden waarin dat plaatsvond. Daarmee is hij de eerste filosoof met een soort autobiografie. Grote delen van zijn leven zijn daarom tot in de details bekend.

Hij werd als zoon van een heidense stadsbestuurder geboren in een klein stadje in de Romeinse provincie Numidië. Zijn christelijke moeder, Monica, stelde alles in het werk om haar familie te bekeren, hetgeen haar uiteindelijk ook lukte. Augustinus schrijft hierover: "De naam van mijn Verlosser... heeft mijn hart tegelijk met de moedermelk ingezogen." Hij genoot een klassieke opleiding, die hij afsloot met een studie retorica in Carthago. Onder invloed van Cicero's *Hortensius*, een geschrift dat verloren is gegaan, kwam hij in aanraking met de filosofie. Toch was dat niet vanwege de inhoud, maar vanwege de literaire kwaliteiten. Dit was ook precies de reden waarom hij zich in die tijd nog niet met de Bijbel bezighield. De esthetische vorm daarvan kon hem niet bekoren. Nog tijdens zijn verblijf in Carthago raakte hij op zeventienjarige leeftijd verliefd op de vrouw die hem twee jaar later een zoon zou schenken, Adeodat, en die vijftien jaar lang zijn levensgezellin zou blijven, totdat zijn moeder erin slaagde een wig tussen hen te drijven. Zijn liefde voor de wijsheid hield daarentegen stand. Dit was onder meer het gevolg van zijn sympathie voor het manicheïsme, een oosterse religie die nauw verwant was aan de gnostiek en die hij een decennium lang trouw bleef.

Manicheïsme

De door de Perzische profeet Mani (216-276) gestichte religie heeft een syncretistisch karakter en verenigt boeddhistische, joodse en christelijke elementen. Net als alle gnostici, gaan ook de manicheeërs uit van een dualistisch wereldbeeld. Dit betekent dat goed en kwaad met elkaar in strijd zijn verwikkeld, niet alleen in de wereld, maar ook in ieder individu. Het kwaad is geworteld in de materie en het goede in de zielen, die aan de materie geketend zijn. In hun vrijheidsstrijd en zoektocht naar hogere kennis krijgen ze ondersteuning van talrijke voorsprekers, waaronder Plato en Christus. De laatste voorspreker is Mani zelf. Hoewel het manicheïsme uiteindelijk door het christendom werd verdreven, bleef het voortbestaan in Middeleeuwse sekten, zoals de katharen en albigenzen.

De kunstenaar heeft het bij het verkeerde eind: het was geen engel, maar een kinderstem die de heilige Augustinus tot de filosofie bracht.

Vanwege de onlusten op de hogeschool van Carthago, waar Augustinus zeven jaar lang lesgaf, vertrok hij in 383/384 naar Rome. In die tijd begon hij niet alleen aan het manicheïsme te twijfelen, maar zich in het algemeen ook te richten op het door Cicero uitgedragen scepticisme van de middelste Academie ("ik weet dat ik niets weet") en dat van Carneades en Aenesidemus. Van doorslaggevende betekenis voor zijn denken en zijn verdere leven was zijn benoeming tot redenaar aan het hof in Milaan, de toenmalige residentie van de West-Romeinse keizer. Ofschoon dit het hoogste ambt was dat een retor als Augustinus kon bekleden, lag voor hem de betekenis niet zozeer in de functie zelf als wel in de plaats. Milaan was niet minder dan de thuishaven van bisschop Ambrosius, een van de meest welbespraakte kerkvaders van het christendom. Diens aan de eclecticus Philo ontleende allegorische bijbelinterpretaties en sterk neoplatonisch georiënteerde geloof brachten Augustinus ertoe zich te gaan toeleggen op het werk van de platonisten en de ten slotte ook de Bijbel. Vanaf dat moment kwamen theologie en filosofie bij elkaar. Zelf verwoordde hij het als volgt: "Geloof om te kennen, ken om te geloven." Hij liet vrouw en kinderen achter, maar om de verlokkingen van de aardse wereld definitief vaarwel te zeggen, had hij – zo schetst hij het althans later – nog een bekeringservaring nodig. Voor de beschrijving daarvan richt hij zich geheel op de literaire tradities van de klassieke Oudheid. Zo verandert het proces van zijn geestelijke ontwikkeling in een metafysische gebeurtenis, waarbij hij in de tuin van zijn huis in Milaan een kinderstem hoorde zeggen: "Neem en lees." Hij nam daarop een bijbel ter hand, sloeg die op een willekeurige bladzijde open en las daar in de brieven van de apostel Paulus aan de Romeinen: "Laat ons dus onberispelijk leven, zoals we dit doen op klaarlichte dag; niet in brasserij en dronkenschap, niet in ontucht en losbandigheid, niet in twist en ijverzucht. Maar omkleedt u met den Heer Jezus Christus en vertroetelt het vlees niet tot begeerlijkheid." Het besluit was genomen. Hij liet zich in de paasnacht van het jaar 387 dopen en gaf zijn functie als retor op. Via Rome en Ostia, waar zijn moeder stierf, keerde hij naar Noord-Afrika terug. Samen met vrienden stichtte hij een soort lekenklooster. Volgens zijn voorschriften moesten de leden daarvan niet alleen geestelijke oefeningen verrichten, maar ook de gemeenschap dienen. Dit laatste zou later door de monniken in het Westen worden overgenomen. Augustinus wilde zo, al filosoferend over God en de wereld, zijn leven wijden aan theologische discussies en het schrijven van platonische dialogen. Maar aan deze rust kwam een einde toen hij tijdens een bezoek aan de stad Hippo Regius, die na Carthago de grootste was van de provincie, door een volksraadpleging vrij toevallig tot opvolger van de bisschop werd gekozen. Met de aanvaarding van het kerkelijke ambt in 395 kreeg hij naast de zielzorg er ook allerlei taken bij op het gebied van de kerkelijke politiek. Op meerdere synodes verdedigde hij de christelijke dogma's tegen 'ketters', zoals de pelagianen en de donatisten. Deze laatsten streefden naar een zuivere kerk los van elke staat. De naar de Ierse monnik Pelagius genoemde beweging benadrukte daarentegen vooral de vrije wil. Aangezien de mens niet belast is met de erfzonde, kan hij zelf besluiten om het goede te doen. Met zijn predestinatieleer en geloof in Gods genade trok Augustinus fel ten strijde tegen dergelijke opvattingen. Aan het eind van zijn leven zag hij die zo veel zou betekenen voor de filosofie van de Middeleeuwen hoe de antieke wereld begon te verdwijnen. De Vandalen, een Germaanse volksgroep, vielen Afrika binnen en belegerden zijn bisschopszetel. Nog voor de val van Hippo stierf hij in augustus 430.

Werk: De Latijnse werken van Augustinus behoren chronologisch gezien tot drie levensfases: 1. de tijd van de bekering (386-390); 2. de overgangsperiode (390-395); 3. de tijd als bisschop. Ook voor zijn werk geldt dat hij zelf veel heeft bijgedragen aan de latere overlevering. Dankzij het feit dat hij aan het eind van zijn leven in *Retractationes* (*Nalezingen*) zijn werk chronologisch ordent, becommentarieert en gedeeltelijk herziet, bestaat er bijzonder gedetailleerde informatie over zijn geschriften en de periodes waarin deze zijn verschenen. In de eerste fase ontstonden er vier dialogen, te weten *Contra Academicos* (*Tegen de academici*), waarin de strijd wordt aangegaan met het scepticisme, *De beata vita* (*Het gelukkige leven*), *De ordine* (*De orde*), een afrekening met het manicheïsme en tegelijkertijd een verhandeling over de plaats van goed en kwaad in de goddelijke wereldorde, en *Soliloquia* (*Alleenspraken*). De belangrijkste werken uit de overgangsperiode zijn: *De vera religione* (*Het ware geloof*) en *De libero arbitrio* (*De vrije wil*). Zijn belangrijkste werken, *De trinitate* (*De Drie-eenheid*), *De civitate Dei* (*De stad Gods*) en de reeds genoemde *Confessiones* (*Bekentenissen*) en *Retractationes* (*Nalezingen*), stammen uit de tijd dat hij de bisschop was van Hippo Regius. De 22 boeken van *De civitate Dei*, waaraan Augustinus dertien jaar werkte en die in 426 verschenen, vormen de laatste grote apologie van de vroege kerk. Aanleiding voor dit geschiedfilosofische werk was de plundering van Rome door de Goten in 410. Augustinus vraagt zich daarbij af in hoeverre de verloochening van de oude goden daaraan debet zijn geweest. Bovendien behandelt hij in deze christelijke tegenhanger van *Politea* (die echter veel invloedrijker zou blijken te zijn dan Plato's boek) het begrip staat, schetst hij de geschiedenis van diverse volkeren, veroordeelt hij het heidendom en geeft hij voorbeelden van verschillende filosofische systemen die in zijn ogen tekortschieten. In *Confessiones* daarentegen beschrijft hij in een niets ontziende biecht aan zichzelf en met een voor de Griekse filosofen ongekende openheid zijn leven tot aan zijn bekering.

Leer: "God en de ziel wil ik kennen. Verder niets? Nee, verder helemaal niets." Met deze woorden zou men het onderwerp van Augustinus' filosofische bespiegelingen kunnen samenvatten. Hij heeft geen filosofisch systeem ontwikkeld en zijn ideeën gaan niet over fysica, metafysica en ethiek, maar richten zich op God en de ziel. De natuur heeft voor hem alleen betekenis in relatie tot de mens.

Kennis: Voor het doen van uitspraken is het ook voor Augustinus noodzakelijk om eerst uit te maken wat kennis precies is en hoe men daartoe komt. Hetgeen de zintuigen waarnemen, is voor kennis niet voldoende. Toch laten waarnemingen sporen na in het geheugen. Daar worden ze vergeleken en geordend. Alleen herinnering, het naar binnen kijken, leidt tot ware kennis. Daarvoor moeten er wel reeds bepaalde ideeën van de dingen voor handen zijn, zogenaamde 'voor-beelden', die niet verkregen kunnen worden door middel van waarneming van de buitenwereld. De geest bevat namelijk veel meer dan hij zichzelf realiseert. Augustinus is de ontdekker van wat veel later bekend zou worden als het 'onbewuste'. Een driehoek kan als zodanig alleen gekend worden wanneer er reeds een voorstelling van een ideale driehoek bestaat die kan worden opgeroepen. "Treed niet uit jezelf, maar keer je in jezelf, want in het binnenste van de mens bevindt zich de waarheid." De vraag hoe deze ware kennis terecht is gekomen in het binnenste, heeft Plato met zijn pre-existentie van de ziel al beantwoord. De ziel hield zich voor de geboorte op in het rijk van de ideeën. De aldaar opgedane indrukken zijn bewaard gebleven.

Een dergelijke gedachtegang was echter onverenigbaar met het christelijke idee van een gelijktijdige schepping van ziel en lichaam. Augustinus komt daarom met het concept van de verlichting. De vraag wie de ware kennis in de mens heeft gebracht, beantwoordt hij met: "Hij die geraadpleegd wordt en leert, Hij van wie gezegd wordt dat Hij in het binnenste van de mens leeft, Christus, Gods onveranderlijke kracht en eeuwige wijsheid." Alleen door de goddelijke openbaring, de verlichting, kan de mens inzicht verwerven in de ideeën, die voor Augustinus Gods gedachten vormen. Aangezien deze gedachten en dus de ideeën in Gods geest gevestigd zijn, bevindt alle waarheid zich in God.

Augustinus' beschouwingen over de waarheid laten duidelijk zien waarom hij zich op een gegeven moment niet meer kon vinden in het scepticisme. Wie namelijk gelukkig wil worden, zoekt vanzelfsprekend naar waarheid en zal die dus niet vinden als hij aan alles twijfelt. Aan de andere kant weet hij die twijfelt nog altijd één ding zeker, namelijk dat hij twijfelt, dat hij bestaat, denkt, leeft. "Zonder overigens angst te moeten hebben voor het zinsbedrog van fantasieën en inbeeldingen, ben ik me er zeer goed van bewust dat ik ben... Zij [de sceptici] mogen dan wel zeggen: 'hoezo, als je je nu eens vergist?' Immers als ik me vergis, dan ben ik. Want wie niet is, kan zich ook niet vergissen; dus ben ik, wanneer ik me vergis." Deze zelfkennis overstijgt het scepticisme en klinkt vele eeuwen later na in Descartes' beroemde uitspraak "Ik denk, dus ik ben."

God: Aangezien er een tijdloze waarheid bestaat, bestaat er iets wat verder gaat dan het verstand en ofwel God zelf is, ofwel in God is geworteld. Het zijn de door verlichting ingegeven ideeën, waarheden, die uit God voortkomen. God moet bestaan. Dit is voor Augustinus het bewijs van zijn bestaan, het augustinische godsbewijs. Met zijn rationele argumentatie voor Gods bestaan onderscheidt hij zich duidelijk van de neoplatonische veronderstelling dat God alleen in de extase waarneembaar is. Maar net als de neoplatonisten gaat hij er wel van uit dat God "niet te vatten en onzichtbaar" is en "ver verborgen." De ziel heeft van Hem "geen kennis, zij weet alleen hoe ze Hem niet kent." Augustinus' voorstelling van God die de wereld uit het niets heeft geschapen blijft buitengewoon helder maar ongefundeerd. Daar de mens gemaakt is naar zijn evenbeeld, kunnen er op grond van analogieën nog meerdere uitspraken worden gedaan. De belangrijkste betreft de driedeling van de mens in een geheugen, wil en verstand, en die van de ziel in een zijn, willen en kennen. Ook van elk ding is er een drievoudige bewering mogelijk. Er kan namelijk gezegd worden dat het is, dat het zich van iets anders onderscheidt en dat het daarmee in een bepaalde relatie staat. Om die reden moet ook God drie-enig zijn. De goddelijke substantie bestaat in drie personen, in de Vader, de Zoon en de Heilige Geest. Wat dit moeilijk te bewijzen dogma van de kerk zo lastig maakt, is dat God eigenlijk in alle drie personen volledig bestaat. Niettemin leert Augustinus het dogma van de Triniteit, de Drie-eenheid van God, in de door het concilie voorgeschreven vorm. Daarmee laat hij in zijn denken Origenes en de arianen achter zich.

Predestinatie: In zijn tijd als bisschop was Augustinus verwikkeld in verschillende conflicten binnen de kerk. Een van de voornaamste ging over de opvattingen van Pelagius, die meende dat de mens vrij en zonder zonden wordt geboren en vanwege die vrije wil zijn eigen zaligheid in de hand heeft. Daarmee roerde hij een van de lastig-

Het kwaad was voor kunstenaars altijd al een dankbaarder thema dan het goede en dat geldt ook voor Augustinus' goddelijke staat.

ste problemen aan die in godsdiensten spelen. Heeft de mens een vrije wil, die ook kan worden aangewend om kwaad te doen? Is het mogelijk dat God zoiets toelaat? Of loopt de mens aan Gods leiband en maakt het daarom niets uit wat men doet, aangezien alles al is voorbestemd? En hoe komt het dan dat zij met Gods permissie kwaad doen? Is het in dat geval niet God die het kwade via de mens verricht? Met zijn leer van de goddelijke predestinatie bestrijdt Augustinus Pelagius. In zijn ogen is alleen Adam als vrij mens geboren. Deze koos voor de zonde en gaf die als erfzonde – een begrip dat Augustinus heeft geïntroduceerd – via de voortplanting door aan al zijn nakomelingen, dus aan alle mensen. De mens is derhalve niet meer vrij, maar overgeleverd aan de zonde. Toch is het mogelijk om tot zaligheid te komen, echter niet door barmhartigheid, maar door de eigenmachtige genade van God. Zoals de verlichting tot waarheid leidt, zo leidt de genade tot de zaligheid. Als God het goede belichaamt en alles heeft voorbestemd, dan kan het kwade niet bestaan. Toch kan ook een bisschop en filosoof, en zeker iemand met zo veel levenservaring als Augustinus, niet ontkennen dat er oorlogen worden gevoerd en dat mensen elkaar vermoorden. Als dat geen kwaad is, wat is dat dan? Augustinus' antwoord op deze vraag, de theodicee, is vaag en vol twijfel: "Het kwade is de afwezigheid van het goede." Zo luidt in het kort zijn opvatting, die voor hemzelf waarschijnlijk ook niet helemaal bevredigend moet zijn geweest.

Tijd: "Wat is tijd? Wanneer niemand het mij vraagt, weet ik het. Wil ik het echter uitleggen aan iemand die het vraagt, dan weet ik het niet," zegt Augustinus in zijn *Bekentenissen*. Toch probeert hij een antwoord te geven. Allereerst vertelt hij sinds wanneer er tijd bestaat. God is eeuwig en de door Hem geschapen dingen tijdelijk: "Zonder twijfel is daarom de wereld niet *in* de tijd, maar *met* de tijd geschapen. Want wat in de tijd geschiedt, geschiedt vóór of na een tijd – na een die verleden is, vóór een die nog komen moet. Vóór de wereld kon er echter geen tijd zijn, daar er toch geen creatuur was, in de wisseling van wier toestanden zij had kunnen ontstaan. Veeleer is tegelijk met de tijd ook de wereld geschapen, in zover met haar tevens de beweging, namelijk de wisseling van de toestanden, begon." Vervolgens verklaart Augustinus wat tijd is. Anders dan bij Aristoteles is de tijd niet afhankelijk van uiterlijke dingen, zoals de hemellichamen, maar een proces van het rationele bewustzijn met een zuiver subjectief karakter. In het bewustzijn van de mens behoort alles tot het heden. Dit geldt voor het verleden van de herinnering, het tegenwoordige moment van de waarneming en de toekomst van de verwachtingen. Alleen het bewustzijn geeft de tijd een dimensie, dat per slot van rekening meetbaar is. De tijd maakt van de mens een verward wezen die op de hoogte is van zijn vergankelijkheid en dat zijn bestaan verdeelt in geleefde en nog te leven momenten, momenten die heel even tegenwoordig worden en 'zijn', om vervolgens weer in het niet-zijn weg te zinken. Een dergelijke vergankelijkheid vraagt om iets eeuwigs, waaraan zij zich kan meten. Dat eeuwige en alomtegenwoordige is God. Voor Hem behoren alle ogenblikken tot het heden, omdat Hij eeuwig 'is'.

Geschiedenis: Ook de geschiedenis van de mensheid kan alleen in relatie tot het eeuwige worden verklaard. God heeft haar als een eenmalige gebeurtenis geschapen die begint bij de zondeval van Adam en na de menswording van God nog voortduurt tot het laatste Oordeel. Net zoals er in de individuele mens een strijd wordt geleverd tussen goed en kwaad, tussen eigenliefde en liefde voor God, zo gebeurt dit ook tussen de seculiere en de goddelijke staat. De strijd tussen deze twee principes van burgerschap of *civitates* wordt pas aan het einde der tijden beslist. De goddelijke staat, Augustinus' ideaal, is tegelijk met de schepping van de engelen ontstaan. Hiertoe horen de burgers die volgens Gods wetten leven. Het aardse burgerschap van de seculiere staat voert hij daarentegen terug op de val van Lucifer, wiens eigenliefde uiteindelijk resulteerde in minachting voor God. In deze staat komen al diegenen samen die de heidense goden vereren. Voor hen is er de duisternis, terwijl de anderen het licht zien, omdat hun leven gericht is op de liefde voor God. Dit alles betekent overigens niet dat Augustinus de reële staat van zijn tijd afkeurt. Voor het samenleven van de mens is de staat onmisbaar. Hij verenigt iets van beide principes, doordat pure eigenliefde wordt tegengegaan en wetten en voorschriften het kwaad weten uit te bannen, zonder overigens het goede voort te brengen. Hetzelfde geldt voor de kerk, die in zijn aardse vorm niet gevrijwaard is van eigenliefde. Toch belichaamt de kerk ook het ideaal van de goddelijke staat. Waar Augustinus zich als clericus kritisch opstelt ten opzichte van de staat, is zijn houding als politicus veel pragmatischer. Zo doet hij zonder meer een beroep op de staat om ketters, donatisten en pelagianen te vervolgen. Zijn rechtvaardiging voor dergelijk gedrag zou de kerk later fataal worden. "De kerk is als een moeder," zo schreef hij, "die haar kinderen streng opvoedt en soms ook bittere medicijnen toedient." Dwang is goed noch slecht. Het gaat erom of datgene waartoe men iemand dwingt goed of slecht is.

Samenvatting

Op het hoogtepunt van zijn carrière als retor aan het keizerlijke hof laat de Noord-Afrikaanse Romein Aurelius Augustinus zich onder invloed van de Milanese bisschop Ambrosius in 387 dopen. In zijn filosofie probeert hij consequent christelijke ideeën te verenigen met het gedachtegoed uit de klassieke Oudheid en met name dat van Plato. Na zich aanvankelijk te hebben georiënteerd op het gnosticisme en het scepticisme wendt hij zich tot het neoplatonisme van Plotinus. In zijn *Bekentenissen* vertelt hij over zijn ontwikkeling tot aan het moment van zijn bekering. Dit min of meer autobiografische werk is, net als zijn tweede belangrijke boek, *De stad Gods*, ontstaan in de tijd dat hij bisschop was van Hippo. Zijn filosofische beschouwingen gaan hoofdzakelijk over God en de ziel. Hij neemt afscheid van het klassieke streven naar gelukzaligheid en gemoedsrust en ziet zijn doel aan gene zijde van het ik, namelijk in God. "U hebt ons geschapen om tot U te komen, en ons hart is rusteloos, totdat het rust vindt in U." De filosofie is alleen nuttig als middel om het geloof te verdiepen. Ware kennis is mogelijk, niet door de inspanningen van het verstand, maar door de goddelijke verlichting. "We geloven, opdat we kennen; we kennen niet, opdat we geloven." God bestaat volledig in zowel de Vader, de Zoon als de Heilige Geest. Hij geeft de mens de vrije wil, net zoals Hij dat eerder deed met Adam, die voor de zonde koos en het kwaad in de wereld bracht. Het kwaad bestaat niet als zodanig, maar is een gebrek aan het goede. De mens kan weliswaar vrij beslissen, maar uiteindelijk is het altijd God die bepaalt of hij aan het einde der tijden, bij het laatste Oordeel, wordt overgeleverd aan de verdoemenis of wordt opgenomen in de eeuwige zaligheid. De zaligen zullen dan de goddelijke staat, het koninkrijk Gods, binnengaan. Deze en de seculiere staat vormen twee principes die geen tegenhangers kennen in de menselijke geschiedenis. In de reële staat zijn ze echter nog vermengd. Ook al leidt zo'n staat niet tot de liefde voor God, hij komt in ieder geval tegemoet aan het streven van de mens naar een gemeenschap en weerhoudt hem van de ontwrichtende eigenliefde. Augustinus' meest diepzinnige ideeën gaan over de tijd, een onderwerp dat eigenlijk een ondergeschikte rol speelt binnen zijn filosofie. Zijn idee van subjectieve tijdbeleving betekent een radicale verandering ten opzichte van de opvattingen uit de klassieke Oudheid.

Invloed: Augustinus is de belangrijkste filosoof van de patristiek en de grootste denker sinds de klassieke periode van Plato en Aristoteles. Zijn betekenis voor de kerk wordt nog eens onderstreept door het feit dat hij als een van de vier kerkvaders wordt gezien van het Latijnse Westen. Het augustinisme zou tot in de twaalfde eeuw bepalend zijn voor de verdere geestelijke ontwikkelingen. De kerk van Rome heeft veel van zijn ideeën overgenomen. Sommige maken zelfs deel uit van het canonieke recht. Wel zwakte de kerk later de predestinatieleer af, aangezien de uitzichtloosheid en machteloosheid van de mens bepaald niet in zijn straatje paste. In plaats daarvan leert de kerk dat God het lot van de individuele mens niet van tevoren heeft bepaald, maar slechts kent. De hervormer Calvijn zou zich later aan Augustinus' opvatting vastklampen. En ook Luther doet in zijn rechtvaardigingsleer een beroep op hem. Met zijn verdediging van de dwang als middel om de zielenheil te waarborgen maakt Augustinus de weg vrij voor de theologische rechtvaardiging van de inquisitie door Thomas van Aquino. Het idee van een altijd geldige erfzonde werd door de kerk dankbaar overgenomen en zou eeuwenlang een stempel drukken op diens houding ten aanzien van de seksualiteit. In de Middeleeuwen beroepen talrijke kloosterordes, zoals de dominicanen en de franciscanen, zich in eerste instantie op Augustinus. Later komen ook bij Descartes augustinische ideeën voor en in de twintigste eeuw knopen behalve fenomenologen als Husserl ook de existentialisten aan bij zijn opvattingen over de innerlijkheid van de mens.

Scholastiek

Met de scholastiek begint de eigenlijke middeleeuwse filosofie. Het woord betekent letterlijk 'schoolleer'. Al in de klassieke Oudheid onderwezen de scholastici de vrije kunsten en later ook de theologie. Deze betekenis komt niet uit de lucht vallen. Zij impliceert een institutionalisering van de filosofie, die in reactie op de onrust ten tijde van de grote volksverhuizingen zich volledig terugtrok achter de muren van kloosters, domscholen en adellijke onderwijsinstellingen waar geestelijken hun opleiding genoten. Nu de dogma's tijdens concilies en in patristische geschriften waren vastgelegd en het geloof een centrale plaats had weten te bemachtigen, was het de taak van de filosofie om de christelijke leer door middel van het verstand inzichtelijk te maken, te funderen en te verklaren. De filosofie werd daarmee de 'dienstmaagd van de theologie'. Haar verbondenheid met de door de theologie voorgeschreven wereldbeschouwing is het voornaamste kenmerk van de middeleeuwse filosofie. "*Credo ut intelligam*" oftewel "ik geloof om te kennen." Deze uitspraak van de belangrijkste scholasticus uit de twaalfde eeuw, Anselmus van Canterbury, gaat terug op Augustinus en vormt de grondslag van de scholastieke methode. Volgens Thomas van Aquino moet men dan ook "op de weg van het denken de kennis volgen die het menselijke verstand over God weet op te doen." Daarbij dienen behalve de Heilige Schrift, de werken van de kerkvaders en ook de inzichten van de belangrijkste filosofen uit de klassiek Oudheid, zoals Plato en Aristoteles. Deze werden niet simpelweg overgenomen, maar aangepast aan de geloofsleer. Naast de werken van Cicero en Seneca, richtten de vroege scholastici zich vooral op Plato's dialoog *Timaeus* en de kortere logische geschriften van Aristoteles in de Latijnse vertaling van Boëthius. De grote logische werken van Aristoteles werden pas later en via een omweg langs Arabische en joodse geleerden toegankelijk gemaakt. Hun betekenis voor de scholastiek was enorm. Voor de rationele verklaring van de geloofsvragen werd in de eerste plaats gebruik gemaakt van de klassieke logica, die men in de Middeleeuwen *dialectica* noemde en die tot de zeven vrije kunsten werd gerekend. Met deze zelfde logica onderwierp men eveneens de bestaande geschriften en leerstellingen aan een bronnenkritiek. Dit gebeurde voornamelijk in de *libri sententiarum*, boeken waarin de meningen van verschillende autoriteiten over bepaalde vraagstukken werden verzameld en becommentarieerd. Later, tijdens de bloeitijd van de scholastiek, werden hiervoor ook de zogenaamde *summae* gebruikt, verhandelingen over afzonderlijke terreinen van de wetenschap. Daarnaast bediende men zich van commentaren op het werk van verschillende auteurs en dan met name Aristoteles. De eigenlijke scholastieke methode van de *pro et contra* ('voor en tegen') en de *sic et non* ('ja en nee') werd toegepast in de *sententiae*. Door middel van discussie over tegengestelde opvattingen probeerde men daarbij waar mogelijk een oplossing te zoeken waar iedereen zich in kon vinden.

Al met al waren de scholastici dus geïnteresseerd in een synthese van geloof en kennis en ging het hun zeker niet om een onafhankelijke verklaring van de wereld. Nu was het ook moeilijk om aan de christelijke ideeën te tornen, wilde men niet beschuldigd worden van ketterij. Om die reden waren ook de mogelijkheden op het gebied van de ethiek beperkt. Het menselijke geluk lag in Gods handen en Hem gehoorzamen betekende in feite het verrichten van goede daden. Het hoogste doel voor de mens, zowel hier op aarde als in het hiernamaals, was de innerlijke waarneming van de Heer. De wijsgeren waren op het punt van de ethiek eveneens met handen en voeten gebonden aan de maatschappij. Zoals Augustinus het reeds had verkondigd, moest de aardse staat de mens voorbereiden op de goddelijke staat en daarvan ook zo veel mogelijk een afspiegeling zijn. De indeling in standen en het feodale stelsel met de koning of keizer als wereldse en de paus als geestelijke leider waren eigenlijk niet meer dan een uitvloeisel hiervan. Maar ondanks alle gemeenschappelijke kenmerken was er in die zeven eeuwen toch ook sprake van belangrijke verschillen binnen de scholastiek. Om dit inzichtelijk te maken, hanteert men doorgaans een onderverdeling in de vroege scholastiek (vanaf circa de achtste tot de elfde eeuw), de hoogscholastiek (twaalfde en dertiende eeuw) en laatscholastiek (veertiende en vijftiende eeuw).

Vroege scholastiek

Pas in de achtste eeuw was de onrust als gevolg van de val van het West-Romeinse Rijk en de grote volksverhuizingen in Europa in zoverre verdwenen dat men weer de gelegenheid had om de verloren gewaande cultuur van de klassieke Oudheid nieuw leven in te blazen. De eerste, Karolingische renaissance, genoemd naar het vorstenhuis van Karel de Grote, zorgde ervoor dat de bestaande erfenis voor het nageslacht werd veiliggesteld. Voor de filosofie betekende dat het opheffen van tegenstellingen, waardoor de basis kon worden gelegd voor de scholastiek. Als koning van de Franken, keizer van het Romeinen en de machtigste vorst van het Westen, trok Karel de Grote kunstenaars en wetenschappers uit alle delen van zijn rijk alsook uit Ierland, Engeland en het Middellandse-Zeegebied naar zijn hof. Onder hen bevonden zich eveneens filosofen. Daarmee schoof het geografische zwaartepunt van de wetenschap op naar het noorden, naar het gebied tussen de Loire en de Weser. Er was volop beweging en Latijn vormde de gemeenschappelijke taal van de ontwikkelde klasse. Zoals in de hele Middeleeuwen deed de mens achter de dingen er veel minder toe. Het werk stond centraal in plaats van zijn schepper. Een vroege uitzondering hierop was Johannes Scotus Eri(u)gena. In tegenstelling tot de meeste scholastici was deze Ierse geleerde uit de negende eeuw geen geestelijke. Behalve het bewaren van de klassieke en patristische overlevering, slaagde hij erin een eigen gedachtegoed te ontwikkelen. Met het verval van de Karolingische dynastie en de opkomst van twee nieuwe rijken, die van de West-Franken (het latere Frankrijk) en de Oost-Franken (het latere Duitsland), verdwenen alras de pas hernieuwde structuren. De duistere eeuw die aantrad, legde ook een sluier op het culturele leven. De filosofie werd voor lange tijd als een duivelse activiteit verworpen.

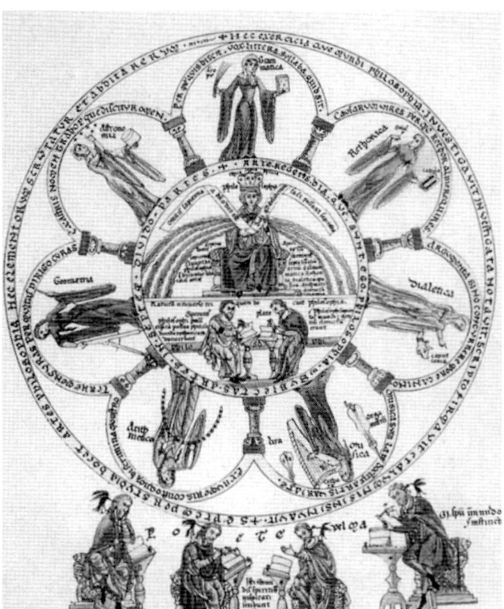

Het getal zeven had voor christenen een bijzonder symbolische betekenis. Het kwam dus goed uit dat de aan de klassieke Oudheid ontleende basisstudie voor filosofen bestond uit de – hier allegorisch weergegeven – zeven vrije kunsten.

Aan het einde van de elfde eeuw begint een periode van politieke en economische stabilisering als gevolg van de verdergaande verstedelijking en niet in de laatste plaats ook door een klimaatsverandering en de steeds grotere oogsten. Het is de tijd dat de uit Piëmonte afkomstige Anselmus niet alleen opklimt tot aartsbisschop van Canterbury, maar ook in zijn sterk door Augustinus' platonisme geïnspireerde werken het bestaan van God weet te bewijzen. Daarbij dient overigens wel te worden opgemerkt dat dit bewijs het geloof veronderstelt evenals het realisme van Plato's ideeën. Om dit laatste gaat ook de belangrijkste filosofische controverse van de Middeleeuwen, de zogenaamde universaliënstrijd. Deze grijpt terug op een commentaar van Boëthius naar aanleiding van een inleidend werk van de neoplatonist Porphyrius over Aristoteles' categorieënleer. De vraag daarbij was of het algemene (*universalia* in het Latijn), dat wil zeggen Plato's ideeën en Aristoteles' geslachten en soorten, een eigen realiteit heeft of dat het slechts om namen of woorden handelt. De eerste variant werd uitgedragen door denkers als Anselmus en Willem van Champeaux (1070-1121), die als vertegenwoordiger van de zogenaamde realisten het verste ging door te beweren dat alleen het algemene overeenstemt met een reële substantie. In de uitspraak 'Socrates is een mens' is alleen de 'mens-heid' werkelijk en de 'socraticiteit', het Socrates zijn, een bijkomstigheid of, om met Aristoteles te spreken, iets accidenteels. Ook al zouden er geen mensen bestaan, dan zou er nog altijd mens-heid zijn. Met deze opvatting kon ook de erfzonde goed worden beredeneerd. Door het eten van de appel belastte Adam de mens-heid met de zonde. Aangezien iedereen die tot de mens-heid hoort daarin deelt, is ieder mens dus zondig.

Een geheel tegenovergestelde positie nam de nominalist Jan Roscelinnus van Compiègne (circa 1050-1120/1125) in. Voor hem bestond al het werkelijke slechts uit individuele en afzonderlijke dingen Hij zag de ideeën louter als door de mens gemaakte begrippen, als fonetische verschijnselen en namen (*nomen* in het Latijn). Om die reden werd hij in 1092 door de synode veroordeeld en gedwongen om zijn standpunten te herroepen. Als alles namelijk alleen uit afzonderlijke dingen bestond, dan zou dat ook moeten gelden voor de Drie-eenheid. Dit zou betekenen dat er drie goden zouden bestaan, iets wat in de ogen van de kerk natuurlijk onaanvaardbaar was. Pierre Abélard, een leerling van zowel Willem van Champeaux als Roscelinnus, vond een compromis voor de strijd tussen de realisten en nominalisten, die in de hoogscholastiek (voorlopig) een einde nam.

JOHANNES SCOTUS ERI(U)GENA *(circa 810 in Ierland – na 877 in Frankrijk of Engeland)*

De naam van deze eerste belangrijke filosoof van de scholastiek is afgeleid van het Latijnse *Scotia maior* en het Keltische *eria* oftewel Ierland. Rond 850 werd hij aangesteld aan de Parijse hofschool van keizer Karel de Kale, de in West-Frankenland heersende kleinzoon van Karel de Grote. Hij doceerde daar de *artes liberales* ('vrije kunsten'). Daarnaast vertaalde hij de geschriften van kerkvader Gregorius van Nyssa en de pseudo-Dionysius Areopagita in het Latijn. Vooral het neoplatonische gedachtegoed van deze laatste oefende een grote invloed op hem uit. Scotus' vervulde de rol van adviseur in de controverse tussen de aartsbisschop van Reims en de monnik Gottschalk over predestinatie. Met behulp van de logica wilde hij waarheid en dwaling van elkaar onderscheiden, iets wat in die tijd nog als godslastering werd beschouwd. Het gevolg was dan ook dat niet alleen zijn uiteindelijke advies, maar ook zijn belangrijkste werk, het in dialoogvorm opgetekende *De divisone naturae* (*Over de indeling van de natuur*), door de kerk werd verboden. Hierin zet hij op geheel neoplatonische wijze uiteen dat het wereldgebeuren een kringloop is dat van God uitgaat en naar Hem terugkeert. Het niet-geschapene maar scheppende zijnde is God. Uit Hem komt al het geschapene en het zelfscheppende, de goddelijke gedachten, de ideeën van Plato, voort. Zij zijn de oorsprong van al het zijnde in de wereld, van de geschapen en niet-scheppende natuur, en van de afzonderlijke dingen. Hun doel is als niet-geschapen en niet-scheppende natuur terug te keren naar God. God is, geheel volgens de neoplatonische traditie, niet onmiddellijk kenbaar. Alles wat men over Hem zou kunnen zeggen, zou namelijk ook een overeenkomstige tegenstelling veronderstellen. Als God bijvoorbeeld goed is, dan betekent dat ook dat het kwaad bestaat. Hij is daarom alleen te kennen door middel van zijn schepping, waarin Hij zichzelf verwezenlijkt heeft.

Doordat de kerk hem in zijn latere leven veroordeelde, had Scotus tot aan de Verlichting nauwelijks enige invloed. Schopenhauer schrijft over hem: "Deze bewonderenswaardige man verschaft ons een blik in de interessante strijd tussen een zelfstandig ontdekte waarheid en plaatselijke, door vroege inprenting bepaalde en boven alle twijfel of ten minste boven alle kritiek verheven dogma's."

Anselmus van Canterbury *(1034 in Aosta – 21 april 1109 in Canterbury)*

"*Credo ut intelligam*" ("ik geloof om te kennen"), dit beroemde citaat is afkomstig van de in het Italiaanse Aosta geboren Anselmus van Canterbury. Hij was een leerling van Lanfranc, die hij eerst als prior van een Normandisch benedictijnenklooster en in 1093 ook als aartsbisschop van Canterbury opvolgde. Hij leefde in een tijd waarin de strijd tussen de kerkelijke en wereldlijke macht zich verscherpte. In 1077 moest koning Hendrik IV in Canossa de paus om vergiffenis vragen en ook Anselmus zelf werd vanwege de Engelse investituurstrijd tweemaal door de koning verbannen. Aan de andere kant begonnen de rationele wetenschappen als gevolg van de verspreiding van de islam en het zich consoliderende jodendom steeds meer door te dringen op de christelijke scholen. Het reeds in Anselmus' motto "*Fides quaerens intellectum*" ("Het geloof dat naar inzicht zoekt") uitgedrukte streven naar de verzoening van theologie en filosofie hangt hier nauw mee samen.

In zijn werk baseert hij zich vooral op Augustinus en Boëthius alsook op de leer van Lanfranc, die beroemd is geworden vanwege de Avondmaalstrijd. Het meningsverschil spitste zich daarbij toe op de vraag of de verandering (transsubstantiatie) van brood en wijn realistisch of symbolisch moet worden opgevat en, in algemene zin, of de principes van het geloof met behulp van de logica kunnen worden verklaard. Met andere woorden, zijn geloof en kennis met elkaar in harmonie te brengen? Anselmus' opvatting over dit fundamentele probleem kenmerkt zich door zijn godsvertrouwen. Daarin vindt hij de bevestiging om rationele gronden te zoeken die het bestaan van God bewijzen. Want uiteindelijk is het verstand van God afkomstig. In zijn in 1076 verschenen debuut *Monologion* (*Alleenspraak*) bewandelt hij de platonische weg door te stellen dat al het zijnde het bestaan van een absoluut zijn veronderstelt waaraan het deel heeft. En als er relatief ware, mooie en goede dingen zijn, dan impliceert dat eveneens het bestaan van een absoluut ware, een absoluut mooie en een absoluut goede. Dat absolute moet God zijn.

Zeer omstreden was (en is dat eigenlijk nog steeds) Anselmus' bewijsvoering in zijn tweede boek, *Proslogion* (*Aansprèking*), dat ten tijde van zijn benoeming tot abt (1078) is geschreven. Volgens zijn biograaf was hij in een ernstige strijd verwikkeld met zichzelf – en de duivel – voordat hij het beroemdste godsbewijs uit de geschiedenis noteerde. Hiermee geeft hij een ontologische fundering van God, vanuit het begrip God. In het kort komt het op het volgende neer: heeft men een begrip van een bepaalde zaak, dan moet die zaak ook bestaan. Voor een realist (met betrekking tot de universaliënstrijd) is dit een heldere manier van denken. Voluit klinkt het bewijs als volgt: voor ieder mens is God datgene groter dan hetwelk niets kan worden gedacht. Zou God alleen in de geest aanwezig zijn, dan is er toch nog iets groters denkbaar, namelijk de God die werkelijk bestaat. Daarom is het onweerlegbaar dat God niet als niet-bestaand gedacht kan worden. Hij kan niet slechts in de geest aanwezig zijn, maar moet bestaan en groter zijn dan alles wat denkbaar is.

Aangezien iedereen deel heeft aan de logica, ligt het voor de hand dat zelfs voor een ongelovige moslim of jood de God van de christenen bestaat en superieur is aan alle anderen. Een monnik en tijdgenoot van Anselmus suggereerde echter al dat op deze wijze het bestaan van alles wat het voorstellingsvermogen te boven gaat, kan worden bewezen, dus ook sprookjesfiguren of het eiland Atlantis. Anselmus was zich ervan bewust dat hij met zijn bewijs iets nieuws had geschapen, iets wat de klassieke Oudheid niet kende en iets wat zijn vakgenoten nog eeuwenlang zou bezighouden, van de hoogscholastiek van Duns Scotus en Thomas van Aquino tot Descartes, Spinoza, Leibniz en Hegel. Het ontologische godsbewijs wekte, zoals Kant het noemde, veel reacties op, die echter niet altijd even positief waren. “De zo beroemde ontologische bewijzen van Gods bestaan op basis van het denken zijn vergeefse moeite en een mens wordt van louter ideeën net zo min rijk aan inzichten als een koopman aan vermogen wanneer hij aan zijn kassaldo enkele nullen zou toevoegen om zijn economische situatie te verbeteren,” aldus Kant.

Wie een indruk wil hebben van de Middeleeuwse filosofie, maar zich slechts op één denker wil richten, kan het beste het werk van Anselmus bestuderen. Aan hem, die door de kerk heilig werd verklaard, komt de eretitel 'vader van de scholastiek' toe.

Pierre Abélard *(1079 in Le Pallet bij Nantes – 21 april 1142 in het klooster St.-Marcel bij Châlon-sur-Saône)*

Petrus Abaelardus, zoals zijn naam in het Latijn luidt, is de tragische held uit de middeleeuwse filosofie, althans in de voorstelling van de negentiende-eeuwse Romantiek. Dit heeft niet zozeer te maken met zijn werk, als wel met zijn biografie, waar geen roman tegenop kan. Als telg uit een Bretons adellijk geslacht volgde hij theologie- en filosofieonderricht bij de toonaangevende Franse leermeesters van zijn tijd. Hij woonde colleges bij van uiteenlopende denkers als de nominalist Roscelinnus en de realist Willem van Champeaux. Al in 1113 kreeg hij als docent logica, 'de leidster van de filosofie en wetenschap', zo veel toehoorders dat hij in Parijs zijn eigen school stichtte.

De strijdvaardige Abélard, die meerdere malen scherp werd aangevallen, stierf onderweg naar Rome, waar hij zijn werk wilde verdedigen.

Het werk van Abélard is doortrokken van het platonische gedachtegoed. Gods wijsheid wordt gezien als de wereldziel die in principe van invloed is op alle mensen, dus ook niet-christenen. Deze gedachte stuitte op fel verzet van Bernard van Clairvaux (1090-1153), de grondlegger van de middeleeuwse mystiek. Toch gaat het hier om een welhaast moderne opvatting. De invloed ervan strekt zich uit tot Gotthold Ephraim Lessings *Nathan der Weise* (*Nathan de wijze*).

Abélard en Héloïse

Een van Abélards leerlingen was Héloïse (1101-1164), die bij hem thuis lessen volgde. Binnen afzienbare tijd ontstond er een liefdesrelatie tussen de zestienjarige leerlinge en haar 22 jaar oudere docent. Toen zij echter in verwachting raakte, verbood haar oom, de kanunnik Fulbert, de verdere omgang met Abélard. Hij ging zelfs zover dat hij hem tijdens een nachtelijke overval liet castreren. Abélard schrijft daarover in zijn *Historia calamitatum mearum (De geschiedenis van mijn lijden)*. Fulbert stuurde zijn nichtje na de bevalling naar een klooster, waarvan zij later de abdis zou worden. Van daaruit ontstond er een briefwisseling met Abélard, die eveneens het klooster was ingegaan. Over de authenticiteit van deze correspondentie bestaat geen enkele twijfel. De brieven handelen niet alleen over de liefde, maar gaan, voor zover Héloïse betreft, ook over filosofische kwesties. Dit historische materiaal was vooral in de negentiende eeuw een geliefd literair onderwerp. Het is ook in die tijd dat beiden na al die jaren een gemeenschappelijk graf kregen op de Parijse begraafplaats Père Lachaise. Zo zijn ze in ieder geval in de dood verenigd.

De grote tijd brak voor Abélard pas aan met de Romantiek. Zo stelde men hem zich zevenhonderd jaar na zijn dood voor.

De eigenlijke betekenis van Abélard betreft echter het terrein van de kennistheorie. Zelf merkte hij hierover op: "Ik hield mij eerst bezig met het begrijpelijk maken van het fundament van ons geloof op menselijke, verstandelijke gronden. Met dat doel voor ogen schreef ik voor mijn leerlingen die behoefte hadden aan verstandelijke, wetenschappelijke gronden en die niet slechts woorden wilden horen, maar er ook iets bij wilden denken *Over de goddelijke eenheid en drie-eenheid*. Zij waren van mening dat het nutteloos was veel woorden te gebruiken waarbij niets gedacht kon worden; dat men niets kon geloven wat men tevoren niet had begrepen en dat het belachelijk was indien iemand wilde prediken wat noch hijzelf, noch zijn toehoorders met het verstand konden vatten; dat dit veeleer de 'blinde leiders van de blinden' waren, waarvan de Heer spreekt."

In zijn invloedrijke werk *Sic et non* (*Ja en nee*) laat hij aan de hand van 156 vraagstukken zien dat teksten niet blindelings dienen te worden aanvaard, zelfs niet als ze van erkende autoriteiten afkomstig zijn. Het is zaak om eerst de echtheid en authenticiteit vast te stellen. Deze letterlijk scholastieke methode houdt evenwel niet op bij de controle. Teksten moeten waar nodig van latere toevoegingen worden ontdaan en hun betekenis dient kritisch te worden bekeken. Deze wijze van omgaan met geloofskwesties leidde uiteindelijk tot het ontstaan van de theologie, een nieuwe wetenschap die is vernoemd naar Abélards belangrijkste boek, *Theologica*.

Daarnaast vond Abélard in het zogeheten conceptualisme een oplossing voor de universaliënstrijd. De universalia, het algemene, zijn niet existent buiten de dingen en staan daar evenmin boven, zoals in Plato's ideeënleer. Ook zijn ze niet als een wezenlijk onderdeel in de dingen aanwezig, zoals in Aristoteles' categorieënleer. En het zijn ook niet louter namen. Integendeel, ze ontstaan naar de dingen, op basis van een vergelijkende abstractie. De overeenkomst binnen een groep dingen brengt in de waarnemer een begrip (*conceptus* in het Latijn) teweeg, bijvoorbeeld mens-heid bij het zien van een aantal mensen. Het gaat hier niet om iets wat reëel bestaat, maar als een woord met betekenis dat met betrekking tot het overeenkomstige binnen de groep kan worden uitgesproken.

Dergelijke gedachten komen ietwat abstract over en ook de hele universaliënstrijd maakt wellicht een stoffige indruk. Dit geldt niet voor een ander vraagstuk waar Abélard zich mee bezighield. Net als bij de verklaring van geschriften staat ook bij de ethiek, de beoordeling van goed en kwaad, de individuele persoonlijkheid voorop. Bij de daden van anderen kijkt Abélard naar de achterliggende bedoelingen en vraagt hij naar de beweegredenen alvorens zijn oordeel te vellen. Alleen als de mens tegen zijn geweten in handelt, handelt hij in ethisch en religieus opzicht immoreel. Al met al is dit een buitengewoon moderne benadering. Desondanks is twijfel aan de fundamentele ethische geboden van de kerk natuurlijk niet toegestaan.

Hoogscholastiek

Net als voor alle andere tijdperken in de filosofie is er ook voor het begin van de hoogscholastiek geen precieze datum aan te wijzen. Eigenlijk kan men twee ontwikkelingen onderscheiden. In de eerste plaats is er de ontsluiting van het filosofische systeem van Aristoteles, wiens geschriften over fysica en metafysica tot dan toe onbekend waren. In de tweede plaats zijn er de hoge scholen en universiteiten die zich steeds meer los gaan maken van de kerk. De kennis van de scholastici over de filosofie van de klassieke Oudheid was tot het begin van de twaalfde eeuw zeer beperkt, aangezien maar weinig bronnen in het Latijn waren vertaald. Het contact met de Arabische en joodse cultuur in Spanje en het Nabije Oosten ten tijde van de kruistochten (1095-1270) gaf een impuls aan de receptie van de antieke cultuur. Vooral in Constantinopel en Toledo werden de geschriften van Aristoteles uit het Arabisch en eveneens direct uit het Grieks vertaald. Ook Arabische filosofen en meerdere werken van Plato, van wie slechts vier dialogen bekend waren, werden in deze tijd voor het eerst via het Latijn toegankelijk gemaakt. De kerk was uiterst kritisch over de 'nieuwe oude kennis', die men buiten de theologie en de door de geestelijkheid gecontroleerde scholen om wilde opdoen. Er was een groeiende behoefte aan een gescheiden organisatie. De artes-faculteit, die zich in het kader van de zeven vrije kunsten bezighield met filosofie, maakte zich dan ook los. De nieuwe onderwijsinstellingen, de universiteiten, slaagden er min of meer in om de wereldse en kerkelijke bemoeienissen van zich af te schudden.

In ongeveer dezelfde tijd, begin dertiende eeuw, ontstonden de twee grote kloosterordes, de dominicanen en de franciscanen. Beide hechtten veel waarde aan de geestelijke vorming van hun monniken. Deze moesten de ketterij bestrijden en het christelijke ideaal nieuw leven inblazen (de inquisitie kwam grotendeels in handen van de dominicanen). Daarvoor was het absoluut noodzakelijk dat men zich ook op buiten- en antikerkelijke argumenten ging richten.

De belangstelling voor de herontdekte Aristoteles, die meestal 'de filosoof' werd genoemd, was bepaald niet zonder gevolgen. Er was een groep die hem volledig van de hand wees, maar die wel verkondigde dat de ziel de vorm van het sterfelijke lichaam is en God de onbewogen beweger. Deze groep won aanvankelijk terrein en wist zelfs een onderwijsverbod te bewerkstelligen, die al snel weer werd opgeheven en in de eeuw erna in het tegendeel uitmondde. De studie van Aristoteles, 'Christus' voorganger in wereldse aangelegenheden', zoals de kerk hem op een gegeven moment noemde, werd een voorwaarde voor het toekennen van de magistertitel. Een andere groep, de averroïsten rondom Siger van Brabant (1240-1282), nam zijn ideeën zo onvoorwaardelijk over dat ze in conflict dreigden te komen met de christelijke dogma's. Deze naar de islamitische filosoof Averroës genoemde denkers gingen, net als hun Arabische inspirator, uit van een dubbele waarheid, een theologische en een geheel daarvan losstaande filosofische. Hun leer werd uiteindelijk door de kerk veroordeeld. De derde en vierde groep probeerde de peripatetici en de kerkelijke leer, Aristoteles en Augustinus, met elkaar te verenigen. Daarbij neigden de franciscanen en hun belangrijkste vertegenwoordiger Bonaventura meer naar Augustinus en de dominicanen met Albertus Magnus en diens leerling Thomas van Aquino meer naar Aristoteles. Beide geloofden in filosofische kennis die onafhankelijk is van de openbaring, maar die de dogma's niet hoeft te weerspreken. Daarmee formuleerden zij het nog altijd officiële filosofische systeem van de katholieke kerk.

BONAVENTURA *(1217/1221 in Bagnoreggio/Toscane – 15 juli 1274 in Lyon)*

Giovanni di Fidanza oftewel Bonaventura trad na zijn studie in Parijs toe tot de franciscanenorde. Voordat hij in 1273 kardinaal-bisschop werd van Albano, was hij al vanaf 1257 als magister en vervolgens als prior verbonden aan zijn opleidingsinstituut. Hij stierf tijdens het tweede concilie van Lyon. Tweehonderd jaar later werd hij heilig verklaard en in 1588 tot kerkvader uitgeroepen.

Als vertegenwoordiger van de hoogscholastiek maakte Bonaventura in zijn werk gebruik van Aristoteles' ideeën. Net als de hele wetenschap kwamen deze hem echter

Universiteit

Universiteiten ontstonden in de twaalfde eeuw als verenigingen van geleerden *(magistri)* en leerlingen *(scholares)*, de zogenaamde *universitates*. Het instituut zelf heette lange tijd *studium*. In de meeste gevallen ging het om afscheidingen van domscholen met een eigen bestuur. De eerste universiteit werd in Bologna (1088) gesticht, daarna volgden onder meer Parijs (circa 1150) en Oxford (1167). De diverse takken van de wetenschap werden aan verschillende faculteiten onderwezen. Hiertoe behoorden de theologische, de juridische en de medische faculteit alsook die van de artes liberales. Deze laatste dankt haar naam aan de zeven vrije kunsten, die op hun beurt uit het trivium grammatica, retorica en dialectiek (de middeleeuwse benaming voor de logica) en het quadrivium aritmetica, geometrie, astronomie en muziek bestonden. In de achttiende eeuw is daaruit de filosofische faculteit voortgekomen.

alleen van pas wanneer ze de vereniging met God tot doel hadden en dus in dienst stonden van de theologie. Evenals zijn leermeester Alexander van Hales (circa 1185-1245), de tweede belangrijke franciscaner filosoof, richt hij zich met zijn veronderstelling, dat de voor-beelden van al het afzonderlijke als ideeën in God zijn, vooral op Augustinus en het neoplatonisme. Van God valt alleen maar iets rationeels te begrijpen, doordat de menselijke geest vanaf de geboorte door Hem is verlicht. Dit licht beantwoordt aan het actieve verstand van de mens dat tot abstractie in staat is. Hiermee ordent hij datgene wat hij zintuiglijk waarneemt. Kennis begint altijd met de waarneming van het bijzondere. De zintuiglijk waarneembare wereld krijgt daarmee een betekenis die Plato en Augustinus, in tegenstelling tot Aristoteles, niet onderkenden. Dankzij de synthese van de twee grote Griekse denkers en Augustinus komt Bonaventura tot een mystieke eenheid met God via de stadia zintuiglijke waarneming, verbeeldingskracht, begrip, rede en verlichting. Dit voor de franciscaner hoogscholastiek zo kenmerkende thema staat centraal in zijn beroemdste werk, *Itinerarium mentis in Deum* (*Bedevaart van de geest naar God*).

Albertus Magnus *(1193 of 1207 in Lauingen an der Donau – 15 november 1280 in Keulen)*

Albert van Lauingen, die reeds in de veertiende eeuw als enige middeleeuwse geleerde de bijnaam *Magnus* ('de Grote') kreeg en in 1931 heilig werd verklaard, trad nog tijdens zijn studie vrije kunsten in Padua toe tot de in 1216 opgerichte dominicaner orde. Hij studeerde aan verschillende opleidingsinstituten van het klooster en aan de befaamde universiteit van Parijs. Zijn kennis stelde hem in staat om in 1248 in Keulen de eerste dominicaner hogeschool te openen. Jarenlang was hij gedwongen om de wetenschap opzij te zetten vanwege zijn werkzaamheden als hoofd van de kloosterprovincie Teutonia, als verdediger van de pauselijke bedelorden, als bisschop van Regensburg (1260-1262) en als gezant van de paus. Pas vanaf 1264 kon hij, aanvankelijk in Würzburg en vervolgens in Straatsburg en Keulen, zich wijden aan zijn interesses en zijn omvangrijke oeuvre verder uitbreiden, zonder dit overigens ooit te voltooien. Vanwege het brede spectrum aan onderwerpen dat hij behandelde – hij was de eerste die zich sinds de klassieke Oudheid bezighield met de natuurwetenschappen, in het bijzonder de zoölogie, botanica en scheikunde – werd hij wel *doctor universalis* genoemd. Het veelal bijgelovige volk meende in hem een tovenaar te zien die in het bezit was van de steen der wijzen.

Albertus was in alle opzichten een verzamelaar, een verzamelaar van geleerdheid. Als eerste ontsloot hij voor het christelijke cultuurgebied het volledige werk van Aristoteles, met inbegrip van de joodse en Arabische commentaren. Toch bestonden zijn bezigheden niet alleen uit verzamelen, maar ook uit het ordenen van het materiaal en het toevoegen van eigen observaties. Niet de theorie, maar de herhaalde waarneming en vooral de waardering daarvan brachten hem ertoe om "te onderzoeken wat op het gebied van de natuur door natuureigen krachten op natuurlijke wijze allemaal mogelijk is." Daar komt bij dat hij in zijn werken de originele teksten vermengde met zijn eigen toelichtingen, want "... we moeten openstaan voor de mogelijke twijfels, juist om ze te kunnen wegnemen en ook proberen de leemtes in de beschrijving van Aristoteles, die voor velen het begrip van zijn werk bemoeilijken, op te vullen." Voor Albertus is diens leer in principe verbonden met die van de kerk, ook al is de ultieme waarheid slechts te ervaren via de openbaring en het geloof. De Drievuldigheid en menswording van God gaan het verstandelijke te boven. Maar aangezien deze christelijke dogma's net zo goed van God afkomstig zijn als de rede, is er geen sprake van een conflict. Filosofie en theologie kunnen naast en met elkaar leven.

Na 'Albert de Grote' kon geen scholasticus meer om Aristoteles heen. Door zijn toedoen heeft het Westen kennis gemaakt met en inzicht verworven in diverse Griekse en Arabische filosofen. Hierin ligt, evenals in zijn ontdekking van de natuur als onderzoeksobject en zijn rol als leermeester van Thomas van Aquino, die de scholastiek tot een hoogtepunt bracht, de betekenis van deze heilige filosoof.

Thomas van Aquino *(1224 of 1225 in Roccasecca bij Aquino – 7 maart 1274 in het klooster Fossanuova)*

Leven: Thomas werd geboren op een kasteel in de buurt van Napels, dat in die tijd nog toebehoorde aan de Hohenstaufen. Zijn familie was verwant met dit keizerlijke geslacht. Hij groeide op bij de benedictijnen in het nabijgelegen Monte Casino. Vervolgens studeerde hij vrije kunsten in Napels. Hij was nog een dominicaner monnik, toen zijn orde hem naar de universiteit van Parijs stuurde, waar hij een leerling werd van Albertus Magnus. Hij volgde zijn leermeester naar Keulen en gaf aansluitend colleges in Parijs. Vanaf 1256 was hij drie jaar lang magister in de theologie, net als zijn vriend Bonaventura. Voor zijn orde was hij tien jaar lang werkzaam in Rome en aan het pauselijke hof in Orvieto, waar hij Willem van Moerbecke leerde kennen en waarderen. Deze ordegenoot had veel Griekse filosofen, en in het bijzonder het werk van Aristoteles, rechtstreeks in het Latijn vertaald. Vanwege zijn reputatie werd Thomas nogmaals in de gelegenheid gesteld om drie jaar college te geven in Parijs. Dit was iets zeer uitzonderlijks, aangezien dergelijke functies zeer gewild waren en voortdurend aanleiding gaven tot frictie tussen de seculiere en reguliere geestelijken.

De laatste jaren van zijn leven was hij nauw betrokken bij de bouw van een dominicaner hogeschool in Napels. Hij overleed onverwacht tijdens zijn reis naar het tweede concilie van Lyon in het tussen Napels en Rome gelegen klooster Fossanuo-

Dat het realisme geen rol van betekenis meer speelde, blijkt wel uit de verhouding tussen de (geestelijke) reus Thomas van Aquino en de dwerg Averroës.

va. De vermoeienissen van de vaak lange tochten, die zonder uitzondering te voet werden afgelegd, en zijn overgewicht – Thomas' lichaamsomvang was een geliefd onderwerp van allerlei verhalen – waren ongetwijfeld debet aan zijn relatief vroege dood.

Werk: Thomas' belangrijkste werken dateren uit de periode tussen 1252 en 6 december 1273. Sinds die dag kon hij, zoals hij het zelf formuleerde, niet meer verder werken, omdat alles wat hij had geschreven niet meer was dan kaf. In deze twintig jaar ontstonden er allerlei geschriften over uiteenlopende onderwerpen. Een echt classificatiesysteem bestaat er niet, maar toch kan men dit werk als volgt indelen:

1. Theologische syntheses. Deze behandelen een bepaalde terrein van kennis. Hiertoe behoren zijn drie belangrijkste werken, het commentaar *Scriptum super libros sententiarum* (*Geschrift over de sententiënboeken*), de *Summa contra gentiles* (*Summa tegen de heidenen*) en de *Summa theologiciae* (*Summa van de theologie*). Zijn commentaren komen voort uit de colleges die hij als baccalaureus (de graad voorafgaand aan magister) aan de universiteit van Parijs gaf. Het gaat hier om een verhandeling over de voornaamste leerstellingen van het christendom uit de *Sententiënboeken* van Petrus Lombardus. De vier boeken van de *Summa tegen de heidenen* zijn voornamelijk gericht tegen de Arabieren en zijn geschreven in het kader van het dominicaner missiewerk. Alle vier behandelen afzonderlijk de christelijke waarheden die voor het denken toegankelijk zijn en die uit de openbaring voortvloeien, zoals de Drie-eenheid van God, zijn menswording, de verlossing en de schepping van de wereld. Het meest geniale van de drie hoofdwerken is toch de *Summa van de theologie.* Dit onvoltooide boek was oorspronkelijk bedoeld als inleiding voor eerstejaarsstudenten theologie. De thema's zijn onder meer God, het willen en handelen van de mens, de verlossing en de sacramenten.

2. Wetenschappelijke twisten. In totaal zijn er 63 protocollen bewaard gebleven van academische disputen over steeds weer een ander actueel onderwerp. Ze werden voor

lesdoeleinden door magisters opgetekend. De belangrijkste zijn verzameld in een aantal reeksen met titels als *De veritate* (*Over de waarheid*), *De potentia* (*Over de macht*), *De malo* (*Over het kwaad*) en *De anima* (*Over de ziel*). Tot deze groep behoren eveneens de twaalf samenvattingen van disputen over uiteenlopende vragen van een gehoor bestaande uit leden van de universiteit. Tweemaal per jaar hield iedere magister dergelijke halfopenbare vragenuren die *De quodlibet* werden genoemd.

3. Commentaren. Van belang voor Thomas' filosofie zijn de twaalf commentaren op het werk van Aristoteles. Logica, metafysica, fysica en ethiek zijn de gebieden die onder meer aan bod komen. Daarnaast zijn er de commentaren op het werk van Boëthius, de pseudo-Dionysius Areopagita, Proclus en de Heilige Schrift.

4. Kleine werkjes. Diverse verhandelingen, verslagen, brieven, preken en teksten over het ordewezen. De belangrijkste zijn het polemische artikel *De unitate intellectus contra Averroistas* (*Over de eenheid van het intellect tegen de averroïsten*), waarin hij de Latijnse averroïsten veroordeelt vanwege hun veronderstelling dat er twee waarheden bestaan, een filosofische en een theologische, en dat de wereld eeuwig is en de individuele ziel niet onsterfelijk. Daarnaast is er het traktaat *De ente et essentia* (*Over het zijn en het wezen*). Hierin zet hij de grondslagen van zijn filosofie uiteen.

Leer: Thomas van Aquino zag Aristoteles als dé autoriteit op het gebied van filosofische vraagstukken. Zijn waardering had niets te maken met de populariteit die de Griekse wijsgeer in de dertiende eeuw genoot. Voor Thomas was diens leer simpelweg de juiste. Hij was boven alles een theoloog die geloofde in de aardsheid van de voor hem nog geocentrische wereld. Daarom koos hij bewust voor Aristoteles en tegen het neoplatonisme, ook al bleven bepaalde elementen uit deze denkrichting bewaard. Geloof en kennis kunnen elkaar niet tegenspreken, want beide komen van God. De waarheid van het geloof is alleen volmaakter dan die van het verstand. "Het geloof veronderstelt de natuurlijke kennis, zoals de genade de natuur en de volmaaktheid het te volmaken object." Daarom moet een theoloog ook een filosoof zijn. Het is beter om beide niet te kruisen en ook dient een directe invloed van de theologie op de filosofie te worden vermeden. De eerste stelt slechts vast welke problemen er zijn. Het

Theologie
Plato en Aristoteles gebruikten het begrip 'de leer van God' al voor de mythische traditie van de Grieken. In het christendom kwam het aan het eind van de klassieke Oudheid in zwang. Pas tijdens de hoogscholastiek (rond 1200) krijgt 'theologie' de nog steeds bestaande betekenis van wetenschap over God en de christelijke traditie.

belangrijkste onderdeel van de filosofie is de metafysica, want zij maakt het mogelijk om kennis te verklaren en God en de ziel te kennen.

Kennistheorie: Thomas is net als Aristoteles van mening dat ware kennis mogelijk is, dat de werkelijkheid bestaat en dat die niet alleen een voortbrengsel is van de mens. Daarnaast is er volgens hem echter ook een bovennatuurlijke werkelijkheid die slechts door het geloof kan worden ervaren, maar die niet in strijd is met het verstand. Integendeel, ook voor het menselijke verstand is het mogelijk om iets over het bestaan van God te ervaren. Maar dan moet er wel diep worden nagedacht. Niet iedereen slaagt daarin als gevolg van traagheid, onvermogen of het aanwenden van energie voor andere dingen. De precieze wijze waarop kennis ontstaat, is als volgt: de perceptie van de werkelijkheid via de zintuigen, de ervaring, wekt waarnemingsbeelden in de mensen op, die vervolgens door het verstand, door een verwezenlijking van de menselijke ziel, worden geabstraheerd en verwerkt tot algemene begrippen. Hiermee is pas kennis van de algemene kern van de dingen mogelijk. Kennis is dus niets anders dan met het voorstellingsvermogen, de fantasie, het wezen van iets in een begrip vatten en in de geest reproduceren. Wanneer dit beeld overeenstemt met de werkelijkheid, is het waar. Dit geldt althans voor de materiële dingen. Immateriële, geestelijke zaken zijn slechts door middel van analogie kenbaar. Deze definitie ligt ook ten grondslag aan Thomas' oplossing voor de universaliënstrijd, die nauw aansluit bij de opvatting van Abélard en een synthese behelst tussen realisme en nominalisme. De universalia, de algemene begrippen, zijn *voor* de individuele dingen als hun oerbeelden (Plato's ideeën) in God en worden door God gedacht. *In* de dingen zijn ze als hun kern, als, om met Aristoteles te spreken, hun vorm (in tegenstelling tot hun materie). *Na* de dingen, dus als gevolg van de dingen, zijn ze als begrippen in de menselijke geest. Anders dan bij Plato zijn de universalia echter nooit reëel, nooit werkelijk zijnde.

God: Thomas verwerpt het ontologische godsbewijs van Anselmus, het bewijs van Gods bestaan op grond van het denkbeeld dat men van Hem heeft. In zijn *Summa van de theologie* geeft hij daarentegen vijf manieren om Gods bestaan rationeel te bewijzen. Het handelt hier om inductieve bewijzen die vooral teruggrijpen op Aristoteles, maar ook op Augustinus.

Met beweging (zie kader p. 177) wordt hier geen natuurkundig verschijnsel bedoeld, maar de "overgang van potentialiteit naar actualiteit," van de mogelijkheid naar werkelijkheid, van het koude naar het warme, van de kiem naar de plant. Ook de andere vier argumenten komen net als het eerste uit op een eerste beweger. Zo is de orde van de werkende oorzaken terug te voeren op een eerste veroorzaker, ligt aan de zijnstoevallige dingen een noodzakelijk wezen ten grondslag, aan het meer en minder zijn van de eindige dingen een absoluut hoogste en aan de doelmatigheid van de natuur een eerste teleologisch principe Voor Thomas staat het buiten kijf dat de eerste beweger, de eerste veroorzaker, het noodzakelijke wezen, het absoluut hoogste en eerste principe God heten. Alhoewel de afstand tussen God en de mens oneindig is, kan men bepaalde aspecten van zijn wezen door middel van analogieën rationeel kennen. Hij heeft de mens immers naar zijn evenbeeld geschapen. Door het geloof kan men nog veel meer van Hem kennen, maar pas in het hiernamaals zal men zien hoe Hij werkelijk is.

Het eerste godsbewijs van Thomas van Aquino

"Het bestaan van God kan op vijf manieren worden bewezen. De eerste, heldere weg is die welke aan de beweging is ontleend. Het is zeker, en door de zinnelijke waarneming gewaarborgd, dat er iets in de wereld bewogen wordt... Het is onmogelijk... dat iets in hetzelfde opzicht bewegend en bewogen is of zichzelf beweegt. Derhalve moet alles wat bewogen wordt door iets anders bewogen worden. Indien dus datgene waardoor het bewogen wordt ook zelf bewogen wordt, dan moet dit door iets anders bewogen worden en dit weer door iets anders. Men kan echter niet tot het oneindige voortgaan. Er zou dan immers geen eerste beweger en ook geen volgende bewegers zijn, daar de tweede bewegers alleen daardoor beweger zijn, doordat zij door de eerste beweger worden bewogen, zoals de stok alleen daardoor beweegt, omdat hij door de hand bewogen wordt. Het is derhalve noodzakelijk dat men tot een eerste beweger komt die door niets anders bewogen wordt, en daaronder verstaan allen God."

Ziel: Iedere ziel is een zuivere vorm zonder materie. Door de ziel wordt de materie actief gevormd. Daarmee treedt Thomas volledig in de voetsporen van Aristoteles. Juist doordat iedere ziel, iedere vorm, zich met een andere materie omgeeft, ontstaan de verschillende exemplaren van dezelfde soort en zijn niet alle gestaltes van de soort mens-heid identiek. Maar niet alleen mensen hebben een ziel. Met uitzondering van de lichamen, die geen vormende kracht nodig hebben omdat ze slechts hun kwaliteit doorgeven (zoals vuur dat ontsteekt of kou dat afkoelt), huist er in elk niveau van de trapsgewijze ordening van de wereld een ziel. Zij is het vormende principe dat ten grondslag ligt aan alle levensverschijnselen. Boven de onbezielde lichamen staan de planten met hun vegetatieve ziel, die als een organiserende kracht functioneert waardoor zij kunnen groeien en zaden kunnen vormen. Daarboven staan de zielen van de dieren, die met hun vermogen tot waarnemen, begeren en vrij bewegen weer net iets meer kunnen. Dit laatste geldt eveneens voor de menselijke ziel, die bovendien over zichzelf kan nadenken en een verstand vormt. Haar belangrijkste taak is kennis en daarvoor heeft zij de zintuigen van het lichaam nodig. Na de dood maakt zij zich weer los van het lichaam. Daar de mens naar het evenbeeld van de eeuwige God is geschapen, is zij onsterfelijk. Na de opstanding des vleses wordt de ziel weer tot de vorm van het lichaam. Daarmee is echter nog niet de hoogste trede bereikt. De engelen (bij Aristoteles de sterrengeesten) staan nog hoger, aangezien zij geen impuls van buitenaf nodig hebben om begrijpend te kennen. Daarboven staat alleen nog God, die geen potentialiteit, maar zuivere werkelijkheid en dus onveranderlijk is. Hij bestaat alleen uit vorm, uit ziel.

Ethiek: Het uiteindelijke doel van de mens is de eeuwige gelukzaligheid van het hiernamaals. De mens kan dat niet zelf bewerkstelligen, maar is daarvoor afhankelijk van Gods genade. Vanwege zijn verwantschap met God beschikt hij in feite ook over diens wilsvrijheid. Niettemin ligt het in de aard van de mens om te streven naar het goede. En omdat de menselijke natuur van God afhankelijk is, zal hij Gods geboden gehoorzamen. Daarvoor dient hij volgens Thomas niet alleen te beschikken over de klassieke Griekse deugden wijsheid, gerechtigheid, matiging en dapperheid, maar ook over de drie 'bovennatuurlijke' deugden geloof, hoop en liefde. De staat kan met vrede en welvaart de voorwaarden leveren voor een deugdzaam leven. De mens is namelijk van nature een *zoon politikon*, een sociaal wezen, dat volgens Gods wil in een georganiseerde gemeenschap leeft. Daar heeft hij wel plichten. "Het is onmogelijk dat de mens goed is, tenzij hij in een rechte betrekking staat tot het algemeen welzijn." Om te voorkomen dat niet iedereen zijn eigen belangen najaagt, is er een autoriteit nodig in de vorm van een staat waaraan het individu zich dient te onderwerpen. In het meest ideale geval is dat een koning. Thomas heeft een uitgesproken voorkeur voor de monarchie, aangezien deze staatsvorm overeenkomt met de heerschappij van de ziel over de mens en die van God over de mensheid.

Zoals de staat de deugden helpt verwezenlijken, zo doet de kerk dat met betrekking tot de zaligheid. Omdat deze taak hoger wordt aangeslagen dan die van de staat, moet de staat – ten tijde van Thomas was dat uitsluitend de monarchie – de kerk gehoorzamen. De autoriteit van de paus is groter dan die van de keizers en koningen. De kerk was in de dertiende eeuw in feite op het hoogtepunt van zijn macht.

Invloed: De *doctor angelicus* ('engelendoctor') Thomas van Aquino werd in 1323 heilig verklaard en in 1567 tot kerkvader uitgeroepen. Al in 1309 werd het thomisme de officiële leer van de dominicanen, en in 1879 de officiële filosofie van de katholieke kerk. Hij is een klassieker in zowel de filosofie als de theologie. Daarnaast is hij de belangrijkste scholasticus en samen met Augustinus de autoriteit onder de filosoferende theologen. Met Thomas van Aquino bereikt de synthese van theologische en filosofische kennis haar hoogtepunt. Door zijn revaluatie van de empirie en zijn nadruk op het aardse karakter van de wereld maakte hij een einde aan een filosofie die sterk op het hiernamaals was georiënteerd. De wereld kreeg zo, evenals de mens zelf, een nieuwe waarde. Dit neemt niet weg dat de betekenis van Thomas' werk en van de scholastiek in het algemeen steeds minder werd. Het begrip 'scholasticus' groeide zelfs uit tot een scheldwoord. Pas in de negentiende eeuw werden deze periode en haar vertegenwoordigers opnieuw ontdekt. Dit gebeurde met name in de neoscholastiek. Vanwege de rol die de katholieke kerk aan Thomas van Aquino toeschreef, was diens denken bepalend voor deze filosofische stroming.

Samenvatting

Als dominicaan was Thomas van Aquino in de eerste plaats weliswaar een geestelijke en theoloog, toch bedeelde hij de filosofie een onmisbare rol toe in de ondersteuning van het geloof. Op enkele dogma's na waren alle geloofsstellingen voor hem ook verstandelijk te beredeneren. Voor zijn denken maakte hij dankbaar gebruik van de renaissance van de aristotelische leer en nam hij de fundamentele inzichten van de Griekse wijsgeer over. Daarbij was het voor hem vooral belangrijk dat de wereld zoals de mens die kent een werkelijkheid heeft en niet, zoals in de platonisch-augustinische leer, een weerspiegeling of symbool is van een hogere wereld van ideeën. Zonder goddelijke verlichting is er geen kennis mogelijk. Geloof en kennis komen beide van God. Diens bestaan is zelfs voor het verstand toegankelijk.

Thomas' omvangrijke werk vormt een afspiegeling van zijn kritische uiteenzettingen met de kennis van het verleden en van zijn activiteiten als docent in Parijs en Napels. De mens duidde hij als een product van vorm en materie, van wezen en zijn. Het wezen, de ziel, waardoor de mens in staat is tot kennis, verwezenlijkt zich door middel van het lichaam, waarvan het na diens dood gescheiden verder leeft. Het hoogste doel van de mens is de eeuwige gelukzaligheid. En ook al is het Gods genade die uiteindelijk beslist, de gelukzaligheid is te bereiken door zijn voorbeeld te volgen. Worden zoals God, betekent handelen in overeenstemming met de natuur, want de natuur is door God geschapen. Het eerste gebod van de natuur luidt: streef naar het goede en mijd het kwaad.

Laatscholastiek

De door Thomas van Aquino bereikte synthese tussen filosofie en theologie hield geen stand. Met name de franciscanen waren bijzonder kritisch ten opzichte van Aristoteles en benadrukten het primaat van de theologie. Het einde van de hoogscholastiek en de overgang naar de laatscholastiek werden aan het begin van de veertiende eeuw dan ook ingeleid door twee Engelse franciscaner monniken, Johannes

Duns Scotus en Willem van Ockham. Beide filosofen, wier leerlingen vervolgens met de 'aquinaten' streden om de juiste kennis, zorgen in hun leer voor een herwaardering van het individuele. Willem van Ockham gaat daarbij zelfs zo ver dat hij een onafhankelijk bestaan van het algemene, van de universalia, volledig ontkent. Als belangrijkste vertegenwoordiger van het nominalisme postuleert hij een bewijsmogelijkheid uitsluitend op basis van – innerlijke en uiterlijke – ervaring. Voor de paus was dit een van de redenen om hem te excommuniceren. De kerk zag dit als een gevaarlijk idee. Want hoe zou men nu het bestaan van God of de onsterfelijkheid van de ziel empirisch moeten bewijzen?

De gevolgen van de steeds verdergaande scheiding tussen wereldse filosofie en godsgeloof waren van wereldhistorische betekenis. Voor het eerst was het bijvoorbeeld mogelijk om de natuur te bestuderen zonder rekening te moeten houden met het theoretische kader van de theologie en zonder het gevaar te lopen om als ketter te worden vervolgd. Ook hoefde men zich niet meer in allerlei bochten te wringen om de waargenomen realiteit in harmonie te brengen met de kerkelijke dogma's. De Engelse franciscaan Roger Bacon (circa 1210-1294) was een van de eersten die de empirie in praktijk bracht. Hij was van mening dat "zonder ervaring niets afdoende gekend kan worden." Hij had plannen voor een uitgebreide encyclopedie waarin alle bestaande kennis zou zijn opgenomen en droeg bovendien bij aan een herwaardering van talenstudies. Kennis van het Grieks, Hebreeuws maar ook het Arabisch was in zijn ogen absoluut noodzakelijk. Daarnaast bedeelde hij ook de wiskunde een buitengewoon belangrijke plaats toe. Als een middeleeuwse Jules Verne voorzag hij, zij het op een zeer abstract niveau, motorboten en onderzeeërs, pleitte hij voor een hervorming van de kalender en ontdekte hij verschillende optische wetten.

Het einde van de nauwe relatie tussen filosofie en theologie, tussen Aristoteles en kerk, bracht nog een ander verschijnsel met zich mee, namelijk de groeiende belangstelling voor de mystiek. De leer van de vereniging met God door persoonlijke overgave en verdieping was op zich niet nieuw. De neoplatonist Plotinus zag reeds in de derde eeuw de mystieke vereniging met het ene als zijn hoogste doel. De veranderde accenten op religiositeit en ook het ethisch falen van de kerk in een tijd van aanvaringen tussen de geestelijke en wereldlijke macht waren echter een uitstekende voedingsbodem voor mystiek denken. Daarbij ging het niet om een antirationele innerlijkheid, maar om een filosofisch gefundeerde vorm die de absolute aanspraken van de reële wereld afwijst, zonder overigens het bestaan van een dergelijke wereld te ontkennen. De belangrijkste vertegenwoordiger was Meister Eckhart, die als eerste filosoof kleine werken en preken in het Duits schreef.

De scholastieke periode kwam niet abrupt tot een einde. Er was veeleer sprake van een langzaam uitdoven. Dit kwam onder meer doordat de filosofie zich steeds meer bevrijdde van de theologie, de spitsvondigheid van de logica verwierp, afscheid nam van de universiteiten en zich inhoudelijk ging richten op de natuur, waardoor de relatie tot God steeds verder werd uitgehold. De laatste grote denker is Nikolaus van Kues (1401-1464), ook wel Nicolaus Cusanus genoemd. Sommigen rekenen hem vanwege zijn neoplatonisch-mystieke trekken nog tot de Middeleeuwen en in het bijzonder tot de scholastiek, terwijl hij door anderen en ook in dit bestek reeds als een representant wordt beschouwd van de Nieuwe Tijd gezien zijn afkeer van het autoriteitsgeloof van de scholastieke methode.

Johannes Duns Scotus *(circa 1265 in Schotland – 8 november 1308 in Keulen)*

Zoals van veel middeleeuwse geleerden is ook van de franciscaner monnik Johannes, die waarschijnlijk afkomstig was uit het Schotse plaatsje Duns, niet precies bekend wanneer hij is geboren. Voor de middeleeuwer was het individuele niet van belang, voor zover het niet om koningen of andere heersers ging. Het individuele wordt pas ontdekt in samenhang met de leer van een groep filosofen waartoe ook Johannes Duns behoort. Hij stierf op vrij jonge leeftijd en kreeg de bijnaam 'Scotus' ter ere van zijn vaderland. Toch bereikte en bewerkstelligde hij tal van zaken. Naast zijn colleges in Keulen, Oxford en Parijs, waar hij zoals velen op een commentaar op het *Sententiënboek* van Petrus Lombardus tot magister promoveerde, stond hij aan de basis van een filosofische stroming, het scotisme. De invloed daarvan reikte tot aan het grote concilie van Trente (1545-1563), dat de aanzet gaf tot de contrareformatie.

Duns' voornaamste geschriften zijn onvoltooid en dat geldt ook voor zijn belangrijkste werk, het sententiëncommentaar *Ordinatio*.

Omdat hij ernaar streefde al zijn uitspraken indirect te bewijzen, is het moeilijk een overzicht te krijgen van zijn teksten. Doordat hij pas laat werd herontdekt, ligt een kritische uitgave van zijn verzameld werk nog altijd in het verschiet. Zo'n uitgave is nodig vanwege de nadruk van zijn leer op het individualisme en voluntarisme. Met zijn scherpe analytische geest geeft Duns een stevige onderbouwing van het individualisme. Volgens hem wordt het algemene niet op het moment van kennen door het kennende subject voortgebracht en al helemaal niet door de goddelijke verlichting. Het algemene geeft daarentegen de reële dingen weer waaraan het deel heeft. Duns is daarmee dus een gematigde realist. Elk ding heeft voor hem naast de 'watheid' ook nog iets anders, namelijk de 'ditheid'. Deze neologismen mogen enigszins vreemd overkomen, ze zijn de precieze vertaling van de door hem gecreëerde Latijnse begrippen. De roos die men kan zien, is volgens zijn inherente watheid een roos, maar tegelijkertijd ook de roos die men in het hier en nu waarneemt. Zijn ditheid verleent hem zijn individualiteit en niet de materie waarmee de algemene vorm 'roos' zich omgeeft. Juist de ditheid is het volmaaktere en het ware doel van de natuur. Het individuele staat voor de individualist Duns boven het algemene.

Zoals de franciscanen in het algemeen stond ook Duns kritisch ten opzichte van Aristoteles. Hij had zich weliswaar in hem verdiept en zijn werk becommentarieerd, maar in zijn denken veel meer de voorkeur gegeven aan de neoplatonisch-augustinische erfenis. Met zijn poging om theologie en filosofie met elkaar harmonie te brengen staat hij nog in de traditie van de hoogscholastiek. Als belangrijkste vertegenwoordiger van het theologische voluntarisme (*volunta* betekent 'wil' in het Latijn) is hij echter al een laatscholasticus. Duns verklaart dat God de wereld niet noodzakelijkerwijs zo geschapen heeft zoals hij geschapen is. De wereld is veeleer een toevallig voortbrengsel van zijn wil en zou er dus ook heel anders uit hebben kunnen zien. Hetzelfde geldt voor het waarom van de schepping of Christus' menswording. Beide zijn een gevolg van Gods wil en kunnen dus niet verstandelijk worden afgeleid. Dit is bijzonder belangrijk, aangezien Duns hiermee de middeleeuwse heilszekerheid opgeeft en de theologie verandert in een praktische wetenschap die slechts kan verklaren hoe Gods wil werkt en niet het waarom. Dit betekent niet dat er geen mogelijkheden meer zijn tot kennis. God handelt weliswaar volledig vrij naar zijn eigen wil, maar doet dat wel volgens een bepaalde orde. Het goede is goed, omdat God het zo wil en niet omdat het nu eenmaal binnen een of andere waardeorde past.

Deze zienswijze werkt ook door in de mens. Als Gods evenbeeld kent hij immers de vrije wil en de zelfbeschikking. Het verstand doet een stap terug ten gunste van het productieve vermogen en de wil. Hierin ligt de gelukzaligheid, op voorwaarde dat die wil wordt gebruikt om Gods wil te volgen en de kerk te gehoorzamen. Met dit alles had Duns een grote invloed op zijn tijdgenoten. De nieuwe leer werd gretig ontvangen en het scotisme verder ontwikkeld. Het verschil met het voluntarisme van de thomisten is dat de volgelingen van Thomas van Aquino de wil duidelijk ondergeschikt maakten aan het verstand. De humanisten zagen in Duns vooral een spitsvondig argumenterende scholasticus, waarmee ze graag de draak staken. Niet voor niets gaven ze hem de bijnaam *doctor subtilis*, de 'scherpzinnige leraar'. Met zijn scheiding van theologie en filosofie geeft hij een belangrijke aanzet tot de Nieuwe Tijd, die zich steeds weer beroept op het voluntarisme door de praktijk boven de theorie te stellen. Charles S. Peirce, de grondlegger van het pragmatisme, en Martin Heidegger zijn hier blijvend door beïnvloed.

Willem van Ockham *(circa 1285 in Ockham/Surrey – 1346/1349 in München)*

Leven: Ockhams leven kent twee fases, die door een alles bepalende gebeurtenis, zijn vlucht uit het pauselijke hof in Avignon, van elkaar gescheiden zijn. Op basis hiervan kan men ook een tweedeling aanbrengen in zijn werk. Aan de ene kant zijn er de filosofisch-theologische geschriften en aan de andere kant de politieke. Men kan zich afvragen hoe dit zo gekomen is. De franciscaan Willem was afkomstig uit het plaatsje Ockham, ten zuiden van Londen. Hij genoot een voortreffelijke opleiding aan de universiteit van Oxford, waar hij aansluitend, vanaf 1317, zijn eerste colleges gaf. Vervolgens gaf hij les in Londen en becommentarieerde hij, zoals gebruikelijk was, de sententiën van Petrus Lombardus. Toch lukte het hem niet om magister te worden. De rector van de Oxfordse universiteit stak daar stokje voor door 'belastend materiaal' naar de paus te sturen waaruit bleek dat de leerstellingen van Willem van Ockham en ook anderen in tegenspraak waren met de kerkelijke dogma's. Daarop reisde de filosoof af naar het pauselijke hof in Avignon om zich te verdedigen. Niet voor niets droeg hij de erenaam *doctor invicibilis* (de 'onoverwinbare'). Tijdens zijn verblijf in Avignon kwam hij in contact met Marsilius van Padua (circa 1280-1343), die in hetzelfde jaar met zijn *Verdediger van de vrede* een literair monument had opgericht voor de tegenstanders van het pausdom. Ook ontmoette hij het hoofd van de franciscaner orde Michael van Cesena (overleden in 1342), die geheel in de geest van het door de bedelordes uitgedragen armoede-ideaal in opstand was gekomen tegen de wereldlijke macht van de paus. Gedrieën vluchtten ze op 26 mei 1328 uit Avignon, vermoedelijk omdat ze voor hun leven moesten vrezen. Keizer Ludwig van Beieren, die reeds eerder door de paus was geëxcommuniceerd, nam hen in Pisa maar al te graag op. Twee jaar later volgde Ockham hem naar München, waar hij zich uitsluitend nog aan politieke vraagstukken wijdde en waar hij ten slotte geveld werd door de pest, die in het midden van de veertiende eeuw heel Europa teisterde.

Werk: Het belangrijkste werk van Willem van Ockham, zijn sententiëncommentaar, bouwt voort op zijn colleges in Oxford. Overeenkomstig de toen geldende voorschriften becommentarieert hij de sententiën van Petrus Lombardus, een verzameling met de belangrijkste leerstellingen van het christendom aan de hand van uitspraken van de kerkvaders. Een dergelijk commentaar was in die tijd een absolute voorwaarde om als magister toegelaten te kunnen worden aan een van de grote universiteiten. Verder zijn er de commentaren op verschillende werken van Aristoteles, waarmee Willem van Ockham eveneens de gebruikelijke paden bewandelde. Maar dan verschijnt er in 1323 de *Summa logicae* (*Summa van de logica*), een speciaal voor zijn studenten geschreven handboek over logica. Opvallend hierin is de aandacht die hij aan deze filosofische discipline besteedt. Hij verdeelt de logica onder in de begrippenleer (*terminus* in het Latijn), de zinsleer en de conclusieleer. Na de ommekeer in zijn leven publiceert hij alleen nog politieke geschriften. De belangrijkste daarvan zijn zijn eerste werk, *XC dierum* (*Negentigdagenwerk*), waarin hij de onafhankelijkheid van de staat ten opzichte van de kerk opeist, en zijn laatste werk, *De imperatorum et poncificium potentate* (*Over de macht van de keizer en de paus*), waarin hij de heerszucht en inhaligheid van de paus aan de kaak stelt.

Leer: Willem van Ockham is een nominalist en individualist. Dat wil zeggen dat de werkelijkheid voor hem uit individuele personen bestaat en dat er slechts sprake is van het algemene als de mens een algemene betekenis toekent aan overeenkomstige afzonderlijke dingen. "Voor mij staat het vast dat er hoe dan ook geen buiten de ziel bestaand algemene is; integendeel, alles wat algemeen is en van meerdere dingen kan worden gezegd, bestaat in de geest." Men heeft slechts te maken met begrippen (*termini*) indien woorden slechts een "briesje zijn, zonder een reëel evenbeeld van de dingen" en dus geen realiteit kennen, zelfs niet in God "voor de dingen," want God schiep uit het niets. Alleen het individuele is werkelijk. Er zijn veel dingen, maar er is geen 'veelheid', geen waar-heid, wanneer-heid, kwantiteit of kwaliteit als zelfstandig zijnde. Er is slechts een 'waar', 'wanneer', 'hoe' en 'hoeveel'. Daarom vormt intuïtie, innerlijke en uiterlijke aanschouwing, de basis van alle kennis. Uitspraken over het wezen van de werkelijkheid zijn onmogelijk.

Een aspect dat nauw verband houdt met zijn nominalisme is het economische principe dat ook wel bekend staat als 'het scheermes van Ockham'. Volgens hem "mag men het aantal entiteiten niet zomaar uitbreiden." De grondwetten van de logica schrijven voor dat men voor een verklaring niet meer mag gebruiken dan strikt noodzakelijk is. Waarom zou men een ingewikkelde uitleg zoeken, als het ook met een eenvoudige kan? Al met al komt Ockham tot dezelfde onwrikbare slotsom als Duns, die bovendien het einde inluidde van de scholastiek. Een rationele theologie, en eigenlijk theologie als wetenschap, is niet mogelijk als de ervaring van het individu het uitgangspunt vormt van alle kennis. Algemene geloofsregels zijn niet door middel van het verstand te bewijzen. Kennis en geloof, filosofie en theologie moeten gescheiden van elkaar worden bedreven. Ockhams opvattingen komen dicht in de buurt van de averroïsten. De aanhangers van de Arabische filosoof Averroës spraken van een dubbele waarheid en werden om die reden in de dertiende eeuw veroordeeld.

Ook op het gebied van de ethiek zijn er overeenkomsten met Duns. Alles, dus ook de tien geboden, zijn terug te voeren op Gods vrije wil. Het gevolg is dat er geen rationeel te motiveren zedenwet bestaat.

Invloed: Willem van Ockham bevrijdde de kerk uit de wurggreep van de filosofie. De oude geloofsspreuk *Credo, quia absurdum* ('ik geloof omdat het ongerijmd is') werd weer in ere hersteld. De nadruk op het geloof werd opgepikt door de middeleeuwse mystici en later ook Luther, die bekend was met Ockhams ideeën. Ondanks het verbod maakte zijn leer een zegerijke opmars door. Het nominalisme werd, in tegenstelling tot de *via antiqua* van het door Albertus Magnus, de thomisten en scotisten uitgedragen universaliarealisme, de dominante richting, de *via moderna* (*modo* betekent 'juist nu' in het Latijn). De bevrijding van de traditionele leerstellingen markeert het begin van de Nieuwe Tijd. De empirici uit de zeventiende eeuw konden zich bijzonder goed vinden in de benadrukking van het individuele en de persoonlijke ervaring. Ockhams idee dat er mogelijkerwijs geen werkelijkheid bestaat buiten de mens om en dat alles slechts door God in onze voorstelling is gecreëerd werd later overgenomen door Hobbes, Berkeley en Descartes, bij wie ook het voluntarisme een opleving kende.

Samenvatting

Het werk van Willem van Ockham kan men, net als dat van zijn landgenoot Duns, samenvatten aan de hand van de begrippen individualisme en voluntarisme. Toch mag ook het woord nominalisme niet ontbreken. Na de veroordeling van Roscelinnus gaf hij hier een nieuwe invulling aan die bepalend zou blijken. Kennis komt voort uit ervaring. Dit is de uiterste consequentie van zijn veronderstelling dat alleen het individuele reëel bestaat en het algemene slechts in gedachten. Aangezien er geen kennis mogelijk is van geloofskwesties als de Drie-eenheid of het bestaan van God, is een scheiding van geloofswaarheid en kenniswaarheid, en dus van de theologie en de filosofie, onvermijdelijk. Het pauselijke gezag in Avignon kon zich hier bepaald niet in vinden en veroordeelde de leer van de Engelse franciscaan. Hij zocht zijn toevlucht bij de keizer en gebruikte zijn pen voortaan om een verandering binnen de kerk te bewerkstelligen. De basis van zijn filosofie is de logica en met name zijn termenleer. Om die reden worden hij en zijn volgelingen ook wel tot de terministen gerekend.

MEISTER ECKHART *(circa 1260 in Hochheim bij Gotha – 1328 in Avignon (?))*

Leven: Johannes Eckhart trad in 1277 toe tot de dominicaner orde. Hij studeerde in Keulen, waar hij waarschijnlijk nog college volgde bij Albertus Magnus, en in Parijs. Vervolgens was hij kloosteroverste en vicaris van de ordeprovincie Thüringen. Aan het begin van de veertiende eeuw werd hij in Parijs benoemd tot professor in de theologie. In 1311 volgde er een tweede benoeming. Zo veel eer was vóór hem alleen Thomas van Aquino ten deel gevallen. In de tussenliggende jaren had hij de leiding over de ordeprovincie Saksen, een gebied dat zich uitstrekte van Nederland tot aan het Balticum. Tegelijkertijd was hij als vicaris-generaal belast met de kloosters in Bohemen. Aansluitend stuurde zijn orde hem als zielzorger voor nonnen en leken naar Straatsburg en vervolgens als prior naar Frankfurt am Main. De aartsbisschop van Keulen, waar hij vanaf 1323 colleges gaf, liet de inquisitie een onderzoek naar hem instellen, dat in 1329 resulteerde in een veroordeling van een aantal van zijn uitspraken. Op dat moment was hij echter al overleden. Het laatste wat men van hem weet, is dat hij zich twee jaar tevoren, tegelijk met Willem van Ockham, aan het pauselijke hof in Avignon had verdedigd. Het leven van filosofen was niet altijd zonder risico's!

Werk: Gezien de vele werkzaamheden die Meister Eckhart op zich nam, is het niet verwonderlijk dat zijn belangrijkste werk, *Opus tripartitum* (*Het driedelige werk*), onvoltooid is gebleven. De "duizend en meer stellingen" uit het eerste deel hadden in het tweede deel moeten worden geproblematiseerd en het in derde deel besproken. Zeer bijzonder zijn de traktaten en preken in het Duits, zoals *Daz buoch der goetlichen troestunge* (*Het boek van de goddelijke vertroosting*). Eckhart gebruikte daarmee als een van de eersten de omgangstaal voor filosofische begrippen.

Leer: Het woord 'mystiek' komt uit het Grieks en betekent letterlijk 'de ogen sluiten'. Hiermee bedoelt men een acuut religieus gevoel, dat vaak gepaard gaat met extase of visioenen. Met andere woorden iets irrationeels, waarover men amper enige mededelingen kan doen. In dit opzicht is Meister Eckhart eigenlijk geen mysticus. Met behulp van scholastieke methoden probeert hij namelijk anderen inzicht te geven in zijn religieuze kennis, die hij niet met de werkelijkheid verbindt, maar met innerlijke bronnen. Hij is wel een mysticus als het gaat om deze naar binnen gerichte blik, zijn concentratie op God en de ziel en zijn afkeer van de absolute aanspraken van het verstand. Het ligt voor de hand dat hij zich meer richt op de neoplatonisten en Augustinus met hun extatische aanschouwing van het ene dan op Aristoteles en de logica. God behoort voor Eckhart volledig tot de gene zijde en over Hem zijn geen positieve uitspraken mogelijk. Hij is de ongenatuurde natuur, de goddelijke essentie oftewel 'Godheid'. "De Godheid werkt niet, in haar is geen werk." Om de openbaring toch te kunnen verklaren, laat hij de Godheid "het woord spreken." Zo komt uit haar de drie-enige christelijke God voort, bestaande uit God, de goddelijke gedachte – de Zoon – en de liefde die beiden verbindt, de Heilige Geest. Daarmee komt Eckhart dicht in de buurt van Plotinus' hypostasen en emanaties.

Ook de naar het evenbeeld geschapen ziel is drie-enig en bestaat uit een geestelijk, emotioneel en zinnelijk vermogen, overeenkomstig de drie christelijke deugden geloof, hoop en liefde. Boven de drie zielskrachten staat het goddelijke 'vonkje', dat vergelijkbaar is met de ziel der zielen voor de Godheid. Het is niet uitgesloten dat Eckhart zich op dit punt heeft laten inspireren door de goddelijke verlichting van Augustinus.

Het doel is eenwording met God en een andere vorm van kennis. Eckhart bedient zich van ingewikkelde formuleringen voor de beschrijving van de aanschouwing van God en de pas in het hiernamaals te verwerven mystieke kennis: "Gij moet allen tezamen uit uw ikheid wegzinken en vervloeien in de zijnseenheid met Hem; uw 'ik' moet in mijn 'mijn' een 'mijn' worden, zo volkomen dat gij in Hem eeuwig zijn ongeworden 'Ikheid' en zijn onbenoemde Nietsheid begrijpt." Dit kan alleen worden bereikt door niet te zondigen, door beheersing en door af te zien van aardse zaken. Het resultaat is "...dat zijn wezen en zijn substantie en zijn natuur 'mijn' zijn. En wanneer zijn wezen en zijn substantie en zijn natuur 'mijn' zijn, dan ben ik de zoon van God."

In een periode waarin steeds meer betekenis werd toegekend aan de natuurwetenschappen en de empirie was er nauwelijks plaats voor de leer van Meister Eckhart. Afgezien van een handjevol leerlingen, bleef zijn invloed lange tijd beperkt. Pas in de Romantiek werden hij en zijn manier van filosoferen ontdekt, met name door Duitse idealisten als Fichte, Schelling en Hegel. De nazi-literatuur, die graag dweepte met alles wat Duits was, verheerlijkte hem als 'hoofd van de Duitse mystiek', een 'eer' waarvoor Meister (magister) Eckhart als diepgelovig christen, kosmopoliet en geleerde absoluut zou hebben gepast.

God

(*theos* in het Grieks, *deus* in het Latijn) De of het 'aangeroepene', zo luidt de oorspronkelijke betekenis van het woord, geldt als het hoogste zijnde, als bovennatuurlijke, oneindige macht in de gestalte van een persoon die de oorzaak van al het gebeuren is, het lot van de mensen bestiert en de maatstaf is voor diens zedelijk handelen. Bij Plato en Aristoteles wordt het goddelijke nog gevormd door de idee, de nous, de demiurg, respectievelijk de onbewogen beweger. In het jodendom is de goddelijke Jaweh een onbereikbare stamvader. In het christendom, dat Griekse en joodse elementen in zich verenigt, verandert God geleidelijk aan van een straffend in liefhebbend wezen. God, die de wereld uit het niets schiep, vergeeft de schuld en zonde en brengt de mensen verlossing door middel van de genade. In Hem is al het mogelijke werkelijk. Waar Hij voor de middeleeuwse denkers nog het voornaamste onderwerp van de filosofie was, verliest het godsbegrip in de Nieuwe Tijd zijn centrale rol. Dit is het gevolg van de steeds grotere nadruk op de autonomie van de mens en de ontwikkeling van de theologie naar een zelfstandige en onafhankelijke wetenschap.

Niet-christelijke filosofie

De scholastiek was bij uitstek een christelijke filosofische richting. Ze ontstond in nauwe samenhang met de christelijke geloofsleer en de scholastici waren stuk voor stuk christen. Er leefden in de Middeleeuwen echter ook filosofen die een ander geloof aanhingen, zoals de islam of het jodendom. De vragen waarmee zij zich bezighielden, verschilden nauwelijks van die van hun christelijke collega's. Daar komt bij dat ook zij in sterke mate werden beïnvloed door de tradities van de oude Grieken, de bronnen waaruit de christelijke filosofie zo rijkelijk heeft geput. Deze bouwstenen, en dan met name de logica van Aristoteles, die door toedoen van de kalief van Bagdad reeds in de achtste eeuw werd vertaald en ontsloten, waren nodig om, met inachtneming van de religieuze voorschriften, de Koran en de Talmoed te verklaren. Net als veel jonge, opkomende staten – een goed voorbeeld is de houding van de Romeinen ten aanzien van de Griekse cultuur of die van de Amerikanen ten aanzien van het Europese erfgoed – omarmden de pas sinds de zevende eeuw ontstane islamitische mogendheden gretig de nalatenschap van de klassieke Oudheid.

Met de scheiding van theologie en filosofie aan het einde van de Middeleeuwen raken de categorieën christelijke versus niet-christelijke filosofie in onbruik. Dit neemt overigens niet weg dat bij nagenoeg alle filosofen de religieuze invloed of juist de verwerping daarvan van grote betekenis blijft voor hun denken.

Islamitische filosofie

De enig juiste term is islamitische en niet Arabische filosofie. De grondslag is niet zozeer de taal, als wel het geloof. Na de dood van Mohammed in 632 veroverden diens aanhangers in een nog veel kortere tijd dan de Romeinen een rijk dat zich uitstrekte van Perzië tot aan Spanje. Hun expansiedrift werd alleen door de Franken in Zuid-Frankrijk en de Byzantijnen in Klein-Azië getemperd. In de veroverde ge-

Islam

De islam (Arabisch voor 'onderwerping'), die in de zevende eeuw door Mohammed is gesticht, is de jongste van de drie monotheïstische godsdiensten. Dit geloof baseert zich op het voorbeeld van de profeet Mohammed, het heilige boek de Koran (Arabisch voor 'lezing') en de overlevering. De moslims geloven dat Allah, de enige god van de islam, zijn wil kenbaar heeft gemaakt via zijn profeten, waarvan Mohammed de laatste is. De wereld is een schepping van Allah en Adam was de eerste mens. Er is echter geen erfzonde. Het menselijk lot is weliswaar voorbestemd, maar toch bestaat er een zekere mate van eigen verantwoordelijkheid. Na de dood wacht de onsterfelijke ziel het paradijs of de hel.

bieden, waaronder Alexandrië, stuitten ze op de overblijfselen van een rijke Griekse cultuur, die ze zich door middel van vertalingen snel eigen wisten te maken. Om niet onder te doen voor de oude culturen van de Perzen en Romeinen – het Oost-Romeinse of Byzantijnse rijk bestond nog tot in de vijftiende eeuw – bevorderden de islamitische heersers kunst en wetenschap. Hierdoor raakte men eerder dan in het christelijke Europa niet alleen vertrouwd met het volledige werk van Aristoteles, maar ook met belangrijke geschriften van Plato, zoals *Timaeus* en *Politeia*, en de neoplatonisten (met uitzondering van Plotinus). Het is via deze Arabische omweg en niet Constantinopel dat dergelijke geschriften in het christelijke Europa terechtkwamen, waar ze een grote invloed hadden op het denken van nagenoeg alle scholastici (de Latijnse namen die zij aan de islamitische geleerden gaven, zullen ook hier worden gebruikt; alleen de eerste keer zal de Arabische naam er tussen haakjes bij staan). Net als de scholastiek werd ook de islamitische filosofie in eerste instantie beïnvloed door Plato en het neoplatonisme en later hoofdzakelijk door Aristoteles.

Een van de eerste islamitische wijsgeren die de Griekse filosofie verbond met moslimtheologie was Alfarabi (Abu Nasr Mohammed). Geboren in 870 in Turkestan woonde hij achtereenvolgens in Bagdad, Aleppo en Damascus. Van Aristoteles nam hij de logica over, die hij als de wetenschap ziet van het instrument van het denken. Daarmee sluit hij aan bij Aristoteles' indeling van de wetenschappen van de werkelijkheid in logica, theoretische (fysica, metafysica) en praktische filosofie. Voor zijn metafysische ideeën richt Alfarabi zich echter op Plato. Zo gaat hij ervan uit dat de dingen en het menselijk denken uiteindelijk dezelfde oorsprong kennen, waardoor hun vormen overeenkomen en kennis dus mogelijk is. Die oorsprong is God, die als enig zijnde noodzakelijk is, aangezien in Hem wezen en bestaan samenvallen, terwijl de dingen hun existentie slechts aan Hem ontlenen. Dit gebeurt via de neoplatonische weg van de emanatie, met andere woorden door het voortkomen uit God in verschillende stadia en niet door een doelbewuste schepping, zoals ook de islam leert. Alfarabi bedient zich van Aristoteles' begripswereld als hij het heeft over het actieve verstand in de zin van abstractievermogen. De mens verwerkt daarmee datgene wat hij kent. Het verstand is volgens Alfarabi echter wel bovenindividueel en in gelijke mate aanwezig voor een ieder die verstandig denkt. Daarnaast is het verstand ook onsterfelijk. Maar die onsterfelijkheid geldt alleen voor het verstand als het bij iedereen aanwezige principe om iets te kunnen abstraheren. Het kennende verstand van het individu is daarentegen gebonden aan het lichaam en dus wel sterfelijk. Dit laatste vormt een belangrijk aanknopingspunt voor de geestelijkheid, want ook in de islam is de individuele, kennende ziel sterfelijk. Alfarabi overleed in 950 in Damascus.

De afwijzing van een geschapen wereld en de individuele onsterfelijkheid komt men ook tegen bij Avicenna (Ibn Sina), die in 980 in de buurt van Boechara (Oezbekistan) werd geboren en filosofie en medicijnen doceerde in Isfahan. In zijn *Kitab al-Sifa* (*Boek van de genezing van de ziel*), een uit vier delen (*Logica*, *Fysica*, *Wiskunde* en *Metafysica*) bestaande encyclopedie met alle in zijn tijd beschikbare kennis, beweert hij dat men over God onmogelijk uitspraken kan doen met betrekking tot het zijn en de volmaaktheid. Hij is bovennatuurlijk, bovenzinnelijk en, net als bij Aristoteles, de onbewogen beweger. De dingen ontlenen hun zijn aan hun emanatie uit God. Alleen daaraan hebben ze hun bestaan te danken, want daarvoor waren ze slechts mogelijk en niet werkelijk. Deze mogelijkheid berust in hun vorm (hun wezen), die, omdat die er eerder was, een hogere positie inneemt dan het werkelijk bestaande ding. De dingen verkrijgen hun individualiteit in de materie. Deze is niet door emanatie ontstaan, maar eeuwig. Over het algemene denkt Avicenna net als Abélard tweehonderd jaar later. Het is vóór de dingen als het in de goddelijke geest is, in de dingen als gemeenschappelijke eigenschap en na de dingen als begrip, dat door het actieve verstand als abstractie wordt gevormd. Dat dit actieve verstand niet kenmerkend is voor de individuele mens en het individuele hier slechts deel in heeft, wilde er bij Thomas van Aquino niet in, evenmin als de emanatieleer. Toch bouwt zijn 'systeem' voort op de ideeën van Avicenna. Deze Arabische Aristoteles was ook voor vele andere scholastici een onderwerp van discussie, waar ook veel van te leren viel. Avicenna, die in 1037 in het Perzische Hamadan stierf, was ook de auteur van het *Medische canon*, het standaardwerk in de Middeleeuwen op het gebied van de geneeskunde.

Voordat de islamitische filosofie aan betekenis begon in te boeten, bereikte zij haar absolute hoogtepunt in de figuur van Averroës (Mohammed Ibn Roesjd). Hij was afkomstig uit Córdoba, waar hij in 1126 werd geboren. Na Constantinopel was dit in die tijd de tweede grote stad van Europa. In tegenstelling tot de scholastici was Averroës geen docent, maar rechter en arts aan het hof van kalief Al Mansoer. Waar Aristoteles in de Middeleeuwen 'de filosoof' werd genoemd, gold Averroës als 'de commentator'. Bijna alle geschriften van de grote Grieken heeft hij wel becommentarieerd en van aanvullingen voorzien. Net als de scholastici was hij van oordeel dat datgene wat hij verstandelijk begrijpt niet altijd overeenkomt met wat de openbaring, in zijn geval de Koran, beweert. Ook komt de hogere waarheid aan de filosofie toe, maar beschikt het geloof over zijn rechtvaardiging. De massa leert daarin in ieder geval een deel van de waarheid, en dat in een begrijpelijke en aanschouwelijke taal. Op volledig rationele gronden houdt hij zo vast aan de leer van de eeuwigheid van de wereld en de ontkenning van de individuele onsterfelijkheid. Alleen de geest die in alle mensen huist, het actieve verstand, is onsterfelijk en onderscheidt zich van het zuiver ken-

Boekverbrandingen zijn van alle tijden. Ook de geschriften van Averroës ondergingen dit barbaarse lot als gevolg van acties van zijn geloofsgenoten.

nende deel van de ziel, waaraan het een zelfstandige substantie toekent. Deze theorie werd door Thomas van Aquino in *De unitate intellectus contra Averroistas* (*Over de eenheid van het intellect tegen de averroïsten*) bekritiseerd. Averroës overleed in 1198 in Marrakesh, waar hij in ballingschap leefde na zijn veroordeling vanwege zijn koranvijandige houding.

Joodse filosofie

De joodse filosofie ontwikkelde zich op een vergelijkbare manier als die van de beide andere monotheïstische godsdiensten. Toch had het jodendom met zijn transcendente God en zijn op de goddelijke openbaring gebaseerd geloof wellicht nog meer behoefte aan een filosofische duiding door rationele leerstellingen. Sinds de Romeinen in 135 na Christus de opstand in Jeruzalem neersloegen, hadden de joden immers geen vaderland meer. Net als de vroege christenen moesten ze zich weten te handhaven in een omgeving die vol argwaan stond ten aanzien van vreemden, vaak op het vijandige af. Vooral in het Nabije Oosten en Spanje bestonden er hechte joodse gemeenschappen. Dit zijn beide plaatsen waar de meerderheid van de bevolking in die tijd moslim was. Deze moslims waren op hun beurt beïnvloed door het platonisme en het aristotelisme. De klassieke Griekse filosofie had weliswaar reeds in de Oudheid haar sporen nagelaten in het joodse denken, onder meer bij Philo van Alexandrië in de tweede eeuw na Christus, nu gebeurde dat opnieuw via de islamitische geleerden.

De Andalusiër Avicebron (Salomon Ibn Gabirol, circa 1020-1058) is de eerste joodse denker van het Westen. Van zijn belangrijkste werk, *De bron des levens*, dat hij in het Arabisch schreef, is alleen de Latijnse vertaling bewaard gebleven. Zijn leer van de samenhang tussen materie en vorm is van invloed geweest op de hoogscholastiek. Avicebron toont aan dat de algemene materie slechts zijnde wordt door vereniging met de vorm. Daarvóór is zij enkel mogelijkheid (potentialiteit). De materie is verantwoordelijk voor de individualiteit van de dingen. De veronderstelling dat de vormen door Gods wil en niet door zijn verstand naar de materie worden gestuurd, loopt vooruit op het voluntarisme van Duns Scotus en is duidelijk ontleend aan de neoplatonisten. Voor hen vormde niet de wil de brug tussen God en de dingen, maar de logos als eerste emanatie van het ene.

Ook Mozes ben Maimon, beter bekend als Maimonides, was afkomstig uit Andalusië. Hij werd in 1135 geboren in Córdoba en was een tijd- en streekgenoot van

Jodendom

Het heilige boek van de oudste monotheïstische godsdienst ter wereld is de Thora (Hebreeuws voor 'onderwijzing'). In feite gaat het hier om de vijf boeken van Mozes. Dit deel van het Oude Testament vormt de gehele joodse Bijbel. Naleving van de hierin beschreven wetten, die in de Talmoed verder worden uitgelegd, is een absolute vereiste. God, die de joden Jaweh noemen, heeft de wereld geschapen, is alomtegenwoordig en beloont en bestraft na de dood respectievelijk de goede en de slechte daden. Zijn uitverkoren volk bestaat uit nazaten van Abraham, met wie hij een verbond sloot.

Averroës. Al op jonge leeftijd moest hij echter met zijn familie vluchten. Hij belandde uiteindelijk in Caïro, waar hij de leiding kreeg over de joodse gemeenschap en hofarts werd van sultan Saladin. Zijn voornaamste werk, *Gids der verdwaalden*, werd door alle belangrijke scholastici bestudeerd en verscheen aanvankelijk eveneens in het Arabisch. De verdwaalden zijn de filosofisch geschoolden die niet weten hoe ze moeten kiezen tussen geloof en kennis. Net als Averroës was ook Maimonides van mening dat er geen onderscheid bestaat tussen de visie van het geloof en die van de filosofie. De kenbare verschillen zijn met elkaar in overeenstemming te brengen door een meer aanschouwelijke, allegorische interpretatie van de geschriften over de openbaring. Dit geldt onder meer voor het scheppingsverhaal, dat men tevens kan lezen als een prentenboek van de filosofische discipline fysica. In geval van twijfel komt de hogere waarheid toe aan de filosofie. Wanneer die echter niets anders kan aantonen, houdt Maimonides "bij gebrek aan tegenbewijzen" volledig vast aan het geloof. Ook bij twijfel, zoals bij het scheppingsdogma, neigt hij naar de geloofsopvatting. In zijn godsbeeld vertegenwoordigt hij de negatieve theologie, onder het mom van "ik weet alleen wat God niet is." Volgens hem kan men God slechts uit zijn werken kennen. Nader tot Hem komen, is het doel van de mens, wiens vrije wil hij onderstreept. Maimonides, die in 1204 in Caïro stierf, was de belangrijkste joodse filosoof van de Middeleeuwen. Zijn verdienste is dat hij een synthese heeft bewerkstelligd tussen het joodse geloof en de aristotelische filosofie, en dat ten behoeve van een zuivere verstandsreligie.

DE NIEUWE TIJD

De grote historische periode na de Middeleeuwen noemt men wel de Nieuwe Tijd. Kenmerkend daarvoor zijn de omwentelingen en de ingrijpende veranderingen op het gebied van kunst en wetenschappen. Een vergelijking met de ondergang van het West-Romeinse Rijk of de sluiting van Plato's Academie, die het einde markeerde van de Oudheid, is zeker op zijn plaats. Wie het moment wil aanwijzen waarop de Nieuwe Tijd begon, heeft de keuze uit verschillende jaartallen. Zo zou men kunnen denken aan 1453, het jaar waarin de Turken Constantinopel veroverden en het Oost-Romeinse (Byzantijnse) rijk ten onder ging, maar ook aan 1492, het jaar waarin Columbus Amerika ontdekte en de Moren definitief uit Spanje werden verdreven, of aan 1517, het jaar waarin Luther zijn stellingen verkondigde en aldus de reformatie inluidde. Alle drie gebeurtenissen hadden grote geopolitieke gevolgen, ook al bleven die in eerste instantie beperkt tot Europa. Het is dan ook belangrijk om te beseffen dat een dergelijke indeling in perioden uitgaat van een eurocentrische visie. Dat geldt ook voor de benadering van de Middeleeuwen en in feite voor alles wat hier wordt besproken.

Ofschoon voor de historici de Nieuwe Tijd pas in de vijftiende eeuw begint en voor sommigen zelfs in de zestiende, is er natuurlijk sprake van een geleidelijke overgang. De eerste voortekenen zijn al in de veertiende, ja zelfs in de dertiende eeuw voelbaar. Deze tekenen kunnen worden gezien als bronnen die langzamerhand veranderen in beekjes en rivieren. De rivieren worden steeds groter en woester totdat de draaikolken alles met zich mee sleuren wat ze op hun weg tegenkomen. Zo is het ook gegaan met de periode die op de Oudheid en Middeleeuwen volgde en die in de maalstroom van de Franse Revolutie zou eindigen. De daaruit voortkomende Nieuwste Tijd vindt zijn wortels in de Verlichting. Voordat echter dit afsluitende deel van de Nieuwe Tijd uitvoerig aan bod komt, zal eerst stil worden gestaan bij het begin, de Renaissance en het humanisme.

Renaissance

Het tijdperk binnen de Nieuwe Tijd dat onmiddellijk volgt op de Middeleeuwen is de Renaissance. Deze wordt gekenmerkt door vier factoren: 1. de hernieuwde oriëntatie op mens en natuur, 2. de grote uitvindingen en ontdekkingen die daarmee gepaard gaan, 3. de vernieuwing van de kerk, met andere woorden de reformatie, 4. de omwentelingen op het gebied van politiek en economie, het ontstaan van nationale staten en de opkomst van de burgerij. Dit alles had zijn weerslag op de kunst en filosofie. Renaissance betekent letterlijk 'wedergeboorte' en dat is ook precies wat

Giorgione's schilderij *De drie filosofen* laat goed zien waar het in de Renaissance om draait: de mens die de natuur onderzoekt.

er heeft plaatsgevonden. Door een herbezinning op de klassieke Oudheid kwamen de idealen en ideeën van de Grieken en Romeinen weer tot leven. De fundamenten daarvoor waren reeds in de twaalfde eeuw gelegd. Sinds de bloeitijd van de Middeleeuwen kwam men in Europa via de Arabische filosofen opnieuw in aanraking met allerlei klassieke teksten. De daarin vervatte kennis, waarop men zich nu kon beroepen, werd nog groter dankzij nieuwe vertalingen die vrij waren van alle theologische invloeden. Strikt genomen begon de wedergeboorte van de ideeën uit de klassieke Oudheid in de veertiende eeuw met de Italiaanse dichter Francesco Petrarca. Diens uitgesproken afkeer van het scholastieke denken en diens houding ten aanzien van de natuur vormden de aanzet tot het humanisme. Zijn voorbeeld werd door velen gevolgd en vormde een belangrijke impuls voor de rijke, zelfbewuste kooplui in met name Florence, waar in het midden van de vijftiende eeuw de Platonische Academie werd gesticht.

De oriëntatie op de natuur en de mens als een natuurlijk wezen, de scheiding van wetenschap en theologie en het streven naar economische welvaart maakten dingen mogelijk die voorheen ondenkbaar waren. Men ging op ontdekkingsreis naar onbekende oorden en men begon op een andere manier tegen hemel en aarde aan te kijken, zonder dat er overigens sprake was van een breuk met het geloof. Het was het grote moment voor natuurfilosofen als Copernicus, Kepler en, ofschoon reeds aan de vooravond van een ander tijdperk, Galilei, die met zijn toepassing van de wiskunde vooruitloopt op Descartes en Leibniz. De hoog- en laatscholastiek had niet alleen de filosofie losgemaakt van de theologie, maar ook de weg gebaand voor denkers zoals Willem van Ockham, die net als de bedelordes openlijk kritiek uitten op de secularisering van de kerk en opriepen tot verandering. Het oorspronkelijke geloof voelde zich gesterkt na de 'flirt' met Aristoteles. De belijdenis van de goddelijke, irrationele openbaring die slechts geloofd kan worden, werkte consoliderend. De kritiek op de

clerus en het sterke authentieke geloof, zoals de mystici dat ervoeren met hun verinnerlijkte, directe gerichtheid op God zonder theologie en geïnstitutionaliseerde kerk, waren voor de hervormers de aanleiding om hun woorden in daden om te zetten. Ook al stond het geloof nog steeds centraal, toch bracht de reformatie een eigen protestantse ethiek, een eigen wereldbeeld en zelfs een eigen scholastiek en mystiek met zich mee. De hervormers werden daarbij geholpen door het feit dat de wereldse macht van de paus tanende was en de Europese mogendheden juist steeds sterker werden. Doordat het oude idee van twee machten, die van de paus en die van de keizer, had afgedaan, was de positie van de hervormers gunstiger dan ooit. Na de verdrijving van de Moren van het Iberische schiereiland en de vele ontdekkingen werden Spanje en Portugal net zulke belangrijke machtsfactoren als Engeland en Frankrijk. Deze laatste twee waren na het bedwingen van hun binnenlandse conflicten – de Rozenoorlog in Engeland en de Honderdjarige oorlog in Frankrijk – heer en meester in Europa. In het Heilige Roomse Rijk begon men intussen steeds meer waarde te hechten aan de toevoeging 'der Duitse Natie'. Ook hier was men zich bewust geworden van de relatie tussen traditie en volkstaal, ook al leidde dat niet tot een eenheidsstaat, maar tot een politieke en tevens kerkelijke versplintering. Voor Italië zag het er gunstiger uit, aangezien het noordelijke deel, dat lange tijd bij het 'Rijk' had gehoord, zich nu eindelijk kon losmaken. De kleine republiekjes aldaar dreven intensief handel met het Oosten en hadden veel weg van de Griekse stadstaten. De opkomende burgerij, die nog niet zo lang een plaats had weten te vinden naast de boeren, adel en geestelijkheid, bevrijdde zich van de heerschappij van de hogere standen.
Zelfs een beknopt overzicht als dit laat al zien dat er op het politieke vlak veel veranderde en dat zich allerlei nieuwe ontwikkelingen voordeden. Het teruggrijpen op de voorbeelden uit de klassieke Oudheid of het vroege christendom, zoals Plato of Augustinus, was niet meer voldoende om dit alles te duiden. Er ontstond een behoefte aan een nieuw theoretisch kader. Politieke filosofen ontwierpen hiervoor allerlei modellen. De moderne kaart van Europa is tot op zekere hoogte nog steeds hierop gebaseerd.

Humanisme

Om de rationele, wetenschappelijke houding tijdens de Renaissance te onderscheiden van het artistieke wereldbeeld is sinds de negentiende eeuw het begrip 'humanisme' in zwang. Deze aanduiding is afgeleid van het Latijnse woord *humanitas* ('menselijke natuur'). In de Renaissance kende men reeds het verschil tussen humanisten, in de zin van vertegenwoordigers van een of meerdere vrije kunsten, en bijvoorbeeld juristen of kunstenaars. Sinds tweehonderd jaar bedoelt men met 'hu-

Nicolaus Cusanus had gelijk. De sferen van de sterren waren niet het einde van de wereld! Aristoteles had zich dus vergist.

manistisch' vooral schrijvers en dichters, maar ook wetenschappers die zich bezighouden met de mens, zijn cultuur en geschiedenis en die tegelijkertijd schatplichtig zijn aan het Grieks-Romeinse ontwikkelingsideaal.

Met de opkomst van het humanisme begon men zich minder te richten op het hiernamaals en de theologie. De mens diende centraal te staan en gevormd te worden. Dat was de strekking van de *humanitas*, een ideaal dat de klassieke Oudheid al kende en dat ook door de klassieke auteurs werd uitgedragen. Hun werk werd, om te beginnen bij Aristoteles, geestdriftig vertaald. Een groot liefhebber van Seneca, Cicero, Vergilius en ook Augustinus was Francesco Petrarca (1304-1374), een Italiaanse geestelijke uit Arezzo die verbonden was aan het pauselijke hof in Avignon. Al tijdens zijn leven was hij beroemd vanwege zijn gedichten, die hij in het Italiaans schreef. In 1341 werd hij in het Capitool te Rome tot dichter gekroond. Met zijn brieven en traktaten luidde hij een nieuw filosofisch tijdperk in. Hij had een bijzondere voorkeur voor Plato en met name diens theorie dat de wereld het werk zou zijn van een bouwmeester, de demiurg. Nog meer bewondering had hij voor de elegantie van Cicero. Maar aangezien hij het christelijke geloof verkoos boven de filosofie, was zijn grote voorbeeld toch Augustinus, die eveneens veel op had met de Romeinse eclecticus en tegelijkertijd blootstond aan de neoplatonische invloeden. Petrarca wist maar al te goed dat hij aan de vooravond stond van een nieuw tijdperk. Zijn historische voorbeeld was de periode van de Romeinse republiek. Al in zijn tijd werd de dreiging van de Turken voor het laatste bolwerk van Griekse cultuur, Constantinopel, zo groot dat men naarstig zocht naar een hereniging tussen de oosterse kerk en de kerk van Rome. De speciaal daarvoor georganiseerde conferentie in Ferrara in 1438 bracht veel Griekse geleerden naar Italië, waaronder de platonist Giorgos Gemistos Plethon (een bijnaam die hij zich uit bewondering voor Plato had aangemeten). Zijn invloed leidde in 1459 tot de heropening van de Platonische Academie in Florence, waar niet zozeer onderwijs werd gegeven, maar waar men vooral bij elkaar kwam om te discussiëren en gedachten uit te wisselen. Het belangrijkste lid was de Plato-vertaler Marsilio Ficino, die zijn tijd "als een gouden eeuw" zag, waarin "er weer een licht scheen op de bijna uitgedoofde vrije kunsten, wijsheid en wetenschap."

Anders dan bij de scholastici, die niet zo goed bekend waren met Plato en Aristoteles, werd de Grieks-Romeinse erfenis nu niet meer gebruikt ter onderbouwing van overgeleverde dogma's, maar juist kritisch onderzocht en aangewend voor allerlei nieuwe ontwikkelingen. Een belangrijke vertegenwoordiger van deze veranderde houding was Ficino's leerling Pico della Mirandola, een filosoof met een zeer brede algemene ontwikkeling. Weinig geleerden van zijn tijd waren nog van mening dat er enig profijt te trekken was uit de scholastiek. Veel eerder was men geneigd om de thomistische Aristoteles van de hand te wijzen en hem in navolging van Averroës als een tweede waarheid naast het geloof te zien of hem helemaal opnieuw te duiden.

Het Duitse Rijk kon weliswaar niet teruggrijpen op een eigen klassieke overlevering, toch kreeg ook hier het humanisme vaste voet aan de grond. Petrarca werkte als gezant in Praag, de kanselier van de Duitse keizer vertaalde Augustinus in het Duits en de universiteiten beleefden hun eerste bloeiperiode. In het welvarende Nederland, dat toen al iets vrijer was, slaagde men erin om eigen inzichten te creëren op basis van nieuwe, uit Italië overgewaaide ideeën en de stellingen van de nominalisten. Nicolaus Cusanus was hier zo succesvol in dat hij als de belangrijkste filosoof wordt beschouwd van de vroege Renaissance. Hij werd in 1401 aan de Moezel geboren, groeide op in Nederland en overleed in Italië. Deze geleerde en kerkvorst van burgerlijke komaf was tegelijkertijd politicus en mysticus, wiskundige en natuurwetenschapper, scholasticus en humanist, maar bovenal was hij een christen. Als christelijk humanist bevrijdde hij zich met zijn drang naar kennis, zijn benadrukking van het individuele en zijn belangstelling voor de wis- en natuurkunde van het middeleeuwse denken.

De eerste Nederlandse humanist was de uit het Groningse Baflo afkomstige Rudolf Agricola (1443-1485). Aan de universiteit van Heidelberg, waar Cusanus had gestudeerd, predikte hij het gebruik van het eigen verstand. Men moest volgens Agricola niet alleen afgaan op wat de overlevering beweerde. Zijn jongere studiegenoot Johannes Reuchlin (1455-1522) legde de basis voor de studie Grieks en Hebreeuws in Duitsland. Beide humanisten vallen echter in het niet bij de in Rotterdam geboren Erasmus (circa 1469-1536). Deze onwettige zoon van een geestelijke gold in zijn tijd als het prototype van de klassieke geleerde en als een humanist par excellence. De in Leuven en later in Basel en Freiburg werkzame Erasmus viel op vanwege zijn bijzonder elegante stijl. Als uitgever van het kritisch herziene Nieuwe Testament in het Grieks onderhield hij contacten met talrijke humanisten, die hij op zijn vele reizen naar Italië en Engeland persoonlijk ontmoette. Hij had een grondige hekel aan filosofische wijdlopigheid en laatscholastieke geleerdheid. Zijn idee van een christelijk humanisme – hij was uiteindelijk priester – moest samen met zijn filosofische werk de voorwaarden creëren voor een *philosophia Christi*. Als groot pleitbezorger van de tolerantie zorgde Erasmus ervoor dat hij met geen enkele groep en geen enkele denk- of geloofsrichting werd vereenzelvigd, zelfs niet met Luther, met wie hij aanvankelijk sympathiseerde.

Een belangrijke schrijver en filosoof aan het einde van het humanisme is de Fransman Michel de Montaigne, die met zijn *Essais* een nieuw literair genre schiep. Zoals het een ware humanist betaamt, zet hij in deze ongedwongen prozastukken de mens centraal. Daarnaast bevatten de essays ook analyses over kennistheorie en ethiek, waarmee Montaigne vooruitloopt op de Verlichting. De bevrijding van tradities in filosofie en theologie leidt bij hem tot twijfel, waarvan de wortels ook zeker gezocht moeten worden in de radicale omwentelingen van die jaren en de godsdienstoorlogen die letterlijk voor zijn voordeur werden uitgevochten. Het is juist deze twijfel die Descartes zou oppikken. Deze grondlegger van de nieuwe filosofie werd vier jaar na Montaigne's dood in Touraine geboren, niet ver van de streek van zijn landgenoot.

Nicolaus Cusanus *(1401 in Kues aan de Moezel – 11 augustus 1464 in Todi/Umbrië)*

Leven: Nikolaus Krebs, ook wel 'van Kues' genoemd naar zijn geboorteplaats, had een voor zijn tijd uitzonderlijke loopbaan. Als zoon van een, weliswaar vermogende, schipper op de Moezel schopte hij het uiteindelijk tot de kerkvorst en kardinaal Nicolaus Cusanus. Zijn opleiding in de elementaire vakken, de vrije kunsten, kerkelijk recht en theologie volgde hij in Deventer, Heidelberg, Padua en Keulen. Hij was inmiddels doctor in het canonieke recht en priester toen hij in 1432 als raadgever van een geestelijke deelnam aan het concilie van Basel. Daar viel hij al snel op vanwege zijn onderhandelingstechniek en zijn eerste geschriften. De paus stuurde hem zelfs naar Constantinopel om van daaruit de Byzantijnse keizer naar Ferrara te vergezellen, waar de unie tussen de oosterse en westerse kerk besloten had moeten worden. Op zijn reis kwam hij plotseling tot het filosofische inzicht dat de in het oneindige, in God, liggende eenheid moest prevaleren boven elke vorm van versplintering. Zijn bijdrage aan de totstandkoming van het concordaat van Wenen in 1448 was dermate belangrijk dat paus Nicolaas V hem tot kardinaal benoemde en het bisdom Brixen toekende, waarvan hij van 1450 tot 1464 ook regerend vorst was. Vanwege een conflict met de graaf van Tirol duurde zijn daadwerkelijke regeerperiode niet langer dan vijf jaar. In 1460 moest hij zijn land voorgoed verlaten. De laatste jaren leefde hij als vorst in ballingschap in Rome, waar hij zich aan zijn hoofdtaak, de hervorming van de curie, wijdde. Zonder hierin enig succes te boeken, stierf hij op een van zijn vele reizen.

Werk: Al tijdens het concilie van Basel kreeg Cusanus enige bekendheid met zijn *De concordantia catholica* (*Over de alomvattende overeenstemming*), een geschrift dat gewijd is aan de kerkelijke en staatkundige politiek en waarin hij tegenover de paus de rechten van het concilie verdedigt. Na zijn ingeving schreef hij *De docta ignorantia* (*Over de geleerde onwetendheid*), zijn belangrijkste werk. Hierin geeft hij een eerste opzet van zijn filosofische gedachtegoed, om daar vervolgens in *De coniecturis* (*Over de vermoedens*) op voort te borduren. Overigens was zijn productiviteit bijzonder groot. Naast zijn drukke loopbaan als politicus, landsheer en zielzorger schreef hij honderden geschriften, verhandelingen, preken en brieven, en dat, op enkele uitzonderingen na, allemaal in het Latijn. Typisch scholastieke genres als commentaren en summae horen daar niet meer bij.

De wellicht meest onderschatte filosoof die er is, Nicolaus Cusanus.

Leer: Cusanus was niet alleen geïnteresseerd in de verhouding tussen God, wereld en mens, maar wilde graag ook een antwoord op de vraag naar het ontstaan van kennis over deze verhouding. In principe ging hij voortdurend uit van de waarheid van het christelijke geloof. Hij had geen behoefte aan een scheiding tussen filosofie en theologie, zoals Thomas van Aquino. Met zijn belangstelling voor oude geschriften was hij echt een kind van zijn tijd. Hij bestudeerde voornamelijk de neoplatonisten, die hij buitengewoon belangrijk achtte vanwege het feit dat ze zo goed te verenigen waren met de christelijke ideeën. Zijn denken is dan ook met name gebaseerd op Proclus, de pseudo-Dionysius Areopagita en de vroege scholasticus Johannes Scotus Eri(u)gena.

God: Aangezien alle veelheid van het kenbare afhangt van het ene, vormt diens kennis de basis van alle kennis. God is de eenheid van waaruit men de andersheid, de veelheid, kan begrijpen. Het probleem is echter dat het eindige, de aardse wereld, in geen verhouding staat tot het oneindige, God. Diens oneindigheid kan men wel benaderen met behulp van symbolen uit de geometrie. Daarvoor introduceert Cusanus wiskundige principes (dynamische beschouwingen) die de klassieke Oudheid en de Middeleeuwen niet kenden. Zo vraagt hij zich af wat er gebeurt als men bij een regelmatige veelhoek het aantal zijdes tot in het oneindige vermeerdert. Men heeft dan nog steeds geen cirkel. Hetzelfde geldt ook voor het oneindige, met andere woorden voor God. Ook al brengt men het eindige nog zo ver, het oneindige blijft altijd verschillend. Wanneer men de lange zijde van een driehoek tot in het oneindige verlengt, dan zullen alle drie zijdes daar samenvallen. Omgekeerd betekent dit dat een driehoek en ook een cirkel en kogel zich uit een rechte lijn kunnen 'ontvouwen'. Grensbeschouwingen heffen de tegenstellingen tussen lichamen op. In het oneindige, in God, die hij steeds als een Drie-eenheid ziet, vallen tegenstellingen samen. Deze stelling doet denken aan Heraclitus en is te bewijzen. Met het verstand kan men immers dicht in de buurt komen van het oneindige, toch zal men het nooit bereiken. Socrates' beroemde uitspraak "Ik weet dat ik niets weet" ligt ook ten grondslag aan het geleerde niet-weten van Cusanus als hij beweert: "Ik weet dat alles wat ik weet niet God is en dat wat ik begrijp niet met Hem overeenkomt."

Kennis: Ook in zijn kennistheorie werkt Cusanus met 'ontvouwingen'. De eenheid ontvouwt zich in de volgende vier sferen of, om met neoplatonische termen te spreken, zijnsniveaus: God, het verstandelijke (engelen), de zielen en de lichamen. Deze raken elkaar aan hun grenzen. Zo raakt de menselijke ziel op haar hoogste vermogen reeds de eenvoud van het verstandelijke. Op elk zijnsniveau, behalve dat van God, bij wie zijn en kennen samenvallen, bestaat er een verschillend kennisvermogen. Het verstandelijke beschikt over de rede, de ziel over het verstand en het lichaam over de zintuigen. Hier, op het onderste niveau, is geen ontkenning mogelijk. Iets is rood of niet rood. Pas het verstand kan dit op het volgende niveau vaststellen, waar instemming of ontkenning bestaat en waar de door Aristoteles geformuleerde stelling van de tegenspraak geldt. Daarboven ligt het niveau van het verstandelijke, de sfeer van het verstand, waar instemming en bevestiging bestaan. Iets is rood en dus niet geel. Omdat in God alle tegenstellingen samenvallen, is er op zijn niveau geen instemming meer. De uitspraak "God is het kleinste en het grootste" kan niet worden bevestigd. Het is met andere woorden niet mogelijk om iets eenduidigs over Hem te zeggen. In neoplatonisch opzicht is hier sprake van een negatieve theologie. Het verstand is niet in staat om iets positiefs over God te beweren. Alleen met behulp van het door het geloof verlichte verstand benadert men de sfeer van het oneindige. Daar komt bij dat alle kennis uiteindelijk slechts meten is. Dit betekent dat kennis afhankelijk is van getallen, die als maatstaf fungeren. Zonder maat is er geen kennis mogelijk. De getallen zijn op hun beurt het product van de menselijke geest. Alles bij elkaar poneert Cusanus hier een zeer moderne opvatting. Kennis is niet absoluut, maar afhankelijk van het kennende subject!

Wereld: Aangezien God alles is wat er kan zijn – Cusanus introduceert hiervoor het begrip 'kunnen-is' – moet alles wat er in de wereld is ook in God zijn, op absoluut dezelfde wijze. Om de wereld te scheppen, moest Hij zich 'ontvouwen'. Zo is de wereld zichtbaar geworden. Zijn 'ontvouwing', het universum, is zonder aantoonbare grenzen en in potentie oneindig. Het omvat een oneindige veelheid die net zo lang 'opgevouwen' blijft als de Schepper dat wil. Een gevolg van het oneindigheidsidee is dat de aarde, die niet stilstaat, ook niet meer het middelpunt van het heelal vormt.

Mens: "Omdat de mens vermoedt dat alles door de zintuigen, het verstand of de rede wordt aangeroerd en omdat hij ziet hoe al deze krachten in zijn eenheid zijn opgevouwen, veronderstelt hij dat hij als mens zijnde alles kan bereiken. De mens is een god, maar niet in absolute zin, want hij blijft immers mens. Hij is dus een menselijke god. De mens is ook een wereld, maar niet zonder meer alles, want hij blijft een mens. De mens is dus een microkosmos of een menselijke wereld. De menselijke natuur omvat dus God en de wereld in zijn vermogen." Een dergelijke, typisch humanistische gedachte komt men ook tegen bij Pico della Mirandola, bijvoorbeeld in diens *Oratio de hominis dignitate* (*Rede over de menselijke waardigheid*). Voor Cusanus is de zin van het leven de verwezenlijking van de menselijke triniteit in de vorm van vereniging met God, gerechtigheid en liefde. Alleen het opstijgen naar God biedt absoluut houvast in het leven. Deze gedachten probeerde hij voor zichzelf te realiseren door onophoudelijk te strijden voor vrede en eensgezindheid en door zijn bereidheid om de rituelen en gebruiken van zijn geloof op te offeren voor een vreedzame vereniging van alle religies.

Samenvatting

Kardinaal Nicolaus Cusanus belichaamt de overgang van de scholastiek en de Middeleeuwen naar het humanisme en de Nieuwe Tijd. Zijn gedachtegoed bouwt voort op de klassieke ideeën van het neoplatonisme en berust eveneens op wiskundige en natuurwetenschappelijke overtuigingen. Blindelings afgaan op het gezag, zoals de scholastici dat deden, is voor hem geen optie meer. God is in zijn ogen het oneindige. Als het al mogelijk is, kan de mens Hem slechts door de rede kennen, want de mens en zijn ziel houden zich op in een sfeer onder het verstandelijke, en dus ook onder God, maar boven het lichaam. De mens is een god en voor hem is alles mogelijk, aldus Cusanus. Het klassieke ideaal 'word die je bent' betekent voor hem net zo veel als dat van de overgave aan God. Beide dient men na te streven. De oneindige wereld is een ontvouwing van God en derhalve zelf ook goddelijk. Dit laatste geldt tevens voor de mens, die een wereld in het klein, een microkosmos, vormt. Het idee van God in alles is geënt op het pantheïsme.

Invloed: Nicolaus Cusanus wordt door velen als de grondlegger van de nieuwe filosofie gezien. Toch raakte zijn werk al vrij snel in de vergetelheid. Pas tijdens de Romantiek werd hij opnieuw ontdekt. Dit neemt overigens niet weg dat in een eerder stadium niet-filosofen dankbaar gebruik maakten van zijn erfgoed. Hierbij kan men onder meer denken aan Johannes Kepler, die met grote belangstelling Cusanus' wereldbeeld bestudeerde, of Giordano Bruno, die het voor de Renaissance zo belangrijke idee van oneindigheid oppakte en ten onrechte als de ontdekker ervan werd vereerd. Newton en Leibniz knoopten aan bij de wiskundige grensbeschouwing en ontwikkelden zo de infinitesimaal of differentiaalrekening. Cusanus gaf bovendien de aanzet tot de eerste kaart van Centraal-Europa en maakte zich op pedagogisch vlak verdienstelijk door het ontwikkelen van de eerste wandcatechismus voor het 'gewone volk'. Ook kan men hem als de vader van de rechtsgeschiedenis beschouwen. Als eerste had hij door dat de donatie van Constantijn, waarop de pausen hun aanspraak op wereldse macht berustten, een vervalsing was.

MARSILIO FICINO *(19 oktober 1433 in Figline/Valdarno – 1 oktober 1499 in Careggi)*

Ficino, een van de oprichters van de Florentijnse Platonische Academie in Careggi, studeerde klassieke talen, grammatica, retoriek en medicijnen in Florence, Pisa en Bologna. Als arts zijnde verdiepte hij zich in de geschriften van Plato. De 'goddelijke' filosoof vormde voor hem het hoogtepunt van een traditie die zich uitstrekt van Mozes tot Zarathoestra en van Orpheus tot Pythagoras. In 1462 stopte hij met al zijn werkzaamheden om zich volledig op de filosofie te kunnen richten. Elf jaar later, in 1473, werd hij tot priester gewijd. Hij stierf een jaar nadat zijn tegenstander, de boeteprediker Savonarola, tot de brandstapel was veroordeeld.

'Vrome filosofie' staat voor hem gelijk aan 'kennende religie'. Plato en Plotinus verkondigen volgens hem de goddelijke waarheid die Christus openbaarde. Om die reden vertaalde hij voor het eerst het volledige werk van Plato in het Latijn, evenals de geschriften van Plotinus en andere filosofen. Zijn filologisch werk voorzag hij van commentaren. In zijn *Theologica Platonica* (*Platonische theologie*) benadrukt hij de eenheid van christendom en platonisme en formuleert hij reeds het idee van religieuze tolerantie. De wereld kent in zijn ogen een neoplatonische hiërarchie bestaande uit God, de engelengeest als domein van de ideeën, de menselijke zielen die direct door God geschapen zijn, de dingen in ruimte en tijd en de vormeloze materie. Net als Plato gelooft Ficino in een wereldziel en de onsterfelijkheid van de individuele ziel. Deze laatste kan tot God opstijgen door deugd, gerechtigheid en contemplatie (zelfbezinning), wijsheid en bevrijding van het lichamelijke. Alle aspecten van de natuur zijn bezield. Hierdoor kan de eveneens bezielde mens de natuur door middel van alchemie en magie beïnvloeden. Ook de astrologie kent een belangrijke plaats, aangezien de hemellichamen een ziel hebben. De 'rationele' Renaissance was evengoed de tijd van doctor Faustus en Nostradamus.

Giovanni Pico della Mirandola *(24 februari 1463 in Mirandola bij Modena – 17 november 1494 in Florence)*

Deze zoon van de graaf van Mirandola en Concordia streefde naar harmonie (*concordia*) tussen de filosofische systemen die hij kende, en dat waren er niet weinig. Al op zijn veertiende was Pico notaris van de pauselijke kanselarij. Hij studeerde aansluitend in Bologna, Ferrara, Padua, Parijs en Perugia. Hij stond bekend om zijn encyclopedische kennis, niet alleen van de klassieke filosofen, maar ook van de kabbala (een joodse mystieke leer), de scholastiek en talen als Hebreeuws en Aramees. Net als de eclectici bediende hij zich van uiteenlopende theorieën om daaruit een filosofie te syncretiseren met elementen uit alle richtingen. Daarmee moest de hoogste waarheid worden bereikt. Ervan uitgaande dat alle godsdiensten en filosofieën aspecten van de universele waarheid bevatten, poneerde hij zijn negenhonderd stellingen getiteld *Conclusiones philosophicae, cabalisticae et theologicae* (*Wijsgerige, kabbalistische en theologische conclusies*). De religieuze tolerantie waarmee hij dit deed, had hij geërfd van zijn leraar Ficino. Graag had hij zijn stellingen in Rome willen bespreken met de voornaamste geleerden van zijn tijd. Dit bleek echter onmogelijk. Paus Innocentius VIII verordeelde aanvankelijk enkele en vervolgens alle stellingen. Pico's invloedrijkste werk, *De dignitale hominis* (*Over de menselijke waarde*), verscheen pas na zijn vroege dood in Florence, waar hij lid was van de Platonische Academie. Hiermee had hij eigenlijk de discussie in Rome willen inleiden. Het mensbeeld dat hij schetst, is typisch renaissancistisch. De mens is volgens Pico een autonoom wezen dat onafhankelijk is van God. Zijn plaats in de kosmos is geen geschenk van het zijn, maar kan eigenhandig worden bepaald. Het unieke karakter van de mens, dat veel verder reikt dan het individualisme van de laatscholastiek, maakt, evenals de religieuze tolerantie, deel uit van de erfenis die Pico nalaat aan de Verlichting. Zijn grote afkeer van de astrologie als een leer die indruist tegen de menselijke zelfbestemming zette de deuren wagenwijd open voor de natuurwetenschappen.

Michel de Montaigne *(28 februari 1533 op kasteel Montaigne/Dordogne – 13 september 1592 op kasteel Montaigne)*

Michel Eyquem stamde uit een rijk burgergezin en noemde zich later 'de Montaigne', naar het kasteel dat hij had geërfd. Hij studeerde rechten en was verbonden aan het gerechtshof in Bordeaux. Met enige tegenzin werd hij zelfs tot burgermeester benoemd van deze stad. Nadat hij in 1571 zijn erfenis had aanvaard kon hij het zich permitteren om het rustig aan te doen, met uitzondering van de paar jaren dat hij als burgervader actief was. Hij gebruikte de periode van rust en inkeer voor de studie van klassieke literatuur en om zijn gedachten op papier te zetten. Vanaf 1580 publiceerde hij die onder de titel *Essais*. In deze "gesprekken met een overleden vriend" manifesteert hij zich als de belangrijkste vertegenwoordiger van de humanistische scepsis. Daarbij richt hij zich voornamelijk op Epictetus en Pyrrho van Elis, de grondlegger van het scepticisme. Met zijn motto "*Que sais-je?*" ("Wat weet ik?") wil hij vooral laten zien hoe ver het kenvermogen van de mens reikt. Het gaat hem dus niet om twijfel als zodanig. Montaigne is van mening dat sommige dingen gewoon een feit zijn. Bijvoorbeeld de leer van de kerk en de heersende staatkundige orde. De filosofische tradities daarentegen zijn wel aan twijfel onderhevig. "De God van de scholastieke wetenschap is Aristoteles… Maar ik zou toch net zo goed kunnen kiezen voor de ideeën van Plato of de atomen van Epicurus… of de sympathie en antipathie van Empedocles of het vuur van Heraclitus?" Het dier heeft het geluk dat het niet rationeel kan denken. Leugens, bijgeloof en besluiteloosheid blijven hem daarom bespaard. "De pest voor de mens is dat hij meent iets te weten." Dit komt omdat de zintuigen en het verstand elkaar bedriegen en vooroordelen de waarneming vervalsen. Voor de onbedorven mens is het dan ook gemakkelijker om het hoogste goed, gemoedsrust, te bereiken.

Natuurfilosofen

Waar men in de Middeleeuwen nog genoegen nam met een systematisering, afgrenzing en definiëring van de wereld, daar wilde de renaissancistische mens de natuur en zichzelf als onderdeel daarvan onderzoeken, zonder overigens direct te tornen aan de christelijke leer. Een en ander werd, op het gebied van de grote ontdekkingsreizen, mogelijk gemaakt door met name de uitvinding van het kompas en het geloof in het ptolemeïsche wereldbeeld, waarin de aarde nog steeds als het middelpunt van het heelal wordt gezien, maar dat toch ook heel duidelijk uitgaat van een kogelvorm. Dit inzicht gaat weliswaar terug tot de klassieke Oudheid, maar heeft pas ingang gevonden toen Magalhaes in 1521 erin slaagde langs de westelijke route van Portugal naar de Filippijnen te zeilen. Behalve het kompas was er in de veertiende eeuw nog een belangrijke uitvinding, die van de boekdrukkunst. Zonder Johannes

Gutenberg (of Laurens Janszoon Coster) was de snelle verspreiding van de nieuwe filosofische en natuurwetenschappelijke theorieën ondenkbaar geweest.

De meest omstreden veranderingen in het natuurwetenschappelijke denken betroffen de astronomie. Ze druisten immers in tegen het boek der boeken. Aristarchus had reeds in de derde eeuw voor Christus verklaard dat de planeten zich niet rondom een mysterieus centraal vuur draaiden, zoals de pythagoreeërs beweerden, maar om de zon. Toch was deze theorie in vergetelheid geraakt. Het wereldbeeld van Aristoteles en de kerk, waarin de aarde het middelpunt vormt en omgeven is door planeten in vaste sferen, kon rekenen op buitengewoon machtige voorsprekers. Nicolaas Copernicus, een Poolse astronoom uit het gebied van de Duitse orde, was de eerste die aan het begin van de zestiende eeuw voor een omslag wist te zorgen. Een tijdgenoot van deze astronoom probeerde eveneens veranderingen aan te brengen in het traditionele mensbeeld en wel op het medische vlak. Het gaat hier om de arts Theophrastus Bombastus von Hohenheim, beter bekend als Paracelsus.

De eleaten in het oude Griekenland stelden zich de aarde reeds als een kogel voor. Copernicus heeft daar in feite niets aan veranderd. In zijn ogen was het heelal eveneens eindig en begrensd door een kristallen holle kogel waaraan de vaste sterren bevestigd zijn. Het gedachtegoed van Nicolaus Cusanus over de oneindigheid paste niet in zijn wereldbeeld. Het was de Italiaanse theoloog Giordano Bruno die erin slaagde om dergelijke opvattingen algemeen gangbaar te maken, al stuitte dat op felle kritiek van de kerk en moest hij hiervoor met zijn leven betalen.

Copernicus had slechts weinig astronomische gegevens tot zijn beschikking om zijn inzichten te onderbouwen en ook was er in hem nog iets van de oude opvattingen blijven hangen. Twee andere natuurfilosofen daarentegen, die reeds als natuurkundigen kunnen worden gedefinieerd, gaven de wiskunde en daarmee ook het nieuwe wereldbeeld de plaats die ze verdienden. De ene, Johannes Kepler, kon daarbij gebruik maken van de schat aan aantekeningen die de Deense astronoom Tycho Brahe had nagelaten. Voor hem stond het buiten kijf dat alles wat zich in de natuur afspeelt, onderworpen is aan algemene wetmatigheden en dus te verklaren valt met kwantitatieve methoden als meten en wegen. Ze berusten niet, zoals men tot aan de Nieuwe Tijd geloofde, op kwalitatieve verschillen. Een tijdgenoot van Kepler, de Italiaan Galileo Galilei, gaat nog een stapje verder. Hij is niet meer geïnteresseerd in het waarom van een gebeurtenis, maar in het hoe. Het gevolg is dat hij de essentie van een gebeurtenis weliswaar niet kan verklaren, maar wel kan beschrijven om daar vervolgens wetmatigheden uit af te leiden. Galilei geldt niet voor niets als de grondlegger van de Europese natuurwetenschappen. "En toch beweegt-ie" zijn beroemde de woorden die hij voor de inquisitie zou hebben uitgesproken.

Terwijl Copernicus, Paracelsus, Kepler en Galilei hoofdzakelijk mensen van de praktijk waren met kennis op één speciaal terrein, ondersteunde de Engelse staatsman en filosoof Francis Bacon de ontwikkeling van de wetenschap op theoretisch vlak. Daarnaast definieerde hij de rol van de wetenschap in de maatschappij en heeft hij getracht om kennis te classificeren. Het idee was dat hoe meer men weet, hoe beter men de natuur naar zijn hand kan zetten. En dat is precies wat Bacon bedoelde met zijn beroemde uitspraak "kennis is macht." Als tegenstander van de scholastiek gaf hij de voorkeur aan kennis die voortkomt uit ervaring. Daarmee legde hij de grondslagen voor het moderne empirisme. Met hem eindigt de Renaissance en begint er een nieuw tijdperk.

NICOLAAS COPERNICUS *(19 februari 1473 in Toru (Thorn) – 24 mei 1543 in Frombork (Frauenberg)/Oostpruisen)*

De in het Poolse Toru geboren Copernicus (Kopernik) was geestelijke, doctor in het canonieke recht en domheer van Frauenberg (Frombork in het Pools). Hij studeerde in Krakau, Padua, Bologna en Ferrara en zorgde voor de grootste ommekeer in de geschiedenis van het denken. Hij beweerde dat "het middelpunt van de aarde niet het middelpunt van het heelal is, maar slechts dat van de zwaartekracht en van de baan van de maan." Hij voegt eraan toe: "Alle banen die de hemellichamen afleggen, omgeven de zon, die als het ware in het midden staat; het middelpunt van het heelal ligt daarom ook in de buurt van de zon." Copernicus beschrijft dit heliocentrische (*helios* betekent 'zon' in het Grieks) systeem in zijn *De revolutionibus orbis coelestium* (*Over de omwentelingen van de hemelse kogelschaal*), het enige werk dat hij, afgezien van een vertaling, ook daadwerkelijk publiceerde. Het werd gedrukt vlak voor zijn dood en het verhaal gaat dat hij het eerste exemplaar pas op zijn sterfbed onder ogen kreeg. De eerste oplage van duizend boeken werd niet eens helemaal verkocht. Men kan zich afvragen hoe hij tot zijn inzichten geraakte. Hij was niet bekend met de leer van Aristarchus en de telescoop werd pas rond 1600 uitgevonden. Toch komt hij met bevindingen die nauwelijks konden worden verklaard op grond van het ptolemeïsche en aristotelische wereldbeeld. De veronderstelling dat de aarde beweegt, kon dat echter wel. "Van alle ontdekkingen en overtuigingen is er niet een die een grotere uitwerking heeft gehad op de menselijke geest dan de leer van Copernicus," aldus Goethe. En daarmee had hij groot gelijk. Immers als de aarde niet het middelpunt is, is de mens dan nog de kroon

op de schepping? En heeft de kerk al die tijd dogma's verkondigd die op leugens berusten? Hoewel Copernicus zijn boek opdroeg aan de paus, hulde de kerk zich jarenlang in stilzwijgen. Pas in 1611 kwam er een reactie en werd het boek alsnog verboden.

Theophrastus Bombastus von Hohenheim oftewel Paracelsus
(17 december of 10 november 1493 in Einsiedeln – 24 september 1541 in Salzburg)

Paracelsus, die door zijn vader naar Aristoteles' leerling Theophrastus werd genoemd, werd in 1494 in Einsiedeln geboren en studeerde in Ferrara, waar hij promoveerde tot doctor in de medicijnen. Vanwege zijn revolutionaire opvattingen zag hij zich gedwongen om steeds van standplaats te veranderen. Zo was hij enige tijd professor in Basel, waar hij als eerste colleges gaf in het Duits.

Zijn drang naar kennis, die hij middels de natuurfilosofie probeerde te bevredigen, was op de mens gericht. Dit inzicht in de mens wilde hij uit de wereld afleiden. Ziekte komt voort uit Eva's zondeval en vormt een verstoring van de wereldorde. Behalve een persoonlijk is het ook een maatschappelijk probleem. Het leven wordt volgens hem niet gedragen door de ziel, maar door een immaterieel principe dat alles in het lichaam op chemische wijze regelt. Zout, kwikzilver en zwavel zijn de primaire bestanddelen van het lichaam en hun reacties kunnen daarom net zo goed op experimentele wijze in een reageerbuis worden vastgesteld. De overgeleverde kennis, zoals de boekenwijsheid van de scholastiek, was voor hem van minder belang. Door goed te kijken naar de natuur slaagt men er ook in om negatieve processen in het lichaam te corrigeren. Dit alles had grote gevolgen voor de farmacologie. Ook ontstond er een behoefte aan een heel ander soort arts, die zich niet meer baseerde op de tot dan toe heersende theorie van de vier sappen waaruit het menselijk lichaam zou zijn opgebouwd. Deze sappen correspondeerden met de vier temperamenten, die van de melancholicus, de cholericus, de sanguinicus en de flegmaticus. Voor Paracelsus was dit alles een kwestie van de ziel. Vlak voordat hij in 1541 vroegtijdig overleed, hield hij zich bezig met politieke filosofie en theologische problemen. Als een echte humanist verkondigde hij de gelijkheid van de mensen, riep hij op tot afschaffing van de doodstraf en verklaarde hij oorlogen als zinloze aangelegenheden.

Giordano Bruno *(1548 in Nola bij Napels – 17 februari 1600 in Rome)*

Al vrij snel na zijn theologiestudie in Napels werd Filippo Bruno (Giordano was zijn kloosternaam) door de procurator van zijn orde aangeklaagd wegens ketterij. In reactie daarop trad hij uit de dominicaner orde en sloeg hij op de vlucht. Via Zwitserland en Frankrijk, waar hij telkens voor korte tijd onderwijs genoot, kwam hij in 1583 in Engeland aan. In Londen en Oxford schreef hij, in het Italiaans, zijn belangrijkste werken. Dit zijn *Della causa, principio ed uno* (*Over de oorzaak, het beginsel en het Ene*), een metafysisch geschrift in dialoogvorm, *Dell' infinito, universo e mondi* (*Over het oneindige, het al en de werelden*) en het kennistheoretische stuk *Degli eroici furori* (*Over de heroïsche hartstochten*). Na zes onrustige jaren en langere verblijven in Parijs, Marburg, Wittenberg, Praag, Helmstedt en Frankfurt am Main, waar zijn Latijnse werken werden gedrukt, was hij zo onvoorzichtig om in te gaan op een uitnodiging naar Venetië te komen. Van daaruit stelde hij zich kandidaat voor een leerstoel wiskunde aan de universiteit van Padua. Deze positie werd uiteindelijk toegewezen aan zijn concurrent Galileo Galilei. Nadat hij door zijn gastheer was verraden, werd hij door de inquisitie gearresteerd. Ook al had hij zijn aanstootgevende gedachten, de afwijzing van de Drie-eenheid en een individuele God, herroepen, de geloofsrechters leverden hem uit aan Rome. "De angst waarmee jullie het oordeel tegen mij vellen is wellicht groter dan waarmee ik het aanhoor," waren Bruno's laatste woorden voordat hij op een zonnige februaridag in de eeuwige stad op de brandstapel stierf.

De verdienste van Bruno is niet zozeer dat hij Cusanus en Copernicus, en ook Paracelsus en Luther, grondig bestudeerde, maar vooral dat hij hun ideeën overnam en met elkaar combineerde. Op grond van Gods oneindigheid is hij ervan overtuigd dat Diens evenbeeld, het universum, eveneens oneindig is, ofschoon op een heel andere manier. Bovendien bestaat dat universum volgens hem uit ontelbare zonnestelsels. Het vormt één geheel, maar wel met een dynamisch karakter, zoals een levend organisme. Bruno was een echte filosoof en theoloog, en geen natuurwetenschapper. Zuiver speculatief beweert hij dan ook: "Zo is dan derhalve het universum een enig, oneindig, onbeweeglijk iets... Het wordt niet voortgebracht, want er is geen ander zijn, waarnaar het zou kunnen verlangen of dat het zou kunnen verwachten; het heeft immers zelf al alle zijn. Het vergaat niet, want er is niets anders waarin het zou kunnen overgaan – het is toch zelf alles." De ziel van dit organisme is God, die haar niet van buitenaf bestuurt, maar als een inherent principe in al haar delen werkzaam is. Dit is een welhaast pantheïstische manier van denken. God is weliswaar geen persoon, maar als wereldziel in de hele natuur aanwezig. Hij doorstraalt de hele wereld, zoals de neoplatonist Plotinus dat al formuleerde. Alle tegenstellingen vallen in God samen, stelt Bruno in navolging van Cusanus. Aan de andere kant is Hij geen eerste beweger die van buitenaf een zet geeft. Bruno bestrijdt Aristoteles' tweedeling van het heelal in een onder- en bovenmaanse sfeer. Ook is er in zijn gedachtegoed geen plaats meer voor het idee van de vormeloze materie. Zoals een mens uit atomen bestaat, zo is de wereld opgebouwd uit monaden, die worden gevormd en in stand gehouden door een innerlijke drang naar zelfbehoud.

Aangezien kennis van de natuur leidt tot kennis van de alomtegenwoordige God, hecht Bruno buitengewoon veel waarde aan het natuurwetenschappelijk onderzoek.

Zijn ideeën over de natuur werden later door Spinoza overgenomen. Zijn marteldood in de strijd tegen de kerk en voor de wetenschap bezorgde hem terecht veel aandacht, niet in de laatste plaats in de negentiende eeuw, het tijdperk van het liberalisme.

JOHANNES KEPLER *(27 december 1571 in Weil der Stadt – 15 november 1630 in Regensburg)*

Johannes Kepler studeerde theologie in het Würtembergse Tübingen, waar het hervormde geloof werd onderwezen. Hij had zijn studie nog niet eens afgerond toen hij in 1594 als wiskundeleraar werd aangesteld op een domschool in het Oostenrijkse Graz. Een van zijn taken was ook het opstellen van de jaarkalender. Bijzondere aandacht ging daarbij uit naar de astrologie, zodat artsen, boeren en staatslieden precies wisten wanneer de sterren gunstig stonden. Dit irrationele trekje vergezelt Kepler tijdens zijn hele leven, zelfs nadat hij in 1601 Brahe had opgevolgd als hofwiskundige van keizer Rudolf II in Praag. Men vindt het terug in zijn eerste boek over astronomie, *Weltgeheimnis* (*Wereldgeheim*), waarin hij meent het geheim van het heelal te hebben ontdekt. Alles zou berusten op een goddelijk en harmonisch ontwerp en Copernicus zou gelijk hebben met zijn stelling dat de vijf bekende planeten om de zon draaien. Toch gebeurde dat niet in cirkels. En dat was juist het nieuwe, ook al deed het enigszins denken aan Pythagoras. Elke planeet bewoog zich voort binnen een van de vijf regelmatige platonische lichamen die, met de zon als middelpunt en begrensd door de kogel met de vaste sterren, in elkaar zouden zijn geschoven.

In Praag schreef hij zijn *Dioptrik* (*Dioptrica*), waarmee hij de grondlegger werd van de moderne optica. Brahes jarenlange nauwkeurige observaties van de hemel stonden aan de basis van een ander en veel belangrijker werk, de *Astronomia Nova* (*Nieuwe astronomie*). Hierin levert hij het empirische bewijs voor Copernicus' theorie en formuleert hij de eerste twee wetten van Kepler.

Tycho Brahe (1546-1601) deed zijn waarnemingen in een eigen observatorium, maar nog zonder telescoop. Ze vormden het uitgangspunt voor Keplers theorieën.

Deze luiden als volgt: 1. de planeten bewegen zich in een ellips om de zon. 2. aangezien de zon op een grote magneet lijkt, is hun snelheid niet gelijkmatig, maar zodanig dat de verbindingslijn tussen zon en planeet in gelijke perioden gelijke vlakken bestrijkt. De derde wet is, enigszins verborgen, te vinden in zijn *Harmonices Mundi* (*Wereldharmonie*), waarin hij de goddelijke harmonie in de wereld benadrukt. Het is het laatste werk dat empirische kennis verbindt met filosofische beschouwingen over God, de mens en het heelal. Kepler stierf in Regensburg, waar hij inmiddels als astronoom in dienst van Wallenstein bij de rijksdag het salaris wilde opeisen dat hij nog van de keizer te goed had. Ook al lukte het hem niet meer om zijn rechten te doen gelden, door zijn aanpassingen vierde het wereldbeeld van Copernicus uiteindelijk zijn triomfen.

Galileo Galilei *(15 februari 1564 in Pisa – 8 januari 1641 in Arceteri bij Florence)*

"En toch beweegt-ie." Er is nauwelijks een bekender citaat te noemen dan deze repliek van Galilei. En ook al heeft hij dergelijke woorden waarschijnlijk niet gesproken, hij had het kunnen doen. Ondanks de ernstige beschuldigingen bleef hij bij zijn mening, en die van Copernicus en Kepler, door te beweren dat de aarde draait en wel om de zon. Tijdens zijn studie medicijnen in zijn geboortestad Pisa kwam Galilei voor het eerst in aanraking met de natuurkunde, ook al was dat nog in de aristotelische vorm van de scholastiek. Hier ontstond ook zijn liefde voor de wiskunde, want het boek der natuur "is in wiskundige taal geschreven." Daarbij ging hij eveneens af op het Griekse erfgoed, met name Euclides en Archimedes. Zijn belangstelling werd zo groot dat hij zijn studie medicijnen opgaf en in 1589 leraar wiskunde werd in Pisa. Toen hij vanwege zijn revolutionaire ideeën werd ontslagen, week hij uit naar Padua, om daar les te geven. Kennelijk waren de Venetianen wat vooruitstrevender dan hun Toscaanse collega's. In de achttien jaar dat hij in de tolerante republiek Venetië verbleef, kon hij zich ongestoord aan zijn onderzoek wijden. In 1610 volgde zijn aanstelling als wiskundige en filosoof in Florence.

Het onderzoek van Galilei ging uit van het idee dat de waarheid slechts via de natuurwetenschappelijke methode te vinden is. In dat opzicht week hij volledig af van de scholastici, die zich beperkten tot tekstvergelijking. De enige bron van kennis voor Galilei, en daarmee stond hij dichterbij Aristoteles dan bij Plato, was de eigen mening. Het ging hem niet zozeer om metafysica en theologie, dus om het waarom, maar om het hoe. Vóór hem hadden anderen reeds geprobeerd om dat met behulp van waarneming te motiveren. Galilei zorgde er juist voor om die zuivere waarneming aan te vullen met het experiment, dat wil zeggen een objectieve en meetbare methode die kan worden herhaald en gecontroleerd en die bovendien in wiskundige termen te vatten is. Hiermee zette hij een cruciale stap voor de wetenschap en vergrootte hij tegelijkertijd de afstand tussen diezelfde wetenschap en de filosofie en theologie. De mogelijkheden die zich voordeden, paste hij met name toe op het gebied van de astronomie. Ook leverde hij met zijn verbeterde telescoop, die kort daarvoor in Nederland was uitgevonden, het bewijs voor Copernicus' wereldbeeld. Dit bewijs had hij eerder al willen aanvoeren met behulp van zijn mechanicaonderzoek, dat onder meer resulteerde in de valwet, de stoottheorie en de wet van de slingerbeweging. Het traagheidsprincipe, dat hij nog niet volledig uitwerkte, maakte een einde aan de traditionele ideeën van Aristoteles over beweging. Toch waren het zijn astronomische ontdekkingen die hem uiteindelijk beroemd maakten en, in de ogen van de kerk, ook berucht. Galilei legde zijn bevindingen op dit terrein vast in zijn belangrijkste werk, de *Dialogo sopra i due massimi sistemi del mondo tolemaico e copernicano* (*Dialoog over de twee grote wereldstelsels, het ptolemeïsche en het copernicaanse*) uit 1632. Het boek was nog maar amper uit of de kerk veroordeelde hem in een beroemd geworden proces. Hij herriep zijn theorie en stond de rest van zijn leven onder toezicht van de inquisitie. Het mocht niet baten dat hij zijn geloof in de Bijbel beleed en dat hij de uitspraken daarin niet tegenstrijdig achtte met de wetten van de natuur. Ook al had hij gezworen met zijn onderzoek Gods grootheid te willen leren kennen, hij had getwijfeld aan diens almacht en was daarom niets anders dan een ketter. Het lot van Galilei heeft latere generaties nog veel meer beziggehouden dan de vuurdood van Giordano Bruno. Dit heeft ertoe geleid dat de kerk uiteindelijk zijn oordeel heeft herzien. Maar daar was wel 350 jaar voor nodig!

Galilei is de grondlegger van de moderne natuurwetenschappen. Met zijn ontdekkingen op het gebied van astronomie en mechanica maakte hij de weg vrij voor Newtons wetten en verving hij het aristotelische wereldbeeld met zijn vormen en essenties door een mechanistische perceptie. Daarbij draait het om de kwantitatieve verhoudingen van een lichaam in ruimte en tijd en niet meer om de kwalitatieve aspecten.

Francis Bacon *(22 januari 1561 in Londen – 9 april 1626 in Highgate bij Londen)*

Recent onderzoek heeft uitgewezen dat Francis Bacon niet de geestelijke vader is van Shakespeare's werk. Toch zegt het feit dat men het auteurschap aan hem toeschrijft genoeg over het geniale karakter van deze filosoof en staatsman. Mede vanwege zijn adellijke komaf leek hij in de wieg gelegd voor een functie bij de overheid. Hij overtrof zelfs de stoutste verwachtingen en werd in 1618 tot voorzitter van het Hogerhuis benoemd. Behalve door zijn komaf, werd hij daarbij ook geholpen door zijn studie *artes liberales* in Cambridge evenals door een paar belangrijke kruiwagens en een beetje geluk. Toch was dit succes niet van lange duur. Gelukkig maar, zou men nu zeggen, want door zijn veroordeling wegens omkoperij in 1621 werd Bacon in staat gesteld om zich nog vijf jaar lang aan de filosofie te wijden. Net als Galilei legde hij daarbij veel nadruk op waarnemingen en proeven, hetgeen hem wel noodlottig werd. Hij stierf in 1626 aan een verkoudheid die hij had opgelopen tijdens een poging om vlees houdbaar te maken met behulp van sneeuw.

"Kennis is macht." Dit is wel het bekendste citaat uit het werk van deze grote geleerde. Het is afkomstig uit een van zijn essays, die hij schreef naar het voorbeeld van Montaigne en die hem een zekere literaire faam brachten, ook al waren het geen toneelstukken van Shakespeare. De macht van kennis staat ook centraal in zijn *Nova Atlantis* (*Het nieuwe Atlantis*). Net als bijna al zijn werk bleef dit ontwerp voor een utopische staat onvoltooid. De titel is ontleend aan het legendarische eiland van Plato. Volgens Bacon vloeit de macht van de ideale staat voort uit de macht over de natuur en is die gebaseerd op kennis die in een 'Salomons huis' wordt verzameld. Het verzamelen van kennis dient wel op een doeltreffende en systematische wijze te gebeuren. De door God geschonken drang naar kennis is alleen nuttig als de mens niet alleen God leert kennen, maar ook praktische resultaten boekt en zijn levensomstandigheden weet te verbeteren. Het is niet voldoende om zich alleen op God te richten. De mens moet juist gebruik kunnen maken van zijn werken. Bacon vergelijkt pure wetenschap ter wille van louter kennis met een dienstmaagd die slechts geïnteresseerd is in de bevrediging en niet in het nageslacht.

Kennis weerspiegelt volgens Bacon de werkelijkheid in het denken. Deze spiegel moet vrij zijn van oneffenheden, voordelen en 'idolen' ('schimmen' in het Grieks en Latijn). In een van zijn belangrijkste werken, *Novum Organum* (*Het nieuwe organon*, naar Aristoteles' *Organon*), onderscheidt hij vier soorten idolen: 1. idolen van de grot, waarmee Bacon zinspeelt op Plato's beroemde parabel; hiertoe rekent hij de vooroordelen die hun oorsprong hebben in de geestelijke en lichamelijke eigenaardigheden van het individu. 2. idolen van de stam, die kenmerkend zijn voor de hele menselijke soort. 3. idolen van de markt, die door woorden in het leven worden geroepen, die zich voor de dingen plaatsen en die niet overeenkomen met iets in de werkelijkheid (zoals 'geluk', 'lot' of 'eerste beweger'). 4. idolen van het theater, die op filosofische tradities berusten. Naast het afbreken van idolen moet er ook gekozen worden voor een geschikte methode om tot kennis te komen. De door Aristoteles ontwikkelde syllogismenleer, waarbij conclusies worden afgeleid uit twee premissen, leidt niet tot nieuwe kennis, maar breidt slechts bestaande kennis uit. Hetzelfde geldt voor de zuivere empirie, die Bacon vergeleek met de drukke bezigheden van de mier. Om die reden vraagt hij om een methode die veel lijkt op die van de bij, een insect dat weliswaar ook verzamelt maar het verzamelde bewerkt tot iets nieuws. Deze methode is de inductie, het opstellen van algemene regels door de geleidelijke verwerking van afzonderlijke waarnemingen. Daarbij komt volgens Bacon zelfs geen wiskunde of logica te pas. Inductie is niet bruikbaar voor de theologie. De waarheden daarvan staan vast en zijn boven elke discussie verheven. Omdat ze boven het verstandelijke uitstijgen, is elke benadering langs filosofische weg zinloos. Met zijn benadrukking van het praktische nut van onderzoek is Bacon de profeet van de nieuwe natuurwetenschappen. Men zegt wel dat hij het beloofde land van de exacte wetenschappen heeft gezien zonder er zelf ooit te zijn geweest.

Reformatie

De kerk maakte in de veertiende en vijftiende eeuw een ernstige crisis door. Onder druk van de Franse koningen moesten de pausen uitwijken naar Avignon. Bijna zeventig jaar verbleven ze daar als marionetten van Frankrijk. Als gevolg van de conflicten binnen de kerk en politieke beïnvloeding waren er op een bepaald moment twee, ja zelfs drie pausen die streden om de zetel van Petrus. De grote concilies van Constanz (1414-1418) en Basel (1431-1449) die bijeen waren geroepen om de kerk te zuiveren leverden weinig resultaat op, ook leek het naar buiten toe dat de paus zijn macht weer terug had. Toch werd de kritiek binnen de kerk over de achteruitgang van het geloof en de moraal steeds luider. Deze kwam in de eerste plaats van de pas gestichte bedelordes en de daaruit voortkomende scholastici, maar ook van individuele personen, zoals de Engelse priester van Lutterworth, John Wyclif (ca. 1330-1384), en de Tsjechische predikant Jan Hus (1370-1415), die zich bij Wyclifs hervormingsideeën aansloot. Beiden wilden een geloof dat gezuiverd was van alle uiterlijkheden. Bovendien aanvaardden ze uitsluitend de Bijbel als autoriteit. Waar Hus nog voor zijn ideeën door het concilie van Constanz tot de brandstapel werd veroordeeld, was dit in het geval van Maarten Luther niet meer mogelijk vanwege de politieke situatie in Duitsland. Deze eenvoudige augustijner monnik slaagde er weliswaar niet in om de katholieke kerk te hervormen, toch werd hij onbedoeld de grondlegger van een nieuwe geloofsrichting, het protestantisme. Zijn houding ten aanzien van de filosofie was zeer kritisch, zo niet afwijzend. Dit geldt niet voor Philipp Melanchton (1497-1560), hoogleraar Grieks in Wittenberg en achterneef van de humanist Reuchlin. Hij zag wel de noodzaak in van een filosofische onderbouwing van het nieuwe geloof, om zo ook de geleerde twijfelaars van zijn gelijk te overtuigen. Verstand en openbaring waren voor hem niet met elkaar in tegenspraak, aangezien ze uit dezelfde bron kwamen. Het verstand zou door een goddelijk licht zijn bestraald en kon zo kennis hebben van het goede en ware.

Ook het portret maakte in de Nieuwe Tijd een 'wedergeboorte' mee. Het record staat op naam van Maarten Luther, die alleen door Cranach meer dan vijfhonderd keer op het doek werd vereeuwigd. Hier staat hij afgebeeld samen met Melanchthon (helemaal links) en Erasmus (vierde van links).

Doordat hij zijn synthese van een humanistisch aristotelisme en het lutherdom verspreidde in door hemzelf geschreven leerboeken groeide Melanchthon (Grieks voor 'zwarte aarde') uit tot de *Praeceptor Germaniae*, de 'leraar van Duitsland'.

Iets soortgelijks probeerde ook de Zwitser Ulrich Zwingli (1484-1531), die behalve door Luther vooral ook door Erasmus is beïnvloed. Ook was hij bekend met de Florentijnse Academie en in het bijzonder Pico della Mirandola. Zijn pogingen om de hervormingsideeën in overeenstemming te brengen met de traditionele filosofie leidden in 1529 tijdens het Marburger Godsdienstgesprek tot een breuk met Luther.

Heel anders verging het de Fransman Jean Cauvin, die zich Johannes Calvijn (1509-1564) noemde. Zijn opvattingen waren nog veel strenger dan die van Luther. Na zijn klassieke opleiding in Parijs en een bekeringservaring vestigde hij in 1541 een hervormde kerkorde in Genève, de stad waaruit hij drie jaar eerder was verbannen. Zijn leer onderscheidt zich slechts in enkele opzichten van die van Luther. Toch waren die punten zo belangrijk dat een akkoord met de lutheranen strandde. Zo zag hij Gods genade – een cruciaal onderdeel van Luthers rechtvaardigingsleer – niet als een gevolg van diens liefde, maar als een uitdrukking van diens almacht. Deze almacht werkt zelfs door in het menselijk handelen. Succes in het werk is dan ook een teken van de goddelijke predestinatie. Net als Augustinus ontkent Calvijn daarmee volledig de wilsvrijheid van de mens. Alles is reeds voorbestemd. Aan God is volledige gehoorzaamheid vereist en de geboden dienen zonder uitzondering te worden opgevolgd. Net als in het Nederlandse protestantisme neemt het plichtsbesef een centrale plaats in, zeker als gaat om het beroep dat God de mens schenkt. Het gevolg is een bijzondere nadruk op de ethiek, maar ook een publiekrechtelijk lichaam dat veel weg heeft van een alles controlerende staat. Het calvinisme en de hervormde kerk komt men met name tegen in Zwitserland, Nederland, Engeland (puriteinen) en Frankrijk (hugenoten). Als derde geloof naast het katholicisme en het protestantisme vormde het een belangrijke factor in de godsdienstoorlogen van de zestiende en zeventiende eeuw. Reeds voor het concilie van Trente (1554-1563), waar de contrareformatie werd geformuleerd, was het duidelijk dat de scheiding van religies blijvend zou zijn.

Waar Melanchthon als de belangrijkste vertegenwoordiger geldt van de lutherse scholastiek, is de markante Silezische schoenmaker Jakob Böhme dat voor de mystiek. De laatste grote mysticus van naam, Meister Eckhart, was reeds in 1328 gestorven. De mystiek vormde een ander antwoord op de crisis in de kerk, de holle rituelen en het zedelijk verval. Dat antwoord lag besloten in de vlucht naar de innerlijkheid en de reeds door Luther benadrukte godservaring aan gene zijde van het verstand. Vóór Böhme waren Sebastian Franck (1499-1542) en Valentin Weigel (1533-1588) al deze weg ingeslagen, om zo door te dringen tot de kern van de religiositeit. Toch was het Böhme die een blijvende invloed zou uitoefenen, met name op de Romantiek.

Maarten Luther *(10 oktober 1483 in Eisleben – 18 februari 1546 in Eisleben)*

Geheel tegen de wil van zijn vader in studeerde Luther theologie in Erfurt en Wittenberg. Uiteraard genoot hij ook een gedegen filosofische opleiding. De eerste jaren van zijn studie stonden immers in het teken van de zeven vrije kunsten. In een brief beweerde hij dan ook: "Aristoteles is mij net zo goed bekend als jou; ik heb hem ook gelezen en heb me op een intelligentere wijze in hem verdiept dan Thomas of Scotus..." Tijdens zijn studie trad Luther toe tot de augustijner orde. Naast Augustinus was ook Willem van Ockham bepalend voor zijn houding jegens de scholastiek, de toenadering tot de aristotelische filosofie en de nadruk op het verstand. Dit laatste brandmerkte hij reeds op jonge leeftijd als 'duivelshoer'. Toen al zag hij in dat het ware geloof alleen in de Bijbel moest worden gevonden. Na zijn studie werd hij hoogleraar theologie, een functie die hij tot aan zijn dood zou bekleden. Uit protest tegen de handel in aflaten spijkerde hij op 31 oktober 1517 zijn 95 stellingen op de slotkerk van Wittenberg. Het was een daad die hem beroemd maakte en die het begin betekende van een maalstroom waaruit men zich niet meer bevrijden kon en wilde. Het ene na het andere geschrift volgde. Het bekendste daarvan, *Von der Freiheit eines Christenmenschen* (*Over de vrijheid van een christenmens*), verscheen in 1520. Een jaar later werd Luther geëxcommuniceerd en in de ban gedaan.

Het doorslaggevende in Luthers leer is niet alleen de nadruk op de Schrift als enige bron van het geloof. Ook zijn kijk op de mens is bepalend. Diens verlossing door God – Luther spreekt zelf van rechtvaardiging – berust enkel en alleen op het geloof. Door zijn daden kan de mens geen invloed uitoefenen op Gods genade. Of het nu processies zijn, bedevaarten of boetedoeningen, alle handelingen zijn zonder waarde als ze geen blijk geven van het geloof. Ze maken de mensen niet vromer. Iemand die vroom is, verricht daarentegen uit zichzelf goede daden. De mens is onderworpen aan de almacht van God. Deze is niet kenbaar en bestiert alles overeenkomstig zijn wil. Hier klinkt het scholastieke voluntarisme door. De mens daarentegen heeft geen eigen wil. Luther voerde op dit punt een discussie met Erasmus, die op zich positief gestemd was ten aanzien van de reformatie en die zijn rechtvaardigingsleer wilde afzwakken. De humanist slaagde hier niet in, want Luther bleef in *De servo abitrio* (*Over de onvrije wil*) vasthouden aan zijn standpunt. Ook al is de mens machteloos tegenover God, toch heeft hij enige vrijheid, namelijk de vrijheid om te geloven en om onafhankelijk te zijn van alle andere uiterlijke omstandigheden. De mens is voor hem in feite geest en staat door middel van het woord, de logos, in contact met God. Het streven van de ziel is erop gericht om een te worden met God.

Bij veel van Luthers tijdgenoten leefde onderhuids het verlangen naar verandering. Min of meer onbedoeld zette hij iets in beweging wat, en dat is zeker niet overdreven, de wereld op zijn kop zette. In reactie op een in uiterlijkheden verzande kerk kwam hij met nieuwe innerlijkheden. Dat hij daarbij zo succesvol was, kwam grotendeels door het politieke klimaat waarin hij opereerde. Er heerste een sterke tegenstelling tussen de naar autonomie strevende keurvorsten en het zwakke keizerlijke bewind. Luthers strijd voor de godsdienstvrijheid en een algemeen priesterdom zonder de geestelijke klasse van de katholieke kerk maakte hem tot een profeet van het vrijheids- en gelijkheidsdenken en een voorloper van de moderne mens.

Jakob Böhme *(1575 in Seidenberg bij Görlitz – 17 november 1624 in Görlitz)*

Jakob Böhme, zoon van een rijke boer uit Silezië, was bepaald niet in de wieg gelegd om uit te groeien tot een centrale figuur van de christelijke mystiek. Hoe belezen hij ook was, zijn eigenlijke beroep was schoenmaker. Hij begon zich bezig te houden met filosofie toen hij op zijn vijfentwintigste plotseling een visioen kreeg, waarbij "zijn geest doordrong in het innerlijke van de godheid." Deze verlichtingservaring vond plaats op het moment dat hij naar een tinnen pot stond te staren. De vruchten van twaalf jaar denkwerk tekende hij op in zijn belangrijkste werk *Morgenröte im Aufgang, das ist die Wurzel oder Mutter der Philosophie, Astrologie und Theologie aus rechtem Grunde – oder Beschreibung der Natur* (*Morgenrood in de opgang, dat is met recht de wortel of de moeder van de filosofie, astrologie en theologie oftewel de beschrijving van de natuur*). Een onbekende gaf het de meer gangbare titel *Aurora*. De ingewikkelde en in bloemrijke taal geschreven ideeën gingen in tegen het bijbelse geloof van de orthodoxe lutheranen en leidden uiteindelijk ertoe dat de pastoor van Görlitz hem een zwijgplicht oplegde. Toch voelde Böhme de behoefte om te vertellen wat hem bewoog. Hij zag zichzelf als spreekbuis van de Heilige Geest en vanaf 1618 – het jaar waarin de Dertigjarige Oorlog uitbrak – bracht hij nog een reeks geschriften uit. Het laatste, *Mysterium magnum* (*Het grote geheimenis*), bevat de definitieve versie van Böhme's speculaties.

God was in zijn ogen een niets zonder onderscheid en werd een zijnde om zichzelf te kunnen ervaren. Het scheppingsidee uit het niets wijst Böhme van de hand. God openbaart zich volgens hem in de mens en wordt mens en wereld om zichzelf te vinden. Daardoor bestaat alles ook uit dezelfde elementen. Waarschijnlijk was Böhme bekend met Paracelsus' werk over dit thema. In zijn mystieke voorstelling vormt de mens een eenheid met God, want God is actief in iedere ziel. Aangezien alles van God komt, heeft ook het kwaad zijn oorsprong in Hem. Zo hoort het ook te zijn, want alles heeft een keerzijde nodig om zich te openbaren. Het licht heeft behoefte aan de duisternis om te kunnen schijnen. En zonder het kwaad kan het goede van God zich niet openbaren. Böhme ziet de val van Lucifer als een allegorie op de verzelfstandiging van dit kwaad. Uit woede ontstak God een vuur waaruit de stoffelijke wereld is ontstaan met zijn licht en duisternis, liefde en haat en een goed en kwaad principe in alle dingen. De mensen hebben de taak om Gods wedergeboorte in hun ziel, waar Hij actief is, mogelijk te maken. Op de dag dat volgens hem de dageraad aanbreekt, zullen zij tot rust komen en de eigen wil opgeven om zo weer een te worden met God.

Böhme's ideeën over de absolute eenheid van God waarin alle tegenstellingen samenkomen en waaruit ten slotte ook het kwaad is ontstaan, verschenen nog in de zeventiende eeuw in meerdere verzamelde werken. Piëtisten en mystici in binnen- en buitenland werden erdoor beïnvloed. Pas tijdens de Romantiek is er opnieuw sprake van enige belangstelling van formaat. Men moet daarbij onder meer denken aan Schelling, Baader en Hegel, die Böhme als de *philosophus teutonicus* zagen.

Politieke filosofen

De nieuwe politieke omstandigheden in de Renaissance en de bevrijding van de orde die ooit door God gezonden leek, zorgden ervoor dat de middeleeuwse politieke theorieën van bijvoorbeeld Augustinus en Thomas van Aquino niet meer voldeden. Alles was veel complexer geworden. De wereld bestond niet alleen meer uit de paus, de keizers en een handvol koninkrijken. In Italië kwamen de stadstaten op, dankzij de steeds rijker wordende burgerij, en ook de Zwitserse Bond en het latere Nederland lieten zich gelden, zeker na het einde van de Dertigjarige (en Tachtigjarige) Oorlog. Deze nieuwe ontwikkelingen riepen nieuwe vragen op zoals "Wat is de ideale staatsvorm?" "Waar komt het recht vandaan, als het niet van God is?" "Is een vorst naast de geloofsprincipes ook nog gebonden aan een andere moraal, en zo ja, welke?" en "Mag iemand zijn eigen godsdienst kiezen?" Ook oude kwesties werden onderwerp van discussie zoals "Hoe ziet de ideale staat eruit na de sociale en economische veranderingen van de pas begonnen Nieuwe Tijd?" "Wat voor recht geldt er tussen volkeren onderling?"en " Bestaat er een recht op oorlog?"

Hoezeer de politieke filosofen door hun tijd werden beïnvloed, blijkt wel uit het gedachtegoed van een van de belangrijkste vertegenwoordigers van deze discipline, de Italiaanse diplomaat en historicus Niccolò Machiavelli (1469-1527). Zijn als machiavellisme bekend staande opvattingen over politiek, die doorgaans niet met sympathie worden bejegend, zijn nauw verbonden met de verscheurdheid van Italië, waardoor zijn land tot speelbal werd van vreemde mogendheden. In zijn directe omgeving maakte hij verschillende politieke omwentelingen mee. In 1494 zag hij hoe de Medici uit Florence werden verdreven. Toen het rijke koopmansgeslacht in 1512 opnieuw de macht greep, werd hijzelf uit zijn hoge functie ontheven. Daarvóór was hij al getuige geweest van de opkomst en ondergang van de monnik Savonarola, een religieuze fanaticus die een theocratisch bewind vestigde en daarvoor in 1498 op de brandstapel belandde. Tijdens zijn verbanning had Machiavelli alle tijd om de dingen die hij had meegemaakt filosofisch te verklaren. Dit resulteerde in *Il principe* (*De heerser*), zijn belangrijkste werk. Als uitgesproken realist zet hij daarin uiteen dat de politiek niet meer aan morele wetten onderworpen is, zoals in de traditionele politieke filosofie. Bij het doen en laten van de staat gaat het slechts om de doelmatigheid en het algemeen belang: "De daden van alle mensen en vooral van een vorst, die geen rechter boven zich kent, moeten worden beoordeeld op grond van het eindresultaat." Wat telt, is het openbaar belang. Het recht eindigt bij de staatsgrenzen. Het verkondigen van een moraal is alleen nodig om beter over de onderdanen te kunnen regeren. De politieke werkelijkheid van een staat is niet natuurlijk en ook niet door God gewild, maar het gevolg van causale verbanden. Behalve causaliteit spelen ook voorchristelijke deugden een rol in het politieke leven. Daaronder verstaat Machiavelli geen deemoed en ascese, maar juist kracht, vastberadenheid, eerzucht en vooral geluk. Ook al had *De heerser* geen onmiddellijke invloed op de politiek, zijn stellingen worden ook nu nog vaak geciteerd en besproken. De latere

Ziet een machtspoliticus er zo uit? "Het doel heiligt de middelen," was het credo van Machiavelli, die hier de toeschouwer zeer mild aankijkt.

Pruisische koning Frederik de Grote koos met zijn *Antimachiavel* (1739) voor een publieke veroordeling van de Italiaanse wijsgeer.

De voorzitter van het Britse Hogerhuis, Thomas More (1478-1535), streefde een heel ander ideaal na. In zijn *Utopia* (letterlijk 'nergens') schetst hij in de vorm van een fictieve dialoog het leven in 's werelds eerste heilstaat, ergens op een ver eiland. In deze socialistische maatschappij is er geen particulier eigendom en worden bezittingen door een gekozen regering verdeeld of met andere staten geruild. Iedereen werkt zes uur per dag en besteedt de rest van zijn tijd aan geestelijke ontwikkeling. Er komen weliswaar slaven voor, en ook worden er misdadigers veroordeeld en voert men oorlog. Toch gebeurt dat alleen onder zeer speciale voorwaarden. De renaissancistische versie van Plato's ideale staat waarborgt godsdienstvrijheid en ontplooiingsmogelijkheden voor vrouwen. Gezondheid en kennis van de waarheid staan voorop. Met zijn *Utopia* schiep More, die nauw bevriend was met Erasmus, de eerste politieke roman. Het leven van Morus zelf, zoals zijn gelatiniseerde naam luidde, was verre van utopisch. Doordat hij aan het katholieke geloof bleef vasthouden, werd hij door koning Hendrik VIII ter dood veroordeeld. Later is hij hiervoor heilig verklaard.

Ook de Franse humanist en jurist Jean Bodin (1529/1530-1596) laat in zijn werk zien dat er woelige tijden heersten. Hij maakte de Franse godsdienstoorlogen mee, die een triest hoogtepunt bereikten toen in de nacht van 23 op 24 augustus 1572 duizenden hugenoten werden afgeslacht. Zelf wist Bodin ternauwernood aan deze Bartholomeusnacht te ontkomen, die overigens nog lang niet het einde betekende van de vijandigheden. Als karmeliet bekeerde hij zich tot het calvinisme, om vervolgens weer terug te keren tot het katholieke geloof. Aan het eind van zijn leven werd hij vermoedelijk jood. Pas in de negentiende eeuw verscheen zijn *Colloquium heptaplomeres* (*Zevendelig gesprek over de verborgen geheimen van de verheven dingen*), een geschrift over godsdiensttheorie waarin hij zeven religies kritisch met elkaar vergelijkt. Hoe verlicht hij daarin te werk gaat, zo middeleeuws is hij in zijn handleiding voor het voeren van heksenprocessen. Lange tijd zou dit zijn aanzien bij het nageslacht schaden. Voltaire noemde hem 'procureur-generaal Beëlzebub'. Toch ligt zijn betekenis vooral bij de politieke filosofie. De kiem van de staat is voor Bodin het gezin. De monarch dient te regeren zoals de vader over zijn gezin. De koning of vorst mag van hem zijn toevlucht nemen tot "het grootse geweld tegen burgers en onderdanen," omdat hij nu eenmaal "niet aan wetten gebonden is." In zijn *Six livres de la République* (*Zes boeken over de republiek*), die hij in het Frans schreef om zo meer lezers te bereiken, ontvouwt hij zijn filosofie van het absolutisme. Deze staatsvorm verspreide zich in de zeventiende en achttiende eeuw vanuit Frankrijk over grote delen van Europa. Anders dan Machiavelli, houdt Bodin vast aan de soevereiniteit. De vorst is, zo meende hij, gebonden aan het goddelijke en natuurlijke recht. De staat heeft ten doel om de voorwaarden te scheppen waarin de burger zich geestelijk kan ontwikkelen. Veel van wat Bodin schreef, is inmiddels achterhaald. Toch hebben zijn begripsbepalingen, zoals het onderscheid tussen staats- en regeringsvorm, veel betekend voor de staatsleer.

Niet minder spannend was het leven van de Delftenaar Hugo de Groot oftewel Hugo Grotius (1583-1645). In zijn belangrijkste werk, *De iure belli ac pacis libri tres* (*Drie boeken over het recht van oorlog en vrede*), bouwt hij het reeds bij Bodin aanwezige primaat van het natuurlijke recht – dat bij de Fransman nog samengaat met het goddelijke recht – uit tot het volkenrecht, waarvan hij als de grondlegger wordt gezien. Al op zestienjarige leeftijd promoveerde hij in Orléans tot doctor in de beide rechten (wereldlijke en geestelijke). Hij bekleedde verschillende overheidsfuncties en raakte in 1619 betrokken bij de val van Johan van Oldenbarnevelt, maar wist aan het schavot te ontkomen. Nadat hij tot levenslange gevangenisstraf was veroordeeld, slaagde hij erin om in een boekenkist uit slot Loevestein te ontsnappen en naar Parijs te vluchten. Hij stierf uiteindelijk als Zweedse gezant in Rostock. Uitgaande van het politieke karakter van de mens en diens wereldburgerschap, grijpt hij voor zijn leer terug op Aristoteles en de Stoa. Hugo de Groot verklaart een volk soeverein als het zich verenigt in één staat. Het individu kan namelijk zo het beste de door het verstand gedefinieerde doelstellingen bereiken. Daarbij komt de bescherming van eigendom, waaronder ook het menselijk lichaam valt, op de eerste plaats. Aangezien dat lichaam volgens deze definitie verhandelbaar is, rechtvaardigt Hugo de Groot onder bepaalde omstandigheden de slavernij. De verliezers van een oorlog kunnen bijvoorbeeld hun vrijheid inruilen voor hun leven. Oorlog is in tegenspraak met het verstand en alleen gerechtvaardigd in het geval van schending van het natuurlijke recht, "dat zo onveranderlijk is dat zelfs God er niet aan kan tornen." Ook in een oorlog, die altijd met redenen moet worden omkleed, dient het recht te worden nageleefd. Net als bij zijn tegenpool Machiavelli spelen bij Hugo de Groot religie en geloof geen rol meer. Voor hem staat alleen de 'hogere heiligheid' van de bergrede boven het natuurlijke recht. Zijn op logische, rationele en empirische criteria voortbouwende juridische begripsbepalingen zijn het grondrecht geworden van de westerse wereld.

Nog meer dan Bodin geldt de Engelse filosoof Thomas Hobbes (1588-1679) als de theoreticus van het absolutisme. Hobbes, die in Oxford vrije kunsten studeerde, leefde met de onttroning van de Stuarts, de dictatuur van Oliver Cromwell en de daaropvolgende restauratie in een onrustige tijd. Zelf verbleef hij tien jaar lang als balling in Frankrijk. Door zijn studie, zijn vertaling van Thucydides' werk over de Peleponnesische oorlogen, zijn werk als secretaris van Francis Bacon en zijn belangstelling voor Galilei kwam hij tot een wijsgerig systeem dat zich concentreert rondom zijn politiek-filosofische werken, te weten *De Cive* (*Over de burger*), het derde en laatste deel van *Elementen der filosofie* en *Leviathan*. Dit laatste is het veruit het bekendste werk van Hobbes en tevens een primeur, aangezien hierin voor het eerst de burgerlijke politieke filosofie wordt behandeld. Net als Bacon ziet hij alleen de ervaring als uitgangspunt voor kennis. Daarnaast borduurt hij voort op de wiskundige en mechanistische aanzetten van Galilei. Denken is voor hem rekenen met begrippen en namen die de mens door de uitvinding van de taal aan de dingen heeft gegeven: "Waar (begripsmatig) niets wordt voortgebracht, daar is geen filosofie."

In de zuiver materialistische wereldbeschouwing van de atheïst Hobbes is er geen plaats voor God. Alle wat er gebeurt, dus ook op het niveau van de ziel, is te herleiden tot de wetten van de natuur. Het menselijk handelen is puur analytisch gezien slechts de beweging van lichamen in ruimte en tijd. Aangezien voor de materialist en naturalist Hobbes alles kan worden gereduceerd tot oorzaak en gevolg, is er geen sprake van wilsvrijheid. "*Homo homini lupus*" ("de mens is de mens en een wolf") luidt het pessimistische oordeel over zijn soortgenoten. Om deze "oorlog van allen tegen allen" en het aangeboren egoïsme, zoals die tot uitdrukking komen in burgeroorlogen en revoluties, te bedwingen en een optimaal bestaan te garanderen, is er een gemeenschappelijk verdrag nodig. Hierin worden de machtsmiddelen van het individu overgedragen aan een hoger gezag, dat voor veiligheid en recht zorgt. Ook als de staat daardoor tot een monster wordt, zoals de Leviathan uit het bijbelse boek Job, dient deze almachtig te zijn. De wil van de staat is wet. Er bestaat noch een supranationaal, noch een goddelijk recht, want de staat is absoluut. Hobbes' ideeën bereikten niet het effect dat hij voor ogen had en de Engelse politiek liet er zich geenszins door beïnvloeden. Toch droegen ze bij aan een meer wiskundig karakter van de logica, aan empiristische aspiraties en aan de opvatting van de staat als een sociaal contract tussen vrije burgers. Dit laatste sprak met name Locke en Rousseau bijzonder aan. Dat Hobbes tot het laatste moment bleef geloven in een wiskundige mogelijkheid van de kwadratuur van de cirkel doet niets af aan zijn betekenis. Het willen verwezenlijken van het onmogelijke vormde juist een optimistisch lichtpuntje in zijn pessimistische kijk op de mens.

Politieke filosofie

Net als de ethiek en de rechtsfilosofie is de politieke filosofie een onderdeel van de praktische filosofie. Zij houdt zich bezig met de oorsprong, het wezen, de zin, het doel en de functie van het sociale complex 'staat'. Machiavelli mag dan wel de bekendste politieke filosoof zijn, Plato, Hobbes en Locke hebben vanwege de voorbeeldfunctie van hun staatsbegrip een aanzienlijk grotere betekenis.

Zeventiende en achttiende eeuw

De stijlperioden na de Renaissance zijn barok en rococo. Op filosofisch vlak wordt het humanisme afgewisseld door absolutisme en Verlichting, totdat de Franse Revolutie plaatsmaakt voor nieuwe ontwikkelen en de Nieuwe Tijd voorgoed voorbij is. Terwijl in de kunst de architectuur bepalend is als het gaat om stijlkwesties, wordt de Europese politiek gedomineerd door de Franse monarchie. Reeds in het midden van de zestiende eeuw, tijdens de laatste levensjaren van Michelangelo, verrijzen er in Rome barokke gebouwen. Tegen het einde van diezelfde eeuw schildert Caravaggio in een overeenkomstige stijl. De kunst geeft daarmee een antwoord op het concilie van Trente, waar de contrareformatie de oorlog verklaarde aan het protestantisme. Glans en glorie moeten de bezoekers van kerken en kastelen overweldigen. Het is gedaan met de klassieke harmonie. Het slot van Versailles, de residentie van de grootste absolutistische vorsten, Lodewijk XIV, wordt eveneens in deze stijl opgetrokken en ingericht. De zonnekoning ging helemaal op in de filosofie van Bodin en Hobbes. Hij is de absolute heerser in Frankrijk en in zijn regering bij Gods genade alleen verantwoording schuldig aan Hem. Zijn grote geluk was dat het einde van de alles verwoestende Dertigjarige Oorlog de positie van Duitsland en de keizer nog verder had verzwakt. Winnaars waren ook de Duitse deelstaten en met name het opkomende Pruisen.

René Descartes, die actief meevocht in de langste Europese oorlog, bracht de zeventiende-eeuwse filosofie tot een hoogtepunt. Met zijn nieuwe, cartesiaanse, systeem staat hij aan het begin van het rationalisme. De bijzondere geografische positie en de 'Magna Charta' met zijn lange geschiedenis leiden in Engeland tot een wat afwijkende ontwikkeling in vergelijking met het vasteland. Ondanks de revoluties en burgeroorlogen, die Hobbes aan den lijve meemaakte, slaagden de Stuarts er na het herstel van de monarchie niet in om het absolutisme in te voeren. Nadat ze wederom van hun troon waren gestoten, moesten ze in 1688 voorgoed hun land verlaten.

Evenals de politiek en de kunst ondergaat ook de filosofie in het zich op alle continenten uitbreidende eilandenrijk een geheel eigen ontwikkeling ten opzichte van het vasteland. Ze bouwt voort op oude tradities die zich reeds in de dertiende eeuw lieten gelden. Nog veel meer dan hun voorgangers Francis Bacon (dertiende eeuw), Willem van Ockham (veertiende eeuw) en Roger Bacon (zestiende eeuw) zien de zeventiende- en achttiende-eeuwse Engelse filosofen de ervaring als grondslag van kennis en filosofie. Typerend was hun nuchtere aanpak, die de Engelse calvinisten, de puriteinen (*puritas* is het Latijnse woord voor 'zuiverheid'), veelal propageerden. Het empirisme, zoals deze naar het Griekse woord voor ervaring (*empeiria*) genoemde denkrichting werd genoemd, beperkte zich hoofdzakelijk tot Groot-Brittannië. De belangrijkste exponenten van de daaropvolgende periode, de verlichting, moeten daarentegen vooral gezocht worden in Duitsland en Frankrijk. De eerste grote empirist, John Locke, geldt als hun geestelijk vader. Het is moeilijk te zeggen wanneer deze denkrichting precies begint en op wezenlijke punten is er nauwelijks sprake van overeenkomst tussen de verschillende verlichtingsfilosofen. Wat hen echter wel bindt, is hun kritische opstelling. Alles wat de rationele toets niet doorstaat, wordt in twijfel getrokken. Ook is er de emancipatorische houding, die oproept tot vrijheid van denken en de autonomie van het individu. Dit alles leidt tot de bevrijding van de mens uit traditionele verplichtingen op zowel religieus als politiek terrein. Het zijn de verlichtingsfilosofen die ten slotte een einde maakten aan absolutisme en bijgeloof, martelingen en slavernij en die de weg vrijmaakten voor enerzijds de nieuwe innerlijkheid van de romantiek en anderzijds de vergoddelijking van de ratio tijdens de Franse Revolutie van 1789. De nieuwe ideeën weerspiegelen zich ook in de beeldende kunst en roepen een halt toe aan de ongebreidelde sierlijkheid van het rococo, een verfijnde en adellijke vorm van barok. Het classicisme met zijn nieuwe nuchterheid richt zich opnieuw op het strenge ideaal van de klassieke Oudheid en is bij uitstek de kunst van de burgerij. Adel en kerk zijn niet meer de opdrachtgevers voor kunstenaars. De Nieuwere of ook wel Nieuwste Tijd is begonnen.

Rationalisme

De verregaande geslotenheid van het filosofische gedachtegoed van de Middeleeuwen stond in fel contrast met de klassieke Oudheid, waarin allerlei denkrichtingen naast elkaar bestonden. Een soortgelijke tegenstelling bestaat er tussen de zestiende en de zeventiende eeuw. Als eerste zelfstandige wetenschap van de Nieuwe Tijd wint de wiskunde enorm aan betekenis voor de filosofie en nagenoeg alle filosofen. Descartes, Pascal en Leibniz waren tevens geniale mathematici. Zij probeerden dan ook om de wiskundige en natuurwetenschappelijke methode, zoals Galilei die gebruikte in de fysica, toe te passen op gebieden buiten de materiële wereld. Daarbij richtten zij zich in het bijzonder op de geometrie. Het voordeel van deze wetenschap is haar systematische structuur en het feit dat alle leerstellingen zijn afgeleid van hogere axioma's, onwankelbare principes en onoplosbare begrippen. Met hun geloof in een rationele werkelijkheid, die teruggaat tot de renaissancefilosofen, streefden de grote rationalisten naar een alles omvattend systeem dat berust op slechts enkele grondbegrippen en waaruit, net als in de geometrie, al het andere zou moeten voortkomen. Deze systeemdwang doet denken aan de scholastici en staat ver af van het empirisme dat in dezelfde tijd in Engeland opkwam. De op waarneming gebaseerde kennistheorie vormt dan ook de absolute tegenpool van het rationalisme van Descartes, Spinoza en Leibniz.

De grondlegger van het rationalisme is de Fransman René Descartes, die sowieso als de vader van de moderne filosofie moet worden gezien. Als een kind van zijn tijd streeft hij een filosofie na die uitgaat van een heldere en duidelijk zichtbare waarheid. Dit moet voorkomen dat er meningsverschillen ontstaan, die kunnen eindigen in godsdienstoorlogen. Daarmee verschilt hij wezenlijk van de scholastici met hun eindeloze debatten over waarschijnlijkheden. Grote pleitbezorgers van het cartesiaanse gedachtegoed en de primaat van de kennis van de ziel boven die van het lichaam waren de jansenisten. Deze aanhangers van de bisschop van Ieperen, Cornelis Jansen, keerden zich tegen de secularisering van het katholieke geloof en beriepen zich in hun leer op Augustinus. Een van de bekendste jansenisten was Blaise Pascal (1623-1662), de grondlegger van de kansrekening en net als Descartes een voorvechter van helderheid en duidelijkheid in kennis. Na een religieuze ervaring keerde hij zich af van het rationalisme ten gunste van de mystiek. Hij bracht de filosofie weer onder bij het geloof en plaatste de 'logica van het hart' boven die van het verstand.

Het occasionalisme bouwt eveneens voort op het cartesianisme en maakt deze leer van Descartes tegelijkertijd ondergeschikt aan de theologie. De twee voornaamste vertegenwoordigers daarvan, de Belg Arnold Geulincx (1625-1669) en Nicole Malebranche (1638-1715), na Descartes de belangrijkste Franse filosoof van zijn tijd, dragen met hun denkrichting een 'oplossing' aan voor het zogeheten psychofysische probleem. Descartes vroeg zich af hoe een handeling die zich in de geest afspeelt tot een actie van het lichaam kan worden. Geest en lichaam waren volgens hem immers van elkaar gescheiden. Het antwoord van de occasionalisten was "een wonder." God neemt de gelegenheid (*occasio* in het Latijn) van het denken waar en creëert daaruit een lichamelijke handeling. Malebranche manifesteert zich als een volstrekte platonist als hij stelt dat het menselijk denken gebruik maakt van ideeën. Ook ziet hij God als oorzaak van alle lichamelijke en geestelijke processen. "De wereld is in God," luidt de formule van Malebranche. De pantheïsten, vertegenwoordigd door de Nederlander Benedictus Spinoza, de tweede van de drie grote rationalisten van de zeventiende eeuw, spreken juist van "God is in de wereld."

In Duitsland, strijdtoneel van de Dertigjarige Oorlog (1618-1648), was er buiten de confessionele spanningen en de theologie lange tijd nauwelijks enige ruimte voor cultuur. Het gevolg was veelal een vlucht naar de innerlijkheid. Niettemin wist Gottfried Wilhelm Leibniz, de laatste universele geleerde en grondlegger van de Duitse filosofie, na de oorlog aansluiting te vinden bij de grote natuurkundige prestaties van Copernicus en Kepler. Hij borduurde voort op Descartes en Spinoza, die hij persoonlijk kende, en wordt gezien als de laatste van de drie grote systematici van de zeventiende eeuw.

René Descartes *(31 maart 1596 in La Haye/Touraine – 11 februari 1650 in Stockholm)*

Leven: Descartes, Renatus Cartesius in het Latijn, volgde geen studie, laat staan dat hij was gepromoveerd. Zijn hele leven was in elk opzicht ongewoon voor een filosoof van zijn tijd. Afkomstig uit een voorname katholieke familie trad hij op achtjarige leeftijd toe tot een in Frankrijk zeer beroemd jezuïetencollege, waar hij zijn filosofische kennis opdeed. Dit en de daaropvolgende studie rechten, die hij al vrij snel opgaf, wekten in hem de lust naar avontuur. Hij wilde de wereld niet uit boeken, maar uit eigen waarneming leren kennen. Zijn enige lectuur moest het 'grote boek van de wereld' zijn. Hij nam dienst in het Nederlandse leger en vocht eerst aan protestantse en vervolgens aan katholieke zijde als officier mee in de Tachtigjarige Oorlog. Hierdoor kwam hij onder meer terecht in Neuburg aan de Donau. In een novembernacht van 1619 had hij daar drie dromen die hem tot de wetenschap brachten en die, aldus zijn eigen verklaring, in hem het verlangen wekten om een methode te ontwikkelen waarop de gehele wetenschap was gebaseerd. Later schreef hij: "De hele filosofie is dus vergelijkbaar met een boom, waarvan de wortels de metafysica, de stam de fysica en de takken alle andere wetenschappen zijn die tot de drie voornaamste kunnen worden gereduceerd, namelijk de geneeskunde, de mechanica en de ethiek." Uiterlijk in 1620 nam hij ontslag uit het leger. Hij reisde veel en hield zich intensief bezig met wis- en natuurkunde. Na een verblijf van vier jaar in Frankrijk vestigde hij zich in 1628 in het rijke en vrije Nederland, waar hij zich in alle rust aan zijn onderzoek kon wijden, want "proberen te leven zonder te filosoferen is hetzelfde als de ogen gesloten houden zonder eraan te denken ze te openen." Zijn enige contact met de buitenwereld in die tijd bestond uit een uitgebreide intellectuele correspondentie die via een tussenpersoon in Parijs verliep. In de meer dan twintig jaar dat hij in Nederland verbleef, zijn al zijn belangrijkste werken ontstaan. Hij zou hier vermoedelijk ook zijn gestorven, ware het niet dat de Zweedse koningin Christina, die zeer veel belangstelling toonde voor de wetenschap en die zich mogelijk als gevolg van het contact met Descartes tot het katholicisme bekeerde, hem in 1649 uitnodigde. De hofkliek maakte hem het leven niet eenvoudig. Toch was het waarschijnlijk geen gif, maar daadwerkelijk het klimaat "in het land van de beren temidden van rotsen en ijs" waaraan hij reeds binnen een jaar bezweek.

Werk: Het eerste werk, *Regulae* (*Regels om richting te geven aan het verstand*), uit het einde van de jaren twintig van de zeventiende eeuw, bleef onvoltooid. Daarop schreef Descartes een belangrijk boek, waarin hij zijn natuurfilosofie presenteerde. Maar omdat het aanhaakte op de leer van Copernicus durfde hij het niet te publiceren. Hij had inmiddels vernomen wat er met Galilei was gebeurd. Niettemin zijn er enkele delen bewaard gebleven, zoals *Le monde* (*De wereld*) met daarin de door hem ontwikkelde analytische geometrie, de *Dioptrica* (*De leer van de breking der lichtstralen*) met de afleiding van de brekingswet, en de *Meteoren*, waaronder men in zijn tijd luchtverschijnselen verstond en die volgens hem het ontstaan van regenbogen moesten verklaren. Het eerste door hemzelf uitgebracht werk is de *Discours de la méthode* (*Verhandeling over de methode*). In dit programmatische geschrift noemt Descartes de belangrijkste regels van zijn nieuwe wetenschappelijke methode en zet hij de hoofdlijnen uiteen van zijn moraalfilosofie, metafysica en kosmologie. Vier jaar later, in 1641, volgt de uitgebreide behandeling van de metafysica in zijn belangrijkste werk, de *Meditationes de prima philosophia* (*Overdenkingen over de eerste filosofie*). De ondertitel geeft duidelijk aan wat het thema is: het bestaan van God en de onstoffelijkheid van de ziel. De literaire vorm van dit werk is zeer ongebruikelijk. Descartes koos voor een soort autobiografie over een week lang nadenken. Een en ander vult hij aan met tegenwerpingen van een zestal vooraanstaande geleerden, waaronder Hobbes. Descartes had hier zelf om gevraagd en komt in zijn boek ook met een antwoord. Drie jaar later behandelt hij in zijn voornaamste systematische werk, de *Principia philosophiae* (*Principes van de filosofie*), de uit de *Meditationes* voortkomende gevolgtrekkingen voor de natuurwetenschappen. In vier delen licht hij zijn wereldbeeld toe. Deze delen behandelen de fundamenten van de menselijke kennis, de fysica en astronomie alsook zijn leer van de aarde. Tot Kant behoorden de natuurwetenschappen, de pedagogiek, de economie, de sociologie en de politicologie immers nog tot de filosofie. In 1649 verschijnt ten slotte *Les passions de l'âme* (*Hartstochten van de ziel*), een psychologisch werk dat vooruitloopt op de scheiding tussen filosofie en psychologie in de negentiende eeuw.

Leer: Evenals Augustinus is Descartes hoofdzakelijk geïnteresseerd in God en de ziel. Maar anders dan in de middeleeuwse aanpak gaat het hem om hun filosofische grondslag. Deze moet enerzijds de basis leggen voor de gehele wetenschap, zodat de mens er profijt van trekt, en anderzijds bestaan uit eenvoudige elementaire begrippen die boven elke twijfel verheven zijn. Alle uitspraken worden afgeleid uit deze zogeheten wiskundige methode. Een dergelijke deductie is echter alleen mogelijk wanneer eerst alles in twijfel wordt getrokken. Men kan het vergelijken met een emmer vol appels. Er hoeft er maar een rotte tussen te zitten om alle appels te bederven. "Ik zal alles in twijfel trekken om te zien wat een dergelijke twijfel doorstaat," meent Descartes, "ongeacht of het nu boeken zijn, want die kunnen zich vergissen, de wereld om ons heen, want die is wellicht slechts een droom, zintuiglijke waarnemingen, want men kan zich van alles inbeelden, of zelfs de grondbeginselen van de wiskunde, want ons logisch denkvermogen zou ons wel eens op het verkeerde been kunnen zetten. Het enige wat zeker is, is de zekerheid dat ik twijfel, dat ik denk, dus moet ik, moet mijn bewustzijn, wel bestaan." Daaruit leidt hij zijn beroemde, maar nooit vastgelegde stelling "*cogito ergo sum*" ("ik denk, dus ik ben") af.

En er is nog iets wat absoluut zeker is, namelijk het bestaan van God. Hier beroept Descartes zich op het omstreden ontologische godsbewijs van Anselmus van Canterbury. Naast deze afleiding van Gods bestaan, uit de in de mens aanwezige idee van een volstrekt volmaakt wezen, baseert hij zich eveneens op het niet minder controversiële kosmologische godsbewijs. Aangezien God volmaakt is, moet Hij echt zijn, en aangezien Hij de oorsprong van de hele werkelijkheid is, moet datgene wat de mens helder en duidelijk waarneemt er ook werkelijk zijn. Fouten zijn slechts het gevolg van de vrije wil, waardoor men instemt met het ene idee en het andere afkeurt. Net zo goed als er een aangeboren begrip van God bestaat, bestaan er ook andere ideeën in de mens, zoals de logische principes en de begrippen substantie, uitgebreidheid, oorzaak en getal. Elke vorm van kennis bouwt voort op deze heldere en duidelijke grondbeginselen. De wereld bestaat uit twee substanties, die van het bewustzijn en denken, waartoe ook de waarneming, het gevoel en de wil behoren, en die van de materiële dingen. Terwijl de eerste categorie onuitgebreid en dus niet ruimtelijk of lichamelijk is, kan men aan lichamen beslist een uitgebreidheid toeschrijven. In tegenstelling tot de leer van de Griekse atomisten, die door Pierre Gassendi (1592-1655) werd vernieuwd, kent Descartes geen lege ruimte. Ruimte bestaat volgens hem uit trage lichamen. De enige oorzaak van beweging is dan ook dat het ene lichaam het andere aanstoot. De energie, die oorspronkelijk voortkomt uit de eerste duw van God, blijft altijd behouden. Uitbreiding, beweging en rust zijn voldoende om de hele natuur, inclusief de organische processen, te verklaren. Zelfs de eigenschappen van lichamen, zoals kleur, klank of warmte, kunnen zo moeiteloos worden bepaald. Dit mechanistische uitgangspunt heeft iets noodlottigs wanneer Descartes hiermee levende wezens degradeert tot pure automaten. Dit geldt weliswaar niet voor de mens, maar wel voor het dier. De mens kent immers het dualisme van lichaam en ziel, van uitgebreidheid en denken. Op de vraag hoe dit dualisme wordt overwonnen en hoe beide substanties met elkaar in verbinding staan, geeft Descartes geen bevredigend antwoord. Hoewel hij de pijnappelklier in de hersenen noemt, ontbreekt het hem op dit punt aan de helderheid en duidelijkheid waartoe hijzelf voortdurend oproept.

Samenvatting

Een systematisch georganiseerde filosofie bestaande uit waarheden die boven elke twijfel verheven zijn, kan aan de ene kant meningsverschillen helpen voorkomen en draagt aan de andere kant als basis van de natuurwetenschappen bij tot een beheersing en een nuttig gebruik van de natuur door de mens. Met dit fundamentele inzicht komt Descartes tot een mechanistisch systeem dat overeenkomstig zijn wiskundige methode op onwrikbare grondbegrippen berust. Telkens weer benadrukt hij de helderheid en duidelijkheid daarvan. Al het andere kan rationeel en deductief uit deze grondbegrippen worden opgemaakt. Zekerheid, bewustzijn en God zijn voor hem het uitgangspunt. Hieruit leidt hij het menselijk dualisme van denken en lichaam af. Hoe deze onuitgebreide en uitgebreide substanties met elkaar samenwerken, weet hij niet goed te verklaren.

Invloed: Descartes is de grondlegger van het rationalisme, het naar hem genoemde cartesianisme en van de nieuwere filosofie in het algemeen. Deze laatste onderscheidt zich van oude filosofie door de gebruikmaking van de natuurwetenschappen en in het bijzonder de wiskunde. Zijn opvatting over de ziel als een bewust en denkend ik met een eigen wil tegenover de uitgebreide substantie van het lichaam bepaalt nog steeds het moderne mensbeeld. Zijn leer was omstreden en stuitte reeds tijdens zijn leven op veel verzet. Als invloedrijke tegenstanders vaardigden de jezuïeten een verbod uit op zijn werk. Ook bij de protestanten en de autoriteiten kon hij op maar weinig sympathie rekenen. Afgezien van zijn betekenis voor de wis- en natuurkunde en de psychologie heeft hij met zijn denken ook een belangrijke stap gezet in de richting van de moderne filosofie.

BENEDICTUS DE SPINOZA *(24 november 1632 in Amsterdam – 21 februari 1677 in Den Haag)*

Leven: Al tijdens Spinoza's leven vroeg menigeen zich af of hij nu een heilige of een atheïst was. Hij wist met zijn opvattingen de mensen zo te polariseren dat hij als de meest beschimpte filosoof moet worden gezien. Hij werd geboren in een gezin van Portugese joden. De joodse geschriften en de grote joodse filosofen uit de Middeleeuwen namen dan ook een belangrijke plaats in in zijn opvoeding. Daarnaast bestudeerde hij de nieuwere filosofie van Bruno, Hobbes en Descartes. Buiten het schoolprogramma om maakte hij bovendien kennis met het werk van Copernicus, Kepler en Galilei. "Naar het oordeel van de engelen en de uitspraak van de heiligen verbannen, vervloeken, verwensen en verdoemen wij Baruch d'Espinosa..." Met deze woorden begint de banvloek van de synagoge over de 24-jarige Spinoza, die zich van het orthodoxe jodendom had afgewend en daarom uit de gemeenschap werd ver-

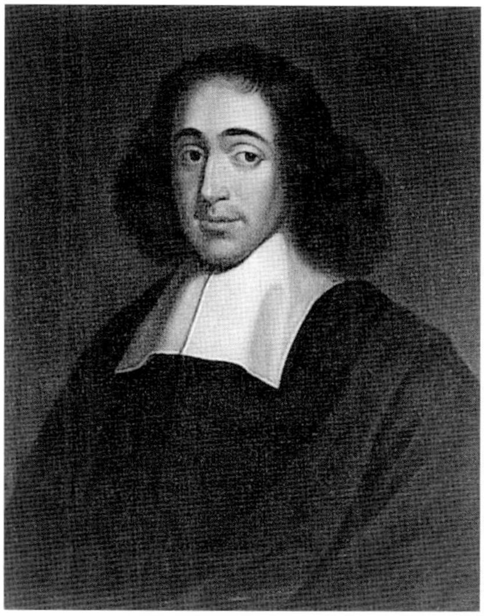

stoten. In feite was dit de laatste 'grote' gebeurtenis in het eenzame leven van Spinoza. Benedictus, zoals de Latijnse vorm van Baruch luidt, verliet zijn geboortestad en kwam na enkele omzwervingen in Den Haag terecht, waar hij zijn brood verdiende met het slijpen van lenzen. Het vele stof dat met dit werk gepaard ging, vormde een aanslag op zijn gezondheid. Hij leidde een bescheiden en teruggetrokken leven, en kwam soms maandenlang zijn woning niet uit. Desondanks was hij een beroemdheid. In 1673 werd hem zelfs een leerstoel aangeboden aan de universiteit van Heidelberg. Hij weigerde beleefd omdat hij zijn vrijheid niet in gevaar wilde brengen. Reeds op 44-jarige leeftijd overleed hij aan tuberculose.

Werk: Van Spinoza's voornaamste geschriften verscheen tijdens zijn leven alleen de *Tractatus theologico-politicus* (*Theologisch-politiek traktaat*). Overeenkomstig zijn lijfspreuk "*caute*" ("wees voorzichtig") gaf hij dit werk, dat aandringt op religieuze en politieke tolerantie, anoniem uit. Het bevat naast een bijbelkritiek ook zijn staatsleer. Nog in hetzelfde jaar van dood werden de *Opera posthuma* (*Nagelaten werken*) uitgegeven. Hiertoe behoort eveneens zijn belangrijkste werk, de *Ethica, more geometrico demonstrata* (*Ethica, naar geometrische methode beschreven*). Dit geschrift met zijn wiskundige vorm en opbouw volgt de euclidische methode. Het werkt met axioma's, die geenszins eenduidig zijn, met definities, waaraan de auteur zich niet consequent houdt, en met bewijzen, die niet altijd correct zijn afgeleid. Dit en de compactheid zorgen ervoor dat het niet altijd eenvoudig te begrijpen is. In vijf boeken geeft hij de essentie weer van zijn filosofisch denken over God, de natuur en, zoals de titel al suggereert, de ethiek.

Leer: Het accent van Spinoza's filosofie ligt op God en de mens. De kennis van God is daarbij geen taak van de theologie, maar van de filosofie. Spinoza huldigt de opvatting dat God, natuur en substantie hetzelfde zijn. Substantie betekende in de zeventiende eeuw nog letterlijk het 'eronder staande', en geen materie. Het eeuwig, oneindig, onbepaald en volmaakt zijnde is dat wat onder en achter alle dingen staat. Het is de ene en enige substantie oftewel God. Omdat deze substantie oneindig is, bestaat daarbuiten niets. God, de ongeschapen natuur, moet derhalve alomtegenwoordig zijn in de geschapen natuur. "God, de eerste oorzaak van alle dingen en ook de oorzaak van zichzelf, laat zichzelf door zichzelf kennen." Deze pantheïstische opvatting doet denken aan Giordano Bruno en resulteert in een afwijzing van alle religies die uitgaan van een persoonlijke God. God bestaat uit een oneindige hoeveelheid eigenschappen. De mens, die ook een deel van de natuur en dus van God is, is in staat om slechts twee van die eigenschappen te kennen, namelijk uitgebreidheid, waaruit ook het universum voortkomt, en denken, waaruit de ideeën ontspruiten. Het zijn deze twee eigenschappen die overeenkomen met het uit lichaam en ziel opgebouwde bestaan van de mens. Spinoza noemt lichamen een toestand of modus van de uitgebreidheid van een substantie. De ziel, waartoe hij ook mineralen, planten en dieren rekent, is volgens hem een toestand van denken van een substantie. Lichamen en zielen worden, evenals alle eindige dingen in de wereld, door andere bepaald. Anders dan bij Descartes bestaat de mens dus niet uit twee, maar uit één substantie met de twee zijnseigenschappen uitgebreidheid en denken. Tussen beide modi bestaat er geen causaal verband. Er is eerder sprake van een parallelli, zoals bij een klok met één uurwerk en twee wijzerplaten. Elke verandering in de ziel moet corresponderen met een verandering in het lichaam. De wil om de hand te bewegen en de beweging zelf zijn slechts twee kanten van hetzelfde proces.

Spinoza's kennistheorie benadrukt eveneens de noodzaak van God. Empirische kennis, dat altijd betrekking heeft op andere lichamen, dat wil zeggen op ervaringen, herinneringen en meningen, is in zijn ogen ontoereikend, inadequaat en onduidelijk. Het onderscheidt zich op dit punt van het verstand, dat alles in zijn eeuwige samenhang ziet en de essentie van de dingen onmiddellijk weergeeft. Daarboven staat weer de intuïtieve kennis, waarmee de gemeenschappelijke begrippen worden vastgelegd. Het verstand op zijn beurt maakt daar weer gebruik van.

"Dat ieder zichzelf liefheeft, zijn belang, voor zover hij waarachtig is, zoekt en alles nastreeft wat hem tot grotere volmaaktheid brengt; dat in het algemeen ieder zijn eigen zijn, zoveel in zijn vermogen is, tracht te behouden; dit is zeker zo waar als de stelling dat het geheel groter is dan het deel," schrijft Spinoza. Voor hem is het vermogen of de kracht om dit streven te verwezenlijken een deugd, want zelfbehoud ligt in de aard van de mens. Omdat die evenzogoed een verstandig wezen is, moet hij proberen om met behulp van het verstand zijn belang te realiseren. Het verstand berust echter op kennis en daardoor leidt inzicht tot deugd en gelukzaligheid. Inzien, het belang van iets begrijpen, betekent beamen en beamen is niets anders dan willen. Van wilsvrijheid kan geen sprake zijn, want alles wat noodzakelijk is, komt voort uit de wil van de almachtige God. Met het inzicht groeit zo het verstand en met de kennis van God ook de liefde voor God. Het goede en het kwade zijn die dingen waarvan men zeker weet dat ze nuttig dan wel schadelijk zijn.

Het vermogen tot zelfverwezenlijking is een recht dat door de natuur is vastgelegd. Redelijkerwijs staat de mens een deel daarvan af aan de staat en maakt hij geen gebruik van persoonlijk geweld. In ruil daarvoor biedt de staat hem hulp en bescherming. De rechten en macht daarvan worden, net als bij Hobbes, alleen beperkt door de natuur. De rechten die het individu behoudt omdat de staat niet bij machte is om die te ontnemen, zijn de vrijheid van denken en van spreken: "Het doel van de staat is in feite de vrijheid."

Samenvatting

De Nederlandse filosoof Benedictus (Baruch) de Spinoza groeide op met het joodse gedachtegoed. Vanwege zijn 'dwaalleer' werd hij uit Amsterdam verbannen. Evenals Descartes, die hij had bestudeerd, schiep hij een filosofisch systeem op basis van de geometrisch-wiskundige methode. In zijn belangrijkste werk, de *Ethiek*, verwerpt hij Descartes' dualisme van lichaam en geest en stelt hij God gelijk aan de scheppende natuur. God is volgens hem de enige substantie en zijn enig bekende attributen zijn denken en uitgebreidheid. Bij de mens komen die overeen met ziel en lichaam. Deze staan niet in wisselwerking met elkaar, maar ontwikkelen zich parallel. Kenmerkend voor ieder individu is de natuurlijke drang tot zelfbehoud. De drijfveer van het menselijk handelen zijn de hartstochten oftewel de gemoedsbewegingen. Daarvan onderscheidt hij er drie: begeerte, vreugde en verdriet. Zij worden in toom gehouden door het verstand, dat naar ware kennis streeft en daardoor tot deugd en geluk leidt.

Invloed: Aanvankelijk stond men zeer afwijzend tegenover Spinoza's leer. Zijn werk werd verboden en leidde tot veel kritiek van 'tweederangsfilosofen', zoals de Franse scepticus Pierre Bayle en de Duitse verlichtingsdenkers Christian Thomasius en Christian Wolff. Daarbij namen ze bepaald geen blad voor de mond. Thomasius noemde Spinoza een "afschuwelijk monster," terwijl Leibniz in zijn ogen een "beruchte jood" was en Kants vriend Hamann een "struikrover en moordenaar van het gezonde verstand en de wetenschap." De waardering voor Spinoza kwam pas aan het eind van de achttiende eeuw op, onder meer bij Lessing, Herder en ook Goethe. Deze laatste schreef: "Ik voel me zeer verwant met hem, ofschoon zijn geest veel dieper en puurder is dan de mijne." Ook Schopenhauer, Nietzsche en Bergson zijn door hem beïnvloed evenals Hegel, die zeer stellig was in zijn oordeel: "Of Spinoza, of geen filosofie." Van zijn ethiek beklijfde vooral het streven om het dualisme van God en natuur, van het hemelse en het aardse, op te heffen. Maar ook de samenhang tussen kennis en gelukzaligheid in herinnering en de stellingen die vooruitlopen op het liberalisme hadden zo hun uitwerking. Het *Theologisch-politieke traktaat* en de bewering dat de Bijbel in zijn historische context moeten worden gezien, waren baanbrekend voor de moderne exegese.

Gottfried Wilhelm Leibniz *(1 juli 1646 in Leipzig – 14 november 1716 in Hannover)*

Leven: In 1676 reisde Leibniz van Londen naar Hannover, waar hij een nieuwe functie aan het hof had aanvaard. Onderweg in Nederland had hij niet alleen een ontmoeting met Antoni van Leeuwenhoek, de uitvinder van de microscoop, maar ook met Spinoza, wiens werk hij al op jonge leeftijd had leren kennen. Als een echt wonderkind had hij zich op achtjarige leeftijd al het Latijn eigengemaakt. Sindsdien verslond hij de bibliotheek van zijn vader, die hoogleraar moraalfilosofie was. Op twaalfjarige leeftijd begon hij een soort 'alfabet der ideeën' te ontwikkelen dat uit de grondbegrippen van het menselijk denken moest bestaan. Het was een van de vele projecten die hij als wiskundige, jurist, historicus, natuurwetenschapper, technicus en geoloog ondernam en die hij net als zijn filosofisch systeem niet volbracht. Hij was het 'slachtoffer' van zijn vele interesses en zijn hoge begaafdheid. Met diezelfde talenten was hij in 1667 al gepromoveerd tot doctor in beide (kerkelijke en seculiere) rechten. Na een aanbod voor een professoraat te hebben afgewezen, trad hij als diplomaat en jurist in dienst van de keurvorst van Mainz. Deze stuurde hem naar Parijs, waar hij Lodewijk XIV moest overhalen om een oorlog te beginnen tegen Egypte. Tijdens zijn vierjarig verblijf in de Franse hoofdstad hield hij zich bezig met zijn verdere ontwikkeling. Daarnaast werkte hij aan de uitvinding van een rekenmachine en – op hetzelfde moment als Newton – de differentiaal- en integraalrekening. In Parijs leerde hij Johan Frederik hertog van Brunswijk-Lüneburg kennen, die hem uiteindelijk als raadsman en bibliothecaris naar Hannover haalde. Onderbroken door talrijke reizen werkte hij daar tot aan zijn dood aan de *Geschichte des Welfenhauses* (*Geschiedenis van het Welfengeslacht*).

Werk: Het is zeker niet verbazingwekkend dat Leibniz, ondanks zijn tomeloze inzet, er niet in slaagde om zijn systeem volledig op papier te zetten. Naast het werk voor zijn opdrachtgevers voerde hij een zeer uitgebreide correspondentie, die qua inhoud nog steeds van grote betekenis is voor de interpretatie van zijn werk. Van de talloze brieven zijn er 15.000 bewaard gebleven. Deze zijn gericht aan zo'n duizend verschillende correspondenten. Het enige grote werk dat Leibniz voltooide, is *Essais de théodicée* (*Theodicee, over de goedheid van God, de menselijke vrijheid en de oorsprong van het kwaad*). Onder invloed van de gesprekken met de Pruisische koningin Sophie Charlotte, met wie hij nauwe banden onderhield, probeert hij hierin een oplossing te vinden voor het aloude probleem waarom een goede God een wereld vol kwaad toelaat. In aansluiting op allerlei kleinere filosofische, juridische en theologische geschriften publiceerde hij in 1695 zijn belangrijkste boek, *Système nouveau de la nature et de la communication des substances, aussi bien que de l'union, qu'il y a entre l'âme et le corps* (*Nieuw*

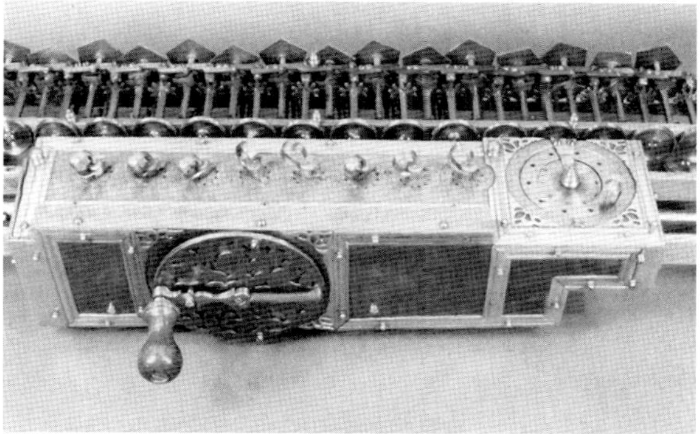

Zo zag de door Leibniz ontworpen voorloper van de moderne rekenmachine eruit. Drie eeuwen geleden kon men hiermee reeds de vier hoofdbewerkingen uitvoeren.

systeem van de natuur en de communicatie tussen substanties alsook van de eenheid die er bestaat tussen lichaam en ziel). Hierin vindt men een volledige beschrijving van zijn metafysica.

Leer: In zijn filosofie, die draait om de begrippen zijn, individu en eenheid, streeft Leibniz naar een harmonie tussen rationalisme en het traditionele gedachtegoed. Dit blijkt vooral uit zijn waardering voor de aristotelische logica, die noch door Descartes, noch door Spinoza werd afgewezen en die hij probeert te verbinden met de geometrische methode. Zijn zoektocht naar harmonie is een steeds terugkerend motief in zijn leven en resulteert op filosofisch vlak in zijn monadenleer. Het uitgangspunt daarvan is zijn kritiek op de uitgebreide, bewogen substantie van Descartes. Leibniz ziet beweging als iets relatiefs, als iets wat juist afhangt van de positie van de waarnemer. Hiermee geeft hij een eerste aanzet tot Einsteins relativiteitstheorie. Hij vervangt beweging door kracht. Daarin ligt voor hem de betekenis van de substantie. Kracht blijft altijd gelijk, ook als dingen in ruste zijn. Waarom bieden dingen anders tegenstand als men ertegen aanstoot? Ook bekritiseert hij de uitgebreidheid. Voor hem gaat het daarbij om een zuiver wiskundige grootheid. Zijn conclusie is dan ook dat er geen stoffelijke wereld bestaat, maar alleen krachtcentra en – daarmee gelijkstaande – zielen. Slechts in hun denkend bewustzijn, in hun voorstellingswereld, is er sprake van lichamen. Leibniz verbindt de door Gassendi vernieuwde atoomleer, die hijzelf als modern en mechanistisch duidde, met Aristoteles' notie van een bezielende en vormende kracht. Zo komt hij tot zijn idee van de monaden, een begrip dat 'eenheid' betekent en in feite aan Giordano Bruno is ontleend. Elke monade komt overeen met een organische eenheid. Het gaat daarbij om puntvormige substanties zonder uitgebreidheid. De monaden vormen krachtcentra die allen – hun aantal is oneindig – bezield zijn, ook al is dat in verschillende mate. Dit betekent dat de inherente ideeën en voorstellingen niet allemaal even sterk tot uitdrukking komen. Het sterkst zijn ze bij de hoogste monade, God, maar ook als zelfbewustzijn van de mens zijn ze krachtig. Alleen de 'sluimerende' monaden, met hun onduidelijke en onbewuste waarneming, zijn uitgesproken zwak. Geen enkele monade lijkt op een andere. Ze zijn stuk voor stuk individueel en eeuwig, en weerspiegelen de wereld op uiteenlopende wijze. Ze beschikken niet over een 'venster' naar buiten en reageren dus niet op hun omgeving. In plaats daarvan gedragen ze zich zoals in een goddelijke scheppingsdaad is vastgelegd. Dit verklaart waarom twee willekeurige monaden overeenkomen als twee onafhankelijke maar gelijklopende klokken, ook al draagt elke monade haar eigen wereld met zich mee. Leibniz meent "dat God namelijk vanaf het allereerste begin beide substanties zo geschapen heeft, dat elk, door slechts haar eigen wetten te volgen, die zij tegelijk met haar ontstaan heeft ontvangen, met de andere zo nauwkeurig in overeenstemming blijft alsof deze op wederkerige invloed berustte, alsof God steeds eigenhandig ingreep..." Dit is Leibniz' leer van de *harmonia praestabilita* (de tevoren door God vastgelegde harmonie).

Omdat Hij alwetend en almachtig is, moet God met zijn schepping de beste van alle mogelijke werelden hebben geschapen. Voor deze opvatting werd het woord 'optimisme' in het leven geroepen. De vraag is waarom er desondanks zonde en leed bestaan? Het antwoord is eenvoudig: geschapen wezens kunnen niet anders dan onvolmaakt zijn, want waren ze volmaakt, dan zouden ze net als God zijn. God voorziet weliswaar de menselijke tekortkomingen, maar past deze in zijn harmonisch systeem in.

Samenvatting

Gottfried Wilhelm Leibniz, raadgever en bibliothecaris in Hannover, creëerde een rationalistisch filosofisch systeem waarin hij traditionele en met name aristotelische ideeën verwerkte. Bovendien verving hij hierin de beide substanties van Descartes en de enige substantie van Spinoza door een oneindige hoeveelheid substanties, de bezielde monaden. Ondanks hun individualiteit functioneren deze eensluidend vanwege Gods *harmonia praestabilita*. In de *Theodicee*, een van zijn twee belangrijkste werken, legt hij met zijn idee van de best mogelijke der werelden de basis voor het optimisme.

Invloed: Voor zover het de Nieuwe Tijd betreft, is Leibniz de eerste Duitse filosoof van wereldbetekenis. Van zijn filosofische werken groeide de *Theodicee* uit tot een van de invloedrijkste boeken in Duitsland. De schoolse bewerking van zijn metafysica door Christian Wolff legde de basis voor het verlichtingsdenken tot aan Kant. In de negentiende en twintigste eeuw vormde Leibniz een bron van inspiratie voor denkers als Russell, Wittgenstein, Husserl en Heidegger. Hetzelfde geldt eigenlijk voor Einsteins relativiteitstheorie en Freuds leer van het onderbewuste. Ten slotte werd op zijn instigatie in 1700 de Pruisische Academie van Wetenschappen gesticht. Leibniz was zelf de eerste president. Dankzij zijn politieke geschriften en zijn historisch onderzoek bereikte zijn beschermheer de keurvorstelijke waardigheid. Zijn jarenlange streven naar gelijkheid tussen godsdiensten, tussen protestanten en katholieken, lutheranen en gereformeerden, liep uit op een mislukking.

Empirisme

Evenals het rationalisme legt het in de zeventiende eeuw in Engeland ontstane empirisme de nadruk op het verstand. Toch ziet het empirisme af van elke vorm van metafysica en transcendentie. Daarmee breekt deze filosofische richting met de aristotelisch-platonische traditie. Het enige wat telt, is de zintuiglijke waarneming. Deze leidt niet via rationele methodes tot de waarheid, want zij is zelf de waarheid. Omdat er dagelijks nieuwe zintuiglijke waarnemingen bijkomen, gaat het hier niet om een eeuwige waarheid. Niettemin kan men spreken van een relatieve, voorlopige waarheid. Er bestaan geen aangeboren ideeën en alle begrippen zijn afgeleid van de zintuiglijke waarneming. Algemene begrippen zijn niets anders dan woorden. De nominalisten wisten dat al in de Middeleeuwen en zij moeten dan ook gezien worden als voorlopers van het empirisme.

De Engelsman Francis Bacon (1561-1626) vormt met zijn inductie, de generalisering van de waargenomen feiten als de enig juiste wetenschappelijke methode, het aanknopingspunt voor de empiristen. Door het politieke en religieuze klimaat op de Britse eilanden nam deze denkrichting een hoge vlucht. De drie belangrijkste vertegenwoordigers, de Engelsman John Locke, de Ier George Berkeley en de Schot David Hume, die stierf in het jaar dat de Verenigde Staten onafhankelijk werden, kunnen echter net zo goed tot de verlichtingsdenkers worden gerekend. Zoals de meeste van hun tijdgenoten waren zij gelovige christenen. Toch probeerden ze het geloof en allerlei andere zaken rationeel te beredeneren. Men kan zich afvragen in hoeverre dat nieuw was. Gebeurde dat ook al niet in de Middeleeuwen? De voornaamste scholastici streefden toch naar een harmonie tussen de grote wijsgerige tradities en de zekerheid van het geloof? Harmonisering, 'op elkaar afstemmen', dat was de filosofie van hoog- en laatscholastiek. Wat er bij de empiristen speelde, ging veel verder. De oude godsbewijzen werden als irrationeel verworpen (Hume) en de exclusiviteitaanspraak van het christendom afgewezen ten gunste van een verlangen naar tolerantie (Locke). Men vroeg om een rationele godsdienst, zoals die reeds werd uitgedragen door de Engelse deïst Herbert van Cherbury (1581-1648). Het verstand, en niet de openbaring, vormde daarbij de oorsprong van de religieuze waarheid. In een dergelijke sfeer kwamen de natuurwetenschappen, die hun kennis uit waarneming en experimenten haalden en nog altijd tot de filosofie behoorden, tot bloei. Het is geen toeval dat de natuur- en wiskundige Isaac Newton (1643-1727), die "de wetenschap van de natuur met exacte bewijzen wilde ondersteunen" een landgenoot was van de drie grote empiristen. De grondlegger van de theoretische mechanica en concurrent van Leibniz geldt met zijn *De wiskundige grondslagen van de natuurfilosofie* als de belangrijkste natuurfilosoof van zijn tijd. Zijn wet van de zwaartekracht wordt over het algemeen als dé natuurwet beschouwd.

John Locke *(29 augustus 1632 in Wrington/Somerset – 28 oktober 1704 in Oates/Essex)*

Locke was net als Leibniz een universalist. Zijn tijdgenoten zagen in hem een moderne Aristoteles. Zelf beschouwde hij zich vooral als een mensenvriend en hij vermomde zich dan ook graag onder het pseudoniem 'de filantroop'. Hij schreef over kennistheorie, rechtsfilosofie, politieke filosofie, theologie, economie, wiskunde, geneeskunde en pedagogiek. Zijn publicaties sloten in de meeste gevallen aan bij de activiteiten die hij op dat moment ontplooide. Dat geldt zeker ook voor zijn reisverslagen. Hij bezocht de universiteit van Oxford, waar hij niet alleen talen, logica en metafysica studeerde, maar ook medicijnen en de nieuwe wetenschap scheikunde. Na zijn studie was hij korte tijd als docent verbonden aan deze zelfde universiteit. Bepalend voor zijn leven was echter zijn werk voor de graaf van Shaftesbury. Toen deze in 1683 als voorzitter van het Britse Hogerhuis werd ontslagen, volgde hij hem naar diens ballingsoord in Nederland. Ondanks zijn talrijke politieke functies en de vele bezigheden als persoonlijk arts van de graaf en als huisleraar van diens kinderen en kleinkinderen liet Locke een omvangrijk oeuvre na. Daarbij hield hij altijd voor ogen dat alles een praktisch nut moest dienen. Tegen deze achtergrond schreef hij het eerste standaardwerk over de pas ontstane moderne economie (*Overwegingen over de gevolgen van de rentevoet*) alsook een boek over de pedagogiek (*Verhandeling over de opvoeding van kinderen*). Het holistische opvoedingsideaal dat Locke daarin verdedigt, zou later van doorslaggevende betekenis zijn voor Rousseau. Toch is hij vooral bekend geworden door zijn epistemologische geschrift *Essay Concerning Human Understanding* (*Verhandeling over het menselijk verstand*), waarin hij ingaat op de oorsprong en omvang van de menselijke kennis. Zijn belangrijkste werk op het gebied van de praktische filosofie is het anoniem verschenen *Two treaties of Government* (*Twee verhandelingen over de regering*). Hierin onderstreept hij nogmaals zijn liberale opvattingen met betrekking tot de staatstheorie, die hij, met name op het punt van de godsdienst, reeds eerder had verwoord in *Epistola de tolerantia* (*Brief over de tolerantie*). Locke koos in dit geval opnieuw voor de anonimiteit. Hij beweerde namelijk dat een volk op grond van de door God opgedragen plicht tot zelfbehoud en vrijheid gerechtigd is om onrechtvaardige regeringen ten val te brengen. Dit laatste overkwam Engeland tot twee keer toe, in 1647 en 1688. Een staat is gegrondvest op het natuurrecht dat de burgers afstaan in ruil voor bescherming van leven, vrijheid en bezit. De vorst is gebonden aan de wet en een indeling in een wetgevende en uitvoerende macht is noodzakelijk.

In zijn omvangrijkste (duizend pagina's tellende) en tevens belangrijkste werk legt Locke de basis voor de moderne kennistheorie. Het is in feite een groot essay over het menselijk verstand. Hij geeft hierin zijn empiristische overtuiging weer dat er "niets in het verstand is, wat niet eerder in de zintuiglijke waarneming was." Het uitgangspunt voor zijn onderzoek is de vraag hoe ideeën en begrippen in ons bewustzijn terechtkomen. Om deze vraag te beantwoorden kijkt hij kritisch naar de mogelijkheden van het denken. Hij ontkent de onder meer door Descartes uitgedragen opvatting dat er aangeboren ideeën zouden bestaan. Hierbij wijst hij op kinderen en wilde volkeren. De menselijke ideeën komen volgens Locke juist van buitenaf. Ze moeten eerst worden waargenomen. Wat de mens waarneemt, zijn alleen eigenschappen, alleen de kenmerken van de dingen. Hij hanteert op dit punt een indeling in primaire, 'objectieve' eigenschappen, zoals vorm en weerstand, en secundaire, 'subjectieve' eigenschappen, zoals kleur en geur. In tegenstelling tot deze laatste kunnen de eerste niet worden losgemaakt van het betreffende object. Deze eenvoudige bouwstenen vormen het materiaal van ons denken. Door het combinerend vermogen van het menselijk verstand ontwikkelen ze zich in het innerlijke tot complexe ideeën als 'schoonheid' of 'harmonie', die, geheel in lijn met de nominalistische opvatting dat woorden slechts tekens zijn, met niets werkelijks overeenkomen.

Locke effent het pad voor de moderne kenniskritiek van Kant en is met zijn liberalistische denkbeelden de vader van de Verlichting. Met zijn roep om tolerantie legt hij voor het eerst in de filosofie het principe van de privé-sfeer vast waar inmenging van kerk en staat niet is toegestaan.

George Berkeley *(12 maart 1685 in Dysert Castle/Ierland – 14 januari 1753 in Oxford)*

In vergelijking met Locke liet George Berkeley, die als bisschop van Cloyne stierf, een bescheiden oeuvre na. Hij was reeds *Magister of Arts* en priester toen hij tussen 1728 en 1731 een *college* probeerde te stichten op de Bermuda-eilanden. Daar moesten kolonisten, indianen en zwarten tot missionaris worden opgeleid. Het plan kwam uiteindelijk niet van de grond. Berkeley filosofeert om "het bestaan en de eigenschappen van God en de onsterfelijkheid van de ziel te bewijzen, om te laten zien dat de goddelijke voorzienigheid zich goed verdraagt met de vrijheid van de mensen en om de mensen weer terug te brengen tot de studie van het geloof en de nuttige dingen." Dit en zijn met theologie doorspekte levensloop weerspiegelen zich ook in zijn belangrijkste werk, *A Treatise concerning the Principles of Human Knowledge* (*Een verhandeling over de beginselen van het menselijk kennen*). De hierin geponeerde stellingen komen op een wat toegankelijker manier terug in de *Drie dialogen tussen Hylas en Philonous.* De namen van beide gespreksgenoten (*hyle* is het Griekse woord voor 'materie' en *Philonous* betekent letterlijk 'vriend van de geest') zijn met opzet gekozen. Berkeley wilde laten zien dat er geen materiële dingen zijn en dat alles slechts in de geest bestaat. Hij bouwt daarmee voort op Locke's empirisme. Net als de Engelse filosoof is hij van mening dat voorstellingen en ideeën slechts op innerlijke of uiterlijke ervaring berusten. De vraag is dan hoe materiële dingen ideeën kunnen voortbrengen. Moet het evenbeeld in de mens niet overeenkomen met het voorbeeld? Moet het voorbeeld van een idee niet ook zelf een idee zijn? Berkeley komt tot de conclusie dat Locke zich vergist moet hebben met zijn materialisme. Dingen kunnen geen van de waarnemer onafhankelijke zijnstoestand hebben. Hun bestaan wordt alleen daaraan ontleend dat ze worden waargenomen, dat ze in het menselijk bewustzijn terechtkomen. "*Esse est percipi*" oftewel: zijn betekent waargenomen worden. Het zuiver geestelijke bestaan van de dingen, het waargenomen kunnen worden, moet afkomstig zijn van een geestelijk wezen. Die oorsprong is God, de schepper van de menselijke voorstellingen. Buiten Hem bestaan alleen een denkende geest, de ziel en, ook als ze niet worden waargenomen, ideeën. Het is aan God te danken dat er in het bewustzijn van een ieder een voorstelling aanwezig is met een zekere wetmatigheid. Te denken valt bijvoorbeeld aan het idee van de donder na de bliksem. Nadat Locke de deur had gesloten voor de metafysica zette de idealist Berkeley hem toch weer open.

David Hume *(7 mei 1711 in Edinburgh – 25 augustus 1776 in Edinburgh)*

De tot de Schotse landadel behorende David Hume markeert als derde belangrijke vertegenwoordiger van het empirisme het einde van het grote tijdperk van de Engelse filosofie. Zijn streven was om de Newton van de menswetenschappen te worden. Door ervaring en waarneming wilde hij de menselijke natuur en de voornaamste principes daarvan blootleggen. Toch wekte zijn in 1740 verschenen filosofische debuut en belangrijkste werk, *A Treatise of Human Nature* (*Verhandeling over de menselijke natuur*), geen enkele belangstelling. Hume schreef het in Parijs, waar hij na zijn onvoltooide studie rechten een aantal jaren verbleef. Na zijn terugkeer in Engeland verdiende hij de kost als huisleraar, secretaris en vennoot. Hij bewerkte en publiceerde twee delen van zijn verhandeling. Ditmaal had hij meer succes. Beroemd werd hij uiteindelijk vanwege zijn geschiedenis van Engeland, waartoe hij werd aangespoord door zijn werk als bibliothecaris (1752-1763). Het is louter een speling van het lot dat hij er niet slaagde om hoogleraar te worden. Hij zag deze functie aan zijn neus voorbijgaan vanwege zijn veronderstelde deïsme, scepticisme en atheïsme. Dit verwijt was gebaseerd op zijn godsdienstfilosofische werken, waarin hij religie als een van de tijdsgewrichten afhankelijk verschijnsel van de psyche zag dat te verklaren is door angst en hoop. Hume koos er ten slotte voor om zijn dialogen over de godsdienst, die zowel het teleologische als het kosmologische godsbewijs weerleggen, pas na zijn dood te laten publiceren. Het literaire meesterschap daarvan kon zo niets bijdragen aan de verering die de encyclopedisten hem betoonden tijdens zijn driejarig verblijf als ambassadesecretaris in Parijs. Deze periode tussen 1763 en 1766 vormde het hoogtepunt van zijn leven.

Net als zijn twee grote Engelse voorgangers tracht Hume te beschrijven waaruit kennis bestaat en hoe die totstandkomt. Hij is geheel en al een empirist met zijn

definiëring van filosofie als reflectie over het dagelijks leven en zijn afwijzing van elke vorm van speculatie over bovennatuurlijke zaken. Deze trek is typerend voor het verlichtingsdenken en komt voort uit zijn scepsis ten aanzien van vaststaande meningen, zoals de veronderstelling van de rationalisten dat het verstand wezenlijk is voor de mens. "Wanneer we filosofen zijn, dan alleen op sceptische gronden." Iets is alleen maar zinvol en begrijpelijk als iedereen het kan doorgronden. Deze stelregel gaat uit van de ervaring van ieder mens en begeleidt hem ook bij zijn redactionele activiteiten. Zijn grote literaire voorbeeld is Cicero. Alles wat in de geest voorkomt, noemt hij, in navolging van Locke's ideeën, percepties, die hij onderverdeelt in indrukken en voorstellingen. De laatste zijn kopieën van de meer levendige indrukken waarmee de mens denkt en herinnert. Door meerdere eenvoudige voorstellingen te combineren ontstaat er een complexe voorstelling, bijvoorbeeld die van een gouden berg. Deze kan niet uit de menselijke ervaring zijn ontsprongen, maar is een combinatie van de voorstelling van de kleur goud met die van een berg. Goud en berg zijn daarbij oorspronkelijke indrukken. Volgens Hume verklaren indrukken, voorstellingen en de combinaties daarvan volledig de bewuste geest en het ik. Van Descartes' materiële en geestelijke substantie blijft na Berkeley en Hume niet meer dan een handjevol percepties over. Maar hoe zit het dan met de dingen aan gene zijde van het menselijk denken of de menselijke waarneming, zoals de verwachting dat morgen de zon weer opgaat? Hume schrijft daarover: "Al het denken dat betrekking heeft op feiten lijkt gebaseerd te zijn op de relatie tussen oorzaak en gevolg." Dit denken, dat ervan uitgaat dat de toekomst op het verleden zal lijken, dat morgen de zon weer zal opgaan, omdat hij elke dag is opgegaan, dat na vuur warmte en na het stoten tegen een bal beweging komt, doet hij af als dwaas. Ervaring onthult noch de oorzaken, noch de gevolgen van iets. Alles is slechts een opeenvolging, een kwestie van geloof en gewoonte. Deze zijn er enkel en alleen om het bestaan te vereenvoudigen. De consequentie hiervan is dat er geen noodzakelijk verband bestaat tussen oorzaak en gevolg en dus geen causaliteit. Dit probleem zou de filosofie nog lange tijd bezighouden.

Ook op het gebied van de praktische filosofie is Hume een volstrekte empiricus. Iets is voor hem moreel als het met de menselijke natuur verenigbaar is. Zijn praktische filosofie gaat uit van de twee principes eigenliefde en sympathie (in de oorspronkelijke betekenis van het woord, dus 'medegevoel'). De mens billijkt datgene wat nuttig voor hem is. En om zich niet volledig over te geven aan egoïsme staat hij dat nut ook toe bij diegene waarin hij zich kan verplaatsten. Deze positieve kijk op de eigenliefde werkte na Hume door in de theorieën van twee andere grote Engelse wetenschappers, Adam Smith (1723-1790) en John Stuart Mill (1806-1873). Smith, die bevriend was met Hume, geldt als de eerste klassieke econoom. Voor hem vormde deze eigenliefde de grondslag voor de welvaart van een land. De utilitarist Mill zag er de basis in voor het persoonlijke geluk. Naast deze twee en de Franse verlichtingsdenkers had Hume met zijn filosofie van de permanente twijfel en het vasthouden aan de eigen ervaring vooral ook een grote invloed op Kant. Deze laatste beweerde zelfs dat Hume hem uit zijn 'dogmatische slaap' had gewekt. Dankzij het positivisme van Comte is het gedachtegoed van Hume nog steeds actueel.

Verlichting

"Verlichting is het uittreden van de mens uit zijn aan hemzelf te danken onmondigheid. Onmondigheid is het onvermogen om het eigen verstand te gebruiken zonder een beroep te doen op een ander... 'Heb moed en gebruik je eigen verstand!' is de leus van de Verlichting." Dit is ongetwijfeld de beroemdste definitie die er over dit tijdperk bestaat. Zij is afkomstig van Immanuel Kant, de laatste grote verlichtingsfilosoof.

Of het nu de sofisten zijn in de klassieke Oudheid, de nominalisten in de Middeleeuwen, de positivisten in de negentiende eeuw of de moderne analytische wijsgeren, altijd zijn er filosofen geweest die streden tegen vooropgezette meningen en een einde wilden maken aan het speculatieve denken. Toch wordt de term 'Verlichting' in de eerste plaats geassocieerd met de Franse filosofie van de achttiende eeuw. De bekendste vertegenwoordiger daarvan, de schrijver en filosoof Voltaire, riep luidt en duidelijk "*Écrasez l'infâme!*" ("Verpletter de schaamteloze [kerk]!"). Onder invloed van het cartesianisme en de onhoudbaar geworden politieke en sociale situatie ten tijde van de absolutistische zonnekoning liet Frankrijk, dat met een steelse blik naar Engeland keek, waar de revoluties van de zeventiende eeuw tot een betrekkelijk liberale constitutionele monarchie hadden geleid, een steeds luidere kritiek horen. Dat gebeurde met name tijdens de zogeheten 'regententijd' van de onmondige koning Lodewijk XV. Samen met het rationalisme en empirisme en het streven naar welvaart is deze kritiek voor iedereen het gemeenschappelijke kenmerk van de Franse verlichtingsdenkers, die op andere punten wezenlijk van elkaar verschilden.

Belangrijke wegbereiders van deze filosofie die opriep tot vrijheid van denken en die niet zozeer door haar vernieuwing als wel door haar radicale karakter de politieke ontwikkelingen in Frankrijk en de rest Europa zou bepalen, waren de scepticus Pierre Bayle (1647-1706) en Charles de Montesquieu. De eerste bracht de anti-dogmatische houding, terwijl de tweede het Engelse denken introduceerde. Bacons strijd tegen vooroordelen, Locke's oriëntatie van het verstand op de ervaring en Newtons natuurwetenschappelijke methode misten hun uitwerking niet. De invloedrijke en bijzonder scherp van de tongriem gesneden voorvechter van tolerantie en mensenrechten François Marie Arouet, beter bekend onder de naam Voltaire, leverde met zijn beschrijving van de omstandigheden in Engeland felle kritiek op de Franse staat. Net als Montesquieu was hij een veelschrijver, die met zijn artikelen onder meer ook een bijdrage leverde aan de *Encyclopedie*. Dit groots opgezette project moest aantonen dat er geen plaats meer was voor religie en filosofie en dat het wetenschappelijke tijdperk was aangebroken. De twee belangrijkste initiatiefnemers waren de wiskundige Jean d'Alembert en de auteur Denis Diderot. De *Encyclopedie* verwezenlijkte het reeds in de dertiende en zeventiende eeuw overwogen plan van respectievelijk Roger en Francis Bacon om een samenvatting te geven van alle op dat moment beschikbare kennis. Dit 'vliegwiel van de vooruitgang' oefende een enorme invloed uit op de publieke opinie en daarmee ook op de ontwikkelingen die uiteindelijk in 1789 zouden leiden tot het uitbreken van de Franse Revolutie. Meer dan driehonderd artikelen waren van de hand van Paul-Henri Thiry d'Holbach (1723-1789). Samen met Julien Offray de La Mettrie (1709-1751) en Adrien Helvétius (1715-1771), die zich als een van de eersten inzette voor de gelijkheid van de vrouw, vormde hij het middelpunt van de materialisten. Alle drie schreven geestelijke processen toe aan een enkele substantie, de materie. Voor hen ging het daarbij uitsluitend om een voortdurende werking van zenuwen en hersenen die niet door God wordt gestuurd, maar het gevolg is van vaststaande wetten. Elke vorm van bovennatuurlijk geloof dient dan ook als een speculatieve dwaling te worden verworpen. De van oorsprong Duitse baron d'Holbach, die in 1770 hun programma, *Systeem der natuur*, publiceerde, verlangde naar een atheïstische staat en stelde een ongeremd streven naar geluk en natuurlijke vrijheid centraal.

"De natuur zegt de mens dat hij vrij is en dat er geen macht op aarde bevoegd is om hem van zijn rechten te beroven." Toch zagen de verlichtingsdenkers het verstand, dat voor de materialisten gelijkstond aan de natuur, niet als het gouden kalf. Daarvoor beseften ze te goed dat de mens niet alleen rationeel is, maar ook zijn driften kent. Deze nadruk op het gevoelsaspect vormde het uitgangspunt voor het denken van Jean-Jacques Rousseau, met Voltaire de meest gevierde verlichtingsfilosoof. Ook bij Rousseau hoort men telkens weer de roep om mensenrechten. Tijdens de Franse Revolutie werden die door de wiskundige Antoine Caritat de Condorcet (1743-1794) geformuleerd als vrijheid, gelijkheid, veiligheid, eigendom en recht op weerstand. Met zijn voor de Verlichting zo typerende geloof in een vooruitgang die niet te stoppen is vanwege de ontwikkelingen in cultuur en kennis staat hij lijnrecht tegenover Rousseau. Zoals zo velen viel Condorcet ten prooi aan het revolu-

Rechtsfilosofie

Net als de ethiek en de politieke filosofie is de rechtsfilosofie een onderdeel van de praktische filosofie. Deze discipline onderzoekt de algemene grondslagen van recht en rechtsgeleerdheid, en houdt zich bezig met de oorsprong, het wezen, de zin, het doel en de functie van het recht. De centrale vraag van de klassieke rechtsfilosofie richtte zich op de natuurlijke basis van het recht en het zoeken naar een natuurrecht.

tionaire geweld. De Verlichting, die eigenlijk ver afstond van dit bloedvergieten, was voorbij en daarmee ook de historische periode van de Nieuwe Tijd.

De Verlichting was een verschijnsel dat zich niet alleen tot Frankrijk beperkte. Mede dankzij de gunstige positie van het Frans, dat als taal van de diplomatie en de ontwikkelde klasse het Latijn uit de wetenschap had verdreven, werd het werk van de verlichtingsfilosofen op veel plaatsen gelezen en bood men hun graag een onderkomen, ook al was het maar tijdelijk. Zo werd Rousseau in Zwitserland en La Mettrie eerst in Nederland en vervolgens in Pruisen als balling ontvangen. Diderot was te gast bij Catharina de Grote in Rusland en Voltaire bij haar Pruisische collega Frederik de Grote, die zelf een verlicht absolutisme ("de vorst is de dienaar van zijn staat") en religieuze tolerantie ("hier moet ieder op zijn eigen manier zalig worden") aanhing en bovendien filosofische werken schreef. Het was dezelfde Frederik de Grote die Christian Wolff (1679-1754), de belangrijkste Duitse vertegenwoordiger van de Verlichting, weer tot professor benoemde in Halle, nadat hij onder zijn vader in ongenade was gevallen. Op basis van Leibniz' theorieën schreef hij het meest systematische en omvangrijkste oeuvre van zijn tijd. Alleen Hegel wist hem nog te overtreffen. Wolffs onderverdeling van de filosofie zou decennialang maatgevend blijken. Andere belangrijke Duitse vertegenwoordigers van dit tijdperk zijn de dichter Gotthold Ephraim Lessing (1729-1781), die met zijn ringparabel *Nathan der Weise* (*Nathan de wijze*) opkomt voor religieuze tolerantie, en de daarvoor als voorbeeld dienende joodse filosoof Moses Mendelsohn (1729-1786), oudoom van de componist.

Charles de Secondat, Baron de la Brãde et de Montesquieu

(18 januari 1689 op kasteel La Brède bij Bordeaux – 10 februari 1755 in Parijs)

Deze adellijke jurist, historicus en moraalfilosoof is onder meer de auteur van *Lettres persanes* (*Perzische brieven*), een satire op het absolutisme, de kerk en de zedenloosheid. De hierin vervatte kritiek op de Franse toestanden wekte veel beroering. Het boek verscheen in 1721 in Nederland. Montesquieu's belangrijkste werk is evenwel *Esprit des lois* (*De geest van de wetten*). In meer dan duizend pagina's onderzoekt hij de voorwaarden en effecten van recht en wet. Daarbij verklaart hij dat de wetten van een volk altijd afhangen van de heersende politieke, morele, godsdienstige, geografische en zelfs klimatologische omstandigheden. Zijn geloof in het natuurlijk verstand doet denken aan de Stoa. "De wet wordt in het algemeen gevormd door het menselijk verstand, voor zover dat het leidende principe is voor alle volkeren op aarde..." Montesquieu verdedigde het politieke liberalisme, waarvan hij de grondbeginselen in Engeland had geleerd. Hij vulde de reeds door Locke geïntroduceerde indeling in een wetgevende en uitvoerende macht aan met de rechterlijke macht. Dit om willekeur te voorkomen. Tot op heden vormt dit concept de basis van de constitutionele staat.

François Marie Voltaire *(21 november 1694 in Parijs – 30 mei 1778 in Parijs)*

Ook François Marie Arouet, die zich vanaf 1719 Voltaire noemde, koos voor de literaire briefvorm om het Franse absolutisme te bekritiseren. Zijn *Lettres philosophiques* (*Brieven uit Engeland*) zijn vol lof over de Engelse maatschappij, die hij in 1726 tijdens zijn verbanning had leren kennen. Tegelijkertijd stelt hij de absolute macht van de koning, de godsdienstige intolerantie, de privileges van de adel en de censuur in zijn eigen land aan de kaak. Voltaire was geen filosoof in de ware zin van het woord. En als hij dat al was, dan toch voornamelijk een eclecticus, die als geen ander de kunst verstond om bestaande ideeën in de vorm van een roman, toneelstuk of satire te gieten en ze vervolgens in een perfecte stijl en veelal met bijtende spot onder de aandacht van de lezer te brengen. Hij wilde invloed uitoefenen, iets wat de filosofen volgens hem niet deden. In zijn werk en zijn buitengewoon omvangrijke correspondentie met kunstenaars, denkers en potentaten streed hij voortdurend en zonder rekening te houden met de persoonlijke gevolgen tegen intolerantie, onvrijheid, onrecht, kortom voor de ideeën van de Verlichting. In het jaar dat hij zijn *Lettres* publiceerde, trok Voltaire zich in Cirey (Champagne) terug op het kasteel van Madame du Châtelet. Deze intelligente en scherpzinnige vriendin inspireerde hem tot talrijke werken, waaronder zijn belangrijkste filosofische geschrift, *Traité de métaphysique* (*Metafysisch traktaat*), en een populariserende behandeling van Newtons leer van de zwaartekracht.

Als deïst geloofde Voltaire uit rationele overwegingen wel in God. Hij meende dat "als God niet bestond, men Hem zou moeten uitvinden; maar de gehele natuur roept ons toe dat Hij bestaat." Toch zag hij religie als een morele instantie en maande hij de christelijke kerk in talrijke geschriften aan om de geestelijke macht te scheiden van de wereldlijke en om fanatisme en bijgeloof van zich af te schudden. Het belijden van het geloof betekende voor hem het goede doen en zich tot God wenden. En dat kan zonder dogma's en rituelen. Na de dood van zijn beschermvrouwe in 1750 aanvaardde hij de uitnodiging van koning Frederik II van Pruisen, met wie hij al jaren een briefwisseling onderhield, om naar Potsdam te komen. Nadat hij met de koning in onmin was geraakt en door een aantal gelukkige financiële transacties een kapitaal had vergaard, streek in 1758 in Frankrijk neer aan het meer van Genève. Ook al werd zijn houding onder invloed van de aardbeving in Lissabon (1755) en de Zevenjarige Oorlog (1756-1763) steeds pessimistischer, met vastberadenheid en vol overgave bleef hij opkomen voor menselijkheid en gerechtigheid. Hij ging zich steeds meer bezighouden met geschiedschrijving en betrad daarbij nieuwe paden door zich te richten op de cultuurgeschiedenis, de 'geschiedenis van de menselijke geest', en niet op de tot dan toe gebruikelijke beschrijving van gebeurtenissen uit het verleden. Aan het meer van Genève ontstond ook zijn beroemdste novelle, *Candide*, waarin hij ten strijde trekt tegen het optimisme à la Leibniz, en diens monadenleer als "geleerde absurditeit" afdoet. De vraag naar het menselijk geluk in deze, naar men zegt, "beste van alle werelden", is eveneens het thema van het merendeel van zijn *Contes philosophiques* (*Filosofische vertellingen*), waarmee hij definitief zijn naam vestigde bij het nageslacht. Zelf kon hij daar nog een beetje van meegenieten toen hij een paar weken voor zijn dood tijdens een bezoek aan Parijs feestelijk werd ingehaald. Men vereerde hem en luisterde naar zijn raad, zozeer zelfs dat Lodewijk XVI in zijn cel kijkend naar de boeken van Voltaire en Rousseau schreef: "Deze beide mannen hebben Frankrijk te gronde gericht."

Encyclopedisten

Het tijdperk van de Verlichting is ook het tijdperk van de grote encyclopedieën, van de *Encyclopaedia Britannica*, maar vooral ook van de nog oudere *Encyclopédie ou Dictionnaire raisonné des sciences, des arts et des métiers* (*Encyclopedie van de wetenschappen, kunsten en ambachten*). In de Middeleeuwen noemde men de kennis die door de studie van de zeven vrije kunsten werd verworven encyclisch. Door dit te combineren met het Griekse woord *paedaia* ('vorming') kwamen Diderot en d'Alembert tot hun neologisme voor een boek dat "alles behandelt wat verband houdt met de menselijke hang naar kennis, diens plichten, behoeften en vermaak." Het doel was om de kennis van die tijd toegankelijk te maken voor een ieder die daarvan wilde profiteren, ongeacht of daarmee nu het welzijn en de vrijheid van de mens werden gediend, zoals de voorouders dat wilden, of dat daar zuiver profane motieven achter schuilgingen. Terwijl Jean Le Rond d'Alembert (1717-1783) tot 1759 als mede-uitgever fungeerde en tevens het inleidende artikel schreef, bleef Denis Diderot (1713-1784) de *Encyclopedie* 26 jaar lang trouw, dat wil zeggen tot het verschijnen van het laatste deel in 1772. Op dat moment hadden 170 verschillende auteurs, waaronder vrijwel alle belangrijke verlichtingsdenkers, meer dan 71.000 artikelen geschreven. "Het tijdperk van de religie en de filosofie heeft plaats gemaakt voor de eeuw van de wetenschap!," aldus de inleiding van d'Alembert. Deze aanhanger van Descartes, Locke en Newton was zelf een wiskundige van wereldfaam en kwam pas door Diderot in aanraking met de filosofie. De schrijver Diderot op zijn beurt deed niet onder voor Voltaire. Met zijn *Lettre sur les aveugles* (*Brief over de blinden*) en *De l'interprétation sur la nature* (*Over de interpretatie van de natuur*) benadrukt hij dat kennis afhankelijk is van de gesteldheid van de zintuigen en dat materie niet traag, maar levend is. Toch durfde hij zich, wellicht met het oog op de censuur, niet uit te spreken voor het pantheïsme van Spinoza. Van grote betekenis waren zijn ideeën op het gebied van de esthetiek en zijn uitspraak dat niet het verstand, maar het natuurlijke artistieke scheppingsvermogen kenmerkend is voor het genie. Hoewel hij hiermee vooruitloopt op de geniecultus van de Romantiek, blijft zijn naam in de eerste plaats verbonden met de *Encyclopedie*.

JEAN-JACQUES ROUSSEAU *(28 juni 1712 in Genève – 2 juli 1778 in Ermenonville)*

"Ik ben niet zo geschapen als al die anderen die ik heb gezien; ik mag wel zeggen dat ik niet zo geschapen ben als zij die leven...," schrijft Rousseau vlak voor zijn dood in zijn niets ontziende *Confessions* (*Bekentenissen*). Als zoon van een klokkenmaker was hij tot aan zijn bekering tot het katholicisme, die hij later weer ongedaan zou maken, een onderdaan van de Geneefse republiek. Vervolgens leidde hij een rusteloos en zwervend bestaan, waarbij hij min of meer zichzelf schoolde. Vanwege zijn contacten met de encyclopedisten kreeg hij de opdracht voor enkele artikelen over muziektheorie. De grote ommekeer in zijn leven kwam in 1749 toen hij deelnam aan een door de universiteit van Dijon uitgeschreven prijsvraag waarbij men moest aangeven of het herstel van kunst en wetenschappen (sinds de Renaissance) had bijgedragen aan een zuivering van de moraal. Rousseau gaf met zijn *Discours sur les sciences et les arts* (*Verhandeling over de wetenschappen en kunsten*) een volkomen negatief, maar winnend antwoord.

Met zijn stelling dat de oorspronkelijke gemeenschap aan bezit, verdeling van arbeid en techniek te gronde is gegaan, spreekt hij zich uit voor de natuurlijke toestand van de mens en voor een opwaardering van gevoel en driften ten opzichte van het verstand. In tegenstelling tot Hobbes, voor wie in ieder mens een wolf schuilt, schetst Rousseau een welhaast paradijselijk beeld van de voorzaten. Eigendom leidde uiteindelijk tot moord en oorlog, tot het instellen van gezag en ten slotte tot willekeur. 'Terug naar de natuur!' luidt dan ook de remedie. Deze strijdkreet, die weliswaar niet afkomstig is van Rousseau zelf, vat precies samen wat de uit het gevoel stammende natuurlijkheid van de mens voor hem betekende. Met zijn opvattingen ging hij in tegen de algemene tendens van de verlichtingsfilosofen. Daar komt bij dat zij

Rousseau met zijn 'onconventionele' aard niet direct als een van hen zagen. Toch vormde dat voor zijn begunstigers geen belemmering om hem in alle rust aan zijn ideeën te laten werken.

In de zorgeloze jaren 1761 en 1762 ontstonden zijn drie belangrijkste boeken. Het eerste is *Julie ou la nouvelle Héloïse* (*Julie of de nieuwe Héloïse*), een roman die de standsverschillen aan de kaak stelt. In *Emile ou de l'éducation* (*Emile of over de opvoeding*), het tweede boek, behandelt de 'Newton van de zedelijke wereld', zoals Kant hem noemde, het ideaal van een opvoeding in natuurlijke omstandigheden. De invloed van Locke is hier duidelijk voelbaar. Het onderwerp van het politiek-filosofische werk *Contrat social* (*Het maatschappelijk contract*) is ten slotte de staat als een gemeenschap van vrije mensen die middels een contract hun natuurlijke vrijheid opofferen ten gunste van de collectieve wil. Iedereen werkt mee aan de totstandkoming daarvan. Net als Emile heeft elk mens als kind sociale verantwoordelijkheid geleerd. De vorming van een rechtvaardige staat is derhalve geen organisatorische, maar een opvoedkundige kwestie. Iets dergelijks geldt ook voor de godsdienst. Zoals de mens moet leren zich volledig op zijn natuurlijke instincten en zijn gevoel te verlaten, zo dient dat ook te gebeuren met het geloof, dat geen dogma's nodig heeft. Voor de zoveelste keer ontstak de kerk in woede. De vuren die oplaaiden, troffen echter 'alleen' nog het papier waaraan Rousseau zijn gedachten had toevertrouwd en niet meer de denker zelf. Niettemin sloeg hij op de vlucht. Via Engeland, waar hij David Hume ontmoette, kwam hij terecht in Zwitserland.

Pas na acht jaar, in 1770, durfde Rousseau terug te keren naar Parijs, waar hij nog eens acht jaar later overleed. Kort daarvoor kreeg hij nog bezoek van een onbekende advocaat, genaamd Robespierre. Deze zou een hoofdrol vervullen in de Franse Revolutie en daarmee Rousseau's droom van een natuurlijk geordende maatschappij – of wat daar voor doorging – proberen waar te maken. Hierin was hij overigens niet de enige. Daarnaast zou hij ervoor zorgen dat Rousseau bij het nageslacht nog beroemder werd dan Voltaire. Alhoewel Kant hem zeer waardeerde, het waren toch de romantici die in hem een voorloper zagen vanwege zijn nadruk op het gevoel en de hartstochtelijkheid. Ook later werd zijn werk nog uitgebreid bestudeerd. Zijn kritiek op het voor de Verlichting zo typerende vooruitgangsoptimisme sprak Nietzsche bijzonder aan, terwijl Marx juist 'gecharmeerd' was zijn aanval op het privé-bezit. Rousseau's stelling van de 'deformatie' van de mens was ten slotte bepalend voor de pedagogiek in de negentiende en twintigste eeuw.

IMMANUEL KANT *(22 april 1724 in Koningsbergen – 12 februari 1804 in Koningsbergen)*

Leven: Kant werd geboren als zoon van een handwerker in de Oost-Pruisische hoofdstad, waar hij uiteindelijk ook stierf zonder deze plaats of de directe omgeving daarvan ooit te hebben verlaten. Zijn feitelijke leven kende geen noemenswaardige hoogtepunten. Integendeel, alles verliep volgens een bijna pedante regelmaat. Men kon de klok op hem gelijkstellen, zoals vaak wordt verteld. Hij studeerde wiskunde, theologie en filosofie. Daarbij werd hij, via Wolff, met name beïnvloed door de ideeën van Leibniz en de methoden van Newton. Zijn eerste werken ontstonden in de tijd dat hij als huisleraar diende. Na de dood van zijn vader had hij in 1746 de universiteit moeten verlaten. In 1755 volgden zijn magisterdissertatie en zijn habilitatie. Hij begon les te geven, eerst als privaatdocent en vanaf 1770 als gewoon hoogleraar metafysica en logica. Daarmee was hij de eerste grote filosoof van de Nieuwe Tijd die met zijn eigen vak zijn brood verdiende. Voor zijn colleges filosofie bediende hij zich, geheel overeenkomstig de voorschriften, van leerboeken. Daarnaast doceerde hij ook nog geografie, pedagogiek, antropologie en natuurkunde. Pas op 73-jarige leeftijd stopte hij met dit veeleisende beroep, om zich nog enige jaren aan zijn boeken te wijden. Beroemd en alom geëerd stierf hij ten slotte van ouderdom.

Werk: Kants belangrijkste werken beginnen met *Principiorum primorum cognitionis metaphysicae nova dilucidatio* (*Nieuwe opheldering van de eerste grondbeginselen van de metafysische kennis*), het proefschrift dat hij schreef voor zijn habilitatie. Hierin keert hij zich tegen de schoolse metafysica van Wolff en bestrijdt hij de veronderstelling dat alle grondbeginselen van de kennis terug te voeren zijn op één gemeenschappelijk principe. In hetzelfde jaar, 1755, verscheen *Allgemeine Naturgeschichte und Theorie des Himmels* (*Algemene geschiedenis der natuur en theorie van de hemel*). De zogeheten 'theorie van Kant-Laplace' over het ontstaan van de wereld vindt hierin haar oorsprong. Zonnen en planeten zouden door verdichting zijn gevormd uit een nevel van uiterst kleine deeltjes met een gelijkmatige verdeling die door aantrekkingskracht in een

Verstand en rede

Sinds Kant staat de rede als kenvermogen, dat zich richt op de kennis van de totale samenhang van de verschijnselen en dat het enkelvoudige uit universele principes afleidt, boven het verstand. Het verstand is de vaardigheid om zintuiglijke of abstracte inhouden op te nemen, te ontwikkelen en te beoordelen. Dit in tegenstelling tot de zuivere aanschouwing. Het wordt vaak vereenzelvigd met de theoretische rede en kennis. Daarmee staat het in contrast met het geloof. Verstand en rede komen overeen met het Latijnse *intellectus* en *ratio*. De hiërarchie van beide begrippen was tot Kant precies omgekeerd.

Kant stond bekend als een spraakzame disgenoot. Bijna dagelijks kreeg hij voor het middageten, dat uren kon duren, bezoek van vrienden en, in zeldzame gevallen, ook geleerden.

kringloop zijn terechtgekomen. In deze *Naturgeschichte* alsook in een ander geschrift over rassen toont hij zich een wegbereider van het idee dat ook de natuur aan ontwikkeling onderhevig is. Met zijn definitie van de allerkleinste deeltjes als een "ruimte vullende kracht" knoopt hij aan bij Leibniz' *Monadologia physica* (*Fysische monadologie*) en komt hij bovendien zeer dicht in de buurt van de moderne natuurkundige opvattingen.

In de jaren zestig van de achttiende eeuw groeide Kants belangstelling voor de metafysica. Bronnen waren het rationalisme, dat sprak van de wetenschap van het bovenzinnelijke, en het empirisme van John Locke en in het bijzonder van David Hume. Aan deze laatste had hij zijn ontwaken uit de 'dogmatische slaap' te danken. Kant zette niet alleen grote vraagtekens bij de metafysica, hij bestempelde haar zelfs als onmogelijk. Kennis diende uitsluitend gebaseerd te zijn op de zintuiglijke waarneming, waardoor al het bovenzinnelijke bij voorbaat werd afgewezen. De vraag was echter waar precies de grens lag en tot waar de rede kon komen als de metafysica, zoals Kant dat stelde, de wetenschap moest worden van de grenzen van de menselijke rede. Een aantal geschriften uit de jaren zestig houdt zich reeds met dit probleem bezig, waaronder *Träume eines Geisterheilers erläutert durch Träume der Metaphysik* (*Dromen van een geestenziener, verklaard door dromen van de metafysica*). Kant laat hierin zien hoe men met behulp van de theoretische rede, de logica, tot antinomieën (elkaar volledig tegensprekende wetten) kan komen. In *De mundi sensibilis atque intelligibilis forma et principiis* (*Vertoog over de vorm en de principes van de zinnelijke en de intelligibele wereld*), de dissertatie die hij ter gelegenheid van zijn benoeming tot hoogleraar in 1770 wederom in het Latijn schreef, loopt hij vooruit op zijn voornaamste werken. Hij onderscheidt daarin twee vormen van kennis, die van de zintuigen en die van het verstand. Bovendien stelt hij vast dat om zintuiglijke kennis mogelijk te maken er in de mens *a priori*, dus van tevoren, iets moet zijn wat de zintuiglijke indrukken ordent, namelijk een voorstelling van ruimte en tijd. Dit is ook de voorwaarde voor wiskundig denken.

De elf jaar waarin hij niets publiceerde, voorafgaand aan de publicatie van *Kritik der reinen Vernunft* (*Kritiek van de zuivere rede*), waren als een stilte voor de storm. Dit belangrijkste werk onderzoekt de begrippen en grondslagen waarmee de rede buiten elke zintuiglijke ervaring om werkt. Vanaf 1783 zorgt hij met de *Prolegomena*, de *Grundlegung zur Metaphysik der Sitten* (*Grondslag voor de metafysica der zeden*) en de *Metaphysische Anfangsgründe der Naturwissenschaft* (*Metafysische beginselen van de natuurwetenschappen*) voor de nodige toelichtingen en aanvullingen. Na de tweede uitgave van 1787 werd de buitengewoon complexe en omvangrijke *Kritiek van de zuivere rede* met veel enthousiasme ontvangen. Kant zette zijn ideeën nog verder uiteen in *Kritik der praktischen Vernunft* (*Kritiek van de praktische rede*) en *Kritik der Urteilskraft* (*Kritiek van de oordeelskracht*). Tegelijkertijd publiceerde hij zijn *Idee zu einer allgemeinen Geschichte in weltbürgerlicher Absicht* (*Idee voor een algemene geschiedenis in kosmopolitische zin*), een baanbrekend geschiedfilosofisch werk. Na de 'kritieken' schreef hij nog *Die Religion innerhalb der Grenzen der bloßen Vernunft* (*De godsdienst binnen de grenzen van de loutere rede*), een godsdienstfilosofisch werk dat hem in moeilijkheden bracht met de censuur. Van zijn late werken zijn met name van belang de rechtsfilosofische studies *Metaphysik der Sitten* (*De metafysica der zeden*) en *Zum ewigen Frieden* (*De eeuwige vrede*), die nog steeds vaak wordt geciteerd. Ofschoon hij tegen het eind van de jaren negentig aan krachten had ingeboet, bleef hij doorwerken. Van een actieve deelname aan de publicatie van zijn collegeaantekeningen kon echter geen sprake meer zijn.

Leer: Kants leer is uitermate complex en ingewikkeld en heeft geleid tot de meest uiteenlopende interpretaties. De enorme omvang van alleen al zijn 'kritieken' maakt het onmogelijk om nader op zijn ideeën in te gaan. Toch zal er een korte samenvatting worden gegeven.

Kant stelt in feite de volgende vragen: 1. Wat kan ik weten? 2. Wat moet ik doen? 3. Wat mag ik hopen? Al deze vragen leiden tot de ene, alomvattende vraag: Wat is de mens en waar liggen zijn mogelijkheden en grenzen?

Ethiek

Het Griekse woord *èthikè* betekent 'zedenleer'. De ethiek is als filosofische discipline dan ook de leer van het juiste, verstandige en zinvolle gedrag. Zij stelt algemeen geldige principes op en staat hoger dan de moraal, die zich voegt naar uiterlijkheden en conventies. De grondslagen werden gelegd door Aristoteles, die de ethiek samen met de politiek en economie onderbracht bij de praktische filosofie.

1. Wat kan ik weten? Anders dan zijn voorgangers gaat Kant bij de beantwoording van deze vraag niet uit van het object, maar van de voorwaarden die het subject omringen. Hij stelt daarbij vast dat kennis van *an sich* niet mogelijk is. Zijn onderzoek naar de grenzen van de menselijke kennis noemt hij 'transcendentale filosofie'. Zijn conclusie is dat kennis ervaring veronderstelt. Toch wordt datgene wat men zintuiglijk waarneemt door a priori bestaande voorstellingsvormen, ruimte en tijd, en door begripsvormen, de twaalf categorieën van het verstand, beïnvloed en eigenlijk dan pas mogelijk gemaakt. De categorieën ontwikkelt hij op basis van de aan de traditionele logica ontleende oordeelsvormen. Pas door het oordelend verbinden van door ruimte en tijd geordende aanschouwingen met a-priorische categorieën ontstaan er uit de grote verscheidenheid van indrukken concrete indrukken (empirische begrippen) in het bewustzijn. Dat is nu denken. De wereld die men ervaart, is een product van de geest! Men ziet drie rechte lijnen en een vlak, maar beoordeelt deze met behulp van het verstand, waardoor men een driehoek herkent. De principes van de rede, de ideeën, brengen ten slotte een samenhang tot stand tussen de afzonderlijke inzichten. Kant spreekt in dit opzicht van richtinggevende idealen, waarvan hij er drie onderscheidt: de idee van de onsterfelijke ziel, van de wereld en van God. Deze beantwoorden echter aan geen enkele aanschouwing, ze zijn theoretisch niet te bewijzen. Een metafysica als wetenschap is daarmee ook niet mogelijk. Het gevolg is echter niet dat de wereld, zoals bij de sceptische empiricus Hume, alleen in het menselijk bewustzijn bestaat. Niettemin is een voorstelling van de wereld an sich uitgesloten.

2. Wat moet ik doen? Rede is kennend verstand, maar ook willen, handelen, voelen en schouwen. Als theoretische rede die invloed uitoefent op de zintuiglijke waarneming bevat zij, zoals reeds gesteld, de a-priorische principes van de natuurlijke kennis. Als praktische rede die inwerkt op de wil en als oordeel dat inwerkt op het gevoel bevat zij echter ook de principes voor het zedelijk handelen, voor het voelen en schouwen. Het heersende principe in de praktische rede is de vrijheid, de onvervreemdbare waarde van de mens. Deze vrijheid, en niet de invloed van buitenaf, dient een onvoorwaardelijk handelingsprincipe, een categorisch gebod van de moraal, op te leveren. Dit handelingsprincipe moet buiten elke ervaring liggen en daarmee algemeen geldig zijn. Deze zogeheten 'categorische imperatief' van Kant is dwingend voor iedereen en luidt als volgt: "Handel zo dat u zou willen dat uw handelswijze tot algemene wet verheven werd."

De wereld van de gevoelens vormt de schakel tussen theoretische en praktische rede. Kant behandelt deze in zijn *Kritiek van de oordeelskracht.* Ook hier stelt hij de vraag hoe het verstand werkt en wat er a priori in het verstand aanwezig is, zodat de mens het natuurlijk gebeuren kan beoordelen vanuit het oogpunt van doelstellingen en de vervulling van behoeften, die uiteindelijk leidt tot lust en onbehagen en dus tot gevoelens. Net zoals de kennis is onderverdeeld in zintuiglijkheid en verstand, zo bestaat ook de oordeelskracht uit het zinnelijke gevoel van lust en onbehagen en de reflecterende mening. Kennis veronderstelt de a-priorische ruimte en tijd, en de begrippen en ideeën. Bij de oordeelskracht wordt die plaats ingenomen door het principe van de doelmatigheid, dat als maatstaf bepalend is voor het aandeel van de rede in het oordeel.

3. Wat mag ik hopen? Kant ontmaskert alle traditionele godsbewijzen, die in feite teruggrijpen op, wat hij zelf noemde, het 'ontologische godsbewijs' van Anselmus van Canterbury. Het bestaan van God bewijzen op basis van het feit dat de mens een notie van Hem heeft, is in zijn ogen verkeerd. De menselijke kennis beperkt zich tot dingen in ruimte en tijd en daarom is het onmogelijk om kennis van religieuze zaken te hebben. Toch bestaat er wel een gevoel van dergelijke zaken. Als immers de zedenwet voorschrijft dat de mens niet alleen aards geluk nastreeft, maar onvoorwaardelijk ook het goede doet, dan moet dat in het hiernamaals resulteren in een vereffening. Zedelijk gedrag is volgens Kant een praktische bevestiging van Gods bestaan en het christendom de enige in moreel opzicht volmaakte godsdienst. Dit geloof dient echter wel van alle mythen te worden ontdaan en zich te beperken tot de ethiek.

Recht en staat: Net als de zedenleer baseren recht en staat zich eveneens op het principe van de vrijheid. Het recht coördineert de vrijheidsaanspraken van velerlei personen die hun vrijheid hebben verkregen van de staat op basis van een sociaal contract en in ruil voor de aangeboren, 'wilde' vrijheid. Ofschoon Kant zich kon vinden in de Franse Revolutie, bestaat er voor hem geen recht op een dergelijke omwenteling. Ook tussen staten onderling is er sprake van een 'wilde' situatie en geldt het recht van de sterkste. Een mogelijk antwoord hierop is de vorming van een ondersteunende volkenbond bestaande uit republieken. Iedere wereldburger moet voortdurend

Kennistheorie

De wetenschap van de oorsprong, de voorwaarden, de omvang en de grenzen van de kennis. Hoewel de term voor deze filosofische discipline pas in de negentiende eeuw ontstond, vraagt men zich sinds de vroegste dagen van de wijsbegeerte al af of en hoe de mens tot absoluut zekere kennis kan komen. Tegenwoordig worden behalve de logica ook de taalfilosofie, de wetenschapsfilosofie en de hermeneutiek (de theorie van het verklaren) tot de kennistheorie, of wat men vroeger epistemologie noemde, gerekend.

streven naar eeuwige vrede op aarde. Imperialisme is uit den boze en parate troepen dienen te worden afgeschaft.

Samenvatting

Immanuel Kant, hoogleraar wijsbegeerte in Koningsbergen, legde op basis van het verlichtingsdenken de grondslagen voor de kritische filosofie. In zijn belangrijkste werken, de *Kritiek van de zuivere rede*, de *Kritiek van de praktische rede* en de *Kritiek van de oordeelskracht*, legt hij uit dat er geen van de aanschouwing onafhankelijke kennis bestaat. De taak van de filosofie lag voor hem in het vaststellen van de grens tussen het kenbare en het onkenbare. Tot dat laatste rekent hij de metafysica, die voor het rationalisme nog een dogmatisch karakter had en die hij niet alleen als pure speculatie van de hand wijst, maar ook wil veranderen in een wetenschap van de grenzen van de menselijke rede. Toch geeft hij het geloof in God en een onsterfelijke ziel niet op. Hij ziet juist een rechtvaardiging in Gods morele kracht. Een kracht die de autonome mens ethische ondersteuning biedt en die volledig gebaseerd is op de navolging van een zuiver formele zedelijke wet, de categorische imperatief.

Invloed: Waarschijnlijk voert het te ver om te stellen dat de filosofie zich sinds Kant alleen nog maar met zijn werk heeft beziggehouden en dat er in het westerse denken een rechte lijn bestaat tussen Plato en hem. Toch moeten ook Kants tegenstanders bekennen dat zijn betekenis niet te overschatten is. Tijdens zijn leven hield men zich al intensief bezig met zijn moeilijk toegankelijke werk. Zijn filosofie werd aan bijna alle universiteiten onderwezen en zijn *Kritiek van zuivere geest* behoorde ondanks het verbod van de kerk binnen afzienbare tijd tot de wereldliteratuur. Fichte, de grondlegger van het Duitse idealisme, probeerde als eerste zijn werk te voltooien. Schelling en Hegel, de beide anderen grote idealisten, werkten Kants begrip van de rede uit tot 'redelijkheid'. Voor Hölderlin, Schiller, Kleist en Jean Paul was hij de belangrijkste bron van inspiratie. De pragmatisten en positivisten namen Kants kritiek op de metafysica over en radicaliseerden die. Met name de Duitse filosofie zag tussen 1870 en 1920 een opleving van de kantiaanse kritiek als reactie op het materialisme van bijvoorbeeld Marx. Ook Husserl, Heidegger, Schopenhauer, Nietzsche, Freud, Jaspers en Wittgenstein hebben hun invloed op de eigentijdse filosofie te danken aan het gedachtegoed van Kant.

DE NIEUWSTE TIJD

De Franse Revolutie vormt het laatste grote keerpunt in de geschiedenis. Overigens is zij niet de eerste revolutie in de westerse wereld. De Engelsen hadden reeds in de zeventiende eeuw het heersende regiem verjaagd, een voorbeeld dat in 1776 met succes werd gevolgd in de Britse koloniën in Noord-Amerika. Niettemin was de omwenteling van 1789 voor de geschiedenis van de westerse wereld en de overzeese gebieden de meest ingrijpende. Het gevolg was het verdwijnen van oude rijken en het ontstaan van naties, de ineenstorting van traditionele sociale structuren en de vorming van nieuwe klassenmaatschappijen, de afschaffing van economische barrières en, niet in de laatste plaats, het begin van de technische vooruitgang. Er trad een proces van versnelling op. Deze was, onder meer dankzij de uitvinding van het spoor, niet alleen fysiek merkbaar, maar kwam ook tot uitdrukking in een plotselinge groei van kennis, met als onvermijdelijk gevolg een verregaande specialisering van de wetenschap. Vooral van de filosofie, die samen met de theologie, geneeskunde en rechten eeuwenlang een van de weinige takken van wetenschap vormde, splitsten zich talrijke disciplines af. Voor de filosofen brachten de grote veranderingen enorme uitdagingen met zich mee. Deels hadden zij natuurlijk als denkers het voorbereidende werk gedaan, deels waren zij souffleurs geweest of hadden ze op zijn minst de ontwikkelingen verdedigd. Terwijl de negentiende eeuw, en dan met name het begin, zich nog kenmerkte door een sterke systeemdwang waarbij mens, God en wereld in één samenhang moest worden gezien, slaagde naderhand geen enkele grote denker er meer in om alle aspecten van de filosofie te verenigen. Steeds meer ontstonden er verschillende denkrichtingen naast elkaar. Dit bemoeilijkt in toenemende mate een heldere indeling van de filosofen. Met de alsmaar sneller veranderende wereld ontwikkelt zich ook de wijsheid om die wereld te doorgronden. Aan het begin van de 21ste eeuw lijkt het verlichtingsideaal van het individualisme te zijn verwezenlijkt.

Negentiende eeuw

Zoals reeds in de zeventiende en achttiende eeuw staat de ontwikkeling van de filosofie in nauw verband met de maatschappelijke, politieke en economische veranderingen. En nog steeds voeren Duitsland, Engeland en Frankrijk daarbij de boventoon. Dankzij de religieuze en politieke vrijheden alsook de economische welvaart en de scholen en universiteiten met hun aloude tradities komen bijna alle klassieke filosofen van de negentiende eeuw uit een van deze drie landen. Aan het einde van diezelfde eeuw komen daar de Verenigde Staten bij, een natie die lange tijd onopgemerkt bleef en die na ernstige binnenlandse conflicten uiteindelijk als grootmacht op het moderne wereldtoneel verscheen.

Napoleon speelde niet alleen een rol in het leven van Frederik Willem III, koningin Louise en tsaar Alexander I (hier van links naar rechts), ook genieën als Goethe, Hegel en Beethoven voelden zich aangetrokken tot zijn dadendrang.

Duitsland: Waar de Duitse geschiedenis in sterke mate de gevolgen ondervindt van de gebeurtenissen in het naburige Frankrijk, daar wordt de Duitse filosofie heftig door elkaar geschud door het werk van Immanuel Kant. Het Heilige Roomse Rijk, dat sinds de tiende eeuw bestond, viel in 1806 uit elkaar. De daaruit voortkomende staten en dan met name Pruisen en Oostenrijk bepaalden de verdere geschiedenis van de Duitse natie. Na de vrijheidsstrijd tegen Napoleon was er pas in 1871 weer voldoende eensgezindheid om, onder leiding van het Pruisische vorstenhuis, het Duitse Rijk te stichten. In de tussentijd begon de industrialisering met volle kracht en maakten de sociale gevolgen daarvan een einde aan de rustige biedermeiertijd met zijn rijke zielenleven. Toch was de mislukte revolutie niet die van de arbeiders (de vierde stand), maar van de burgerij. De gevolgen waren bitter, doordat juist deze klasse allerlei vrijheden weer moest opgeven.

Hoezeer alle Duitse filosofen van de negentiende eeuw ook schatplichtig zijn aan Kant, menigeen was het bepaald niet met hem eens. Vooral Kants tijdgenoten Hamann, Jacobi en Herder stoorden zich aan het kille rationalisme en vonden dat het gevoel en het geloof werden verwaarloosd. Deze drie 'geloofsfilosofen' staan als achttiende-eeuwers reeds met één been in de volgende eeuw. Ook de theoloog Friedrich Daniel Ernst Schleiermacher (1768–1834) was een man van het geloof. Zijn bijdrage bestaat uit de ontwikkeling van de hermeneutiek als een leer van de inzicht in talige uitdrukkingen. Ook zorgde hij voor een helder onderscheid tussen filosofie en (protestantse) theologie. Hij was nauw verbonden met de romantiek, de grote stroming die zich rond 1800 met name in de literatuur manifesteerde en die in reactie op de rationeel georiënteerde verlichting juist belangstelling toonde voor het irrationele en daarom eerder aanknoopt bij Rousseau. Natie, geschiedenis en religie, maar bovenal het genie van de kunstenaar waren voor de romantici het centrale thema. De meeste van hen probeerden tegelijkertijd een nieuwe basis te vinden voor de door Kant verworpen metafysica en, zijn kritiek indachtig, te komen tot het absolute, dat wil zeggen iets immaterieels waarin al het andere geworteld is. Hun opvatting van de werkelijkheid is derhalve een idealistische.

Romantiek en idealisme vormen de belangrijkste stromingen van de Duitse filosofie tot ongeveer het midden van de negentiende eeuw. Tegen die tijd kwam het materialisme weer op, de traditionele tegenbeweging van het als eerste door Plato uitgedragen idealisme. Rond 1870 ontwikkelde Hermann Cohen (1842–1918) het neokantianisme, dat uiteenviel in een Zuidwest-Duitse en een Marburger school. Daarmee werd de kantiaanse traditie in de kennistheorie zo'n vijftig jaar lang de toonaangevende richting in de Duitse filosofie. De belangrijkste vertegenwoordiger was Ernst Cassirer (1874–1945). Voor dit alles lieten nog twee grote denkers die moeilijk zijn in te delen van zich horen. Het gaat hier om de Deense anti-hegeliaan Sören Kierkegaard en de Schopenhauer-bewonderaar Friedrich Nietzsche.

Frankrijk: Uiteraard waren in het moederland de gevolgen van de Franse Revolutie het grootst. De maatschappelijke omwentelingen gingen gepaard met het vervagen van de standsverschillen. Terwijl de tweede stand, die van de clerus, werd afgeschaft, begon de derde stand, de burgerij, een steeds grotere rol te spelen. Deze ontwikkelingen zetten zich ook door toen de eerste stand, de adel, opnieuw aan de macht was gekomen en de Bourbons weer veilig op de troon zaten. Napoleon I, die dankbaar gebruik maakte van de chaos van de revolutie, wist zijn keizerrijk tot 1815 overeind te houden. Het resultaat van de oorlogen waarmee hij Europa teisterde, was het Wener Congres. De kaart van Europa werd opnieuw ingedeeld en het nationale bewustzijn groeide. De regeerperiode van de Bourbons was echter van korte duur. In 1848 verdwenen zij voorgoed van het toneel na een hernieuwde revolutie, ditmaal gevoerd door de kleine burgerij en de arbeiders. De geschiedenis herhaalde zich toen opnieuw een Bonaparte, Napoleon III, de troon besteeg. Na de verloren oorlog van 1870-1871 tegen Duitsland moest ook deze monarch zijn macht definitief opgeven. Frankrijk werd als een van de eerste Europese staten een republiek, een status die het land nog steeds heeft. Ook hier liet de verlichting kritische geluiden horen. Een belangrijke naam is in dit opzicht Claude-Henri de Saint-Simon (1760–1825). Ten tijde van de napoleontische oorlogen verkondigde hij zijn utopie van een Europese eenheid. Daarnaast ging hij uit van het idee dat de maatschappij voortdurend in ontwikkeling is om ten slotte tot een vorm van socialisme te komen. Dit sociale model werd op veel consequentere wijze uitgedragen door de eerste echte socialisten Charles Fourier (1772–1837) en Pierre Joseph Proudhon (1809–1865). De laatste is vooral bekend geworden door zijn leuze "eigendom is diefstal." Toch is de ontwikkeling van het op empirische waarneming en logisch denken gebaseerde positivisme van Saint-Simons secretaris Auguste Comte veruit het belangrijkste wat de Franse filosofie van de negentiende eeuw heeft voortgebracht.

Engeland: De Franse Revolutie had nauwelijks enig effect in het Britse koninkrijk. De constitutionele monarchie bood de maatschappelijke kringen een veel grotere politieke speelruimte dan in andere Europese landen het geval was. Men richtte zich hier vooral op economische ontwikkeling, die hand in hand ging met de verovering van grote delen van de wereld en die het begin zou markeren van de 'gouden eeuw' onder koningin Victoria (1837–1901). Ofschoon de industriële revolutie haar oorsprong had in Groot-Brittannië en dit land de eerste grote economen voortbracht, kwam het er in de negentiende eeuw niet tot noemenswaardige onlusten onder de fabrieksarbeiders. Ook de filosofie bleef hier, in tegenstelling tot Frankrijk, Duitsland en later Rusland, grotendeels gevrijwaard van het socialistische en communistische gedachtegoed. Net als de reeds genoemde Adam Smith werd Jeremy Bentham (1748–1832) sterk beïnvloed door David Hume's *Treatise of Human Nature* en formuleerde hij op basis daarvan zijn theorie van het utilitarisme. Deze nuttigheidsfilosofie ziet het hoogste ethische doel in het bereiken van zo veel mogelijk genot door een zo groot mogelijk aantal mensen. In aangepaste vorm werd dit beginsel verder ontwikkeld door John Stuart Mill, bij wie, ondanks de grote Britse traditie van de empirie (Francis Bacon, John Locke en David Hume), vooral het positivisme van Comte in goede aarde viel. In dit kader mag natuurlijk de naam van Charles Darwin (1809–1882) niet ontbreken. Net als bij Copernicus, Galilei en Newton hadden de theorieën van deze 'natuurfilosoof' een uitwerking die ver buiten zijn eigen vak reikte. Zijn belangrijkste werk, *Het ontstaan der soorten*, had ook gevolgen voor de filosofie, en omgekeerd: Darwin werd in sterke mate beïnvloed door Hegel.

Verenigde Staten: De Verenigde Staten kwamen voort uit dertien Britse koloniën aan de Noord-Amerikaanse oostkust die zich in 1774 verenigden en in 1776 hun onafhankelijkheid uitriepen. Doordat er zich steeds nieuwe staten aansloten, groeide de confederatie. Dit proces duurde voort totdat Lincoln in 1860 tot president werd gekozen. De zuidelijke staten besloten daarop uit de confederatie te stappen. Wat volgde, was de zogeheten Secessieoorlog (ook wel de Amerikaanse burgeroorlog genoemd). De afvallige zuidelijke staten verloren en verenigden zich weer met het Noorden. De daaruit ontstane situatie bood meer ruimte voor de buitenlandse politiek. Het gevolg was een verdere uitbreiding van het territorium en de verovering van koloniën. Aanvankelijk ging de politieke onafhankelijkheid van Engeland nog niet gepaard met een culturele of intellectuele emancipatie. Pas tegen het einde van de negentiende eeuw krijgen de Amerikanen een eigen stem in de filosofie die uitdrukking geeft aan de periode van economische bloei. Deze stem is vooral verbonden met Charles S. Peirce. Hij ontwikkelde een soort kennistheorie die hij betitelde met het aan Kant ontleende begrip 'pragmatisme'.

Geloofsfilosofen

De onderling bevriende geloofsfilosofen hadden een grote invloed op elkaar en gelden als de wegbereiders van de Romantiek. De oudste was de ambtenaar Johann Georg Hamann (1730–1788), die net als Kant uit Koningsbergen stamde. Tijdens een zakenbezoek aan Londen in 1757 beleefde hij een mystieke ervaring die hem tot een radicale christen maakte. Als zodanig keerde hij zich, evenals Jacobi en Herder, tegen het rationalistische denken van de verlichting en tegen de zuivere rede die bevrijd was van 'gevoel en hartstochten' en die aan niets lichamelijks of historisch onderhevig diende te zijn. In plaats van *cogito, ergo sum* ('ik denk, dus ik ben'), ging het om *est; ergo cogito* ('Hij is, dus ik denk'). Hamann benadrukte dat de taal de sleutel vormt tot de werkelijkheid. Door de taal wordt de mens immers mens. Volgens de oude christelijke traditie had God de natuur ook geschapen door middel van het woord.

De koopman en politiek econoom Friedrich Heinrich Jacobi (1743–1819) wilde met zijn filosofische briefromans het hoofd bieden aan de 'verrotte filosofie' van zijn tijd. Vooruitlopend op de romantiek baseert ook hij zich op het geloof, de onmiddellijke ervaring en de natuurlijke moraal. Als tegenstander van het idealisme oogstte hij veel bewondering onder de romantici. Hij bespeurt in Kant een oproep tot nihilisme en de nietigheid van al het bestaande als hij schrijft: "Werkelijk alles, het kennende en het gekende, zou zich voor het kenvermogen oplossen in een onbeduidend inbeelden van inbeeldingen, dus objectief gezien in een louter niets." Jacobi bekritiseerde niet alleen Kant vanwege het primaat van het verstand, maar ook Spinoza. Hij bestempelde diens vereenzelviging van God en natuur als atheïsme. Vooral met Mendelsohn, maar ook met Goethe en Kant raakte hij hierdoor in de zogeheten 'pantheïsmestrijd' verwikkeld.

De theoloog en predikant Johann Gottfried Herder (1744–1803) was een leerling van Kant. Op voorspraak van Goethe was hij in 1776 tot superintendent (bisschop in de lutherse kerk) van Weimar benoemd. Zijn bijzondere betekenis ligt op het gebied van de geschied- en taalfilosofie. Net als zijn vriend Hamann constateert hij dat rede zonder taal niet denkbaar is. De taal imiteert de natuur bij de weergave van een indruk. Herder verzamelde en vertaalde volksliederen. Hierin komt volgens hem de voor ieder volk zo typerende volksgeest tot uitdrukking. Volkeren, tijdperken, mensen en daarmee ook het denken zijn voor Herder het resultaat van een historische ontwikkeling die net als Gods zelfontplooiing tot menselijkheid leidt. Kennis ontstaat niet volgens een streng rationeel procédé van wiskundige relaties, maar geheel intuïtief. Het is tenslotte de geniale intuïtie die van iemand een groot wetenschapper en vooral een groot kunstenaar maakt. Daarmee was de filosofische koers voor de romantiek gezet.

Romantiek en Duits idealisme

Het culturele leven in Duitsland hield zich meer bezig met innerlijke gemoedstoestanden dan met de alledaagse werkelijkheid. Dit had zeker ook te maken met de terreur van de Franse Revolutie en het opkomende nationaliteitsbesef van de Duitsers tijdens de strijd tegen Napoleon. De buitenwereld maakte op velen ongetwijfeld een onbeheersbare, weerzinwekkende en geweIddadige indruk. Bovendien was het tijdperk van de rede, de verlichting, voorbij. Het was nu een kwestie om, zoals Rousseau het al eens had geleerd, het verstand met het gevoel te verenigingen. De mens was een individu die in harmonie diende te leven met de natuur. In niet geringe mate droeg ook de filosofie bij aan een ware geniecultus, die zich in Duitsland met helden als Goethe en Schiller vooral in de literatuur manifesteerde. Toch waren het niet zozeer deze vertegenwoordigers van de Sturm-und-Drang, maar schrijvers en dichters als Hölderlin, E.T.A. Hoffmann en Heinrich von Kleist die de geest van de romantiek belichaamden. Tegelijkertijd ontwikkelde ook de filosofie zich meer in de richting van het irrationele. Voor Kant ging het al niet meer om de vraag wat het ding an sich, met andere woorden de werkelijkheid, is. Wat hij wilde weten was hoe de kennis daarvan ontstaat. Daarmee was hij reeds een idealist. Met zijn opvatting dat er geen wereld is onafhankelijk van het bewustzijn, stond hij lijnrecht tegenover de realisten en materialisten. Dit idealisme kwam verder tot bloei in Jena, waar Kants leerling Friedrich Schiller (1759–1805) geschiedenis doceerde aan de universiteit. Dit stille plaatsje vlakbij Goethe's Weimar is verbonden met de namen Fichte, Schelling en Hegel. Het Duitse idealisme staat aan de ene kant voor hun werk en aan de andere kant ook voor het hele tijdperk tussen Kant en Hegel. Binnen het idealisme is een subjectieve, een objectieve en een absolute denkrichting te onderscheiden. Een en ander hangt af van de vraag of men, zoals Fichte, het subject, dus de mens, centraal stelt of, zoals Schelling, het object, dat wil zeggen de natuur, of, zoals Hegel, God en het absolute. Van de drie grote

Metafysica

Een van filosofische disciplines. Zij houdt zich bezig met de vraag naar de primaire grondslagen van al het zijnde en heeft betrekking op datgene wat voorbij iedere mogelijke ervaring gaat. Aristoteles sprak van de "eerste filosofie." Het begrip metafysica betekent letterlijk 'na de fysica'. Het is ontleend aan de acht boeken die Aristoteles aan deze discipline wijdde en die na de veertien boeken over de fysica kwamen. Terwijl men in de Middeleeuwen nog de titel 'koningin der wetenschappen' gebruikte, moest de metafysica na een laatste opleving in het Duitse idealisme haar positie afstaan aan de natuurwetenschappen. De metafysica valt uiteen in ontologie (de zijnsleer), de filosofische theologie (het goddelijke zijn), de psychologie (de ziel) en de kosmologie (de samenhang van al het zijnde).

idealisten was Schelling het meest verbonden met de romantiek. Tijdens zijn studie in Tübingen deelde hij samen met Hegel en Hölderlin een kamer. Hoewel Arthur Schopenhauer het in een dergelijke huisvesting waarschijnlijk nog geen dag had uitgehouden, was Hegel toch zijn boezemvriend. Ondanks zijn tirades tegen de romantiek en het idealisme en zijn solistische positie als filosoof, bouwt zijn werk in sterke mate voort op het idealistische gedachtegoed. Na Hegels dood in 1831 raakte het idealisme al snel uit de mode. Het gevolg was wel dat de speculatieve basis van rechts- en geschiedfilosofie verloren ging en dat, in navolging van de natuurwetenschappen, rechtsleer, geschiedenis en sociologie zich losmaakten van de filosofie. Als geesteswetenschappen vormden ze voortaan een eigen discipline. Ook de cultuur raakte haar metafysische grondslag kwijt en keerde zich tot het naturalisme.

JOHANN GOTTLIEB FICHTE *(19 mei 1762 in Rammenau/Lausitz – 29 januari 1814 in Berlijn)*

Op het hoogtepunt van zijn roem, in de jaren negentig van de achttiende eeuw, verdiende Fichte meer met zijn boeken dan Goethe en Schiller, die hij beide goed kende. De eerste was zijn meerdere en de tweede zijn collega aan de universiteit van Jena, waar hij als hoogleraar werkte. Dat hij een dergelijke carrière heeft kunnen maken, is op zijn minst verwonderlijk. Hij was afkomstig uit een arm gezin en beëindigde voortijdig zijn studie theologie. Lange tijd probeerde hij als huisleraar de eindjes aan elkaar te knopen. De grote ommekeer in zijn leven had hij te danken aan Kant. Fichte, wiens werk doordesemd is van zijn idee van de vrijheid, wendde zich met zijn eerste filosofische geschrift, *Versuch einer Kritik aller Offenbarung* (*Poging tot een kritiek van alle openbaring*), tot de wijsgeer uit Koningsbergen. Kant legde het werk voor aan een uitgever, die het anoniem publiceerde. Iedereen dacht dat dit het lang verwachte godsdienstfilosofische werk was van Kant. Deze hielp het misverstand uit de wereld en Fichte was in één klap beroemd. Toch zou hij enige jaren later zijn leerstoel kwijtraken toen tegenstanders hem tijdens de atheïstenstrijd in 1799 beschuldigden van gebrek aan geloof. Zijn redevoeringen aan de Duitse natie, waarin hij zijn landgenoten opriep om de weg naar een "tijdperk van de rationele wetenschap" in te slaan, moesten het volk verenigen in zijn strijd tegen Napoleon. Ze baarden veel opzien en droegen ertoe bij dat hij in 1810 de eerste rector werd van de nieuwe, door Wilhelm von Humboldt (1767–1835) gestichte Berlijnse universiteit.

Fichte op een pentekening van een tijdgenoot.

Fichte's filosofie knoopt bewust aan bij Kant en in het bijzonder bij diens visie op de mens. Hij ontwikkelt diens transcendentaal idealisme, dat uitgaat van een scheiding tussen object an sich en de in het subject ontstane voorstellingen, in een overeenkomstige richting als Berkeley. De wereld ontstaat volgens Fichte uitsluitend in het subject, in het ik.

Zijn belangrijkste werk, *Grundlage der gesamten Wissenschaftslehre* (*Grondslag van de gezamenlijke wetenschapsleer*), verscheen in 1794. Onder deze grondslag verstaat hij de filosofie, aangezien zij de basis vormt van alle wetenschappen. Hoewel de filosofie in zijn opinie kan kiezen tussen dogmatisme en idealisme, geeft hij de voorkeur aan het laatste uitgangspunt. Daarmee verdedigt hij de mening dat de dingen door de ideeën en niet de ideeën door de dingen worden voortgebracht. "Beelden zijn: zij zijn het enige, wat er is, ..." De realiteit van de wereld wordt in de menselijke voorstelling tot stand gebracht. Daarom spreekt men van subjectief idealisme, maar ook van praktisch idealisme, want het ik "stelt zijn eigen zijn" door een daad. De rede is een daad van het bewustzijn en het ik een "kracht waaraan een oog is geschonken."

Echter, als er geen ding an sich is, waar komen dan de menselijke ervaringen vandaan, en alles wat vreemd is aan het ik? Dit niet-ik is, zoals ons individueel bewustzijn, een vóórbewust product van het absolute ik en is zonder reden en in volledige vrijheid ontstaan. Het niet-ik oftewel de wereld van de dingen (de natuur) bestaat dus alleen in de mens zelf. Men vergist zich door te geloven dat de wereld en de menselijke individualiteit een an sich zijnde vormen. Aangezien de wereld niet door de eigen wil in de mens is ontstaan, is hij een barrière voor het handelen. De voornaamste taak van de mens is deze barrière te slechten en zich daar onafhankelijk en vrij van te maken. Door zijn plicht te vervullen, schrijdt de mens voort op de weg naar volmaaktheid. Het geluk dat hij daarbij voelt, is aardse zaligheid. God is de wereldorde. Zoals Fichte in zijn late godsdienstfilosofische werk *Anweisung zum seligen Leben* (*Richtsnoer tot het zalig leven*) benadrukt, is zaligheid in het hiernamaals niet meer nodig. Als een echte man van daden beweert hij: "Ik wil niet alleen denken, ik wil handelen." Het is hem dus alles aan gelegen om de praktische rede te onderstrepen. Ook al bestaat de wereld slechts in de menselijke voorstelling, er zijn veel 'ikken' die in de natuurlijke situatie elkanders vrijheid aantasten. Om dit immorele gebruik van de vrijheid tegen te gaan, zijn er staten in het leven geroepen. Als eerste Duitse filosoof ziet Fichte de ideale vorm daarvan in het socialisme verwezenlijkt. De staat stuurt daarbij de economie en handel, zodat er voor iedereen werk is en iedereen gegarandeerd zijn deel van het nationaal product ontvangt. De gesloten handelsstaat, zoals de programmatische titel (*Der geschlossene Handelsstaat* in het Duits) van zijn in 1800 verschenen publicatie over dit thema luidt, moet ook controle uitoefenen over de opvoeding, die voor iedereen, ongeacht rang of geslacht, gelijk dient te zijn.

Fichte was de eerste van de drie grote Duitse idealisten die de wereld wilde verklaren aan de hand van een systeem, dat wil zeggen een geordend geheel dat is afgeleid van één principe. Dit principe, deze eerste grondslag van de wetenschapsleer, is voor Fichte een geestelijke daad, die van "het ik stelt zijn eigen zijn." Dit betekent zoveel als "het ik beoordeelt zichzelf als werkelijk." Met behulp van de dialectische methode – these, antithese en synthese – kan al het andere uit dit principe worden afgeleid. Hoe dat in zijn werk gaat, blijft het geheim van Fichte.

Aan het eind van zijn leven verandert zijn leer onder invloed van de romantiek. Dit is te merken aan de nationalistische ideeën uit zijn anti-napoleontische redevoeringen en de verandering van het absolute ik in een absoluut goddelijk en enig werkelijk zijn. Het is echter niet deze, maar de jonge Fichte die bepalend was voor twee vooraanstaande denkers. Het gaat hier om Hegel, met zijn benadrukking van de subjectiviteit, en Marx, met zijn idee van de menselijke zelfvoorzienigheid.

Friedrich Wilhelm Joseph Schelling *(27 januari 1775 in Leonberg – 20 augustus 1854 in Bad Ragaz)*

Schelling, de eigenlijke filosoof van de romantiek, overleefde net als Fichte zijn eigen roem. Ook toen het tijdperk van het idealisme al lang voorbij was, bleef hij tot het einde toe volharden in een filosofie die met de jaren steeds speculatiever leek te worden. Hij was afkomstig uit een Zwabisch predikantengezin en studeerde al op jonge leeftijd samen met Hölderlin en Hegel theologie aan het seminarium van Tübingen. Alledrie stonden in die tijd nog sterk onder invloed van Spinoza's pantheïstisch wereldbeeld, dat Schelling in de periode dat hij als huisleraar werkte met de wetenschapsleer van Fichte probeerde te verbinden. Niettemin debuteerde hij in 1797, een jaar voor zijn mede dankzij Goethe tot stand gekomen benoeming tot hoogleraar wijsbegeerte in Jena, met een boek over natuurfilosofie. Als kenner van het eigentijdse natuuronderzoek wilde hij meer dan een natuur die, zoals bij Fichte, de rol vervult van niet-ik. Na zijn debuut, *Ideen zu einer Philosophie zur Natur* (*Ideeën voor een wijsbegeerte der natuur*), volgden weldra nog twee andere werken, *Von der Weltseele* (*Over de wereldziel*) en *Erster Entwurf eines Systems der Naturphilosophie* (*Eerste ontwerp van een systeem van de wijsbegeerte der natuur*). Schelling werd het middelpunt van een belangrijke groep romantici in de kleine Thüringse universiteitstad, waarvan ook Novalis, Tieck, Schleiermacher en de gebroeders Schlegel deel uitmaakten. De vrouw van een van hen, Karoline Schlegel, trouwde na haar scheiding met Schelling. Haar dood in 1809 versterkte zijn op Jakob Böhme en andere mystici voortbouwende mystiek-religieuze neigingen, waarmee hij via de katholieke godsdienstfilosoof en anti-kantiaan Franz von Baader (1765–1841) in aanraking kwam. Dit gebeurde in München, waar hij na drie jaar in Würzburg te hebben gewoond, sinds 1806 actief was voor de Academie van Wetenschappen en ook op het gebied van de kunst. Eerder al had hij in *System des transzendentalen Idealismus* (*Systeem van het transcendentale idealisme*) zijn ideeën over het ik en de natuur als twee zijden van dezelfde filosofie met elkaar verbonden. In 1802 trok hij in *Bruno oder über das natürliche und göttliche Prinzip der Dinge* (*Bruno of over het natuurlijke en goddelijke principe der dingen*) de lijn door naar God. Vooral dit werk, dat het begin markeerde van zijn als 'identiteitsfilosofie' gedefinieerde fase, laat zien dat Giordano Bruno en via hem Nicolaus Cusanus Schellings grote voorbeelden waren.

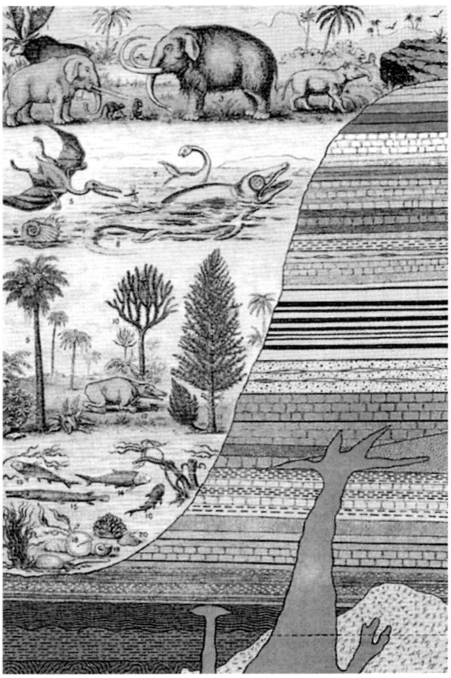

Het idee dat de natuur aan ontwikkeling onderhevig is, is afkomstig van Schelling. Daarmee gaf hij een belangrijke impuls aan Darwins evolutietheorie.

De vriendschap met Fichte en Hegel was reeds voorbij toen in 1809 een einde kwam aan deze periode en hij voorgoed onderdook in de wereld van de mythe, de openbaring en de religie, zijn zogeheten 'positieve filosofie'. In zijn *Philosophische Untersuchungen über das Wesen der menschlichen Freiheit* (*Wijsgerige onderzoekingen naar het wezen van de menselijke vrijheid*) beschrijft hij hoe een duister motief in God, dat oorspronkelijker is dan diens geest, tot de afvalligheid van Gods wezen zou hebben geleid. Daarmee wil hij verklaren waarom er een veelvoud aan wezens bestaat. Wellicht komt het door zijn theologische achtergrond dat hij het hele wereldgebeuren steeds meer als Gods openbaring gaat zien. In toenemende mate heeft hij moeite om zijn werk nog gepubliceerd te krijgen. Telkens weer bewerkt hij zijn geschriften om die vervolgens naar de prullenbak te verwijzen. Van zijn veelvuldig aangekondigde *Weltalter* (*De wereldtijdperken*)

Natuurfilosofie

Natuurfilosofie is de discipline die zich bezighoudt met de natuur alsook met de mogelijkheden en voorwaarden van de kennis daaromtrent. Tot de negentiende eeuw behoorde ook het natuurwetenschappelijk onderzoek hiertoe. Daarna viel de natuurfilosofie uiteen in zelfstandige wetenschappen als natuurkunde, scheikunde en biologie. Copernicus, Paracelsus en Galilei zijn historisch gezien natuurfilosofen. Het hoogtepunt ligt bij de eigenlijke natuurfilosofie van Schelling.

bestaan er twaalf verschillende versies. Hij geeft opnieuw college: eerst, van 1820-1827, in Erlangen en vervolgens in München. In 1841 haalt de romantische koning Frederik Willem IV hem ten slotte naar Pruisen om een einde te maken aan 'de door het hegeliaanse pantheïsme gezaaide tweedracht'. Zijn colleges in Berlijn worden onder meer bijgewoond door Engels en Kierkegaard, die eigenlijk niet geïnteresseerd zijn in Schelling en het idealisme. Nadat hij zich uit het openbare leven heeft teruggetrokken, sterft hij op bijna tachtigjarige leeftijd tijdens een verblijf in een kuuroord.

De identiteitsfilosofie is wel de voornaamste en meest ontwikkelde bijdrage die Schelling heeft geleverd. Deze combinatie van zijn eerdere natuurfilosofie en transcendentale filosofie is de schakel tussen Fichte en Hegel. Waar Fichte voor het dilemma staat van het dogmatisme met zijn ding an sich of het idealisme met zijn werkelijkheid in de geest, kiest Schelling voor beide. Het ding an sich is de natuur, die meer is dan een niet-ik, maar geen product van de geest. Integendeel, de geest is product van de natuur. Schellings idealisme is geen subjectief, maar een objectief idealisme. De natuur is levend. Zelfs achter het anorganische gaat een geest schuil. Deze onbewust scheppende intelligentie is kenbaar in de polariteiten, die bijvoorbeeld als magnetisme ook in gesteente terug te vinden zijn. In elk deel van de natuur zijn beide, de geest of het ideale en de materie of het reële, aanwezig. Afhankelijk van hetgeen de overhand heeft, kan het, in het uiterste geval, bij het natuurverschijnsel om dode massa (voor Schelling gestorven, zichtbare geest) gaan of om de menselijke geest, het hoogste natuurproduct. Het meest volmaakte zelfportret daarvan is het kunstwerk. Hieraan is Schellings meest originele werk, over de filosofie van de kunst, gewijd. Kunst is "de enige en eeuwige openbaring" van het absolute en het goddelijke. Natuur en geest, het reële en het ideale, het bewuste en het onbewuste, het eindige en het oneindige, komen hierin samen. Al deze tegenstellingen vinden, net als de polariteiten van de natuur, hun gemeenschappelijke oorsprong en hun gemeenschappelijke doel – hun identiteit – in God. De wereld is de stapsgewijze zelfontplooiing van God. Men kan in deze overwegingen de echo herkennen van Spinoza, Giordano Bruno, Nicolaus Cusanes en zelfs de neoplatonisten. Schelling wilde opnieuw, en anders dan Kant, God en diens verhouding tot de wereld inzichtelijk maken. Als begripsdichter trachtte hij de werkelijkheid onafhankelijk van de ervaring te bepalen, hetgeen hem veel kritiek opleverde van onder meer Schopenhauer. De vele aanzetten, waarvan hier slechts een klein deel is besproken, inspireerden daarentegen talrijke latere filosofische bewegingen zoals de levensfilosofie en het existentialisme. Niet voor niets vindt in de moderne tijd, met zijn suprematie van de empirische wetenschappen, Schellings kritiek op een zuiver rationeel wereldbeeld opnieuw veel weerklank.

Georg Wilhelm Friedrich Hegel *(27 augustus 1770 in Stuttgart – 14 november 1831 in Berlijn)*

Leven: Hegel, zoon van een hoge ambtenaar, studeerde filosofie en theologie in Tübingen. Zijn eerste aanstelling als huisleraar bracht hem naar Zwitserland, dat hij maar provinciaal vond. Zelfs de indrukwekkende natuur liet hem koud. Door toedoen van zijn jeugdvriend Friedrich Hölderlin vond hij een soortgelijke betrekking bij een koopmansfamilie in Frankfurt. Mede dankzij een erfenis en aangespoord door het succes van een andere jeugdvriend uit Tübingen, de reeds als filosoof bekend staande Schelling, besloot Hegel de overstap te wagen naar de wijsbegeerte. Hij habiliteerde zich in 1801 aan de universiteit van Jena met een dissertatie over astronomie. Vervolgens was hij docent, totdat hij door de oorlog en met name de nederlaag van Pruisen tijdens de slag bij Jena gedwongen was om naar Bamberg te verhuizen, waar hij redacteur werd van een krant. Pas in 1816, na eerst nog eens acht jaar als rector van het gymnasium in Neurenberg te hebben gewerkt, werd hij benoemd tot hoogleraar filosofie in Heidelberg. Nog steeds genoot hij geen bekendheid. De lang verwachte bewondering en verering als politiek filosoof kwam pas in 1818 en ging gepaard met weer een verandering van standplaats. Als opvolger van Fichte trok hij naar het Pruisische Berlijn. Daar stierf de 'Duitse Aristoteles' en meest invloedrijke denker van zijn tijd aan vermoedelijk de cholera.

Werk: Hegel was al 31 jaar oud toen hij zijn eerste filosofische werk, *Differenz des Fichteschen und Schellingschen Systems der Philosophie* (*Verschil tussen de filosofische systemen van Fichte en van Schelling*), publiceerde. Hierin tekenen zich reeds de twee typerende eigenschappen van zijn denken af, namelijk de afhankelijkheid van al het filosoferen van de historische dimensie en de rol van de dialectische methode. Wat dit laatste betreft, Fichte was de eerste die nieuwe kennis probeerde af te leiden uit tegenstellingen. Hegels eerste belangrijke boek, *Die Phänomenologie des Geistes* (*Fenomenologie van de geest*), stamt uit zijn Bambergse periode. Het was eigenlijk bedoeld als inleiding voor een groter werk. Het groeide daarentegen uit tot een van de origineelste, maar vanwege Hegels nieuw ontwikkelde abstractie en de enorme rijkdom aan ideeën ook een van de moeilijkste boeken uit de filosofiegeschiedenis. De filosofie heeft hiermee niet slechts een geschiedenis, zij is zelf historisch geworden. Hegel laat zien hoe het 'absolute weten', waarin de dingen en de ervaring daarvan gelijk zijn, via verschillende fasen in het bewustzijn aan de dag treedt. Het thema is het 'wordende weten', maar ook de ervaring die het bewustzijn in een historisch ontwikkelingsproces opdoet. Een en ander wordt toegelicht in hoofdstukken over de heer en de knecht, over de wet van het hart en over schuld en schoonheid. In tegenstelling tot Kant gaat Hegel ervan uit dat de werkelijkheid en dus de dingen an sich kenbaar zijn. Zoals Descartes reeds leerde, is dat op individueel niveau ongetwijfeld mogelijk. Een ieder kan immers zeggen: "ik weet dat ik ben." Het doel van de fenomenologie, de wetenschap van de ervaring van het bewustzijn, is nu juist om te laten zien dat rationele kennis van de werkelijkheid ook in het algemeen mogelijk is. Daarbij bedoelt Hegel met rationele kennis alleen metafysische en geen natuurwetenschappelijke kennis, want zij is een manifestatie van de absolute geest in het voor het overige eindige bewustzijn. Hegels tweede grote werk, *Wissenschaft der Logik* (*Wetenschap van de logica*), beslaat drie boeken en geldt waarschijnlijk als het meest diepzinnige en duistere wat de geschiedenis van de filosofie heeft voortgebracht. Het moet worden gezien als eerste deel van een filosofisch systeem dat, samen met zijn natuurfilosofie en zijn filosofie van de geest, de inhoud vormt van zijn Heidelbergse collegeaantekeningen. Een 577 paragrafen tellende samenvatting daarvan in de vorm van stellingen verscheen onder de titel *Leitfaden für den Gebrauch der Hörer* (*Richtsnoer in het gebruik voor toehoorders*). De volledige beschrijving van zijn systeem, *Enzyklopädie der philosophischen Wissenschaften im Grundrisse* (*Filosofie als wetenschap: encyclopedie der filosofische wetenschappen*), volgde in 1830. In dit, ook in thematisch opzicht, omvangrijke werk vindt men reeds zijn ideeën over recht, staat en wereldgeschiedenis terug, waaraan hij ook zijn omstreden positie als 'Pruisisch staatsfilosoof' te danken heeft. Deze onderwerpen komen nog eens gedetailleerder aan bod in zijn laatste boek, *Grundlinien der Philosophie des Rechts oder Naturrecht und Staatswissenschaft im Grundriss* (*De hoofdlijnen van de rechtsfilosofie of natuurrecht en staatswetenschap in grote lijnen*), waarin hij zich keert tegen de 'brij van gevoelens' en de romantische aandacht voor het individu.

Leer: Zoals uit het navolgende nog zal blijken, filosofeert het absolute zelf in Hegel. Zijn filosofie is kortom een "spiegel van de hele geschiedenis." Daarom is hij in staat om de wereld te doorzien. Deze wereld is voor Hegel de zelfontplooiing van de geest, hetgeen in drie fasen gebeurt. Daarbij is de geest in wezen altijd het werkelijke. Hegel kan dan ook zeggen: "Wat redelijk is, is werkelijk en wat werkelijk is, is redelijk."

In de eerste fase bevindt de geest zich in de toestand van het an sich zijn en kan hij door de logica worden aangeschouwd, die bij Hegel niet de leer van het denken is, maar van de structuur van de werkelijkheid. Zoals hij het in zijn eigen woorden formuleerde, moet de logica "dus worden opgevat als het systeem van de zuivere rede, als het rijk van de zuivere gedachte. Dit rijk is de waarheid waar zij onverholen op en voor zichzelf is. Men kan derhalve stellen dat deze inhoud de weergave van God is zoals Hij in zijn eeuwig zijn voor de schepping van de natuur en van een eindige geest is."

Hegel onderscheidt drie delen: de logica van het zijn, de logica van het wezen en de logica van het begrip. De eerste twee vormen de objectieve, de laatste de subjectieve logica. Daarbij dient de objectieve logica op de plaats te komen van de oude metafysica, dus van de aanschouwing van de ziel, de wereld en God. Zij houdt zich dus bezig met een terrein dat door Kant uit de filosofie was verbannen. Hegel begint met het zijn. Dat is het enige begrip dat, door zintuiglijke waarneming, met zekerheid van een ding kan worden gezegd. Alle andere eigenschappen, bijvoorbeeld het hoe, wanneer en waar van dat ding, veronderstellen iets algemeens, zoals ruimte en tijd. Vervolgens ontwikkelt Hegel uit dit zijn, met behulp van Fichte's dialectische methode die hij waar nodig heeft aangepast, het begrip 'worden'. Een ding dat louter 'is' en verder geen kenmerken heeft, is als het niets. "Het zijn is het niets." In het begrip worden heft Hegel deze tegenspraak op. Voorts ontwikkelt hij categorieën als oneindigheid, identiteit, materie en werkelijkheid. Toch zijn die niet het resultaat van Hegels denken. Ze bewegen zichzelf, want het is immers niet Hegel die denkt, maar het absolute in de filosoof! In de subjectieve logica onderzoekt hij de werkelijkheid. Zij komt voort uit een subject die zichzelf verwezenlijkt. Daarvoor moet dat subject bewust zijn van zichzelf. Het denken maakt deel uit van de verwezenlijking. Het resultaat van de logica is de 'idee' als het begrip dat zich verwezenlijkt, de rede als wereldvormende kracht.

De natuurfilosofie aanschouwt de tweede fase van de zelfontplooiing van de geest. Dit is ook meteen de zwakste schakel in Hegels systeem. Hij had weinig oog voor de schoonheid van de natuur en bovendien ook weinig kennis van de natuurwetenschappen. Hij baseerde zich dan ook volledig op Schelling. De geest is hier in de toestand van 'vervreemding', van het 'anders-zijn'. De idee wordt een zich ontwikkelende natuur in plaats van een statische. Alles bij Hegel is worden, alles is historische ontwikkeling, die geordend op een doel afgaat om "zichzelf te doden en als een feniks te verbranden, om verjongd als geest uit deze uiterlijkheid tevoorschijn te komen." Uit zijn as herrezen keert, in de derde fase, de geest dus weer terug naar zichzelf en maakt de idee zich opnieuw los van de materie. De geest bevindt dan in de toestand van het 'op- en voor-zich-zijn'. Dit wordt toegelicht in de filosofie van de geest, die eveneens weer in drie fasen wordt onderverdeeld, de subjectieve, de objectieve en de absolute geest. Nadat hij de fase van het anders-zijn achter zich heeft gelaten, wordt hij in de mens van zichzelf bewust, dus subjectief. Hier is hij 'bij zichzelf' en weer vrij. De vrijheid wordt pas uiterlijke werkelijkheid in het gezelschap van andere mensen. Deze laatsten zijn op hun beurt door de rede met elkaar verbonden. De geest wordt lichaam in de instellingen van de maatschappij. Als objectieve geest bereikt hij een hogere orde. Hegel behandelt deze objectieve geest in de rechtsfilosofie. Hiertoe behoren de ethiek, of, zoals Hegel dat noemt, de moraalfilosofie, en de politieke filosofie. De geest die recht is geworden, treedt het individu tegemoet als een objectieve en op de geestelijke

Een student schreef over Hegels colleges: "Nors en gespannen zat hij daar ineengezakt en met zijn hoofd gebogen; hij praatte aan een stuk door, terwijl hij voortdurend heen en weer bladerde in zijn grote schriften..."

daden van een wetgever berustende macht.

De staat, eveneens een manifestatie van het absolute, is de hoogst mogelijke vorm van een sociale organisatie. In dit op- en voor-zich-redelijke verwezenlijkt zich de volksgeest. Volgens Heraclitus' principe 'de oorlog is de vader van alle dingen' zorgt de wereldgeest voor de opkomst en ondergang van staten. Dit wereldhistorische proces verloopt in drie grote etappes, die zich door de mate van vrijheid van elkaar onderscheiden: de oosterse despotie, waar slechts één persoon, de despoot, vrij is, de Grieks-Romeinse Oudheid, waar alle volwaardige burgers vrij zijn en de christelijk-Germaanse wereld, waar in principe iedereen vrij is. Toch is men, of men nu Caesar, Napoleon of meneer Jansen heet, niet vrij van de wereldgeest, die van ieder individu een werktuig maakt. Hieruit blijkt wel dat Hegel geen boodschap heeft aan de persoonlijkheidscultus van de romantiek. Pas als absolute geest is de geest aan het eind volledig bij zichzelf. Daar is hij 'op zichzelf en voor zichzelf' en is de absolute idee in hem tegelijkertijd datgene wat geweten wordt en wat weet. Deze graad van absoluutheid wordt bereikt in de kunst, die tot taak heeft om "de waarheid door middel van zinnelijke artistieke vormgeving" bloot te leggen, in de religie, die filosofische waarheden uitdrukt in metaforen, en in de filosofie. Pas in de filosofie is de geest zuivere rede en alleen nog gedachte, en dus niet meer gebonden aan iets stoffelijks. De filosofie is "de zich denkende idee, de wetende waarheid." De laatste fase van de geest in Hegels systeem is bereikt. Het absolute onderhoudt zich daarin met zichzelf.

Invloed: "Maar Hegel vertoonde uiteindelijk de grootste brutaliteit in het opdissen van klinkklare onzin, in het aan elkaar rijgen van betekenisloze, krankzinnige opeenhopingen van woorden, zoals men die tot nu toe alleen in de gekkenhuizen hoorde..." Dit weinig vleiende citaat is afkomstig van Arthur Schopenhauer. Hegel was zijn aartsvijand. Dergelijke negatieve geluiden van tijdgenoten waren over het algemeen zeld-

Samenvatting

Hegels filosofie is idealisme in absolute vorm. Hij probeert namelijk het hele zijn te verklaren door middel van de geest, die alles schept en alles is. Hegel maakt daarbij gebruik van de tegenstellingen van Heraclitus, de ideeën van Plato, Aristoteles en Augustinus, de scholastiek en Spinoza en ten slotte zijn directe voorgangers Fichte en Schelling. Net als deze twee idealisten wil hij na Kant een metafysica ontwikkelen waarin het absolute centraal staat. Hij verbindt zijn nieuwe metafysica met de mens, die hij als zelfbewustzijn opvat. Denken, zijn en waarheid zijn identiek met de wereldgeest, die al denkend de dingen schept. Niet de dingen an sich zijn het werkelijke, maar de eenheid van hetgeen de wereldgeest denkt. Zij is het absolute. De ontwikkeling daarvan laat hij zien in de drie delen van zijn systeem, logica, natuurfilosofie en filosofie van de geest. De methode waarmee hij zijn systeem afleidt met een logische onvermijdelijkheid is de dialectiek, bestaande uit de drie stappen these, antithese en de daaruit voortvloeiende synthese. Empirische kennis speelt daarentegen nauwelijks een rol. Hegels filosofie is net als de geschiedenis van zijn tijd te vergelijken met een hoogvlakte. Men kan er nog allerlei stappen zetten, maar hoger kan men niet komen.

zaam. Hegels leerlingen bekleedden binnen afzienbare tijd alle belangrijke leerstoelen voor de filosofie in Duitsland. Zij zorgden voor de verspreiding van zijn leer, totdat met het einde van het idealisme rond het midden van de negentiende eeuw het voorlopig ook met het hegelianisme was gedaan. Voordat het echter zover was, leidde de strijd over de interpretatie van het christendom tot een splitsing in oud- oftewel rechtshegelianen en jong- oftewel linkshegelianen. Deze laatsten, en dan met name Ludwig Feuerbach, hadden een grote invloed op Marx en Engels. Aan het begin van de twintigste eeuw kwam het neohegelianisme op. Enkele vertegenwoordigers daarvan zochten in Hegels opvatting over de staat een legitimering van het fascisme. Hegels filosofie vond met name veel weerklank in landen die in die tijd nog zoekende waren naar hun historische identiteit. Voorbeelden daarvan zijn Rusland (Michail A. Bakoenin), Polen en Italië (Benedetto Croce).

Arthur Schopenhauer *(22 februari 1788 in Danzig – 21 september 1860 in Frankfurt am Main)*

Misantroop oftewel menshater: zo noemde Schopenhauer zichzelf. Hij geldt als de meest pessimistische filosoof, ofschoon hij daar niet echt een reden voor leek te hebben. Aan het eind van zijn leven genoot hij de bekendheid waarnaar hij al die jaren zo had verlangd. Zijn hele leven kon hij doen en laten wat hij wilde, sinds zijn vader hem een grote erfenis had nagelaten. Oorspronkelijk lag het in de bedoeling dat hij koopman zou worden. Echter, na de zelfmoord van zijn vader studeerde hij medicijnen en filosofie in Göttingen en Berlijn. Hij liep college bij Fichte, leerde Schleiermacher kennen en promoveerde uiteindelijk in 1813 in Jena op een proefschrift over de grondslagen van de kennis getiteld *Über die vierfache Wurzel des Satzes vom zureichenden Grunde* (*Over de viervoudige wortel van de stelling van de toereikende grond*). Hij toont zich daarin een idealist en leerling van Kant wanneer hij constateert dat alle dingen slechts verschijningen zijn en pas door het verstand ruimtelijk, tijdelijk, causaal en causatief worden geordend. Er is geen object zonder subject. Over het ding an sich kan men niets weten.

Hij was achterdochtig en angstig, zonderling en nors, vol hoon tegenover zijn collega's, minachtend over vrouwen en hij noemde zichzelf heimelijk de 'keizer van de filosofie'. Geen wonder dat alleen zijn poedel het met Schopenhauer uithield!

Schopenhauer leefde vervolgens een tijd bij zijn moeder in Weimar, die een bekende schrijfster was. Daar maakt hij kennis met de Indische filosofie, maar vooral ook met Goethe en diens kleurenleer. In diezelfde tijd brengt hij zijn *Über das Sehen und die Farben* (*Over het zien en de kleuren*) uit. In Dresden ontstaat dan in 1818 *Die Welt als Wille und Vorstellung* (*De wereld als wil en voorstelling*). Dit belangrijkste werk van Schopenhauer richt zich op de vraag wat Kant met zijn ding an sich bedoelde, met andere woorden: wat datgene is wat zich aan de mens vertoont. Hij bekritiseert het idealisme van Fichte, Schelling en Hegel, dat tegelijkertijd ook voor hem het uitgangspunt vormt. De eerste zin van zijn boek luidt: "De wereld is mijn voorstelling." En evenals deze voorgangers baseert hij zich op datgene wat zeker is, namelijk de kennis die de mens heeft van zijn eigen zijn. De vraag is dan echter hoe hij zichzelf kent. Het antwoord is natuurlijk: zoals alle andere dingen, als een object in zijn voorstelling. Toch is er niet alleen het zichzelf zien, maar ook het zichzelf voelen, het voelen van de eigen bewegingen. Aangezien elke beweging terug te voeren is op een wilsdaad, is het lichaam niet anders dan de in tijd en ruimte getransformeerde wil. De wil is het ding an sich, dat als vorm aan de dag treedt en overeenkomt met de ideeën van Plato. Door zich in

Esthetiek
Oorspronkelijk de leer van de zintuiglijke waarneming. Pas in de achttiende eeuw ontwikkelde de esthetiek zich als wetenschap van de kunst en de schoonheid tot een zelfstandige filosofische discipline. In tegenstelling tot de kunstgeschiedenis draait het daarbij nooit om het afzonderlijke kunstwerk.

materie te gieten brengt de wil het individu voort. Elke vorm blijft altijd gelijk. Daarom is er geen vooruitgang. Wil, vorm, individuele uitdrukking: zo verloopt niet alleen het menselijk zijn, maar eigenlijk alles wat men zich voorstelt. Uiteindelijk is de wil "ook de vegeterende kracht die in de planten ontspruit, ja de kracht die het kristal doet ontstaan, die de magneten tot de noordpool doet keren, die de schok veroorzaakt bij de aanraking van verschillende soorten metalen, die zich in de zielsverwantschappen van de stoffen manifesteert als afstoten en aantrekken, als scheiden en verenigen, ja zelfs het gewicht dat zo sterk in alle materie aanwezig is en dat de steen naar de aarde trekt en de aarde naar de zon." De wil is een "blinde onstuitbare drang" die verstoken is van elke redelijkheid en zich niet aan de wetten van de natuur houdt. Hij is als een blinde die een lamme – het verstand – op zijn schouders meevoert. Zelf is hij niet kenbaar en dus metafysisch, maar zonder goddelijke oorsprong. Als eenheid deelt hij zich op in vele 'willen' die met elkaar in strijd zijn verwikkeld. Daardoor en ook door een immer onbevredigd streven veroorzaakt de wil leed. Leibniz heeft volgens Schopenhauer dan ook ongelijk. De mens leeft niet in de best, maar in de slechtst mogelijke van alle werelden.

Toch heeft de mens twee manieren om zich daarvan te bevrijden. Een daarvan is de kunst. Het scheppen en aanschouwen van kunstwerken maakt een, weliswaar tijdelijke, bevrijding van de wil mogelijk. Wat men in de kunst ziet, zijn de dingen in hun zuivere essentie. Het zijn de platonische ideeën, de vormen waarin de wil zich voor het eerst verwezenlijkt. Men komt bij de aanschouwing van kunst dan ook het dichtst in de buurt van het ding an sich. Alleen in de ascese kan de mens zich volledig bevrijden van de wil. Door berusting en willoosheid bereikt men de innerlijke vrede en de "zeestilte van het gemoed." De afwijzing van de wil culmineert uiteindelijk in medeleven, gerechtigheid en naastenliefde. Dit is het grondbeginsel van Schopenhauers ethiek, die echter, net als zijn hele werk, lange tijd nauwelijks enige aandacht kreeg.

Zijn aanstelling als privaatdocent aan de universiteit van Berlijn liep uit op een totale mislukking. Al met al gaf hij slechts één college, dat ook nog eens door bijna niemand werd bezocht. Een van de redenen daarvoor was dat hij dit college bewust liet samenvallen met dat van zijn beroemde rivaal Hegel. Ondanks deze perikelen verliet hij Berlijn pas in 1831, toen de stad werd geveld door een cholera-epidemie. Hij vestigde zich in Frankfurt am Main, waar hij ook is gestorven en begraven. Hij schreef er nog een aantal kleine werkjes, waarvan *Parerga und Paralipomena* (*parerga en Paralipomena*), een bundel opstellen en verhalen, veruit het bekendste is vanwege de aforismen over levenswijsheid. De erkenning, die zo lang op zich liet wachten, kwam na de mislukte revolutie van 1848. De tijd was rijp voor pessimisme en Schopenhauer wist dat gevoel nu eenmaal in een schitterende en heldere stijl te verwoorden. Juist dat leverde hem veel aanhangers op, met name onder niet-filosofen. Hoewel hij het idealisme bestreed, hoorde hij in veel opzichten tot deze stroming. Hetzelfde geldt voor de romantiek, dat hij net zo verafschuwde als het rationalisme. Als een eclecticus bediende hij zich van Kant en Plato en niet in de laatste plaats ook van de Indische filosofie. Het opvallende is dat zijn bewonderaars net zo selectief zijn met betrekking tot zijn werk. De componist Richard Wagner beperkte zich tot zijn kunsttheorie, de schrijver en tekenaar Wilhelm Busch tot zijn pessimistische ideeën en Sigmund Freud tot zijn theorie van het verstand als slaaf van de wil. Echte schopenhauerianen zijn er onder de filosofen niet te vinden. De meest fervente aanhangers zijn toch wel Nietzsche en Bergson, die verschillende van zijn ideeën uitwerkten en er bovendien voor zorgden dat Schopenhauers werk ook binnen hun vak een bron van inspiratie werd. Dit in weerwil van de zich steeds sneller afwisselende stromingen. Wat dat betreft is Schopenhauers kwinkslag "de verandering is het enige wat blijft" nog nooit zo actueel geweest.

Materialisme

Het einde van het idealisme gaat verder terug dan de mislukte revolutie van 1848. Al vrij snel na de dood van Hegel in 1835 ontmaskert diens leerling David Friedrich Strauß (1808–1874) in *Das Leben Jesu* (*Het leven van Jezus*) de evangeliën als mythen. In zijn afwijzing van al het speculatieve durfde Strauß zelfs te beweren dat de natuurwetenschappen maar de taken moesten overnemen van de filosofie. Ofschoon niet alle linkshegelianen zo ver gingen, zij zijn het geweest die het idealisme ten grave hebben gedragen. De objectieve wetenschappen boekten het ene succes na het andere. Daarbij tornden ze in toenemende mate aan het traditionele denken. De weerlegging van het scheppingsverhaal door de ontwikkelingstheorieën van Lamarck en Darwin is maar een topje van de ijsberg. Het begon er steeds meer naar uit te zien dat alles objectief verklaarbaar was en dat men geen God, geest of absolute meer nodig had. Oude ideeën werden onder het stof vandaan gehaald en uitgewerkt. Het atomisme van Leucippus, Democritus en Epicurus en het materialisme van de Franse verlichtingsdenkers rondom baron d'Holbach bleken precies datgene te zijn wat nodig was om de aansluiting met de nieuwe waarheden niet te verliezen. Het 'nieuwe' materialisme kende een aantal basisprincipes: 1. de materie is de enige substantie en bestaat objectief in tijd en ruimte; 2. het bewustzijn is het voornaamste product van de materie; 3. de wereld is volledig en objectief kenbaar.

Toch was het niet zozeer het natuurwetenschappelijk inzicht, als wel een grondige studie van de theologie die de belangrijkste linkshegeliaan, Ludwig Feuerbach, oom van de beroemde schilder, aanspoorde tot een afwijzing van het speculatieve denken en zelfs tot atheïsme. Hij was de eerste die Gods bestaan radicaal ontkende. Zijn stelling dat de mens niet door God is geschapen, maar God door de mens, zette het materialisme in 1841 officieel op de troon, om met Friedrich Engels (1820–1895) te spreken. Deze laatste werd net als de wat jongere econoom uit Trier, Karl Marx, sterk beïnvloed door deze ontwikkelingen. Net als Feuerbach behoorden Marx en Engels tot de linkshegelianen. Het zijn weliswaar hun sociologische en economische theorieën geweest die de wereld veranderden, toch zijn deze geworteld in de filosofie van het historisch materialisme, een theorie met duidelijk hegeliaanse denkvormen.

LUDWIG FEUERBACH *(28 juli 1804 in Landshut – 13 september 1872 in Rechenberg bij Neurenberg)*

Feuerbach was de zoon van een beroemde jurist die de grondslagen legde voor het moderne wetboek van strafrecht. Omdat hij niet in de voetsporen van zijn vader wilde treden, koos hij ervoor om theologie te studeren. Zijn belangstelling voor de filosofie, en met name die van Hegel, was echter zo groot dat hij van studie wisselde. Hij promoveerde in 1828 in Erlangen, waar hij zich weldra ook habiliteerde. Reeds twee jaar later moest hij zijn baan als hoogleraar opgeven toen hij in *Gedanken über Tod und Unsterblichkeit* (*Gedachten over dood en onsterfelijkheid*) het geloof in onsterfelijkheid ontkende en daarmee de eerste stap zette tot zijn latere atheïsme. Tot zijn grote geluk kon hij van het vermogen van zijn vrouw leven. Economisch zou hij overigens nooit op eigen benen staan. Toen in 1860 de inkomsten van zijn vrouw uitbleven, werd hij financieel ondersteund door zijn vrienden en later ook de SPD, waarvan hij in 1868 lid werd.

Feuerbachs bewondering voor Hegel sloeg mettertijd om in volledige afkeer. Hij had bijzonder veel moeite met diens pretentieuze bewering dat hij met zijn systeem "de hoogvlakte van de filosofie" zou hebben bereikt en dat men niet verder zou kunnen komen dan dit punt. Niettemin was Feuerbach het meest geïnteresseerd in godsdienst. Zijn kritiek richt zich daarbij, net als bij het systeem van Hegel, op het speculeren over een absoluut of een goddelijk principe. Algemene bekendheid kreeg hij in 1841 met zijn belangrijkste boek *Das Wesen des Christentums* (*Het wezen van het christendom*). Dat wezen ziet hij in de mens. Voor hem is de mens "de maat van alle dingen en van de hele werkelijkheid." Alle religieuze ideeën vinden daarin hun oorsprong. God is "slechts iets in de voorstelling, in de inbeelding, maar niets in de werkelijkheid." De mens maakt van zijn wensen zijn eigen God. Dit gecreëerde ideaal van de mens is in feite diens "opgegeven zelf." Hierin weerspiegelt zich het wezen van de mens, die in werkelijkheid niet door God, maar door zijn eigen zintuiglijkheid wordt bepaald. De zintuiglijke feiten zijn de enig werkelijke. "Waarheid, werkelijkheid en zintuiglijkheid zijn identiek."

In 1848, tijdens de revolutie, keerde Feuerbach op verzoek van de studenten nog één keer terug naar de collegezaal met *Vorlesungen über das Wesen der Religion* (*Voordrachten over het wezen van de godsdienst*). In zijn *Theogonie* uit 1857 beschrijft hij ten slotte het ontstaan van de goden. De bekende uitdrukking 'de mens is wat hij eet' gaat terug op de titel van zijn opstel *Das Geheimnis des Opfers oder Der Mensch ist, was er isst* (*Het geheim van het offer of de mens is wat hij eet*). Met zijn materialisme en zijn kritiek op de bestaande verhoudingen, die zich overigens beperkte tot de godsdienst, droeg hij in grote mate bij aan het ontstaan van de marxistische filosofie.

KARL MARX *(5 mei 1818 in Trier – 14 maart 1883 in Londen)*

"De filosofen hebben de wereld alleen maar op allerlei manieren geïnterpreteerd, terwijl het juist van belang is om hem te veranderen." Deze elfde van de *Stellingen over Feuerbach* (*Thesen zu Feuerbach*) laat geen twijfel rijzen omtrent de intenties van Karl Marx, wiens hele werk in het teken staat van de "beschrijving van de werkelijkheid," de filosofische kritiek daarop en uiteindelijk het "opheffen van de filosofie door haar verwezenlijking." Als zoon van een advocaat studeerde hij rechten in Bonn en later ook Berlijn. Hij promoveerde evenwel op een filosofisch onderwerp. Dat gebeurde in Jena in 1841. In Berlijn had hij zich aangesloten bij de linkshegelianen, waardoor een academische carrière voor hem verder was uitgesloten. Hij vestigde zich in Keulen, waar hij een toonaangevende redacteur werd van een linkse, democratische krant. De tien daaropvolgende jaren werden gekenmerkt door talrijke omzwervingen. Vanwege zijn revolutionaire denkbeelden werd hij meermaals door de autoriteiten uitgewezen. Zo kwam hij via Parijs, Brussel, Keulen en vervolgens weer Parijs, ten slotte in Londen terecht. Tijdens zijn eerste verblijf in Parijs leerde hij Friedrich Engels (1820–1895) kennen. Deze zoon van een Rijnlandse industrieel werd niet alleen zijn financiële steun en toeverlaat, maar ook zijn vriend en naaste medewerker. Met hem schreef hij

Geschiedfilosofie

Al is de term afkomstig van Voltaire, het was reeds Augustinus die de geschiedenis in haar totaliteit probeerde te duiden en zocht naar een betekenis en wetmatigheid in haar verloop. Dit zijn precies de onderwerpen waar de geschiedfilosofie zich mee bezighoudt. Als discipline werd zij echter pas door Giambattista Vico (1668–1744) in het leven geroepen. Bij Hegel en Marx beleeft de geschiedfilosofie haar hoogtijdagen.

zijn belangrijkste werken, zoals *Deutsche Ideologie* (*Duitse ideologie*), met daarin de *Stellingen over Feuerbach*, het *Communistisch manifest*, dat in 1848 in opdracht van de bond van communisten verscheen en dat een soort evangelie vormt van het marxistisch socialisme, en *Das Kapital – Kritik der politischen Ökonomie* (*Het kapitaal – Kritiek van de politieke economie*), waarvan Engels na Marx' dood het tweede en derde deel voltooide en publiceerde. "Marx ging... voort op de weg van de belangrijkste negentiende-eeuwse geestelijke stromingen van de klassieke Duitse filosofie, van de klassieke Engelse politieke economie en van het Franse socialisme." Met deze woorden geeft Lenin op onovertroffen wijze aan waarop Marx zijn gedachtegoed baseerde.

Op het terrein van de economie beriep hij zich voornamelijk op Adam Smith en David Ricardo (1772–1823). Tegelijkertijd streefde hij net als de antikapitalisten Saint-Simon en Fourier naar de afschaffing van het particulier bezit en had hij veel ontzag voor de Engelse socialist avant la lettre Robert Owen (1771–1858), die zijn maatschappelijke betrokkenheid in daden omzette door de oprichting van een modelfabriek. Van Hegel nam Marx het ontwikkelingsdenken en het dialectische principe over, dat bij hem echter werd gebruikt voor het blootleggen van tegenstellingen in plaats van overeenkomsten. Zijn materialisme (het idee dat de materie of het object het denken van het subject bepaalt en niet omgekeerd) ontleende hij aan Feuerbach. Tevens deelde hij diens opvattingen over religie. Volgens hem is godsdienst "de geest van geesteloze toestanden... het opium van het volk." Engels beschrijft het dialectisch materialisme met behulp van de metafoor van de gerstekorrel die in de aarde terechtkomt, daar verschrompelt, maar tegelijkertijd een plant wordt, die eveneens sterft, maar wel talrijke nieuwe graankorrels voortbrengt. De verklaring van de geschiedenis volgens dit model resulteert in het historisch materialisme, een verdere ontwikkeling van Hegels geschiedfilosofie. Voor Marx is de geschiedenis een "geschiedenis van de klassenstrijd." Vanuit dit streng materialistische oogpunt worden de klassen volgens economische principes gevormd. De verhouding van de economische structuren – Marx spreekt zelf van productieverhoudingen – tot de productiefactoren staat aan de basis van de spanningen die in revoluties tot uitbarsting komen en waaruit, volgens het dialectische principe, nieuwe maatschappijvormen zullen voortkomen. Ook deze zullen ten slotte in de strijd ten onder gaan, waarna alles weer opnieuw begint. De economische processen bepalen de geschiedenis. Moraal, godsdienst en recht zijn slechts een ideologische bovenbouw die de ware verhoudingen maskeert: "Het is niet het bewustzijn van de mensen dat hun zijn bepaalt, maar omgekeerd, het is hun maatschappelijk zijn dat hun bewustzijn bepaalt." Bij al zijn onderzoek gaat Marx uit van het individu als maatschappelijk wezen. In *Das Kapital* onderwerpt hij het kapitalisme, het maatschappelijke systeem van zijn tijd, dan ook aan een grondige analyse. Zijn grondregel op dit punt was helder: "In plaats van nutteloze systemen te ontwikkelen voor het geluk van het volk, wil ik me beperken tot het onderzoek naar de redenen van ongeluk." Hij zag in dat een van beide klassen, het proletariaat, haar arbeidstijd verkoopt aan de andere klasse, de kapitalisten, die vervolgens met de geconcretiseerde arbeid, het product, een meerwaarde behaalt. Want "bij het vervaardigen van goederen betaalt de kapitalist niet alles aan de producenten, de arbeiders, uit, maar behoudt hij een deel voor zichzelf." Dit leidt tot vervreemding. Met dit aan Hegel ontleende, maar enigszins aangepaste begrip bedoelt Marx dat de loonarbeider elk contact verliest met hetgeen hij produceert. Deze toestand wordt nog eens versterkt door de anonieme macht van het geld en houdt bovendien de mens verre van zijn ware bestemming, namelijk de vrijheid. Volgens de dialectische ontwikkeling zal het proletariaat steeds meer verpauperen (*Verelendung*) en zal er een revolutie uitbreken, waaruit de onderdrukte klasse als winnaar naar voren zal komen. Met dit geloof in een nieuwe, socialistische maatschappij zette Marx zich vanaf 1864 in voor de eerste Internationale, waarvan hij de geestelijk vader was. Mede door deze internationale arbeidersorganisatie verspreidde zijn gedachtegoed zich razendsnel. Het is bekend waartoe zijn denken heeft geleid door de interpretaties van Vladimir Iljitsj Lenin (1870–1924) en diens revolutionair communisme. Het westerse marxisme knoopte in de figuur van Ernst Bloch direct aan op de filosofie van Marx. Dat geldt in feite ook voor de vertegenwoordigers van de zogeheten *Frankfurter Schule*, zoals Horkheimer, Adorno en Marcuse.

Sören Aabye Kierkegaard *(5 mei 1813 in Kopenhagen – 11 november 1855 in Kopenhagen)*

Precies vijf jaar eerder dan Karl Marx kwam in de Deense hoofdstad het zevende en laatste kind van een rijke en streng piëtistische koopman ter wereld. Deze jongen zou uitgroeien tot enerzijds de meest begaafde schrijver onder de filosofen (naast Plato en Nietzsche), maar anderzijds ook tot een man bij wie het stempel van zwaarmoedigheid net zo goed past als dat van pessimisme bij Schopenhauer. Als er één filosoof is wiens werk kan worden verklaard vanuit zijn opvoeding, dan is dat wel Kierkegaard. Zijn vader leed aan religieuze waanideeën en schuldcomplexen, omdat hij God eens zou hebben vervloekt. Dit uitte zich in depressieve buien en melancholie en sloeg bovendien over op zijn zoon. Het was dan ook de wens van zijn vader dat Kierkegaard theologie ging studeren in Kopenhagen. Uit het feit dat hij er maar liefst tien jaar over deed en dat hij uiteindelijk geen predikant werd, blijkt wel dat zijn voorliefde toch bij de filosofie lag. In 1841 had hij in Berlijn college gevolgd bij Schelling. Reeds in die tijd was Socrates zijn grote voorbeeld. Volgens Kierkegaard filosofeerde de Griekse wijsgeer niet omwille van de kennis, maar van de daadkracht. Dat was precies wat hij in hem bewonderde. Later werd hijzelf uitgeroepen tot de 'Socrates van het Noorden'. Omdat hij geen beroep uitoefende, leefde hij van het vermogen van zijn vader. Dit stelde hem in staat om zijn pennenvruchten te publiceren. Hoe onuitputtelijk zijn literaire productie ook was, hij kon er niet van leven. Alleen zijn eerste grote en tegelijkertijd ook belangrijkste werk, *Of – of. Een levensfragment uitgegeven door Victor Eremita*, kon op enige weerklank rekenen. Zoals alles wat uit zijn pen ontsproot, schreef Kierkegaard dit werk in het Deens. Eremita was een van zijn talrijke pseudoniemen. Zo bracht hij *Het begrip angst* en *Wijsgerige kruimels*, twee andere belangrijke werken, uit onder de naam Johannes Climacus en Vigilius Haufniensis. Deze verzonnen namen moesten de ware identiteit van de auteur verhullen, die in Kopenhagen nu eenmaal bekendstond als bohémien en niet zelden het middelpunt van spot was. Toch was zijn leven als dandy slechts een pose waarachter een grote zwaarmoedigheid schuilging, die alleen nog maar erger werd toen hij in 1840 zijn verloving verbrak om zijn geliefde een leven met hem te besparen.

Kierkegaards denken begint met de constatering dat "al het wezenlijke kennen de existentie betreft." Daarbij verstaat hij onder existentie een eenheid van willen, denken, voelen en handelen. Existentie is voortdurende zelfverwezenlijking. In zijn volledige afwijzing van Hegel lijkt hij op Schopenhauer. Ook in Kierkegaards filosofie gaat het niet om zoiets abstracts als een absolute of de geest, maar alleen om de mens. Daarbij ziet hij de mens niet zozeer als soortgenoot, maar als een concreet wezen, met zijn concrete existentie en zijn existentiële problemen. De dialectiek komt hier niet van pas, ook niet als Kierkegaard vaststelt dat "de mens een synthese is van oneindigheid en eindigheid, van het tijdelijke en het eeuwige, van vrijheid en noodzaak, kortom een synthese." Door zich bewust te gedragen ten opzichte van deze synthese vindt de mens zijn ik. Kierkegaard onderscheidt drie levensstadia die de mens kan doorlopen: het esthetische, het ethische en het religieuze. Deze worden respectievelijk belichaamd door Hegel, Socrates en Christus. In het esthetische stadium is de mens volledig gericht op de buitenwereld. Hij wordt bepaald door zijn zinnelijkheid en streeft naar bevrediging van zijn behoeften zonder zichzelf te verwezenlijken. Het gevolg is wanhoop. In het ethische stadium, dat hij niet geleidelijk, maar door een bewuste stap bereikt, wordt de mens kritisch ten opzichte van zichzelf en onderwerpt hij zich vrijwillig aan de categorieën goed en kwaad. Met weer een stap verder belandt hij in het religieuze stadium, waarin hij zich aan God toevertrouwt. Paradoxaal genoeg vindt hij zichzelf alleen wanneer hij zijn afhankelijkheid van God erkent. Waar Zeno en alle andere denkers voor hem dat wel deden, lost Kierkegaard deze paradox niet logisch op. In plaats daarvan laat hij hiermee bewust de grenzen zien van de rationaliteit. Deze neiging kenmerkt ook de levensfilosofie en het existentialisme. Met Jaspers en Heidegger, Sartre en Camus krijgt deze filosoof in de twintigste eeuw een waardering die hij – niet alleen vanwege het ontbreken van vertalingen – in de negentiende eeuw nooit heeft gekend.

Friedrich Nietzsche *(15 oktober 1844 in Röcken bij Lützen – 25 augustus 1900 in Weimar)*

“God is dood.” “Je gaat naar een vrouw? Vergeet dan niet een zweep mee te nemen.” Dit zijn zomaar een paar uit hun verband gerukte citaten van Nietzsche, wiens populariteit eigenlijk doet vergeten dat hij een buitenbeentje is in de Duitse filosofie van de negentiende eeuw. Dat heeft zeker niet alleen te maken met het feit dat hij de enige autodidact is temidden van al die ‘geleerde’ filosofen. Ook al kan men in hem een voortzetting zien van de verlichting en ook al moet men constateren dat hij overeenkomsten vertoont met Heraclitus en Schopenhauer en in de buurt komt van de levensfilosofie van Dilthey en Bergson, het werk dat hij heeft nagelaten is absoluut uniek in de filosofie. In dit werk, dat zich kenmerkt door zijn geheel eigen, plastische taal vol aforismen, zoekt hij niet naar waarheid, maar naar zijn waarheid.

Op 45-jarige leeftijd stortte Nietzsche volledig in. Tijdens zijn verblijf in Turijn omhelsde hij een mishandeld paard en barstte hij vervolgens in tranen uit. Hij begon wartaal uit te slaan en duistere brieven te schrijven. Uiteindelijk werd hij opgenomen in een kliniek in Basel.

Nietzsche werd geboren als zoon van een predikant. Geheel volgens de traditie schreef hij zich, net als Kierkegaard, in als student theologie. Al na het eerste semester besloot hij echter om zich in Bonn en Leipzig toe te leggen op de klassieke talen. Nog voor zijn promotie werd hij op 24-jarige leeftijd benoemd tot hoogleraar Grieks en Latijn in Basel. Hier leerde hij Richard Wagner kennen, aan wie hij zijn eerste boek *Die*

Geburt der Tragödie aus dem Geiste der Musik (*De geboorte van de tragedie uit de geest van de muziek*) opdroeg. In 1878 kwam het vanwege Wagners opera *Parsifal* tot een breuk. In hetzelfde jaar moest Nietzsche om gezondheidsredenen zijn leerstoel opgeven. Zelf noemde hij deze fase in zijn denken, die tot 1882 duurde, 'ochtendfilosofie'. Het is de tijd waarin werken als *Menschliches-Allzumenschliches* (*Menselijk, al te menselijk*), *Morgenröte* (*Morgenrood*) en *Die fröhliche Wissenschaft* (*De vrolijke wetenschap*) verschenen en waarin hij, overstappend van idealisme naar naturalisme, de heersende decadentie aan de kaak stelt aan de hand van godsdienst en moraal. Verwikkeld in een "strijd tegen alles wat tot dusver door de mensen is vereerd en bemind" leefde hij vanaf dat moment als kamergeleerde op allerlei plekken die een balsem voor zijn lichaam moesten zijn. Sils-Maria, Nice, Mariënbad, Venetië, Riva, Rapallo, Rome, Genua of Turijn, de enige verzachting voor zijn eenzame ziel was zijn tomeloze productiviteit. Dit resulteerde in *Also sprach Zarathustra* (*Aldus sprak Zarathoestra*), *Jenseits von Gut und Böse* (*Voorbij goed en kwaad*), zijn postuum uitgegeven *Der Wille zur Macht* (*De wil tot macht*) en *Ecce homo. Warum man wird, was man ist* (*Ecce homo. Waarom men wordt wat men is*), een pathetische autobiografie met hoofdstukken als *Waarom ik zo slim ben* en *Waarom ik zulke goede boeken schrijf*. Al deze werken getuigen van een volmondig 'ja' tegen het leven en kondigen een nieuw tijdperk aan. Ook al bleven ze, net als zijn vroegere publicaties, nagenoeg onopgemerkt in filosofische kringen, de invloed op de literatuur van die tijd was enorm. Tijdens een verblijf in Turijn in 1889 werd hij krankzinnig, waarschijnlijk als gevolg van een syfilisinfectie. Toen hij elf jaar later overleed, was hij niet meer dan een geestelijk wrak.

De kernideeën van Nietzsche's werk kunnen worden samengevat aan de hand van de leuzen 'wil tot macht', 'nihilisme', 'herwaardering van alle waarden', 'Übermensch', 'God is dood' en 'eeuwige terugkeer'. Het zijn slechts flarden uit een buitengewoon omvangrijk oeuvre, die echter een goede indruk geven waar het Nietzsche om gaat. Als een late representant van de verlichting gaat hij met zijn kritiek nog verder terug dan Kant en stelt hij vast dat diens rede, die de hele filosofie van Socrates tot Hegel zou hebben bepaald, een uitdrukking van verval is. De wereld is niet de wil en voorstelling van de door hem aanvankelijk vereerde Schopenhauer, maar louter wil, wil tot zelfbehoud, wil tot macht. Een wereld zonder objectieve waarheid, een wereld waarin de moraal voortdurend wordt gerelativeerd en waar het (christelijke) geloof vastklampt

Godsdienstfilosofie

De godsdienstfilosofie onderzoekt de verschijningsvormen en het theoretische gehalte van religies. Voor de systematische beschrijving is vooral Hegel van belang. In de vorm godsdienstkritiek hebben met name Feuerbach en Nietzsche zich met deze discipline beziggehouden.

aan antieke waarden die door iedereen worden genegeerd en waar men verwijst naar een niet-bestaand hiernamaals. Een wereld die zich heeft overgeleverd aan het nihilisme en de radicale "afwijzing van waarde, zin en wenselijkheid," zo'n wereld heeft dringend behoefte aan een herwaardering van alle waarden. Goed en kwaad hangen samen met het verwerven van macht door krachtig optreden. "Wat is goed? – Alles wat het gevoel van macht, de wil tot macht, de macht zelf in de mens vergroot. Wat is slecht? – Alles wat het gevolg is van zwakte." Het "scheppende, willende, wordende ik" wordt in de Übermensch "de maatstaf en de waarde van de dingen." De Übermensch is meer dan een mens, maar geen God. Hij streeft naar kracht, vitaliteit en macht, en buigt noch voor een verzonnen en dus dode God, noch voor een moraal van zwakte en medelijden, zoals de kuddemensen met hun bekrompen hang naar geluk. Zijn zwaarste beproeving is dat hij een leven dient te leiden zonder doel of bestemming, en dat niet eenmaal, maar elke keer opnieuw: "Het bestaan, zoals het is, zonder zin en doel, maar dat onverbiddelijk en zonder een finale terugkeert naar het niets. Dat is de eeuwige terugkeer, de meest extreme vorm van het nihilisme, het niets voor eeuwig." De geschiedenis herhaalt zich voortdurend en er is geen paradijs. Nietzsche's romantisch aandoende verlangen naar kracht en grootheid, zijn afkeer van democratie, socialisme christendom sloten zo goed aan bij het fascistische gedachtegoed dat zijn zuster, Elisabeth Förster-Nietzsche (1846–1935), die zijn erfenis beheerde, net zo in het gevlei probeerde te komen bij de nazi's als Winifried Wagner, de schoondochter van de componist. Dit in weerwil van het feit Nietzsche geen antisemiet of nationalist was. Als geen ander polariseerde hij het nageslacht van filosofen en leken. Zijn beeldende taal en zijn dubbelzinnige formuleringen zetten de deur open voor allerhande interpretaties. Over een ding is echter geen twijfel mogelijk: Nietzsche is een van de grootste Duitse schrijvers.

Positivisme

Hoewel de romantiek ook zeker niet aan Frankrijk voorbijging, kende de filosofie er geen sterke beweging zoals het idealisme in Duitsland. In plaats daarvan ontwikkelde zich aan het begin van de negentiende eeuw een denkrichting die inhaakte op de eigen traditie van de verlichting en met name de encyclopedisten. Daarmee werden de Engelse empiristen en hun grote voorbeeld, Francis Bacon, automatisch tot de stamvaders van de nieuwe beweging. De verlichting bouwde immers voort op hun bewering dat alleen zintuiglijk waarneembare, positieve feiten als bron konden dienen voor kennis. Dit betekende dat het voor onmogelijk werd gehouden om uitspraken te doen over de eigenlijke aard van het werkelijke, iets wat, ondanks al hun tegenstellingen, zowel de idealisten als de materialisten toch probeerden. Ook al had men in Frankrijk oog voor Kant en kon zijn kritisch idealisme rekenen op een handjevol aanhangers, toch leek het de meesten zinvoller om de reeds ingeslagen weg te volgen, temeer omdat de natuurwetenschappen een hoge vlucht namen en zich eveneens van de methoden bedienden die elke vorm van idealistische metafysica bestreden. Bovendien gingen ze bij de interpretatie van hun waarnemingen geheel objectivistisch te werk. De socialist Saint-Simon gebruikte hiervoor reeds het begrip 'positivisme', dat voor hem drieërlei betekenis had: 1. positief als synoniem voor werkelijk, in tegenstelling tot negatief, dat voor niet-werkelijk staat ('positieve kennis'); 2. positief in de zin van gunstig, voordelig ('een positieve ontwikkeling') en 3. positief in de zin van concreet ('positief recht' tegenover natuurrecht). Auguste Comte, die een tijd als secretaris voor Saint-Simons werkzaam was, geldt als de eigenlijke vader van deze filosofische richting en tegelijkertijd als de belangrijkste Franse filosoof van de negentiende eeuw. Maar boven alles is hij de grondlegger van de sociologie. Zijn invloed was vooral voelbaar in Engeland, waar het empirisme is ontstaan en dat vanwege diens voortrekkersrol in de natuurwetenschappen en techniek en door de liberale tradities op politiek en economisch vlak zeer ontvankelijk was voor de ideeën van Comte. Zijn acht jaar jongere Britse collega John Stuart Mill introduceerde hier deze nieuwe filosofische richting.

Auguste Comte *(19 januari 1798 in Montpellier – 3 september 1857 in Parijs)*

Deze zoon van een belastingambtenaar studeerde aan de polytechnische hogeschool in Parijs en had slechts af en toe een vaste betrekking, zodat hij de meeste tijd was aangewezen op de financiële steun van zijn vrienden en leerlingen, die hem het ten slotte als een profeet van een nieuwe religie vereerden. In zijn twee belangrijkste werken, de zesdelige *Cours de philosophie positive* (*Cursus positieve filosofie*) en het vierdelige *Système de politique positive* (*Systeem van de positieve politiek*), zette hij zijn theorieën uiteen. Centraal staat daarbij de 'wet van de drie stadia'. Hiermee beschrijft hij de persoonlijke ontwikkeling van het individu alsook van de hele maatschappij. Volgens deze wet "doorloopt elk kennisgebied drie stadia, namelijk het theologische of fictieve stadium, het metafysische of abstracte stadium en het wetenschappelijke of positieve stadium." In het eerste, theologische stadium zoekt de mens naar absolute kennis. Comte verbindt dit in het geval van de individuele mens met de kinderjaren en, op het niveau van de maatschappij, met de klasse van geestelijken en militairen. In het tweede, metafysische stadium worden de boven-

natuurlijke krachten vervangen door abstracte substanties. Dit stadium komt overeen met de jeugd en het feodale systeem. In het derde, positieve stadium steunt de kennis ten slotte op waarneming en ervaring, waaruit algemene wetmatigheden worden afgeleid. De volwassen leeftijd en de geïndustrialiseerde samenleving komen hiermee overeen. Comte meent dat ook de verschillende wetenschappen volgens deze positieve methode kunnen worden ingedeeld naar het behaalde niveau, waarbij tevens rekening wordt gehouden met de mate van complexiteit. Dit leidt tot de volgende hiërarchie: wiskunde, astronomie, natuurkunde, scheikunde, biologie en 'sociale fysica', de enige die nog niet de status van positieve wetenschap had bereikt. Als wetenschap van totaliteit van de menselijke verhoudingen noemt hij deze laatste 'sociologie'. In zijn belangrijkste werk wijdt hij hier maar liefst drie delen aan. De filosofie krijgt bij Comte de taak om de afzonderlijke wetenschappen te verbinden, terwijl de aandacht voor de logica centraal dient te staan bij de opvoeding. Zijn late werk kenmerkt zich door een sterk mystiek en religieus karakter en mondt uit in de formulering van een positieve godsdienst, een 'katholicisme zonder christendom', dat geheel altruïstisch – het woord is van hem afkomstig – op de liefde tot de mensheid is gebaseerd. "Zien om vooruit te zien," luidde zijn devies. Hetgeen hij vooruitzag, was een wereld zonder oorlog, omdat met de wetenschappelijke vooruitgang ook de mensheid zou groeien. Helaas werd dit niet bewaarheid. Het succes van het positivisme was er echter niet minder om. Aan het begin van de twintigste eeuw ontwikkelde zich hieruit het neopositivisme, dat sterk gebruik maakt van de wiskundige logica.

JOHN STUART MILL *(20 mei 1806 in Londen – 8 mei 1873 in Avignon)*

Meer nog dan op Comte richtten de late positivisten zich op John Stuart Mill. Zijn werk legt een grotere nadruk op de logica en kenmerkt zich bovendien door de integratie van de psychologie, iets wat men bij Comte niet tegenkomt. Het waren de Engelse empiristen die hiertoe reeds een eerste aanzet hadden gegeven. Mills belangrijkste werk, *A System of Logic, Ratiocinative and Inductive* (*Systeem van de deductieve en inductieve logica*), geldt dan ook als een klassieker op het gebied van het psychologisme, de psychologie als fundament van de geesteswetenschappen. Als zielenleer door Melanchthon geïntroduceerd, hield de psychologie zich sinds de negentiende eeuw bezig met onderzoek naar bewuste processen en toestanden evenals de oorzaken en gevolgen daarvan. Dienovereenkomstig probeerde Mill, net als Hume, de logische verbinding van ervaringen als pure gewoonte te verklaren. Vanwege hun gebrek aan objectiviteit is het onmogelijk om met behulp van deductieve logica absoluut geldige resultaten te bereiken. De empirische generalisering – de inductie, waar Francis Bacon reeds gewag van maakte – zou weliswaar niet exact zijn, maar wel kunnen dienen tot uitbreiding van kennis.

Of alle genieën gek zijn? Mill bracht in ieder geval ook een tijd in zenuwinrichting door.

Mill werd al op jonge leeftijd door zijn vader, James Mill (1773–1836), die zelf ook filosoof was en contacten onderhield met Jeremy Bentham, ingewijd in alle wetenschappen. Daar hij verderging dan diens utilitarisme meende hij dat het niet zozeer op de kwantiteit als wel de kwaliteit van het geluk aankomt en dat de sociale rechtvaardigheid altijd gewaarborgd dient te blijven. Door zijn handelsactiviteiten was hij een welgesteld man. Hij was in staat om Comte te onderhouden en ook Jeremy Spencer (1820–1903) een soortgelijke financiële ondersteuning te bieden. Diens formulering van een geleidelijke ontwikkeling in zowel de natuur als de geestesgeschiedenis kwam slechts enkele jaren voor het ontstaan van het darwinisme. Mills belangstelling ging niet alleen uit naar de filosofie, maar ook naar de economie. Zijn *Principles of Political Economy* (*Beginselen van de politiek economie*) uit 1848 is het eerste echte leerboek op dit gebied. Opvallend genoeg waren zijn leermeesters dezelfde als die van Marx: Adam Smith, die de economie eveneens als een onderdeel van de sociale filosofie zag, en David Ricardo, die bevriend was met zijn vader en wiens leer hij verder ontwikkelde. In 1861 verscheen zijn belangrijkste politieke werk, *On Liberty* (*Over vrijheid*). Mill toont zich hierin onverschillig tegenover een socialisme dat de vrijheid van het individu garandeert. Hetzelfde geldt voor zijn houding ten aanzien van het klassieke Engelse liberalisme. Mill bewerkte zijn boek toen hij enige jaren later parlementslid werd. Hij zag zeer goed de gevaren in van een tirannie van de massa en verwees daarbij onder meer naar het beroemde werk *De la démocratie en Amérique* (*Over de democratie in Amerika*) van de Franse politieke filosoof Alexis de Tocqueville (1805–1859).

Pragmatisme

De evolutietheorie van Darwin en Spencer had een grote invloed op het denken van de Amerikaanse filosofen, die met Charles Sanders Peirce (1839–1914) en William James (1842–1910), de oudere broer van de schrijver Henry James, voor het eerst hun autonomie bewezen. Beiden gelden als de grondleggers van het pragmatisme. Deze leer, die wereldwijd een enorm effect sorteerde, stelt het nut van het denken en kennen voor het menselijk handelen voorop. Het gevolg is dat de waarheid niet als absoluut wordt gezien, maar als resultaat van de selectie in de strijd om het bestaan. "Waar is datgene, wat door de praktische gevolgen wordt bewaarheid." Dit betekent dat ook het geloof in God gerechtvaardigd is, al is het pragmatisme veeleer "een houding (...) die afziet van de eerste dingen, principes, categorieën en vermeende noodzakelijkheden en die zich op de laatste dingen, vruchten, gevolgen en feiten richt." Anders dan Peirce, die geen enkele monografie op zijn naam heeft staan, liet James een omvangrijk oeuvre na, waaronder *Pragmatism. A New Name for Some Old Ways of Thinking* (*Pragmatisme. Een nieuwe naam voor oude denkmethoden*). Daarnaast was hij ook nog eens hoogleraar psychologie en filosofie aan Harvard.

Het begrip pragmatisme wordt reeds sinds 1865 gebruikt. Peirce ontleende het aan Kant, die hij samen met de Griekse klassieke filosofen, de deelnemers aan de middeleeuwse universaliënstrijd, Spinoza, Berkeley en Comte tot zijn bronnen rekent. Daarnaast vertoont hij opvallende parallellen met Nietzsche en de levensfilosofen, terwijl het pragmatisme door de combinatie van theorie en praktijk tamelijk veel weg heeft van zowel het marxisme als het existentialisme. Peirce's belangstelling gaat voornamelijk uit naar de logica. Als belangrijkste Amerikaanse filosoof legde hij met zijn nadruk op tekens en hun functies de basis voor de moderne semiotiek (tekenleer). Volgens Peirce krijgen begrippen hun betekenis doordat per gedachte-experiment de praktische gevolgen worden bepaald die de daaronder vallende objecten doen gelden. Bovendien is hij de ontdekker van de abductie, het derde type redenering naast inductie en deductie, dat bij elke wetenschappelijke hypothesevorming wordt gebruikt. Aangezien het werk van Peirce pas vanaf de jaren dertig werd gepubliceerd, is zijn invloed beperkter dan dat van John Dewey (1859–1952), een latere vertegenwoordiger van het pragmatisme. Deze was van mening dat de filosofen in hun ivoren torens zich met hun denken meer in dienst moesten stellen van de mens. Om het goede voorbeeld te geven, voerde hij belangrijke sociale hervormingen door op het gebied van de pedagogiek. Hij riep op tot een sterkere aansluiting op de praktijk, onder meer door probleem- en projectgeoriënteerd leren. Dit diende te gebeuren volgens het instrumentalisme, het principe dat het denken een werktuig van het handelen is.

Logica

Net als de ethiek en metafysica is ook de leer van het consequent en methodisch denken door Aristoteles als een filosofische discipline in het leven geroepen. De klassieke logica, die tot in de negentiende eeuw de overhand had, valt uiteen in de zuivere of 'formele' logica en de toegepaste of 'materiële' logica. Tot de eerste behoort de leer van het begrip, het oordeel en de conclusie, tot de tweede dat van de definitie, het bewijs en de methode. De klassieke logica maakte aan het eind van de negentiende eeuw plaats voor de moderne logica van Friedrich L. G. Frege (1848–1925). Door een verregaande formalisering en mathematisering is deze moderne logica overzichtelijker, nauwkeuriger en krachtiger.

Twintigste eeuw

'De schreeuw' van Edvard Munch uit 1893 loopt vooruit op een eeuw die het innerlijke van de mens volledig binnenstebuiten keert.

De grote filosofielanden van de twintigste eeuw zijn dezelfde als die in de daaraan voorafgaande eeuw. De invloedrijkste persoonlijkheden komen nog steeds uit Duitsland, Frankrijk en Engeland of uit aangrenzende landen als België en Zwitserland. Toch bestaat er één groot verschil met de negentiende eeuw: de scholen die ontstaan en die, als een stamboom met allerlei vertakkingen, steeds talrijker en gespecialiseerder worden, zijn in toenemende mate grensoverschrijdend. De communicatie was aan het begin van de twintigste eeuw al zodanig ontwikkeld dat nieuwe ideeën zich snel konden verspreiden. Niettemin bleven de typische kenmerken van ieder land, die sommigen uit de volksaard en anderen uit opvoeding en onderwijs afleiden, bestaan. Van bijzonder grote invloed was nog altijd de geschiedenis, die zich steeds minder richtte op afzonderlijke volken en naties en steeds meer op internationale verschijnselen. Het imperialisme leidde ertoe dat bijna alle grote Europese staten over koloniën beschikten. De wereld leek daardoor aan het begin van de twintigste eeuw kleiner geworden. Aan het einde van diezelfde eeuw zouden de economische belangen resulteren in globalisering. Het einde van de Eerste Wereldoorlog in 1918 betekent ook de ondergang van de meeste monarchieën en een democratisering van Europa. De ideeën van Hegel of Nietzsche, die oorspronkelijk met heel andere bedoelingen waren geformuleerd, werden gretig misbruikt door de opkomende fascistische regiems. Ze kwamen goed van pas om de aanspraak op de macht te legitimeren. Stukje bij beetje brachten ze de rampspoed van de Tweede Wereldoorlog dichterbij. Het resultaat daarvan was een gespleten wereld. Lange tijd beriep de ene helft zich op het communisme van Marx en Lenin en de andere op economische denkers als Smith, Ricardo en Mill. In het licht van de nucleaire dreiging, de koude oorlog tussen de VS en de Sovjet-Unie en de eerste stappen in de ruimte kreeg de filosofie de taak om de mens een plaats te geven in deze nieuwe en steeds veranderende wereld. Filosofen werden door de stormachtige ontwikkelingen in de wetenschap helemaal niet overbodig. Integendeel, het voortdurend verleggen van de grenzen in bijvoorbeeld geneeskunde, techniek of geografie zorgt ervoor dat de wereld ook steeds rationeler lijkt. Tegelijkertijd blijft de mens als een onzeker wezen achter dat meer dan ooit behoefte heeft aan wijsheid en filosofie.

De filosofie in de twintigste eeuw houdt zich hoofdzakelijk bezig met het moderne leven in een verlichte maatschappij die zich steeds meer van God vervreemdt en die wordt beheerst door wetenschap en techniek. Deze maatschappij treft men als eerste aan in de grote geïndustrialiseerde landen als Engeland, Frankrijk, Duitsland en Oostenrijk. Alle filosofen die in dit bestek nog zullen worden besproken, zijn afkomstig uit een van deze landen. Rationaliteit, techniek en industriële productiemethoden blijken samen met de kapitalistische markteconomie verantwoordelijk te zijn voor de zogenaamde vervreemding van de moderne, ontheemde mens, die zich gereduceerd ziet tot een object. Juist daarom roepen de filosofen op tot de "mens als geheel" (Dilthey), een "élan vital" (Bergson), de nog niet gerationaliseerde "levenswereld" (Husserl), het mondige en kritische "subject" (Habermas), het "lichaam" (Schmitz), de "levende verhouding" van de mensen onder elkaar (Bloch), het vrije "ontwerp" (Sartre) en de "eigenlijkheid" van het bestaan (Heidegger). Zij proberen inzicht te krijgen in de structuren van een moderne maatschappij die voortdurend in beweging is en in de kansen op en de risico's van een verdere ontwikkeling. Dit betekent oog hebben voor de mogelijkheden en gevaren van "verlichting" (Adorno) en "democratie" (Popper), de mogelijkheden en grenzen van "communicatie" (Luhmann), het "discours" (Foucault) en de "taal" in het algemeen (Saussure, Russell, Wittgenstein). Pas aan het einde van de eeuw zijn er stemmen te horen die, in het zicht van de nieuwe, slimme technologieën (genetica, automatisering), de verbinding tussen leven en techniek in de zichzelf manipulerende "operabele mens" (Sloterdijk) juist enthousiast verwelkomen.

Levensfilosofie

Wilhelm Dilthey *(19 november 1833 in Biebrich – 1 oktober 1911 in Sais am Schlern/Zuid-Tirol)*

"Als basisgegeven dient het leven het uitgangspunt te vormen van de filosofie. Het is datgene wat innerlijk bekend is en wat men niet kan achterhalen," aldus Wilhelm Dilthey, die aan het begin van de twintigste eeuw aan de universiteit van Berlijn doceerde en doorslaggevend was voor de levensfilosofie.

Het innerlijk, dat wil zeggen het in en als bewustzijn bekende is de "geestelijke levendigheid." Deze manifesteert zich in voortbrengselen van de geestelijk-historische wereld. Het is die wereld die Dilthey wilde doorgronden. Hij vroeg zich daarbij af hoe een dergelijk

"Door de aderen van het kennende subject dat Locke, Hume en Kant construeerden, vloeit geen echt bloed, maar enkel het verdunde sap van de rede als niet meer dan een denkactiviteit. Ikzelf echter ben, door me historisch en psychologisch bezig te houden met de mens als geheel, ertoe gebracht om dit willende, voelende en zich verbeeldende wezen in alle verscheidenheid van zijn vermogens ook tot het fundament van verklaring en kennis te maken." (Wilhelm Dilthey)

begrip en daarmee de geesteswetenschappen mogelijk zijn. Het antwoord was: door de objectieve voortbrengselen terug te vertalen in de geestelijke levendigheid waaruit ze zijn ontstaan.

Maar dat levert geen objectieve of rationele kennis op zoals de natuurwetenschappen. "In al het begrijpen zit iets irrationeels en het leven zelf is net zo; het kan door geen logisch uitgevoerde formule worden gerepresenteerd," meent Dilthey. Terwijl de natuurwetenschappen de onafhankelijk van de menselijke geest ontstane werkelijkheid verklaren met behulp van het causaliteitsprincipe, zijn de geesteswetenschappen uit op begrip van de door de menselijke doelstellingen en waarden bepaalde historische wereld. En dit begrijpen bevat te allen tijde een hermeneutische (= de interpretatie betreffende) cirkel: het leven dat zichzelf door zichzelf verklaart. Dilthey stelt in zijn boek *Die Entstehung der Hermeneutik* (*Het ontstaan van de hermeneutiek*) uit 1900 dat de methode van het begrijpen, waarmee het leven verheldering brengt in zijn eigen dieptes, kenmerkend is voor de geesteswetenschappen als levensfilosofie. Daarbij hoopte hij dat de zelfbezinning van het leven als een "belangrijke hefboom van de cultuur" geestelijke oriëntatie en praktische motivatie zou kunnen brengen in de moderne, ontwrichte wereld.

Henri Louis Bergson *(18 oktober 1859 in Parijs – 4 januari 1941 in Parijs)*

Na eerst les te hebben gegeven op het lyceum werd Henri Bergson in 1900 benoemd tot hoogleraar filosofie aan het *Collège de France* in Parijs. Meer dan twintig jaar zou hij daar doceren. Zijn levensfilosofie grijpt terug op Schopenhauer en Nietzsche en drukte een belangrijke stempel op de filosofische debatten aan het begin van de twintigste eeuw. Hij was de intellectuele 'ster' van zijn tijd, vergelijkbaar met Jean-Paul Sartre een halve eeuw later. Tijdens zijn leven werd hij overstelpt met allerlei eerbetoon, waaronder de Nobelprijs voor de literatuur. Tevens was hij lid van de *Académie française* en voorzitter van de commissie voor geestelijke samenwerking van de Volkenbond. Hij stierf aan een longontsteking die hij in de winter van 1941 in het bezette Parijs had opgelopen terwijl hij in de rij stond te wachten om zich als jood te laten registreren.

De levensfilosoof Bergson keert zich tegen het moderne rationalisme, dat hij verantwoordelijk hield voor de vervreemding van de filosofie van het leven. Het

Antropologie
De leer van de menselijke essentie en natuur wordt sinds de zestiende eeuw antropologie genoemd. Als wetenschap van de afstamming en ontwikkeling van de mens vanuit biologisch perspectief kwam de antropologie in de negentiende eeuw op eigen benen te staan. Tegelijkertijd zijn ook filosofen zich met antropologie blijven bezighouden. Pas sinds de jaren dertig van de twintigste eeuw is de filosofische antropologie een zelfstandige discipline.

wiskundig-rationele denken scheidt de wereld in een berekenend subject en een te berekenen object. Op die manier kan de mens met zijn techniek de wereld naar zijn hand zetten. Het gevolg is dat mens en natuur worden gereduceerd tot objecten. Wat overblijft is een ontzielde wereld. Bergson wil de natuur in haar totaliteit en het leven, dat alleen door het innerlijke beleven kan worden begrepen, de plaats geven die hun toekomt. Dat leven valt net als Schopenhauers wereldwil slechts intuïtief te bespeuren. Bergson spreekt in dat opzicht van *élan vital* ('levenskracht'). Dit is het fundament van de wereld. De wereld is worden, handeling, actie. Daarbij zijn er twee bewegingen, de stijgende van het leven en de vallende van de materie. Het leven ontvouwt zich niet uit de materie en haar mechanische wetten, maar richt zich juist tegen haar, tegen haar traagheid en verval. Daarom zoekt het leven steeds hogere, gewaagdere en vrijere vormen. Een organisme, maar ook een enkel orgaan zoals het oog, kan niet louter door toevallige variatie en selectie, dus zuiver materieel en darwinistisch, worden verklaard. Ook het bewustzijn is niet afhankelijk van het lichaam. Daar waar bewustzijn is, is leven. Alleen in de mens heeft dat leven kennis zichzelf.

Het *élan vital* ontvouwt zich in het organische universum als scheppend principe zonder plan of vooropgezet doel. Bergson schrijft in zijn *Evolution créatrice* (*Scheppende evolutie*): "Als het leven een plan ten uitvoer zou brengen, dan zou het bij elke stap vooruit een steeds grotere harmonie aan den dag moeten leggen." Maar dat is niet zo. De eenheid van leven zit hem in de kracht en vormt geen eindpunt, maar juist een uitgangspunt. Het elan vertoont steeds meer scheuren. "Hoe verder het leven vordert, hoe meer het uiteenvalt in manifestaties die elkaar weliswaar tot op zekere hoogte aanvullen dankzij hun gemeenschappelijke oorsprong, maar die daarom niet minder antagonistisch en niet minder onverzoenlijk blijven. De disharmonie van de soorten zal dus scherper worden."

Bergsons filosofie wil zowel het mechanisme (in de darwinistische betekenis) als het finalisme (de natuur als verwezenlijking van een goddelijk plan) achter zich laten en tegemoetkomen aan het dynamische en unieke van het leven, namelijk de levensstroom. Hiervoor introduceerde hij het begrip *durée* ('duur'). Als een ondeelbare scheppende vloed die het verleden in zich draagt en naar de toekomst brengt, ligt deze duur ten grondslag aan de levensstroom. Slechts in de innerlijke beleving en de zuivere kwaliteit en intensiteit van bewustzijnstoestanden kan men hem ervaren.

Fenomenologie

Edmund Husserl *(8 april 1859 in Proßnitz/Mähren – 26 april 1938 in Freiburg)*

"De filosofie, historisch gezien de hoogste en strengste van alle wetenschappen, deze filosofie, die staat voor de onvervreemdbare aanspraak van de mensheid op zuivere en absolute kennis (en wat daar onlosmakelijk mee verbonden is, op zuiver en absoluut beoordelen en willen), slaagt er maar niet in om een echte wetenschap te worden," aldus Husserl. De fenomenologie moet daar verandering in brengen, zodat de filosofie een strenge wetenschap wordt.

Husserl, die in hetzelfde jaar werd geboren als Bergson, was eigenlijk een wiskundige en natuurwetenschapper toen hij besloot om zich geheel en al aan de filosofie te wijden. Zoals de titel van zijn in 1911 verschenen boek *Philosophie als strenger Wissenschaft* (*Filosofie als strenge wetenschap*) al suggereert, vatte hij zijn nieuwe roeping serieus op. Later werd hij hoogleraar wijsbegeerte in Freiburg, totdat de nazi's hem in 1933 schorsten vanwege zijn joodse afkomst en hem vier jaar later zelfs de toegang tot de universiteit ontzegden. Een saillant detail is dat zijn voormalige assistent Martin Heidegger in 1933 rector was van deze zelfde universiteit.

"En nu ter zake!" luidde Husserls oproep, die ook door andere fenomenologen als Martin Heidegger, Jean-Paul Sartre, Maurice Merleau-Ponty en Hermann Schmitz werd gevolgd. Husserl streefde naar een oorspronkelijke psychologie en een fenomenologie in plaats van een natuurwetenschap van het bewustzijn, die op uiterst naïeve wijze zijnde objecten veronderstelt, waarop vervolgens de ervaring van het bewustzijn stuit.

Toch is de fenomenologie als analyse van verschijnselen (fenomenen) waarop het bewustzijn intentioneel is gericht een empirische wetenschap. "Ook al zijn fenomenen als zodanig geen natuur, ze hebben niettemin een kern die tastbaar is in de onmiddellijke aanschouwing en hun adequaatheid," meent Husserl. Om die reden noemt hij zijn wetenschap wezensschouw. Het gaat hier om de wetenschap van de wortels van alle dingen. In zijn fenomenologie van het innerlijke temporele bewustzijn laat Husserl bijvoorbeeld zien hoe het bewustzijn van een objectieve tijd met zijn structuur van voor en na berust op het innerlijke bewustzijn van de tijdelijkheid van gebeurtenissen met hun structuur van heden, verleden en toekomst.

Cruciaal voor Husserls late filosofie is het boek *Die Krisis der europäischen Wissenschaften und die transzendentale Phänomenologie* (*De crisis van de Europese wetenschappen en de transcendentale fenomenologie*) uit 1936. Het centrale begrip daarin is levenswereld, dat wil zeggen de menselijke basis van alle wetenschappelijke activiteiten. Husserl laat zien dat en hoe de objectivistisch gedachte wereld van de natuurwetenschappen een voortbrengsel is van de mens. In de verklaring van de wetenschappelijke objectiviteit ten aanzien van de wereld wordt dit echter simpelweg verzwegen. De moderne tijd begaat nu juist de fout door de wetenschappelijke ervaringswereld te verabsoluteren als de enig ware wereld. Zo gaat het verband met de intuïtief aanschouwelijke levenswereld verloren. De wetenschappen raken hun betekenis voor het leven kwijt en veroorzaken op die manier de existentiële crisis van de moderne tijd. Husserl wil deze crisis te boven komen door het herwinnen van een natuurlijk, pretheoretisch begrip van de wereld. Daarmee streeft hij in feite naar het opheffen van de vervreemding tussen rationaliteit en leven.

HERMANN SCHMITZ *(16 mei 1928 in Leipzig)*

Hermann Schmitz, hoogleraar wijsbegeerte in Kiel, is de grondlegger van de nieuwe fenomenologie, die, met een aantal aanzienlijke wijzigingen, aansluit op Husserls methode. Wat niet meer terugkomt, zijn de kunstmatigheden en de overdreven aanspraken zoals absolute waarheid en wezensschouw, de beperking tot directe zelfbeleving, het uitgangspunt van de zogeheten levenswereld en het dogma van de intentionaliteit (de actieve gerichtheid van het hele bewustzijn).

Schmitz, die ook tot de levensfilosofen wordt gerekend, gaat uit van het in levenden lijve "in de wereld zijn." In zijn *Subjektivität* (*Subjectiviteit*) uit 1964 schrijft hij: "In mijn analyse van de lichamelijke toestand stel ik mij, bij mijn weten als eerste in de wereldliteratuur, ten doel een afgerond begrippensysteem te ontwikkelen dat alleen getuigt van de gewaarwordingen van het eigen lichaam, dus datgene wat de mens, zoals dat heet, aan den lijve ondervindt." Nauwte, breedte, spanning, zwelling, intensiteit, ritme en richting. Dit zijn slechts enkele fundamentele categorieën die de analyse van het lichamelijke oplevert.

Met zijn systematische en buitengewoon gedifferentieerde analyses van alle dimensies van het menselijk leven (bijvoorbeeld ook van de rechterlijke macht, de kunst, het wonen en de liefde) is Schmitz niet uit op louter kennis, maar op de ontdekking en herontdekking van vormen van leven, die als gevolg van een volledig patriarchale maatschappij aan het gezicht werden onttrokken en onderdrukt. Het Europese denken, aldus Schmitz in zijn *Neue Phänomenologie* (*Nieuwe fenomenologie*) uit 1980, heeft tot nu toe eenzijdig gezorgd voor een lichaamsvijandige en tobberige manier van leven die past bij de wereld van de man. Deze wereld bestaat hoofdzakelijk uit dingen en lichamen, overkoepelende organisaties, transcenderende verwachtingen en eisen, utopieën, ter wille waarvan men het leven consumeert en de natuur verschalkt. De mens die zich vormde naar het beeld van het mannelijke verloor steeds meer het vermogen om zijn levenswil te verankeren in het hier en nu. Ook al waren er momenten van emotionele bewogenheid en vorming die hiertoe aanleiding zouden kunnen geven, zij golden als vrouwelijk. Dat wil zeggen dat ze historisch gezien het domein van de vrouw zijn geworden. Hiermee wordt de lichaamsfilosofie ten dele ook een pleitbezorger van de emancipatie van het vrouwelijke.

Schmitz wisselt zijn methode van de lichaamsfilosofie af met publicaties over de geschiedenis van de Europese filosofie van Parmenides tot Heidegger. De overwinning van de eigen lichamelijkheid is voor de mens tegenwoordig namelijk niet alleen een systematische, maar ook een historische opgave. In zijn belangrijkste werk, *System der Philosophie* (*Systeem van de filosofie*), verklaart hij: "Het direct lichamelijke kan enkel door een moeizame herbezinning vanaf het allereerste begin van de geschiedenis tot aan nu uit de diepten worden gehaald van duizenden jaren van verdringing. De ban van de machten die het lichamelijke uit het denken hebben verjaagd, zijn niet te breken door er alleen een banvloek tegen in te brengen. Wat nodig is, is juist een geduldig streven naar historische gerechtigheid die zulke machten de eer geeft die hun toekomt en het heden van hen bevrijdt."

Existentialisme

Karl Jaspers *(23 februari 1883 in Oldenburg – 26 februari 1969 in Basel)*

Karl Jaspers, die eerst als psychiater werkzaam was en vervolgens hoogleraar wijsbegeerte werd in Marburg, presenteerde in 1919 met zijn *Philosophie der Weltanschauungen* (*Filosofie der wereldbeschouwingen*) het eerste boek van een nieuwe school, het existentialisme. Onder invloed van Sartre en Camus zou ditzelfde existentialisme zich ontwikkelen tot een filosofie als een manier van leven. Dat leven speelde zich hoofdzakelijk af in de cafés rondom Place St. Germain des Près in Parijs.

De filosofie diende volgens Jaspers het bestaan te verhelderen. Zij gaat uit van grenservaringen, doet een beroep op de persoonlijke levenskracht en bekritiseert wereldbeschouwingen die menen de zin van het leven te doorgronden, maar die in feite niet meer dan een mythologische constructie zijn waar de mens kan schuilen voor de eigenlijke vragen van het bestaan.

"Existentialisme is de filosofie van het individu dat zich verloren voelt in een wereld waar alles verklaarbaar is," schrijft Hannah Arendt, leerlinge en vriendin van Heidegger en Jaspers. "De enkeling is voortdurend in tegenspraak met deze verklaarbare wereld, omdat zijn bestaan, dat wil zeggen het simpele feit van zijn existeren in al zijn toevalligheid (dat ik juist degene ben die ik ben en niet iemand anders, dat ik ben en niet niet ben), noch door de rede kan worden voorzien, noch door diezelfde rede in iets zuiver denkbaars kan worden opgelost."

Dit bestaan is echter het enige waar men zeker van kan zijn. De mens dient derhalve subjectief te worden. Dat gebeurt in de ervaring van grenssituaties, bijvoorbeeld in de angst voor of de gedachten over de dood. Hierin maakt de mens zich namelijk los van de alledaagse werkelijkheid. De objectieve waarheden van de wetenschap zijn niet meer interessant. Het is kennis die er niet toe doet. Het wezenlijke is datgene wat de mens interesseert, namelijk zijn bestaan en subjectieve waarheden zoals onsterfelijkheid, vrijheid of God (om met Kant te spreken). Deze zijn niet objectief kenbaar, maar kunnen wel gevoelsmatig worden vastgepakt. Ze moeten zelfs worden vastgepakt, wil men bestaan in de emfatische zin van het woord. Heidegger spreekt in dit opzicht van "existentialen."

Albert Camus *(7 november 1913 in Mondovi/Algerije – 4 januari 1960 bij Petit-Villeblevin)*

Camus, die voor zijn romans (bijvoorbeeld *De vreemdeling*), toneelstukken (*Caligula*), verhalen (*Licht en schaduw*) en filosofische werken (*De mythe van Sisyphus*, *De mens in opstand*) werd onderscheiden met de Nobelprijs voor literatuur, kwam door een autoongeluk om het leven. "De hele generatie, die tijdens de laatste oorlog ter wereld kwam en hun vertrouwen had geschonken aan deze oudere kameraden, denkt nu alleen nog maar aan het lichaam dat verbrijzeld langs de weg ligt, aan de geest en het hart, die zo plotseling uitdoofden. De opstand tegen de dood, die heeft Camus zeker gekend," aldus André Blanchet. Jean-Paul Sartre schreef na het overlijden van Camus: "Hij bevestigde opnieuw het bestaan van het morele, en dat in onze tijd!"

Camus ging uit van de reflectie over het absurde, dat voortvloeit uit de confrontatie van mens en wereld. De mens herkent het absurde in de tegenstelling tussen zijn eigen sterfelijkheid en een wereld die hem overleeft, maar ook in de ondoordringbare natuur en in de onmenselijkheid van de medemens. In *L'homme révolté* (*De mens in opstand*) uit 1951 schrijft Camus: "We weten niets, zolang we niet weten of we het recht hebben om degene tegenover ons te doden of erin toestemmen dat hij wordt gedood. Aangezien elke handeling tegenwoordig direct of indirect tot moord leidt, kunnen we niets doen zolang we niet weten of en waarom we zouden moeten doden."

Het absurde komt voort uit de tweespalt tussen de mens die naar betekenis zoekt en het zwijgen van de wereld. De vraag is of men deze tweespalt kan verdragen of dat men zich van het leven moet beroven. "Er is maar één echt filosofisch probleem, namelijk zelfmoord," luidt de eerste zin van *Le Mythe de Sisyphe. Essai sur l'absurde* (*De mythe van Sisyphus. Een essay over het absurde*). Hoe lost Camus dit probleem op? Door deze tweespalt, door deze absurditeit te weerstaan. Het is nu eenmaal het lot van de mens om te lijden in een zinloze wereld zonder God.

Camus verwerpt zowel de lichamelijke als de geestelijke, de zogeheten filosofische zelfmoord. Deze laatste bestaat vooral uit een vlucht in het geloof, zoals bij Kierkegaard of de Russische filosoof Lev Sjestov. Maar ook de fenomenologie van Husserl is een uitwijking. Zij omzeilt de hoop van de rede op het vertrouwd maken van de verschijnselen onder een groot principe en verrijkt in plaats daarvan de wereld van de geest met ontelbaar vele fenomenen die allen even belangrijk en dus in feite onbeduidend zijn. Hun "rijkdom heeft eigenlijk al iets onmenselijks."

De altijd volhardende Sisyphus is voor Camus de held van het absurde. Deze professionele struikrover, die bovendien de slimste van alle stervelingen is in de Griekse mythologie, is veroordeeld om zijn hele leven lang een reusachtige steen tegen een berg op te duwen. Als de steen eenmaal de top heeft bereikt, rolt hij in een mum van tijd weer in de afgrond, van waaruit hij opnieuw naar boven moet worden gebracht. Volgens Camus is het uur dat deze man nodig heeft om weer op adem te komen, het uur waarin hij afdaalt naar de kwelling en waarvan hij het einde niet kent, het uur van het bewustzijn. In die ogenblikken heeft hij zijn lot in eigen hand en is hij sterker dan zijn rotsblok. Men kan zich afvragen of een arbeider eigenlijk niet zijn hele leven lang in soortgelijke omstandigheden werkt. Is zijn lot niet net zo absurd?

Toch meent Camus dat de absurde mens Sisyphus enkele momenten van heimelijke vreugde beleeft. Wanneer hij aan zijn kwelling denkt, laat hij alle afgodsbeelden zwijgen. "Dit universum, dat nu geen vorst meer kent, is in zijn ogen onvruchtbaar noch waardeloos. Elke scherf van deze steen, elk stukje van deze in en in duistere berg betekent alleen voor hem een hele wereld. De strijd tegen de top kan een mensenhart vullen. We moeten Sisyphus als een gelukkig mens zien."

Jean-Paul Sartre *(21 juni 1905 in Parijs – 15 april 1980 in Parijs)*

Net als zijn vriend Camus weifelt Sartre op zijn zoektocht naar een concrete voorstelling van de wereld tussen literatuur en filosofie. In *La nausée* (*De walging*) uit

1938 komt het nog tot een combinatie van beide als hij de absurditeit van het bestaan en de walging voor de betekenisloosheid en toevalligheid van alle dingen, mensen en zelfs het eigen lichaam beschrijft. De ik-persoon van deze roman beleeft slechts één moment zonder walging en gevoel van absurditeit. Dat is als hij naar een plaat met jazzmuziek luistert.

In 1939 wordt de leraar Sartre, die daarvoor reeds in Berlijn Husserls fenomenologie had bestudeerd, gemobiliseerd. Hij komt uiteindelijk in Duitse handen, maar weet met valse papieren al snel weer uit zijn krijgsgevangenschap te ontsnappen. In 1941 staat hij in Parijs opnieuw voor de klas. In 1943, dus nog tijdens de Duitse bezetting, verschijnt zijn belangrijkste filosofische werk, *L'être et le néant* (*Het zijn en het niets*), dat hem na de oorlog wereldberoemd maakte.

Volgens Sartre's filosofie bestaan er twee verschillende wijzen van zijn, het zijn-op-zichzelf (dat is de manier waarop de dingen bestaan) en het zijn-voor-zichzelf (de wijze waarop de mens, als bewustzijn, bestaat). De beide zijnswijzen zijn onverenigbaar. Men kan zichzelf van buiten zien, als lichaam en men kan zichzelf subjectief ervaren, als vrijheid. Maar dat zijn wel twee verschillende dingen. Ook kan men de ander objectiveren, als lichaam, of juist zijn blik ontmoeten en zijn subjectiviteit waarnemen. Door de waarnemer te objectiveren betwist deze subjectiviteit diens vrijheid en diens greep op de wereld. Sartre komt ten slotte tot de constatering dat "elke menselijke werkelijkheid" (bijvoorbeeld de voorliefde voor knoflook of schaaldieren) "een direct ontwerp is om het eigen zijn-voor-zichzelf te veranderen in een zijn-op-zichzelf en tegelijkertijd een ontwerp voor de wereld als het geheel van het zijn-op-zichzelf." Want "al het voedsel bij elkaar stelt slechts een zijnsmodus van het zijnde voor die ik accepteer of afwijs." De mens ontwerpt zichzelf om zichzelf als zijn-voor-zichzelf op te heffen en iets te stichten wat zichzelf sticht en daarmee aan de toevalligheid (contingentie) ontsnapt. De religies noemen dat God. Dat wil zeggen dat "de mens zich als mens te gronde richt opdat God kan bestaan. Maar de idee God zit vol tegenstrijdigheden en we richten ons daarom tevergeefs te gronde; de mens is een absurde hartstocht."

Deze foto van Jean-Paul Sartre en Simone de Beauvoir laat goed zien dat de existentialisten niet altijd in zwarte coltruien gekleed gingen.

Dankzij een radiotoespraak getiteld *Is het existentialisme een humanisme?* verwierf Sartre's leer in 1946 een ongekende populariteit. Hij verdedigde hierin het existentialisme tegen de verwijten van de

"De mens is datgene, waartoe hij zich ontwikkelt. Dat is het eerste beginsel van het existentialisme. Dat is ook wat men de subjectiviteit noemt en wat men ons met zoveel woorden verwijt. Maar we willen daarmee toch niets anders zeggen dan dat de mens meer waarde heeft dan een steen of een tafel. Want we willen zeggen dat de mens in de eerste plaats existeert, dat wil zeggen dat hij in de eerste plaats datgene is wat zich op een toekomst stort en wat zichzelf bewust in de toekomst ziet."
"Wij, de atheïstische existentialisten, zijn ervan overtuigd dat existentie voorafgaat aan essentie." (Jean-Paul Sartre)

kerk als zou hij de goddelijke geboden en eeuwige waarden onderdrukken, zodat de mens kon doen wat hij wilde zonder op anderen te hoeven letten. Ook kwam hij in verweer tegen de verwijten uit de marxistische hoek dat hij tekortschoot in de menselijke solidariteit en alleen maar oog had voor het individu. Sartre benadrukte dat hij zeker uitging van de zuivere subjectiviteit, van het zijn-voor-zichzelf. Maar de mens komt tot zichzelf in het aangezicht van de ander, zodat de keuze die hem bindt, ook de hele mensheid bindt. "Men kiest in het aangezicht van de ander. En men kiest zichzelf in het aangezicht van de ander," zegt Sartre. "We willen de vrijheid omwille van de vrijheid en in elke afzonderlijke situatie. En doordat we de vrijheid willen, ontdekken we dat zij volledig afhangt van de vrijheid van anderen. Uiteraard hangt de vrijheid als definitie van de mens niet van de ander af, maar zodra er sprake is van een zich binden ben ik verplicht tegelijk met mijn vrijheid die van de andere te willen, en ik kan niet naar mijn vrijheid streven als ik ook niet tegelijkertijd naar de vrijheid van de anderen streef."

Ook Sartre's tweede belangrijke werk, de in 1960 verschenen *Critique de la raison dialectique* (*Kritiek van de dialectische rede*), heeft als thema de menselijke vrijheid. Maar anders dan in *Het zijn en het niets* wordt deze nu in een sociale en historische context geplaatst. Sartre probeert een begrijpend inzicht te creëren dat de mens herkent in de sociale wereld en dat hem tot in de praktijk volgt en in het ontwerp dat de mens, op grond van een gegeven situatie, confronteert met hetgeen maatschappelijk gezien mogelijk is. Intussen is Sartre marxist geworden. In het humanisme ontdekt hij de bron van zowel het marxisme als het existentialisme. Toch blijft hij een existentialistische marxist die de dogmatiek van het marxisme doorbreekt. Dit geldt bijvoorbeeld voor de opvatting dat het maatschappelijk zijn het bewustzijn en daarmee het ontwerp van het bestaan bepaalt. Het ontwerp vindt echter plaats in de historische en maatschappelijke werkelijkheid. Daardoor is er een dialectiek van determinatie en vrije keus.

Sartre illustreert de dialectiek van determinatie en vrije keus aan de hand van concrete voorbeelden van Baudelaire, Mallarmé, Flaubert en zichzelf. Dat laatste doet hij in zijn autobiografische roman *Les Mots* (*De woorden*) uit 1963, waarvoor hij een jaar later de Nobelprijs voor de literatuur zou krijgen. Omdat hij zich niet wilde laten "inpalmen," weigerde hij de prijs in ontvangst te nemen. Hij stierf in 1980, tot aan het einde verzorgd door zijn levensgezellin Simone de Beauvoir, die als schrijfster net zo beroemd was als hij. Een rouwstoet van 50.000 mensen vergezelde hem op zijn laatste tocht naar de Parijse begraafplaats Montparnasse. Zo nam men niet alleen afscheid van een twintigste-eeuwse intellectueel, maar ook van een tijdperk dat in het teken stond van zijn persoon, zijn filosofie, zijn toneelstukken, zijn romans en zijn talloze politiek geëngageerde artikelen en interviews.

MARTIN HEIDEGGER *(26 september 1889 in Meßkirch – 26 mei 1976 in Freiburg)*

Toen Sartre in 1946 zijn radiotoespraak over existentialisme als humanisme publiceerde, vroeg men Martin Heidegger of ook hij zijn existentialisme als humanisme zou bestempelen. In zijn *Brief über den Humanismus* (*Brief over het humanisme*) geeft Heidegger een uitvoerig antwoord, dat kan worden samengevat met de woorden 'liever niet'. Het gaat volgens hem namelijk helemaal niet om de mens, maar om het zijn. In zijn denken is het wezen van de mens fundamenteler (dan bij Sartre). Hij spreekt weliswaar ook van existentie, maar met een andere betekenis. Hij schrijft dan ook bewust *Ek-sistenz* ('ek-sistentie'). In de voor hem zo typerende terminologie verklaart Heidegger: "Het wezen van de mens berust in ek-sistentie. Hierop komt het wezenlijk aan, dat wil zeggen vanuit het zijn zelf, in zover het zijn de mens, als ek-sisterende, ten dienste van de wake over de waarheid van het zijn zelf opneemt in het gebeuren van deze waarheid. 'Humanisme' betekent nu, voor het geval wij besluiten aan het woord vast te houden: het wezen van de mens is voor de waarheid van het zijn wezenlijk, en wel zo dat het dientengevolge juist niet enkel op de mens als zodanig aankomt."

De zijnsvraag staat centraal in Heideggers belangrijkste werk, *Sein und Zeit* (*Zijn en tijd*) uit 1927. Hij was in die tijd hoogleraar filosofie in Marburg. In 1928 volgde hij Husserl op aan de universiteit van Freiburg. Vanwege zijn nazi-sympathieën mocht hij op last van de geallieerde bezettingsmachten tussen 1945 en 1951 geen les geven. In *Sein und Zeit* komt de mens op de tweede plaats, juist ter wille van het zijn. Heidegger geeft in dit boek een dusdanige wending aan de vraag naar de zin van het zijn dat het een vraag naar het menselijk bestaan (*Dasein*) wordt. Want alleen in het menselijk bestaan kan het begrip van het zijn zich voltrekken.

Als basisconditie van het bestaan wordt het in-de-wereld-zijn fenomenologisch uitgewerkt, waarbij de nadruk komt te liggen op de praktische oriëntatie van de mens op de dingen. Bij Husserl, aan wie Heidegger de fenomenologische methode ontleent, heet dat levenswereld. Ook Heidegger gaat verder terug dan de wetenschappelijk ob-

"We komen te laat voor de goden en te vroeg voor het zijn. Diens begonnen gedicht is de mens. (...) Mocht de mens echter nog een keer in de buurt van het zijn terechtkomen, dan moet hij van tevoren leren in het naamloze te bestaan. Hij moet op dezelfde wijze zowel de verlokking van de openbaarheid als de machteloosheid van het private kennen. De mens dient zich, voor hij spreekt, eerst weer door het zijn te laten aanspreken, ook al loopt hij het risico onder deze aanspraak weinig of zelden iets te zeggen te hebben. Alleen zo krijgt het woord de kostbaarheid van zijn wezen als geschenk en de mens de behuizing om in de waarheid van het zijn te wonen." (Martin Heidegger)

jectiverende wereldbeschouwing en komt ten slotte uit bij de oorspronkelijke, zinnelijke ervaring van de wereld. Daar bestaat geen zelfverzekerd subject dat verwijst naar de objecten om hem heen. De wereld is altijd al van tevoren gereconstrueerd, zodat het menselijk bestaan zich vanuit het zijn van andere zijnden begrijpt. Het menselijk bestaan is vooraf al in de wereld bij het innerwereldlijke zijnde. Heidegger noemt dat zorg. Zorg heeft weliswaar het meest betrekking op het andere zijnde, maar ook op de eigen zijnswijze van het zich-moeten-ontwerpen.

Het menselijk bestaan is er alleen als zijn tot de dood. Het is eindig. Tijdelijkheid is de zin van de zorg. De fundamentele ervaring van de mens daarbij is angst, angst voor het andere zijnde, maar vooral vanwege het eigen niet-zijn. Het niets is de sluier van het zijn, waardoor zich in de angst de vraag voordoet wat het betekent om te zijn, om te weten dat de dood het vooruitzicht is en om te blijven leven.

Volgens Heidegger kenmerkt het geestelijke klimaat in Europa zich door zijnsvergetelheid, iets wat overigens al bij Plato en Aristoteles is begonnen. Het denken houdt zich eenzijdig bezig met het zijnde in plaats van met het zijn en heeft daardoor ruim baan gegeven aan wetenschap en techniek als de dominante relatie tot de wereld. Het eigenlijke denken vindt men hoogstens nog bij de presocraten (zoals Parmenides en Heraclitus) en bij de dichters, en dan met name in de lyrische sagen van Hölderlin. Ooit leefde de mens in de waarheid van het zijn, maar dat paradijs is al lang verloren.

In het beroemde interview dat Rudolf Augstein, journalist van het Duitse tijdschrift *Der Spiegel*, op 23 september 1966 afnam en dat pas na Heideggers dood gepubliceerd mocht worden, verklaart de filosoof: "De filosofie zal geen directe verandering teweeg kunnen brengen in de huidige toestand van de wereld... Alleen een God kan ons nog redden. Het enige wat we kunnen doen, is ons in het denken en dichten opmaken voor de verschijning van God of ons in de ondergang voorbereiden op zijn afwezigheid."

Marxisme

Ernst Bloch *(8 juli 1885 in Ludwigshafen – 4 augustus 1977 in Tübingen)*

Ernst Bloch werkte vanaf 1948 als hoogleraar in Leipzig. Na de bouw van de Berlijnse muur in 1961 vestigde hij zich in Tübingen. Hij maakte van de klassenloze maatschappij van Karl Marx het utopische doel van de wereldgeschiedenis. Net als de vertegenwoordigers van de kritische theorie (*Frankfurter Schule*), ging het hem om de triomf van de materialisering van het bewustzijn en de sociaal-historische oorzaken die daaraan ten grondslag liggen. Daarmee bedoelde hij "de zich in het dagelijks leven schijnbaar vanzelf voltrekkende veranderingen van bijvoorbeeld hechte relaties tussen mensen in een dood en spookachtig materialisme, van samenhang in geïsoleerde feiten, van individualiteit in kwantificerende berekendheid, van liefde in verkrijgbaar bezit." Marx stelde de kapitalistische maatschappij, die hij ronduit betichtte van prostitutie omdat alles te koop is, verantwoordelijk voor een dergelijke omslag en ook vervreemding.

Bloch schenkt de mens hoop, niet op Heideggers God, maar op de wereldwil die in alle verschijnselen van het bestaan aandringt op zelfoverschrijding. De mens kan daarvoor zorgen door over de ontstane werkelijkheid heen te stappen en nieuwe mogelijkheden te creëren. Hij kan kiezen voor een heilsgeschiedenis, voor het zogeheten 'humanum'. Politieke actie is wel een voorwaarde, en daarmee ook de verwezenlijking van de eisen die Marx stelde. Daarbij gaat het onder meer om "het instellen van de klassenloze maatschappij, afschaffing van het privé-bezit bij productiemiddelen en opheffing van het verschil tussen kapitaal en arbeid." "Men moet geloof hebben in

"We zijn subjecten zonder namen, marionetten, die met een onbekend bevel zijn uitgevaren. Met de hele wereld nog voor ons verschaft het bevel mogelijk tijdens de ontdekkingsreis enige opheldering en neemt het überhaupt pas een vorm aan." (Ernst Bloch)

het ‘principe hoop’,” verzekerde Bloch op zeventigjarige leeftijd. “Een marxist heeft niet het recht om pessimist te zijn.” De vertegenwoordigers van de kritische theorie waren in zijn ogen pessimisten die uitzichtloosheid verkondigden.

Bloch zag zijn filosofie als hoop in wording, als de dageraad van het geweten, als opkomen voor een toekomst waarin er geen vervreemding meer zal zijn, maar wel echte democratie. Pas dan, aldus de afsluitende zin van zijn boek *Das Prinzip Hoffnung* (*Het principe hoop*), zal er in de wereld “iets [ontstaan] wat allen terugbrengt naar de kinderjaren, maar waar nog niemand is geweest, namelijk thuis.”

Kritische theorie

Max Horkheimer *(14 februari 1895 in Zuffenhausen – 7 juli 1973 in Neurenberg)*

Horkheimer kwam in 1930 aan het hoofd te staan van het marxistisch georiënteerde *Instituut voor sociaal onderzoek* in Frankfurt. Andere belangrijke medewerkers waren Theodor W. Adorno (1903–1969) en Herbert Marcuse (1898–1979). Samen vormden zij wat wel de *Frankfurter Schule* wordt genoemd. Vanwege hun joodse komaf vluchtten ze alle drie voor het nazi-bewind naar de Verenigde Staten. Hun filosofische drijfveer was de kritische analyse van de maatschappij. In talrijke essays, verhandelingen en aforismen brachten ze hun bevindingen onder woorden. Het middel dat ze gebruikten, was de kritische theorie. In 1937 formuleerde Max Horkheimer hiervan het programma in zijn *Traditionelle und kritische Theorie* (*Traditionele en kritische theorie*). Horkheimer verklaart daarin: “De zelfkennis van de mens is heden ten dage niet de wiskundige natuurwetenschap, die op een eeuwige logos lijkt, maar de van belangstelling voor redelijke omstandigheden doordesemde kritische theorie van de huidige samenleving.” De traditionele cartesiaanse theorie “organiseert de ervaring naar aanleiding van vragen die zich opwerpen met de reproductie van het leven binnen de maatschappij. De systemen van disciplines brengen kennis met zich mee in een vorm die onder de gegeven omstandigheden voor zoveel mogelijk gelegenheden bruikbaar is. De sociale wording van problemen, de reële situaties waarin en de doelen waarvoor de wetenschap wordt gebruikt, zijn voor diezelfde wetenschap oppervlakkig. Het onderwerp van de kritische theorie van de maatschappij is daarentegen de mens als voortbrenger van zijn totale historische levensvorm.”

De kritische theorie heeft dus een praktisch doel en is in zoverre uit op verandering dat de bestaande verhoudingen als onredelijk worden gezien. “Het streven naar een redelijke samenleving, dat nu weliswaar niet meer dan een droom lijkt te zijn, zit werkelijk in ieder mens,” meent Horkheimer. Marx heeft hiervoor een duidelijke naam bedacht: de communistische, klasseloze maatschappij. De huidige kapitalistische organisatie van de economie is dan ook absurd. “Het essentiële kenmerk van de moderne economie is, volgens de kritische theorie, dat de producten, waarvan mensen veel meer voortbrengen dan ze nodig hebben, niet direct in handen zijn van de maatschappij, maar door privé-personen worden toegeëigend en verhandeld (...). De economie is de eerste oorzaak van de ellende, en de theoretische en praktische kritiek dient zich allereerst daarop te richten." Toch geloofde Horkheimer niet meer in de progressieve historische rol die Marx het proletariaat had toebedeeld. Maar als het niet de arbeiders zijn die een einde moeten maken aan de misère, dan rijst natuurlijk de vraag of daarmee ook niet de drijfveer achter een redelijke verandering van de wereld wegvalt.

Horkheimer keerde in 1950 terug naar Frankfurt om het *Instituut voor sociaal onderzoek* weer op te bouwen en zijn leerstoel opnieuw te bekleden. Drie jaar eerder was in Amsterdam *Dialektik der Aufklärung* (*Dialectiek van de verlichting*) verschenen, het boek dat hij samen met Adorno in Amerikaanse ballingschap had geschreven.

Theodor Wiesengrund Adorno *(11 september 1903 in Frankfurt – 6 augustus 1969 in Visp)*

In de titel *Dialectiek van de verlichting* staat het woord 'verlichting' voor rede en niet voor het historische tijdperk. In feite bedoelen de auteurs de onderdrukkende rede, de rede van de onderwerping van de natuur. Dialectiek betekent ommekeer in de heerschappij. De heerser blijft gebonden aan de overheerste en kan zich niet van hem bevrijden, al zou dat het doel van de heerschappij moeten zijn. De pretentie van de totale vrijheid verandert in het volstrekte tegendeel. Het thema van het boek kan dan ook worden samengevat als 'de zelfvernietiging van de verlichting'.

Dialektik der Aufklärung werd geschreven tegen de achtergrond van de nazi-terreur. De prangende vraag is waarom de mensheid vervalt tot een nieuwe vorm van barbarij en niet overgaat tot de ware menselijkheid. Een mogelijk antwoord is dat de vrijheid in de maatschappij weliswaar onlosmakelijk is verbonden met het verlichtingsdenken, maar dat "het begrip van dat denken en ook de concrete historische vormen, de instituten van de maatschappij waarmee dat denken verweven is, reeds de kiemen bevatten van het verval dat tegenwoordig overal te zien is. Indien de verlichting geen plaats maakt voor de reflectie over deze teruggang, dan bezegelt zij daarmee haar lot."

Horkheimer en Adorno zorgen voor deze reflectie. De reden voor het verval van de verlichting (beheersing van de natuur) zien zij in de mythologie (het ten prooi zijn aan de natuur). Daarbij doelen ze niet zozeer op de verzonnen nationalistische, heidense en andere, moderne mythen, maar op de verstarring van de verlichting en haar valse helderheid. Terwijl het geweld van de maatschappij via de natuur tot ongekende hoogten stijgt, verdwijnt het individu voor de machine die hij bedient, alhoewel hij dankzij diezelfde machine beter wordt verzorgd dan ooit. "De stroom aan nauwkeurige informatie en het platte vermaak zijn leerzaam, maar stompen de mensen ook af." *Dialektik der Aufklärung* groeide uit tot het programma van de *Frankfurter Schule.* De latere werken van Horkheimer en Adorno bouwen voort op het onderzoek dat zij daar verrichtten.

Jürgen Habermas *(18 juni 1929 in Düsseldorf)*

Habermas behoort tot de generatie die, zoals zijn filosofische medestrijder Karl-Otto Apel zegt, "de vernietiging van het morele bewustzijn aan den lijve heeft ondervonden en na 1945 met het onbestemde gevoel achterbleef dat alles waarvoor men zich had gegeven een leugen was." De belangrijkste inzet van Habermas is dan ook een ethiek van de moderne tijd. Hij wil de ooit in religieuze zin geformuleerde eenheid van het verstand terugvinden en veiligstellen, en wel met behulp van de rede. "Het verstand heeft de wil tot het verstandelijke nog niet opgegeven!," roept hij vol trots. In plaats van de vroegere religieuze basisconsensus kiest Habermas voor de consensus van een niet-geconcretiseerde communicatieve alledaagse praktijk die idealiter niet aan gezag is onderworpen. "De uitbannende kracht van het heilige wordt gesublimeerd en getrivialiseerd tot de bindende kracht van te bekritiseren geldigheidsaanspraken." De burgermaatschappij vormt daarbij, in ieder geval tot op zekere hoogte, een openbaarheid die zich richt op de rationele dialoog tussen in principe alle burgers. Op die manier zou de maatschappij, volgens Habermas, in staat zijn tot zelfkritiek en zelfgenezing. Dit laatste betekent een oplossing voor de verziekte structuren.

Habermas doet hiervoor een beroep op Freuds psychoanalytische model van zelfbevrijding door gesprekstherapie. Tegelijkertijd haakt hij in op Horkheimers idee van een kritische theorie. De maatschappij

"Zuivere theorie, die, verlost van alle praktische implicaties, de structuren van de werkelijkheid doorgrondt op een manier dat theoretische stellingen waar zijn wanneer ze corresponderen met een op zich zijnde is schijn. Want de kennisdaden maken deel uit van een context die pas wordt geconstrueerd in de levenspraxis, in het spreken en handelen van nooddruftige wezens." (Jürgen Habermas)

wordt het gemeenschappelijke bestaan van geëmancipeerde subjecten, gedragen door de "Heilige Geest van de vrije discussie" die geen heerser boven zich kent. De basis is de (nog) niet vervreemde levenswereld die men heeft weten te behoeden voor de kolonisatie (materialisatie) door de functiesystemen (rechtspraak, wetenschap, opvoeding, geld, politiek). De misvormde (de werkelijkheid weersprekende) of utopische verwijzing naar een grenzeloze communicatiegemeenschap vervangt het eeuwigheidsmoment van de waarheid door het idee van een open, maar doelgerichte discussie die niet ophoudt.

Habermas, die net als Horkheimer en Adorno in Frankfurt college gaf, is sinds jaar en dag de meest geciteerde moderne Duitse filosoof. Hij slaagde erin de *Frankfurter Schule* uit het slop te halen en te ontdoen van het negativisme door de kritische theorie te verbinden met democratie en de sociale evolutie te koppelen aan de rede. Zijn belangrijkste werken zijn *Erkenntnis und Interesse* (*Kennis en interesse*) uit 1968 en *Theorie des kommunikativen Handelns* (*Theorie van het communicatieve handelen*) uit 1981.

Kritisch rationalisme

Karl Raimund Popper *(28 juli 1902 in Wenen – 17 september 1994 in Londen)*

Popper was net als Habermas een theoreticus van de democratie. Toch bediende hij zich voor zijn onderzoek van de maatschappij niet van de kritische theorie, maar van het kritisch rationalisme. Popper zette zijn methode uiteen in *Die Logik der Sozialwissenschaften* (*De logica van de sociale wetenschappen*). Dit boek vormde in 1961 de aanleiding voor de zogeheten 'positivismestrijd' in de Duitse sociologie. In deze controverse stond Popper samen met Hans Albert lijnrecht tegenover Adorno en Habermas. Adorno maakte Popper duidelijk dat "afzien van een kritische theorie van de maatschappij feitelijk neerkomt op berusting. Men durft niet meer over het geheel na te denken, omdat men de hoop op verandering wel moet verliezen."

De strijd ging dus om het geheel. De marxistisch georiënteerde leden van de *Frankfurter Schule* hekelden de in hun ogen positivistische neiging om het maatschappelijke geheel alleen in zijn details onderzoeken. En dat is precies wat Popper lijkt te doen wanneer hij afzonderlijke problemen probeert op te lossen met behulp van een wetenschappelijk vastgelegde methodologie. Volgens Poppers kritiek is het marxisme een economische variant van het historicisme. De leer van Marx denkt, zoals op de manier van de natuurwetenschappen, voorspellingen te kunnen doen over het verloop van de geschiedenis en ziet daarbij een taak voor de politiek weggelegd om de barensweeën van het nieuwe te verzachten. Maar achter de blik op het (maatschappelijke) geheel loert het gevaar van totalitarisme, aldus Popper. Kenmerkend voor dergelijke theorieën is dat zij uitmonden in wat hij noemt 'gesloten maatschappijen'. Een zekere mate van onderlinge vervreemding is, evenals het afzien van bepaalde emotionele en sociale behoeften, nu eenmaal de prijs die de mens betaalt voor humaniteit in een open maatschappij vol vrijheid en democratie. In zijn boek *The open society and its enemies* (*De vrije samenleving en haar vijanden*) uit 1945 wijst Popper op zulke totalitaire neigingen bij, zoals hij dat omschrijft, de 'valse profeten' Plato en Hegel met hun maatschappijtheorieën.

In zijn belangrijkste werk, *Logik der Forschung* (*De logica van het onderzoek*), dat in 1934 in het Duits verscheen, laat Popper zien dat alle empirische wetenschappen (natuurwetenschappen, maar ook sociologie) hypothetisch zijn. De waarheid van theorieën kan namelijk nooit direct aan de ervaring worden getoetst. Hun logische status is die van algemene uitspraken (bijvoorbeeld natuurkundige wetten) die verder gaan dan het afzonderlijke en direct waarneembare. Niettemin moet er een relatie bestaan tot de werkelijkheid. Ze zijn zolang geldig tot ze worden weerlegd. Dit betekent dat deze algemene uitspraken in principe falsifieerbaar moeten zijn en wel door empirische constateringen die de uit zulke uitspraken te herleiden stellingen ontkrachten. Zo kan bijvoorbeeld de theoretische stelling 'alle zwanen zijn wit' op grond van de empirische constatering 'deze zwaan is zwart' als onjuist worden aangemerkt, daar zij in tegenspraak is met de herleidbare stelling 'deze zwaan is wit'. Theorieën en theoretische stellingen die in principe niet falsifieerbaar zijn, deugen niet. Zij zorgen niet voor een mogelijkerwijs ware voorstelling van de werkelijkheid. Alleen de voortdurende kritische dynamiek van theoretische bewijsvoering brengt de kennisvooruitgang in de buurt van de waarheid, die overigens altijd onbereikbaar zal blijven.

Systeemtheorie

Niklas Luhmann *(8 december 1927 in Lüneburg – 6 november 1998 in Oerlinghausen bij Bielefeld)*

Na de positivismestrijd tussen Popper enerzijds en Adorno en Habermas anderzijds ontketende zich een nieuwe controverse over de maatschappijtheorie. De 'kemphanen' waren ditmaal Habermas en Luhmann met zijn in 1971 verschenen boek *Theorie der Gesellschaft oder Sozialtechnologie* (*Maatschappijtheorie of sociale technologie*). Onder 'maatschappijtheorie' wordt de theorie verstaan van Habermas en onder sociale technologie Luhmanns systeemtheorie van de maatschappij. Habermas kon zich niet vinden in Luhmanns opvatting van de maatschappij als systeem. Ondanks het duidelijk systematische karakter van veel maatschappelijke terreinen weigert Habermas afstand te doen van zijn concept van levenswereld als een van functiesystemen verschoond residu van communicatief vaardige subjecten met hun eigen mening. Zou hij dat wel doen, dan zou hij moeten afzien van dergelijke kritische geesten. Voor Luhmann vormt dat echter geen probleem. In zijn latere theorie van het communicatieve handelen besluit Habermas echter de "maatschappij tegelijkertijd als systeem en levenswereld te concipiëren."

Luhmann, die hoogleraar sociologie was in Bielefeld, beschouwde (in zijn boek *Soziale Systeme* (*Sociale systemen*) uit 1984) de maatschappij als een communicatiesysteem. De substantie waaruit dat bestaat, is geen vlees en bloed of andere materie, en evenmin subject of bewustzijn, maar een derde, namelijk betekenis (men zou ook kunnen spreken van informatie of communicatie). Communicatiesystemen zijn betekenissystemen. Mensen en dingen horen daar niet toe, en dat geldt evenmin voor de psyche of de ziel. Deze maken deel uit van hun milieu. Communicatie heeft te allen tijd slechts betrekking op communicatie.

Dat de maatschappij niet mensen uit bestaat, lijkt absurd. Het kan zelfs angstwekkend klinken. Aan de andere kant, Hegels geest is eveneens een derde tussen natuur en subjectiviteit. Luhmann kon zich zelfs voorstellen dat de communicatie doorgaat wanneer er al lang geen mensen meer zijn. Kennis en verstand bevinden zich niet in het hoofd of de psyche, maar in boeken, computers of op internet.

Het verdwijnen van het subject is een religieus ideaal in het (goddeloze) boeddhisme. Luhmann stak zijn sympathie voor het boeddhisme niet onder stoelen of banken. God, het ene alziende oog, is er niet meer, evenmin als de ene waarheid en de blik op het werkelijke. In plaats daarvan is er nog slechts de waarneming van de waarneming, de naar zichzelf verwijzende, recursieve waarneming.

Luhmanns systeemtheorie grijpt terug op dat van de Chileense bioloog Humberto Maturana, die levende wezens als in zichzelf opgesloten en zichzelf voortbrengende systemen ziet. Luhmann heeft dit idee vertaald naar betekenissystemen, dat wil zeggen naar die functiesystemen waarvoor de rationaliteit van rationeel handelen een materiële gedaante heeft aangenomen in de vorm van wetenschap, politiek, het geldverkeer, de kunst en zelfs de liefde. De maatschappij bestaat uit talrijke min of meer gedifferentieerde subsystemen. Voor al deze subsystemen en ook voor de maatschappij als geheel heeft Luhmann in een eindeloze reeks boeken en verhandelingen systeemtheorieën aangedragen.

Analytische filosofie

Bertrand Russell *(18 mei 1872 in Trelleck – 2 februari 1970 in Penhydendreath)*

Bertrand Russell is zonder twijfel de beroemdste Engelse filosoof van de twintigste eeuw. Net als Bergson, Camus en de weigeraar Sartre werd hij onderscheiden met de Nobelprijs voor literatuur. De laatste jaren van zijn leven stonden bijna uitsluitend in het teken van de strijd voor vrede (de Vietnamoorlog) en ontwapening. Aan het begin van de twintigste eeuw had zijn gedachtegoed een cruciale invloed op de verdere ontwikkeling van zowel de wiskunde als de filosofie. Samen met zijn leermeester Alfred North Whitehead beschrijft hij in *Principia mathematica* (*De principes van de wiskunde*) hoe de wiskunde kan worden afgeleid uit de formele logica. Daarnaast ontwikkelt hij in dit boek uit 1913 een symbooltaal die vrij is van de dubbelzinnigheden van de alledaagse taal. Het vermijden van logische tegenstrijdigheden was daarbij van essentieel belang. Russell ontdekte ook de paradox van de zelfverwijzing van de verzamelingenleer. Daartoe hoort de paradox van de verzameling van alle verzamelingen die zichzelf niet als element heeft. Deze verzameling bevat zichzelf, maar tegelijkertijd ook niet. Een dergelijke tegenstelling komt overeen met de beroemde paradox "ik lieg nu" uit de klassieke Oudheid (de zogeheten paradox van de liegende Kretenzer). Luhmann bestempelde het paradoxenprobleem als hét vraagstuk van de twintigste eeuw, aangezien het centraal staat in zijn naar zichzelf verwijzende systemen.

Met het instrument van de logica en het ideaal van een volledig heldere taal legde Russell (in zijn artikel *On denoting* (*Over het aanduiden*) uit 1905) de basis voor de logisch-analytische filosofie, die tot op heden prevaleert in de Angelsaksische wereld. Russell betitelde zijn filosofie als 'logisch atomisme'. Het was zijn stelligste overtuiging dat de werkelijkheid tot in de kleinste details gekend en benoemd kon worden. Zijn filosofie had tot taak om kennis te vergaren van de werkelijkheid op basis van haar atomaire grondbestanddelen (de *atomic facts*). De daarvoor gebruikte methode was logische analyse en synthese met betrekking tot de met de elementaire feiten overeenkomende stellingen.

De analytische filosofen kwamen in de jaren twintig en dertig bijeen in de zogeheten *Wiener Kreis*. Hun wetenschappelijke wereldbeschouwing noemden ze 'logisch positivisme' of ook wel 'logisch empirisme'. Rudolf Carnap (1891–1970), een van de leden van de *Wiener Kreis*, presenteerde in 1928 in het boek *Der logische Aufbau der Welt* (*De logische opbouw van de wereld*) zijn poging tot een algemene werkelijkheidsanalyse met behulp van de symbolische logica van Russell en Whitehead. In zijn boek *Die Scheinprobleme der Philosophie* ontdeed hij de (analytische) filosofie van de metafysische problemen, zoals het vraagstuk van de realiteit van de omringende werkelijkheid of van het bestaan van het buitenpsychische. Al deze kwesties hadden voor hem geen wetenschappelijk belang. Daarmee wilde hij zeggen dat er geen empirisch betekeniscriterium is voor uitspraken als "naast mij bestaat er nog ander bewustzijn." De waarheid of onjuistheid van zulke metafysische stellingen kunnen niet empirisch worden bewezen.

Iemand die zich reeds in een vroeg stadium had aangesloten bij Russell en daarvoor speciaal van Wenen naar Cambridge verhuisde, was Ludwig Wittgenstein, de meest invloedrijke filosoof van de twintigste eeuw.

Ludwig Wittgenstein *(26 april 1889 in Wenen – 29 april 1951 in Cambridge)*

Wittgenstein verkondigt in zijn *Tractatus logico-philosophicus* (1919), het belangrijkste filosofische werk van de afgelopen eeuw, dat alle filosofie taalkritiek is. Dit betekent dat alle waarheid zich beperkt tot het zuiver uitspreekbare, tot de natuurwetenschappen. De rest is zwijgen. Voor Wittgenstein zijn alleen uitspraken over feiten zinvol. Uitspraken over dergelijke uitspraken zijn dat echter niet. Daarmee verklaart Wittgenstein ook de uitspraken in zijn *Tractatus* als onzinnig: "Mijn volzinnen worden pas helder, wanneer degene die mij begrijpt uiteindelijk inziet dat ze onzinnig zijn; en dat gebeurt zodra hij door hen – op hen – boven hen is uitgestegen. (Hij moet om zo te zeggen de ladder wegwerpen waarmee hij naar boven is geklommen). Hij moet deze volzinnen overwinnen, dan ziet hij de wereld op de juiste wijze." Hieruit blijkt dat de wereld alles is wat het geval is, en dus niets anders dan simpelweg bestaande feiten. Daartoe behoren dus niet de dingen waar de *Tractatus* het over heeft, zoals de voorwaarde voor de mogelijkheid van feitenkennis. Over andere dingen dan feiten, dus over het niet-feitelijke, dient men te zwijgen, bijvoorbeeld over de eigen ervaring.

"De solipsist fladdert rond in de vliegenstolp, botst tegen de wanden en fladdert verder. Hoe is hij tot rust te brengen?"
"Wat is jouw doel in de filosofie? De vlieg de uitweg laten zien uit de vliegenstolp." (Ludwig Wittgenstein)

De zeven hoofdstellingen van Wittgensteins *Tractatus* luiden: 1: De wereld is alles wat het geval is. 2: Wat het geval is, het feit, is het bestaan van standen van zaken. 3: Het logische beeld van de feiten is de gedachte. 4: De gedachte is een zinvolle volzin. 5: De volzin is een waarheidsfunctie van de elementaire volzinnen. 6: De algemene vorm van een waarheidsfunctie is $(\bar{p}, \bar{\jmath}, N(\bar{\jmath}))$. 7: Waarvan men niet kan spreken, daarover moet men zwijgen.

"Als alle mogelijke wetenschappelijke vragen zijn beantwoord, dan zijn de problemen van het leven nog niet eens aangeroerd," aldus Wittgenstein. Het antwoord op wetenschappelijke vragen ligt nu eenmaal besloten in de logica en empirie. Logica is de categorie van zinloze (tautologische) uitspraken die niets zeggen. Het zijn analytische volzinnen. En empirie is waarneming, een vergelijking van de werkelijkheid met het talige beeld, de zinvolle uitspraak. De algemene logische vorm van volzinnen over de werkelijkheid is zowel het onderwerp als het doel van de *Tractatus*. Die werkelijkheid bestaat in de algemene vorm van de waarheidsfunctie. En deze is de of-of-relatie die herhaaldelijk wordt toegepast op de elementaire uitspraken waarop alle zestien waarheidsoperaties (niet, en, of, als – dan, enzovoort) terug te voeren zijn. Zij levert een bepaalde reeks op van is- en is-niet-uitspraken over elementaire (Russell zou zeggen 'atomaire') situaties, waarvan de wereld dat deel is dat bestaat.

Wittgenstein schreef zijn *Tractatus* grotendeels tijdens zijn militaire dienst in het Oostenrijkse leger, waarvoor hij zich vrijwillig had aangemeld. Het dagboek dat hij in die tijd bijhield is toevallig bewaard gebleven en later ook gepubliceerd. Naast aantekeningen voor de *Tractatus* staan er ook notities in waarvoor Wittgenstein een speciaal geheimschrift bedacht en die zijn gemoedsleven blootleggen. Zo vertelt hij onder meer over zijn homo-erotische verlangens, zijn schuldgevoelens, zijn joodse identiteit en zijn religiositeit. Ook verkeerde hij voortdurend aan de rand van zelfmoord (drie van zijn broers

Taalfilosofie

Hoewel bijvoorbeeld de middeleeuwse universaliënstrijd ook als een taalfilosofisch probleem kan worden gezien, komt de taalfilosofie pas aan het begin van de negentiende eeuw op als een zelfstandige discipline. Grote namen in dit opzicht zijn Herder en Wilhelm von Humboldt. De taalfilosofie houdt zich bezig met de oorsprong en essentie, de sociologische, culturele en geestelijke functie en de logica en psychologie van taal. De belangrijkste taalfilosoof is Wittgenstein.

hadden zich reeds van het leven beroofd). Het ideaal van helderheid en zuiverheid van de *Tractatus* beantwoordt, als tegenstelling en door verdringing, aan de verwerping van zichzelf als onrein en zondig. De logica was voor hem een vorm van boetedoening.

Onder invloed van Tolstojs evangelie begon Wittgenstein na zijn krijgsgevangenschap aan een nieuw leven. Door de erfenis van zijn vader was hij een van de rijkste mannen van Europa geworden. Toch stond hij zijn vermogen af aan zijn zusters en nam hij een baan als onderwijzer op een plattelandsschool. Hij werkte aan een woordenboek speciaal voor het onderwijs. Door deze activiteiten ontstond er bij hem geleidelijk aan een nieuw inzicht in taal. Hij ontdekte de alledaagse taal, die zo enorm verschilde van de taal van de wetenschap, waar hij zich eerder in had verdiept. Al vrij snel (in 1929) trok hij weer naar Engeland, waar hij 1939 tot 1947 een leerstoel bekleedde in Cambridge. De laatste jaren van zijn leven leidde hij een volledig teruggetrokken bestaan. Hij stierf in 1951 aan kanker.

Uit de Wittgenstein I van de *Tractatus* kwam de Wittgenstein II van de *Philosophische Untersuchungen* (*Filosofische onderzoekingen*) voort. In dit postuum verschenen werk gaat het niet meer om louter in taal gevatte kennis over objectieve feiten, maar om subjectiviteit. Onverdroten zweegt Wittgenstein aan de uitspraak "ik heb pijn." Daarbij vraagt hij zich af wat zoiets voor hemzelf en voor anderen betekent, en hoe een kind een dergelijke uitspraak leert (dat wil zeggen wat er met 'pijn' wordt bedoeld). Het antwoord op dit laatste is "door taalspel als levensvorm." Taal is namelijk ook altijd handelen. De betekenis van een uitspraak komt voort uit zijn rol in het taalspel.

Wittgensteins taalfilosofie in de *Philosophische Untersuchungen* gaf de aanzet tot de filosofie van de alledaagse taal (*Ordinary Language Philosophy*). Austin en Searle ontwikkelden deze filosofie verder tot de taalhandelingstheorie. Daarin gaat het om datgene wat men met woorden kan doen en hoe men dat doet, bijvoorbeeld groeten, beloven, opgeven, dopen, vervloeken, enzovoort.

Voor Wittgenstein is de filosofie een poging om zichzelf te genezen en om tot rust te komen, om alle wijsgerige betekenisproblemen uit de wereld te helpen en vooral ook om klaar te komen met zichzelf (de eenzaamheid van de solipsist en de eenling). Zo zal hij in staat zijn om te stoppen met filosoferen (met de therapie).

Structuralisme

Ferdinand de Saussure *(26 november 1857 in Genève – 22 februari 1913 in Vufflens-sur-Morges)*

Ferdinand de Saussure geldt als de grondlegger van de structurele taalwetenschap en daarmee ook van het structuralisme. Dit laatste is de toepassing van de structurele taalwetenschap in de antropologie (Claude Lévi-Strauss), de psychoanalyse (Jacques Lacan) en de literatuurwetenschappen (Roland Barthes). De Saussure was hoogleraar algemene en vergelijkende Indo-Europese taalwetenschappen in Genève. Zijn taaltheorie heeft hij alleen tijdens zijn colleges uiteengezet. Pas na zijn dood werden zijn ideeën door twee van zijn studenten uitgebracht in het boek *Cours de linguistique générale* (*Cursus algemene taalwetenschap*, 1931).

De Saussure zag taal niet meer als een voortbrengsel van sprekende subjecten, maar als een tekensysteem. Tekens waren voor hem een verbinding tussen een *signifiant* (de betekenaar) en een *signifié* (het betekende). Dat taal iets betekent, kwam niet door een soort afbeelding van het object door het teken, zoals tot dan toe werd verondersteld. Betekenis was daarentegen het gevolg van het onderlinge verschil tussen tekens. Het is niet vanwege zijn inhoud, maar door zijn verschil met andere tekens dat een teken iets betekent (een betekenaar oftewel *signifiant* is). De betekenisfunctie komt voort uit het tekenspel. Datgene wat buiten de taal ligt, de daarmee aangeduide wereld, wordt zo op een bepaalde manier in de taal opgenomen. De betrekking tot het andere ontstaat door een betrekking tot zichzelf. Er bestaan alleen nog tekens en verder niets. (Dezelfde structuur vindt men terug in Luhmanns betekenissystemen). De systematische relatie tussen tekens vervangt de nooit zonder tekens aan te duiden betrekking van de tekens tot het betekende zelf.

Claude Lévi-Strauss *(28 november 1908 in Brussel)*

Claude Lévi-Strauss was de eerste die de theorieën van De Saussure toepaste op de etnologie en bovendien sociaal-culturele fenomenen naar het model van de taal als symboolsystemen interpreteerde. Na zijn studie in Parijs werd hij hoogleraar sociologie aan de net opgerichte universiteit van São Paulo. Van daaruit organiseerde hij verschillende etnologische expedities naar Centraal-Brazilië. In *Tristes tropiques* (*Het trieste der tropen*), zijn beroemde boek over deze ontdekkingstochten, laat hij bijvoorbeeld zien hoe de Bororo-indianen hun dorpen inrichten volgens een logische structuur. Aan de plattegrond van zo'n dorp leest men een volledige kosmologie af die de bewoners houvast en oriëntatie moet bieden.

In 1941 vlucht Lévi-Strauss vanwege zijn joodse komaf naar de Verenigde Staten. Pas in 1948 keert hij terug naar Europa. Als plaatsvervangend directeur van het Parijse *Musée de l'Homme* reist hij naar Oost-Pakistan, waar hij de mythen bestudeert van de verschillende inheemse volken. Hij slaagt erin om die mythen volgens de structuralistische methode linguïstisch te duiden. Daarbij komt hij tot het inzicht dat tekens en symbolen in mythen niet zelf de dragers zijn van betekenis, maar dat die betekenis ontstaat door de onderlinge relaties. Beroemd is in dit opzicht de opmerking die hij plaatste in de inleiding van zijn vierdelige *Mythologies* (*Mythologieën*) uit 1957. Lévi-Strauss wilde, zo schrijft hij, niet laten zien hoe de mens in de mythen denkt, maar hoe de mythen, zich abstraherend van ieder subject, buiten hem om in de mens denken. De structuren die onbewust in de subjecten actief zijn, zijn werkelijker en fundamenteler dan de subjecten zelf. Het gevolg is dat het subject plaats maakt voor de structuren.

Het leven van Lévi-Strauss kenmerkt zich tot op zekere hoogte door treurnis, hopeloosheid en berusting. In een interview verklaarde hij eens: "Ik heb nooit het gevoel gehad een persoonlijke identiteit te bezitten, ook nu nog niet. Ik heb het idee dat ik een plaats ben waar iets gebeurt, maar waar geen ik aanwezig is. We zijn allemaal een soort kruispunt, waar van alles plaatsvindt. Het kruispunt zelf is volkomen passief; het is een plek waar iets gebeurt. Elders doet zich iets anders voor wat net zo legitiem is. Er is geen keus, het is slechts een kwestie van toeval."

Michel Foucault *(15 oktober 1926 in Poitiers – 25 juni 1984 in Parijs)*

Wat de structuralisten verenigt, is hun gemeenschappelijke afkeer van de subjectfilosofie van bijvoorbeeld Sartre. Dat geldt ook voor Michel Foucault, die in 1966 verklaarde: "We hebben de generatie van Sartre als buitengewoon dapper en grootmoedig ervaren vanwege haar felle strijd voor het leven, de politiek, het bestaan... Toch hebben wij voor onszelf iets anders ontdekt, een andere passie, de passie voor het begrip en voor dat wat ik systeem zou willen noemen."

In 1971 hield Foucault zijn inaugurele rede getiteld *L'ordre du discours* (*De orde van het vertoog*). Het centrale thema was macht en onmacht van het individu. Macht staat voor discours en discoursen zijn 'grote gesprekken', net als Luhmanns communicatiesystemen. Bij Foucault gaat het om procedures en reglementen, uitsluiting en onderdrukking, en dat binnen het kader van de sociale systemen (instituten) van kennis en dus van de discoursen. De discoursen hebben macht, en deze macht heeft geen centrum, maar is overal aanwezig, in het gezin, in het lichaam, in de moraal. In de discoursen zit altijd de 'wil tot macht', de wil tot beheersing van de werkelijkheid en de uitsluiting van de ander.

Evenals Nietzsche is Foucault op zoek naar nieuwe levensvormen, die hun rechtvaardiging vinden in nieuwe interpretaties van de wereld. Hij definieert de filosofie dan ook als verschuiving en transformatie van denkkaders en verandering van waarden om anders te kunnen zijn en worden dan men nu is. Filosofie is een beweging waarmee men zich bevrijdt van datgene wat voor waar doorgaat en waarmee men naar andere spelregels zoekt. Zijn kritiek op de rationaliteit betreft het recht om anders te zijn. Hij hekelt de buitensluiting van bepaalde levensvormen en spreekt in dat opzicht van het uitzonderen van de ander, bijvoorbeeld van de gek. Foucault was als homoseksueel ook anders, net als Nietzsche of Wittgenstein. Zijn leven werd grotendeels bepaald door een zekere paranoïde afkeer van controle. Pas op zijn sterfbed werd hij hiervan verlost, zo vertelt Richard Sennet.

Het boek *Folie et déraison. Histoire de la folie/l'âge classique* (*Geschiedenis van de waanzin*) uit 1961 maakte Foucault in één klap beroemd. Zijn belangrijkste werk is echter *Histoire de la sexualité* (*Geschiedenis van de seksualiteit*). In de laatste jaren van zijn leven schreef hij hiervan het tweede en derde deel, *L'usage des plaisirs* (*Het gebruik van de lusten*) en *Le souci de soi* (*De zorg voor zichzelf*). Beide delen verschenen in 1984. Foucault behandelt hierin de filosofie als levensvorm bij de Grieken en Romeinen, en meer in het bijzonder de ascetische ethiek van de epicuristen. De centrale vraag is hoe, waarom en op wat voor manier de seksualiteit het terrein van de moraal heeft betreden. Foucault veronderstelde dat de Grieken bepaalde adviezen hadden uitgevaardigd om de seksualiteit te beteugelen. Zelf wilde hij deze adviezen opvolgen en een nieuw leven beginnen in Californië. Daar zou het echter nooit van komen, want hij stierf in 1984 aan aids.

Postmodernisme

Jean François Lyotard *(10 augustus 1924 in Versailles – 21 april 1998 in Parijs)*

Lyotard, die aanvankelijk filosofie doceerde in Algerije en vervolgens hoogleraar werd aan de Parijse universiteiten van Nanterre, Vincennes en St. Denis, schreef in 1971 een rapport over de stand van kennis in de hoogontwikkelde informatiemaatschappijen. De titel luidde *La condition postmoderne* (*Het postmoderne weten*). Het woord 'postmodern' ontleende hij aan een begrip dat reeds in de Amerikaanse architectuurdebatten werd gebezigd voor het grote aantal stijlen (codes) en stijlelementen in een object. Iets was postmodern als het minstens een elitaire en een populaire code bevatte. Lyotard paste dit begrip toe op kennis, taalspelen, discoursen en levensvormen. Het resultaat was 'alles is mogelijk'.

Lyotard had eigenlijk helemaal niet de intentie om afscheid te nemen van het modernisme en een nieuw tijdperk uit te roepen. Hij wilde slechts de aandacht vestigen op een fundamenteel hedendaags probleem, namelijk dat van de tegenstellingen tussen de verschillende vormen van kennis, de verschillende taalspelen, discoursen en levensvormen. Hij constateerde dat er geen grote verhalen meer zijn die als metadiscoursen de toon zetten en integrerend kunnen werken. De sociale samenhang kan niet meer worden gesmeed door een algemeen geaccepteerd verhaal van godsdienstige of filosofische aard over de dialectiek van de geest (Hegel) of de emancipatie van het verstandige of werkende subject (Marx). Het sociale leven is een verzameling van trends in taalspelen die nergens gelegitimeerd zijn. Toch bestaat er nog altijd het fundamentalistische verlangen naar de alles integrerende mythe of de metavertellingen. De terroristische aanslagen en manifesten van de RAF en de Rode Brigades in de jaren zeventig kunnen als een poging worden gezien om het marxistische rechtvaardigingsdiscours weer tot leven te brengen en het einde van het grote verhaal nog even uit te stellen.

In plaats van kennis dient men, zo stelt Lyotard, tegenwoordig te spreken van informatie. Het gaat er alleen om die informatie verder te verwerken. Het gevolg is wel een sterke vervlakking van kennis. In *Le tombeau de l'intellectuel* (*Het graf van de intellectueel*) voorspelt Lyotard onder meer dat "kennis voor de verkoop zal worden gecreëerd en in een nieuwe productie zal worden verwerkt tot consumptieartikel. Kennis zal dus niet meer een doel op zich zijn." Ook verwacht hij dat "de taal koopwaar zal worden. Men zal werken met een maateenheid die tegelijkertijd ook een economische grootheid is, namelijk informatie."

Op de vraag 'wat te doen?' antwoordt Lyotard dat er in geen geval afscheid moet worden genomen van het modernisme. Integendeel, er is juist een versterking van het modernisme nodig. Dat kan worden bereikt door kritische reflectie. Daartoe behoort, zoals Lyotard dat laat zien in *Leçons sur l'analytique du sublime* (*Lessen over de analytiek van het sublieme*), het herlezen van de grote auteurs (iets waartoe ook dit boek een aanzet wil geven).

Peter Sloterdijk *(26 juni 1947 in Karlsruhe)*

Ook Peter Sloterdijk, als filosoof verbonden aan de hogeschool voor vormgeving in Karlsruhe, heeft met de heruitgave van een reeks leesboeken onder de titel *Philosophie jetzt!* (*Filosofie nu!*) de mensen willen aansporen om de grote klassiekers er nog eens op na te slaan. Hij is van mening dat zoiets een "tegengif zou kunnen bieden tegen de verleidingen van het fundamentalisme" om de verloren metafysische fundamenten opnieuw te leggen. De moderne wereld heeft immers het verankeren van kennis en handelen in de idee van een hoger goed laten varen. Daarmee maakte ze de weg vrij voor eindeloos experimenteren op zowel moreel als fysiek vlak. De prijs die werd betaald voor een dergelijke vrijbrief was de ontdekking van een innerlijke afgrond en ontheemding. Het fundamentalisme keert op zijn schreden terug naar de oude grondbeginselen, maar vernietigt zo de door instabiliteit overmande maatschappij met drugs en valse zekerheden. Hoe kan men zonder zulke uitvluchten leven? Hoe kan men leven in de 'telematische wereldbeschaving' die juist aan het ontstaan is?

Om de moderne mens op dit punt van advies te dienen, knoopt Sloterdijk (die in 1983 op slag beroemd werd met zijn *Kritik der zynischen Vernunft* (*Kritiek van de cynische rede*)) aan bij Heidegger. Deze had voor het wereldgebeuren van de afgelopen 2500 jaar de diagnose gesteld van een enkel door zijnsvergetelheid veroorzaakte waanzin en een met de ontwikkeling van de techniek voortschrijdende ontheemding. Sloterdijk meent (in zijn boek *Nicht gerettet. Versuche nach Heidegger* (*Niet gered. Pogingen na Heidegger*)): "De enorme groei aan kennis en knowhow bij de moderne mens doet de vraag rijzen of de diagnose van krankzinnigheid voor hem nog steeds op dezelfde wijze van kracht is als in de tijd dat het moderne potentieel nog tot ontplooiing moest komen" (dus ten tijde van Heideggers overlijden in 1976).

Sloterdijk vermoedt dat "de krankzinnigheidstheorie, bewust en onbewust, het gevolg is van een onjuiste beschrijving van de verhouding tussen mens en zijn." Wat onjuist is, is dat het zijnde wordt opgesplitst in het subjectieve (cultuur, het menselijke) en het objectieve (natuur, het mechanische en onmenselijke), zonder inachtneming van een derde domein van zowel het subjectieve als het objectieve (het idee van drie domeinen is afkomstig van Gotthard Günther en diens in 1957 verschenen boek *Das Bewusstsein der Maschinen* (*Het bewustzijn van machines*)). Deze derde wordt gevormd door de informatie, dat wil zeggen reëel bestaand geheugen en zelforganiserende systemen. "Het metafysische onderscheid tussen natuur en cultuur heeft afgedaan, om-

"Nadat de moderne mens met zijn grenzeloze experimenten het systeem van de oude Europese verhoudingen heeft opgeblazen, zal het de wijsheid van de toekomst zijn om excessen en voorzichtigheid opnieuw met elkaar in evenwicht te brengen. De globale samenleving zal of behoedzaam zijn of anders helemaal niet bestaan." (Peter Sloterdijk)

dat beide kanten van het verschil slechts de regionale stand van informatie en hun verwerking vertegenwoordigen."

Het praktische gebruik van het (onjuiste en gebrekkige) onderscheid tussen enerzijds het geestelijke en menselijke en anderzijds het materiële en mechanische of onmenselijke heet heerschappij. Techniek lijkt een vorm van afhankelijkheid en slavernij van materie en personen, waarbij geen acht wordt geslagen op de individuele natuur. Dit kan leiden tot angst dat bijvoorbeeld "de genen als grondstoffen van de *biotech century* dezelfde rol gaan spelen als de steenkolen ten tijde van de industriële revolutie." Of dat het menselijke zelf door de biotechnologie volledig wordt ondergedompeld in de stoffelijkheid en uiterlijkheid om vervolgens verloren te gaan. Dit zijn echter allemaal hysterische illusies, waarachter het foute bivalente denken schuilgaat. Gezien het derde domein van de reëel bestaande informatie (ook de genen horen daar als een tot een materieel minimum gereduceerde vorm van geïnformeerde en informerende informatie bij) is dit beeld van de techniek niet meer geloofwaardig.

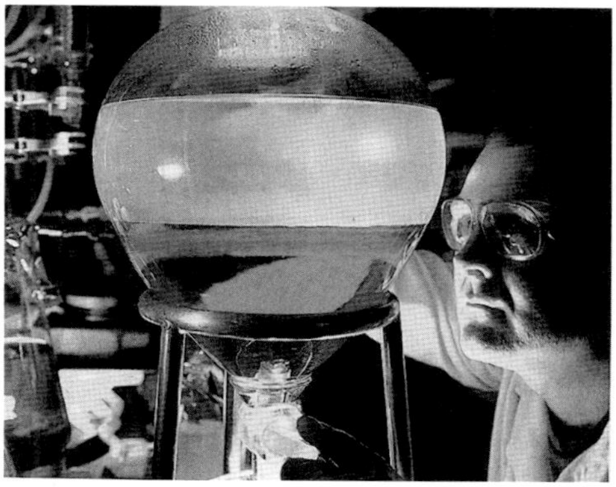

Distilleerkolven en reageerbuizen zijn de glazen bollen van de moderne tijd. Toch kunnen ook zij geen antwoord geven op de fundamentele vragen van de mens.

Met de slimme technologieën ontstaat er een niet-heerszuchtige techniek, die Sloterdijk 'homeotechniek' noemt (naar analogie van het woord 'homeopathie'). Deze homeotechniek "vat intelligentie intelligent op en brengt nieuwe vormen van intelligentie voort." Ook houdt zij rekening met de eigenzinnigheid van de dingen en zorgt zij er eigenlijk alleen maar voor dat die eigenzinnigheid zich kan ontwikkelen. De dialoog met de natuur komt in de plaats van de strijd tegen de natuur. Dat geldt ook voor de menselijke natuur. Er zal daarom niets vreemds gebeuren met de mens, wanneer hij zich blootstelt aan verdere verfijningen en manipulaties (wanneer hij zichzelf autoplastisch manipuleert). Sloterdijk citeert de theoloog Karl Rahner, die reeds in 1966 scheef: "De mens moet operabel willen zijn, ook al is het nog grotendeels onbekend wat de omvang en ook juiste wijze van de zelfmanipulatie zijn... Maar één ding is waar: de toekomst van de zelfmanipulerende mens is reeds begonnen."

Sloterdijk hoopt zelfs dat "het homeotechnische denken, dat tot dusver als ecologie en complexiteitswetenschap werd aangekondigd, het vermogen bezit om de weg vrij te maken voor een ethiek van relaties zonder vijanden en zonder gezag." Als dat geen 'humanisme na het humanisme' is...

Geraadpleegde literatuur

Voor wie verder wil lezen over filosofiegeschiedenis of zijn of haar kennis van bepaalde filosofen of denkrichtingen wil verdiepen, zijn er veel geschikte inleidingen gepubliceerd. Standaardwerken zijn Hans Joachim Störigs *Geschiedenis van de filosofie* en Bertrand Russells *Geschiedenis van de westerse filosofie*. Bijzonder populair is de geschiedenis van de filosofie in de vorm van een kinderboek: Jostein Gaarders *De wereld van Sofie*.

Bij het schrijven van zijn *Handboek Filosofie* heeft de auteur de volgende bronnen geraadpleegd:

Otto A. Böhmer: *Sternstunden der Philosophie. Schlüsselerlebnisse großer Denker von Augustinus bis Popper.* München, 1998

Inge Breuer/Peter Leusch/Dieter Mersch: *Welten im Kopf. Profile der Gegenwartsphilosophie.* Darmstadt, 1996

dtv-Atlas zur Philosophie. München, 2002

dtv-Atlas zur Weltgeschichte, Band 1+2. München, 1991

Ernst von Aster: *Geschichte der Philosophie.* Stuttgart, 1998

dtv-Brockhaus-Lexikon in 20 Bänden, 1998

Ursula Eberhard: *Sophias Gärten. Eine Geschichte der Philosophie.* Wenen, 2001

John Farman: *Eine schräge Geschichte der Philosophie.* München, 1997

Karl Flasch: *Das philosophische Denken im Mittelalter. Von Augustin zu Machiavelli.* Stuttgart, 1986

Helferich, Christoph: *Geschichte der Philosophie.* München, dtv 1998

Johannes Hirschberger: *Geschichte der Philosophie, Band I: Altertum und Mittelalter.* Freiburg, 1991

Johannes Hirschberger: *Geschichte der Philosophie, Band II: Neuzeit und Gegenwart.* Freiburg, 1991

Otfried Höffe (Hg.): *Klassiker der Philosophie I. Von den Vorsokratikern bis David Hume.* München, 1994

Otfried Höffe (Hg.): *Klassiker der Philosophie II. Von Immanuel Kant bis Jean-Paul Sartre.* München, 1994

Otfried Höffe: *Kleine Geschichte der Philosophie.* München, 2001

Anton Hügli/Poul Lübcke (Hg.): *Philosophie-Lexikon.* Reinbek, 1997

Anthony Kennedy (Hg.): *Illustrierte Geschichte der westlichen Philosophie.* Frankfurt, 1995

Bernd Lutz (Hg.): *Metzler Philosophen Lexikon. Von den Vorsokratikern bis zu den Neuen Philosophen.* Stuttgart, 1995

H. Maier/H. Denzer (Hg.): *Klassiker des politischen Denkens I. Von Plato bis Hobbes.* München, 1968

H. Maier/H. Denzer (Hg.): *Klassiker des politischen Denkens II. Von Locke bis Max Weber.* München, 1968

Jaap Mansfeld: *Die Vorsokratiker I.* Stuttgart, 1983

Wolfgang Röd: *Der Weg der Philosophie von den Anfängen bis ins 20. Jahrhundert.* Band I. Altertum, Mittelalter, Renaissance. München, 2000

Wolfgang Röd: *Der Weg der Philosophie von den Anfängen bis ins 20. Jahrhundert.* Band II. 17. bis 20. Jahrhundert. München, 2000

Bertrand Russell: *Philosophie des Abendlandes. Ihr Zusammenhang mit der politischen und sozialen Entwicklung.* Frankfurt, 1950

Ernst R. Sandvoss: *Geschichte der Philosophie*, Band 1+2. München, 2001

Wolfgang Schadewaldt: *Tübinger Vorlesungen.* Band 1: Die Anfänge der Philosophie bei den Griechen. Die Vorsokratiker und ihre Voraussetzungen. Frankfurt, 1978

Schneiders, Werner: *Deutsche Philosophie im 20. Jahrhundert.* München, 1998

Schülerduden »*Die Philosophie*«. Mannheim, Wenen, Zürich, 2002

Günter Schulte: *Schnellkurs Philosophie.* Keulen, 2002

Robert C. Solomon, Kathleen M. Higgins: *Eine kurze Geschichte*

der Philosophie. München, 2000
Volker Spierling (Hg.): *Lust an der Erkenntnis. Die Philosophie des 20. Jahrhunderts*. München, 1988
Hans Joachim Störig: *Kleine Weltgeschichte der Philosophie*. Frankfurt, 2002
Franco Volpi (Hg.): *Großes Werklexikon der Philosophie*. Stuttgart, 1999
Karl Vorländer: *Geschichte der Philosophie mit Quellentexten*. Band 1: Altertum. Reinbek, 1990
Karl Vorländer: *Geschichte der Philosophie mit Quellentexten*. Band 2: Mittelalter und Renaissance. Reinbek, 1990
Karl Vorländer: *Geschichte der Philosophie mit Quellentexten*. Band 3: Neuzeit bis Kant. Reinbek, 1990
Nigel Warburton: *Philosophie: Die Klassiker. Von Platon bis Wittgenstein*. Reinbek, 2000
Marc Sautet: *Ein Café für Sokrates. Philosophie für jedermann*. Düsseldorf/Zürich, 1997
Wilhelm Weischedel: *Die philosophische Hintertreppe*. München, 1988

Zakenregister

Personenregister

Illustratieverantwoording

AKG, Berlijn/Erich Lessing: pag. 30, 134 AKG, Berlijn: pag. 49, 56, 70, 99, 104, 109, 136, 139, 146, 149, 154, 158, 188, 199, 207, 212, 213, 233, 240, 241, 248 Wilhelm Fink Verlag, München: pag. 83 Giraudon, Parijs: pag. 14 Herzog August Bibliothek, Wolfenbüttel: pag. 169 Hulton Deutsch Collection, Londen: pag. 231 Image Select/Ann Ronan Picture Library: pag 202, 222 Interfoto/Dulfaquar: pag. 250 Koninklijke Bibliotheek, Kopenhagen: pag. 215 Kunsthistorisches Museum, Wenen: pag. 55 Metropolitan Museum of Art, New York: pag. 43 Stefan Moses: pag. 237 Musée Carnavalet, Parijs: pag. 185 Musée Comte, Parijs: pag. 220 Musée du Louvre, Parijs: pag. 73, 165 Musée National, Versailles: pag. 194 Nasjonalgalleriet, Oslo: pag. 224 Museo Archeologico Nazionale, Napels: pag. 63 Niedersächsische Landesbibliothek, Hannover: pag. 173 Rijksmuseum, Amsterdam: pag. 35 Scala, Florence: pag. 95, 114, 121 Schopenhauer-archief, Frankfurt am Main: pag. 209 Scottish National Portrait Gallery, Edinburgh: pag. 179 Sonia Halliday Photographs: pag. 88 Thielska Galleriet, Stockholm: pag. 217 Trinity College, Oxford: pag. 245 Vaticaans museum: pag. 16, 25
Met dank aan Bayer-AG: pag. 253

De rechten voor alle niet-vermelde illustraties liggen bij de auteur, de uitgever of konden niet worden achterhaald.